纠纷预防与治理文丛编委会

总 主 编 廖永安 李仕春

委 员（按姓氏拼音排序）
　　　　　蔡晨风　陈福勇　段　伟　傅郁林
　　　　　黄鸣鹤　纪格非　蒋惠岭　李全一
　　　　　李喜莲　刘　疆　龙　飞　罗伟雄
　　　　　马登科　苏国强　汤维建　王　芳
　　　　　王福华　王国征　吴英姿　肖建国
　　　　　熊　飞　熊跃敏　占善刚　张　巍

学术秘书　段　明　王　聪

纠纷预防与治理文丛
总主编 廖永安 李仕春

本书系最高人民法院2024年度司法研究重大课题
《"抓前端、治未病"促推新时代"枫桥经验"落深落实研究》的阶段性成果

中国调解现代化的理论与实践

THE THEORY AND PRACTICE OF
MODERNIZING MEDIATION IN CHINA

主　编　廖永安
副主编　李喜莲　段明

法律出版社
LAW PRESS·CHINA
北京

图书在版编目（CIP）数据

中国调解现代化的理论与实践／廖永安主编.
北京：法律出版社，2025. -- ISBN 978-7-5244-0544-3
Ⅰ. D925.114.4

中国国家版本馆 CIP 数据核字第 2025969VJ5 号

中国调解现代化的理论与实践　　　廖永安　主　编　　　责任编辑　陆帅文
ZHONGGUO TIAOJIE XIANDAIHUA DE　李喜莲　　　　　　　装帧设计　鲍龙卉
LILUN YU SHIJIAN　　　　　　　　段　明　副主编

出版发行	法律出版社	开本	710 毫米×1000 毫米　1/16
编辑统筹	教育出版分社	印张	25.75　　　字数　430 千
责任校对	张翼羽	版本	2025 年 7 月第 1 版
责任印制	刘晓伟	印次	2025 年 7 月第 1 次印刷
经　　销	新华书店	印刷	北京中科印刷有限公司

地址:北京市丰台区莲花池西里 7 号(100073)
网址：www.lawpress.com.cn　　　　　　　销售电话:010-83938349
投稿邮箱：info@lawpress.com.cn　　　　　客服电话:010-83938350
举报盗版邮箱：jbwq@lawpress.com.cn　　　咨询电话:010-63939796

版权所有・侵权必究

书号:ISBN 978-7-5244-0544-3　　　　　　　定价:69.00 元
凡购买本社图书，如有印装错误，我社负责退换。电话:010-83938349

调解的当代价值与科学定位

(代序)

放宽历史的视界,调解文化自古流淌于中华民族的血脉,成为中华法系屹立于世界民族之林的显著标识。无论是传统中国的"无讼"文化,还是中国共产党从陕甘宁边区政权建立伊始确立的"着重调解""调解为主"审判方针,调解始终挺在社会矛盾纠纷化解防线的最前沿。有学者指出,"说服—心服"的调解模式构成了中国纠纷解决的基本画面。虽然我国1991年《民事诉讼法》删除了"着重调解",代之以"自愿合法调解",但经历21世纪初期的短暂调整后,"调解优先,调判结合"又成为中国民事司法的基本方针。在这一过程中,经常有法律人基于西方现代法治主义立场对于调解持批判态度,认为调解"和稀泥"压制公民权利意识,与法治不相容。诸如此类批判实际上是以西方法治图景为判准指南,忽略了我国法治建设立足的基本国情以及社会转型发展的实践需要。在新的时代背景下,要重估调解的当代价值,在此基础上对其重新定位,以满足人民群众的多元解纷需求。

一、调解的当代价值

(一)调解是应对"世界百年未有之大变局"风险挑战的有效方式

当前,世界百年未有之大变局加速演进,世界之变、时代之变、历史之变的特征更加明显。当前,人民日益增长的美好生活需要和不平衡不充分的发展之间的矛盾成为社会主要矛盾,各种可以预见和难以预见的风险因素明显增加。鉴于此,我国的法治建设必须立足于有效防范化解各类风险挑战,确保社会主义现代化事业顺利推进。

无疑,我们正处于并将长期处于"风险社会",风险社会的冲突集中表现在人与人、集体与集体、国家与国家之间的矛盾纠纷,而应对风险社会的根本途径在于用法治的确定性消除风险冲突的不确定性。传统法学理论主张构建"诉讼中心主义"的纠纷解决机制,通过"一断于法"定分止争,然而,这种主张的缺陷在于:一方面,其忽略了转型发展过程中矛盾的"现实性"与"非现实性"以及"结构性"与"非结构性"交错聚集,法律的滞后性往往无法预料和应对这种不确定性,因此,并非所有纠纷都能够通过司法最终解决,作出非黑即白的判断;另一方面,其忽略了我国在"风险社会"之外不同于西方的独特社会语境,即有学者提出的"关系社会"和"多元社会"。"关系社会"沿着儒家社会传统脉络,重视人与人之间在社会网络结构中的人际互动;"多元社会"意味着多元利益需求的相互交织。在这样的社会背景下,确定性不可能完全基于马克斯·韦伯构建的形式理性法治而确立,相反,过度强调形式法治可能会导致社会发生崩溃,即所谓"法律对生活世界的过度殖民化"。

传统法治力有不逮之处正是调解大有可为之处。调解从经验、事实、历史出发"就事论事",通过其包容性和开放性特质,调和法律与习惯、强制与合意之间的冲突,有效弥合了社会变动与法律稳定性之间的缝隙,在纠纷解决的经验累积中推动法律的形成和发展,实现形式法治与实质法治的统一。

(二)调解是突出体现以人民利益为中心的纠纷解决方式

"坚持以人民为中心"是习近平法治思想的核心要义之一。习近平总书记强调:"全面依法治国最广泛、最深厚的基础是人民,必须坚持为了人民、依靠人民。"[1]"要把体现人民利益、反映人民愿望、维护人民权益、增进人民福祉落实到依法治国全过程,使法律及其实施充分体现人民意志。"[2]

比较各类纠纷解决方式,调解突出体现了以人民利益为中心,核心在于其最为尊重当事人的意思自治。调解具有自愿性、灵活性、包容性、开放性以及与时俱进性,这些特征决定了调解能够最大限度满足人们的利益需求,并能实现关系修复与社会和谐的目的。相较而言,诉讼是由一群职业法律人在一个封闭的法空间中围绕过去案件事实的挖掘和法律的适用而展开并作出最后的裁决。与调解相比,它具有明显的强制性、封闭性、机械性以及滞后性特征。因此,将调解挺在前面,符合纠纷解决的基本规律,符合纠纷当事人的利益需求,是落实"以人民为中心"发展要求的突出体现。

---

[1] 习近平:《论坚持全面依法治国》,中央文献出版社2020年版,第2页。
[2] 习近平:《论坚持全面依法治国》,中央文献出版社2020年版,第107页。

二、调解的科学定位

(一)调解优先应当成为新时代国内国际纠纷解决的基本共识

在西方社会的纠纷解决机制中,诉讼曾长期处于正义综合体系的"圆心"。在我国多元化纠纷解决机制中,调解长期处于纠纷解决的轴心。20世纪70年代末期以来,由于对抗制诉讼带来的诉讼迟延、成本高昂等弊端,西方兴起了鼓励非诉解纷的ADR(Alternative Dispute Resolution)运动;面对我国实现人口规模巨大的中国式现代化的艰巨任务,习近平总书记强调:"我国国情决定了我们不能成为'诉讼大国'。我国有14亿人口,大大小小的事要打官司,那必然不堪重负!"[1]为此,把非诉讼纠纷解决机制挺在前面,推动更多法治力量向引导和疏导端用力,成为社会矛盾纠纷化解的首要选择。国际调解中心名誉主席迈克尔·利斯在2012年ADR机制发展大会上曾预测,到2020年,ADR即替代性纠纷解决机制这个短语会有一种新的解释。换句话说,到那时,诉讼可能已经变成了替代性的纠纷解决方式,而目前的ADR机制将成为纠纷解决方式中的主流。当前,调解优先的理念正成为世界范围内的普遍共识。尽管争议仍然存在,但强制当事人在起诉前参加调解正在西方尤其是欧洲法院大力推行并得到社会认同,无正当理由拒绝或敷衍调解可能遭遇诉讼费用惩罚。在我国各地促进多元化纠纷解决机制发展的地方性立法探索实践中,调解被置于优先位置;诉前对于适宜调解的纠纷先行调解在各地法院实践已久,从先行调解更进一步迈向调解前置也被提上立法日程。

调解之所以能够在第三方纠纷解决机制中处于优先位置,不仅仅是因为其具有高效率、低成本的价值特性,更深层次的原因是其具有司法无法提供的目的价值,即从尊重当事人的主体性地位出发,协商对话,合作共赢,修复关系,实现社会自治、和谐与稳定。在此意义上,调解优先不仅契合中国社会主流文化的价值观、道德观以及追求和谐的社会目标,更具有跨越国界的意义。同时,调解无论是对民间纠纷解决,还是政治协商民主,乃至世界和平的国际关系处理,都具有重要的实用理性价值,体现了对人类命运共同体、人类社会治理规律的科学把握。

---

[1]《习近平谈治国理政》(第四卷),外文出版社2022年版,第295页。

调解这样一种具有包容性的柔性机制根植于人类社会的深刻价值观,应该推广成为和平解决国际争端的优先方式。主权国家之间政治、经济、文化、法律、宗教等情况千差万别,严格依法裁断的相互承认性会大大降低。以和平方法解决争端是《联合国宪章》确立的基本原则,在国际民商事争议解决领域,联合国大会2018年批准通过的《联合国关于调解所产生的国际和解协议公约》具有堪比《承认及执行外国仲裁裁决公约》的划时代意义,标志着"调解全球化"的到来,彰显了调解在解决国际商事争议上的独特价值;2022年,中国与20多个国家签署《关于建立国际调解院的联合声明》,共同协商在香港筹备"国际调解院"这一常设多边政府间国际组织,填补了国际争端解决体系中常设调解机构阙如的状况。在单边主义、冷战思维抬头的国际局势下,这对于维护多边主义、和平包容的全球治理体系具有重要意义。调解优先不仅是为了让一国人民生活更美好,更是为了"让世界更美好"。

(二)调解优先应当成为新时代法律人的必备思维

调解不同于仲裁与诉讼的最大区别在于,调解是一种赋权当事人的工具。美国法学家富勒也曾指出,调解的中心特征是令当事人重新认识彼此的能力,且该能力并不是将法律强加给当事人,而是帮助他们获得对彼此关系和对对方态度的崭新认识。基于此,笔者将调解与诉讼的思维差异概括如下:第一,调解所打造的是当事人之间的利益共同体,而诉讼所关注的是当事人之间的利益对抗性;第二,调解所坚持的是一种"做大蛋糕"的动态利益观,诉讼所恪守的是公平"切分蛋糕"的静态利益观;第三,调解所倡导的是一种"向前看"的综合式思维,诉讼所遵循的是一种"向后看"的切片式思维。

实践证明,调解与仲裁、诉讼等第三方纠纷解决机制的程序结合已经成为行之有效的实践机制。在民事审判中,"调解优先,调判结合"成为实现政治效果、法律效果、社会效果统一的重要方式。最高人民法院《关于进一步贯彻"调解优先、调判结合"工作原则的若干意见》提出:"要紧紧围绕'案结事了'目标,正确处理好调解与裁判这两种审判方式的关系。在处理案件过程中,首先要考虑用调解方式处理;要做到调解与裁判两手都要抓,两手都要硬;不论是调解还是裁判,都必须立足于有效化解矛盾纠纷、促进社会和谐、定分止争,实现法律效果与社会效果的有机统一。"在民商事仲裁中,我国《仲裁法》确立的"调解先行"原则使得仲裁程序中的调解在纠纷解决中发挥着举足轻重的作用,每年近30%以上仲裁案件以调解、和解方式解决,而这样一种

"仲调结合"的法律文化正在向世界其他地方扩张。

当前,在我国落实"调解优先"最为迫切的任务是引导律师转变思维方式,律师对调解的认知转变是调解健康发展的重要因素。西方ADR机制之所以能够普及,在很大程度上得益于律师群体从诉讼代理人向职业调解人的思维转变。2010年,笔者在美国马萨诸塞州访学时曾观察到,律师负有就调解的合适性向当事人提供建议的义务;在我国香港特别行政区,如果律师在处理案件时不了解或不考虑是否适宜调解,属于违背职业操守。尽管最高人民法院、司法部自2017年开始已经试点律师调解制度,并且在相关改革意见中提出"推动建立律师接受委托代理时告知当事人选择非诉讼方式解决纠纷的机制"。但客观而言,当前我国律师职业群体从整体上尚未充分意识到调解业务的重要性,实践中仍有很大完善发展空间。笔者认为,破解这一困境的关键在于要推进律师调解的市场化改革,让调解符合当事人和律师的整体利益需求,充分调动律师开展调解的积极性,实现经济效益和社会效益的双统一、双提升。

为了适应新时代纠纷解决需求,培养法科学生通过调解帮助当事人解决纠纷的意识和能力,我国法学教育应当加强调解课程的讲授与训练,为推进调解职业化建设储备人才。同时,应当加快构建中国自主的调解学知识体系,从学科体系、学术体系和话语体系三个维度繁荣调解学科发展。

(三)调解知识应当成为新时代人民群众的寻常学问

法学家普遍认为,法律人具有独特的思维方式,包含着一整套复杂的概念体系、价值体系、逻辑推理方式和一系列涉及权利义务和责任的分配体系。"法律是一门艺术,在一个人能够获得对它的认知之前,需要长期的学习和实践",这一出自英国大法官柯克之口的名言常被我国法律人津津乐道,并据此认为,解决纠纷只有自然理性是不行的,还须具有法律人的专业理性,由此在法律人与普通人之间竖起一道高高的法律专业高墙。然而,这样的立场和思维容易使法律人过于关注自身利益,而法律人要赢得社会信任,就必须反思乃至必要时挑战职业现状并保持警醒。

立足以人民为中心的立场重估"调解优先",就是要让调解知识"飞入寻常百姓家",成为人民群众听得懂、说得清、用得上的生存智慧。这意味着我国调解必须汲取人民司法发展道路的历史经验,坚持大众化和职业化"两条腿走路","阳春白雪"的专业化职业化调解旨在应对市场经济发展中的复杂解纷需求,"下里巴人"的大众化基础性调解旨在回应不同地区间法治发展情况不同的基层解纷需求。《人民调解法》并未将人民调解员的准入资格限定为法律人,而是"公道正派、热心人民调解工作,并具有一定文化水平、政策水平和法律知识的成年公民"。面对调解这样一种"从群众中来,到群众中去"的法治实践,可以说,"调解人思维"并非法律人的专属,每一位成年公民在理想层面都可能成为调解人。"调解人思维"的制高点不是法律,而是一个社会的核心价值观。在此种意义上而言,调解是一门真正属于人民、惠及人民的学问。法律人所应做的是要将理性平和、宽容协商解决矛盾纠纷的调解法治意识和相互尊重的权利义务观念植入社会,让人民群众掌握调解并能够从中受益,让调解成为社会大众解决矛盾纠纷的自发主观性选择。为了实现这一目标,我们甚至不应仅停留在大学法学院开设调解课程,应考虑从中小学开始面向全社会普及传播调解文化,使调解理念厚植民心,调解文化赓续发展,以调解价值最大化、最优化实现法治建设新发展。

廖永安
2024 年 3 月

目 录

第一编 新时代"枫桥经验"传承与发展

中国调解立法整合的范畴与体系／周建华 ……………… 003

弘扬传统"和"文化 绘就广东新"枫"景
　——关于发挥广东"和"文化在坚持和发展新时代"枫桥经验"
　　中作用的研究／王 辉 …………………………………… 022

"枫桥经验"在地化：新时代民族地区矛盾纠纷调解创新
　——主要以南宁市马山县"贝侬+"调解模式为研究视角／李立景
　…………………………………………………………………… 034

"枫桥经验"视角下人民调解员调解力探析
　——基于计划行为理论／宛敏强 ………………………… 060

新时代"枫桥经验"引领下城市人民法庭参与社区调解的
　法治保障研究
　——以推动市域社会治理现代化为视角／高 波 ……… 077

人民调解在新时代社会治理中的创新路径探究
　——以守法意识培养体系建设为论域／王若宇 ………… 091

新时代"枫桥经验"背景下民事调解工作的反思与完善
　——以修正调解关键指标为切入点／王雪芬 …………… 105

全面抗战时期太行根据地调解机制研究／王豪凯 ……… 118

新民主主义革命早期人民调解制度研究
　——以安源裁判委员会的运行为视角／胡恒胜 ………… 143

001

新疆人民调解员的实践困境与解决对策／梁天阳　刘伟军 ………… 155

第二编　法院调解的创新发展

从禁止到规范：案外人执行异议之诉中调解的适用路径
　　与程序构建／艾文博　吴翔宇 ………………………………… 169
多元化纠纷解决机制下诉前调解的困境与对策研究
　　／许霖林　刘佳佳 ………………………………………………… 182
环境民事公益诉讼惩罚性赔偿案件的调解适用辨析／徐一扬 ………… 196

第三编　商事调解的实践探索

商事纠纷先行调解和司法确认的衔接与优化
　　／朱　川　王蓓蓓　魏佳敏 …………………………………… 215
横琴粤澳深度合作区建设背景下横琴和澳门调解规则衔接研究
　　／横琴珠港澳（涉外）公共法律服务中心课题组 …………… 229
我国商事调解职业化的现状分析及对策／江和平 …………………… 241
供给、需求与价格：中国商事调解市场化的要素、阻碍及推动策略
　　／黄艳好　周君慧 ………………………………………………… 256

第四编　调解的数字化发展

"多元解纷+数字治理"模式下在线调解机制的完善路径
　　／吕宗澄　夏培元 ………………………………………………… 275
道交纠纷诉调分流的智能化解决路径／高　帆 ……………………… 287
在线调解的困境分析与对策研究／刘佳欣 …………………………… 300
机动车道路交通事故责任纠纷诉前调解的实践困境与完善路径
　　——以H省J市"道交一体化平台"为例／李永春　邓文浩 ……… 310
论"ADR→ODR→ODP"趋势下公证调解的新发展
　　／詹爱萍　徐德臣 ………………………………………………… 321

第五编　调解的国际化发展

《新加坡调解公约》下我国商事调解制度的完善／李　娟 …………… 343

粤港澳大湾区专利侵权纠纷调解机制困境与展望
　／范雪珂　葛莹莹………………………………………………… 353

国际民商事争议调解第三人制度之可行性初探／吴书凯 …………… 365

国际商事和解协议在我国的执行路径研究／汪　蕾　赵雪贝 ………… 380

第一编
新时代"枫桥经验"传承与发展

中国调解立法整合的范畴与体系

周建华[*]

一、问题的提出

在《论语·学而》中,子曰:"礼之用,和为贵。""和"乃儒家和谐哲学思想之核心,[1]"和为贵"已成为中华民族的"集体潜意识",[2]渗透至世界万物纷繁复杂的矛盾处理中,遍及微观的个体、组织之间,中观的个体、组织与国家之间,宏观的国家与国家之间的多重关系。调解乃追求和谐之道,从古代社会的乡邻调解、宗族调解与官府调解到当代社会的人民调解、行政调解与司法调解,大调解格局一直存在于中国社会的变迁图景之中。

目前,大调解格局建设已纳入我国法治建设规划,重要的阶段性成果是2010年颁布的《人民调解法》。立法者在"统一调解法""大人民调解法""小人民调解法"三种方案中,[3]选择了一种形为"小人民调解法",实似"大人民调解法"的折中方案,即采取一元式人民调解"统合"各种民间社会性调解。然而,在迅猛发展的大调解格局中,这种"统合"的弊端日益凸显,人民调解成为收纳各种民间调解类型的"大口袋",造成该概念的"泛化"[4]。《人民调解法》中诸多条文的局限性又使得这种收纳"不伦不类",造成公益与市场、无偿与有偿、大众与专业、国内与国际等多方面的矛盾冲突,滞后的调解法律体

---

[*] 周建华,北京理工大学法学院副教授。
[1] "和"之含义被历代儒家学者诠释为:"乐也";"从容不迫之意";"以和顺于人心之谓";"发而皆中节谓之和";"调和""和谐"等。参见乐爱国:《历代对〈论语〉"礼之用,和为贵"的解读——以朱熹的诠释为中心》,载《东南学术》2020年第6期。
[2] 黎红雷:《儒家的和谐哲学及其在当代中国的运用》,载《现代哲学》2006年第3期。
[3] 参见范愉:《有关调解法制定的若干问题》(上),载《中国司法》2005年第10期。
[4] 参见廖永安等:《中国调解的理念创新与机制重塑》,中国人民大学出版社2019年版,第321页。

系严重阻碍了我国从调解大国、调解古国向调解强国的跨越。[1]

从宏观指向上看,我国调解法律体系存在两种优化路径:一谓"整合",即重申统一调解法方案,[2]把《人民调解法》整合改造为一部综合调解法,推动各调解类型的协调统一发展;二谓"分散",即延续《人民调解法》、三大诉讼法与仲裁法等法律中采取的"点状式"调解立法格局,[3]迎合调解类型新发展之需求而另行制定其他单行调解法,如"商事调解法"与"行政调解法"等。

我国调解的发展正处于现代转型与国际流通之十字路口,须慎重思考顶层立法设计的路径选择,是整合还是分散?这两种路径的利弊是什么?立法修改权衡的价值取向是什么?如果选择整合路径,还需思量调解立法的整合范畴如何确定?调解立法的体系结构如何规划?调解法与现行调解法律之间的关系如何处理?本文将基于上述问题的剖析,围绕调解立法整合路径的选择理由、范畴框定与体系规划展开论证。

二、调解立法的路径抉择:整合优于分散

尽管整合式的立法路径符合我国社会的长远利益,但现实情况却是,我国立法机关在经过长时间的利益博弈与条件取舍后最终选择了分散式的立法路径,此点已在《人民调解法》的制定过程中体现得淋漓尽致。整合路径不仅需要适应调解运作的国内外条件演变以及国内与国际治理格局之改革新趋势,还需要面临来自分散路径支持者的持续挑战。

(一)调解立法分散路径的优势与弊端

在大调解格局深化之际,调解类型与形态的愈发多元化使得分散路径在

---

[1] "一部《人民调解法》不足以构建起合理完善的民间社会纠纷解决机制"。参见范愉:《〈人民调解法〉的历史使命与人民调解的创新发展》,载《中国司法》2021年第1期。

[2] 参见杨荣馨:《构建和谐社会呼唤调解法》,载《法制日报》2005年3月4日,第3版;汤维建:《关于制定〈社会调解法〉的思考》,载《法商研究》2007年第1期;宋朝武:《调解立法研究》,中国政法大学出版社2008年版,第244-276页;吴俊:《〈人民调解法〉的不足与统一"调解法"的必要》,载张卫平、齐树洁主编:《司法改革论评》第15辑,厦门大学出版社2012年版;王秋兰等:《我国调解的立法、理论与实践问题研究》,中国政法大学出版社2014年版,第53页;张艳丽:《中国民间"调解法"立法模式及制定》,载《北京理工大学学报(社会科学版)》2015年第2期。

[3] 调解在纠纷解决体系中具有全面撒网、灵活组合的特质,能触角至广泛领域,也能任意搭配其他纠纷解决方式,于是在诸多法律中,如三大诉讼法和《仲裁法》《劳动争议调解仲裁法》《农村土地承包经营纠纷调解仲裁法》,以及《民法典》《行政复议法》《道路交通安全法》《消费者权益保护法》等中均有相关条文。

调解立法体系的完善讨论中依然占有重要分量。最近,有关单独制定"商事调解法"的呼声颇高。[1] 2018年联合国大会通过了《联合国关于调解所产生的国际和解协议公约》(以下简称《新加坡调解公约》),欲借鉴《承认及执行外国仲裁裁决公约》(以下简称《纽约公约》)的成功模式,架构国际商事调解的全球流通机制。我国作为《新加坡调解公约》的主要起草者与首批签署国之一(并且还是极少数的大国之一),[2]一直是国际商事调解的主要推动者,国际商事仲裁中的调解与仲裁相结合方式就是东方智慧的结晶。人民调解与商事调解之间存在调解组织的群众性与独立性、调解服务的公益性与市场性、调解员的大众化与职业化等价值定位和程序规则差异。这导致后者一直处于"无法可依"的状态。因此,学者们提出我国应利用签署和批准《新加坡调解公约》的历史契机,比照《仲裁法》《人民调解法》的立法内容,制定一部统一适用于国际、国内商事争议调解的商事调解基本法,营造有利于商事调解发展的氛围,引导商业调解职业化发展,为实现国内法和国际公约的无缝对接做好充分准备。

同时,倡议单独制定"行政调解法"的支持者也不在少数。[3] 行政调解与人民调解、司法调解被誉为大调解中的"三驾马车",2006年党的十六届六中全会通过的《中共中央关于构建社会主义和谐社会若干重大问题的决定》将"三大调解"有机结合作为基本政策确定下来。行政调解一改理论研究中

---

[1] 参见唐琼琼:《〈新加坡调解公约〉背景下我国商事调解制度的完善》,载《上海大学学报(社会科学版)》2019年第4期;段明:《〈新加坡调解公约〉的冲击与中国商事调解的回应》,载《商业研究》2020年第8期;许军珂:《〈新加坡调解公约〉框架下国际商事和解协议效力问题研究》,载《商事仲裁与调解》2020年第3期;刘晓红、徐梓文:《〈新加坡公约〉与我国商事调解制度的对接》,载《法治社会》2020年第3期;杨秉勋:《〈新加坡公约〉与我国调解制度的新发展》,载《人民调解》2020年第1期;宋连斌、胥燕然:《我国商事调解协议的执行力问题研究——以〈新加坡公约〉生效为背景》,载《西北大学学报(哲学社会科学版)》2021年第1期;刘敬东主编:《〈新加坡调解公约〉批准与实施机制研究》,中国社会科学出版社2021年版,第133页;孙南翔:《〈新加坡调解公约〉在中国的批准与实施》,载《法学研究》2021年第2期。

[2] 目前,《新加坡调解公约》的签署国达56个,其中批准生效的有11个。签署国中的大国除中国外,仅有美国。俄罗斯和欧洲强国(如法国、德国等)均未签署。中国和美国目前均处于已签署但未批准的阶段。参见联合国国际贸易法委员会网,https://uncitral.un.org/zh/texts/mediation/conventions/international_settlement_agreements/status。

[3] 参见张海燕:《大调解视野下的我国行政调解制度再思考》,载《中国行政管理》2012年第1期;刘鹏:《"大调解"视野下完善我国行政调解制度的思考》,载《社会主义研究》2012年第5期;耿玉基:《超越权力分工:行政司法化的证成与规制》,载《法制与社会发展》2015年第3期。

的边缘状态,[1]在实践运作中也逐渐恢复其第二的[2]地位,与其他两类调解的关系被界定为"以人民调解为基础、以行政调解为主导、以司法调解为保障"。[3] 2010年《国务院关于加强法治政府建设的意见》对构建行政调解工作机制的强调,有效推动了多部相关省级政府规章的出台,如《辽宁省行政调解规定》(2015年,已被修改)、《北京市行政调解办法》(2015年)、《浙江省行政调解办法》(2016年)、《江苏省行政调解办法》(2019年)。行政调解的统一立法缺失是挤压与束缚行政调解发展的根本原因,现在已有制定专门的"行政调解法"的趋势。

依据上述立法倡议逻辑,还可能需要制定"家事调解法""在线调解法"等。家事调解的纠纷对象非常特殊,牵涉情感与亲情关系的分离和割舍,注重当事人关系的修复以及子女的抚养与成长,呈现为一种转化型或改造型调解的运作模式。有学者提出在"民事诉讼法"或"家事诉讼法"中系统规定家事调解的内容,[4]但此方案并未包含诉外家事调解,故可能还需要另行制定"家事调解法"。在线调解是互联网信息技术运用于调解中的新形态,2021年最高人民法院发布了《人民法院在线调解规则》。如今在线调解已与线下调解不分伯仲,前者在未来还可能超越与替代后者。在线调解是否需要单独立法或者插入各种分散的调解法律,也是在未来调解立法中需要思考的问题。

分散路径的思路是"化整为零",即把调解类型拆解为若干阵营,有针对性地出台单行法律或融入其他法律中。其主要优势是能侧重关注调解类型的差异性与特殊性,在特定领域内对规范对象进行特殊处理,在适用方面寻求针对性的实践操作;在立法技术与效果方面,通常容易取得某个部门的支持,减少不同部门之间的博弈与利益冲突,在一方主力推动的前提下,容易起草、讨论与出台法律文本草案,进而争取尽早通过并颁布。

分散路径的重要弊端是缺乏整体的融贯与统一。零碎、点状式调解立法格局将各个单行法视为自给自足的规则体系,彼此之间各自为政、互相并立、相互隔离,容易形成一种多中心、碎片化、分散与并立的思维,而不是将调解

---

[1] 从中国知网查询篇名包括"行政调解"的期刊论文数量,明显可以看到自2005年处于不断增长状态,至2012年达到顶峰,有75篇。

[2] 参见蒋惠岭:《行政调解的"座次"之争》,载《人民法院报》2009年8月7日,第6版。

[3] 参见本书编写组编著:《党的十九届四中全会〈决定〉学习辅导百问》,学习出版社、党建读物出版社2019年版,第131页。

[4] 参见陈爱武:《家事调解:比较借鉴与制度重构》,载《法学》2007年第6期。

法律看作有机的、逻辑贯通的整体。分散路径中蕴含的单行法思维模式容易导致立法忽略各调解类型的一致性与协同性。调解类型的阵营拆解将可能造成调解适用局面的支离破碎，无法促成调解性质与基本原则的统一，无法实现调解员群体内部的交互贯通，无法促成调解员职业共同体的形成，无法有效整合调解资源并铸造为社会救济的独立支柱。在推动调解走出国门之时，分散路径倡导的若干单行调解法并存局面也将让国外当事人一头雾水、不知所措，不利于打造中国调解名片。

（二）调解立法整合路径的三重价值

区别于分散路径中的单行法思维，调解立法的整合路径将实现从单行法思维向类法典化思维的转化。调解法实则为调解的综合性基本法，也即调解法律的类法典化整合与编撰。在类法典化思维中，各个单行法要统一到调解法所确立的制度规则和价值理念上来，有利于消除单行法之间相互隔离、相互冲突的现象，从而形成一种"基础性、体系化、统一和融贯的思维"[1]。

与分散路径侧重立法效率的目标不同，整合路径着重于调解法律规制体系的整体性、一致性以及据此保障的公平性。调解虽与诉讼、仲裁共同被誉为纠纷解决机制的三大支柱，但在三者中调解是唯一尚未具有完整法律规则体系的一方，整合路径即力图消除此短板。一个完整的调解法律规则体系是促进调解行业健康发展、提升国际竞争力的必要手段。

与分散路径中"化整为零"的思路截然相反，整合路径秉承"化零为整"的思路，即要把分散路径中提及的多部单行调解立法予以综合，在同一部调解法律中提炼与归类，确立各调解类型的共同特征与一般性条文，构建其区分于其他纠纷解决机制的总体框架。比较于分散路径中"化整为零"的短平快特征，整合路径中"化零为整"的实施因着墨于求同存异、利益博弈与均衡而需投入更高的立法成本。

立法质量的提高是发挥立法的引领和推动作用之关键。[2]《法治中国建设规划（2020-2025年）》中提出要"加强和改进立法工作，深入推进科学立法、民主立法、依法立法，不断提高立法质量和效率"。整合路径作为一项以

---

[1] 关于基础性、体系化、统一和融贯思维的论述，参见王利明：《论〈民法典〉实施中的思维转化——从单行法思维到法典化思维》，载《中国社会科学》2022年第3期。

[2] 党的十八届四中全会通过的《中共中央关于全面推进依法治国若干重大问题的决定》指出："建设中国特色社会主义法治体系，必须坚持立法先行，发挥立法的引领和推动作用，抓住提高立法质量这个关键。"

统一与协调为宗旨的立法规划,将站得高、行得远。立法者应着眼于调解现代化发展的定位与走向,统筹兼顾立法中价值标准、合法性标准、科学性标准、融贯性标准和技术性标准,[1]耦合各单行调解立法中的差异与分歧,促使调解立法之间以及与其他法律之间的内在和谐,妥善处理好调解立法的前瞻性与阶段性、可操作性,以及稳定性和变动性之间的关系,推出一部体现宪法、法治、民主与科学原则的综合性调解法,打造独立的调解法律体系。

独立调解法律体系的形成,在理论上将有利于构建我国调解法学自主知识体系。调解在我国虽为一种历史最悠久、适用最广泛的纠纷解决手段,但至今并未形成完整的自主知识体系。在欧美国家早已把调解课程确立为法学院基本课程并开设调解法学硕士学位之际,[2]调解在我国法学院大多停留在民事诉讼法或仲裁法的夹叙讲义中,鲜少作为一门独立的课程而存在,而离设立单独的硕士学位点就更加遥远了。在缺乏调解法学教育体系化的情形下,调解法学的知识体系也仅停留在零星教材中。[3]一部完善的综合性调解法的出台,并辅以与之相衔接的辐射法律圈,不仅在实践中可以规范与推动调解的扩展适用,在理论上也有助于构建我国调解法学的自主知识体系。

独立调解法律体系的形成,还具有国内与国际实践的双重意义。一方面,它将有利于促使国内调解摆脱依附于其他纠纷解决机制的隶属局面,营造独立的纠纷解决领域,使之发展成为社会救济之独立支柱。调解因自由灵活之特质能与诉讼、仲裁任意组合,但这种组合在实践中大多呈现为调解对后两者的依附。因为法院与仲裁组织对案源具有分配控制权,且调解协议须借助诉讼或仲裁程序才能转化为执行依据,加之法律对调解与诉讼、仲裁的关系未予界定,造成在实践中调解员对法官、仲裁员具有一种服从与报告的隶属关系,甚至不能援引调解保密原则行使拒绝作证豁免特权。调解立法的

---

[1] 参见宋方青:《立法质量的判断标准》,载《法制与社会发展》2013年第5期。

[2] 在美国大学 U. S. NEWS 排名中,法律专业类别包含一个单独的种类,为"纠纷解决"(Dispute Resolution),旨在培养法学院学生通过谈判、调解、仲裁和解决问题导向处理客户的纠纷。2023年美国法学院中纠纷解决项目培养效果最好的前三名为哈佛大学、俄亥俄州立大学与佩波代因大学。See Best Dispute Resolution Law Programs, U. S. News, https://www.usnews.com/best-graduate-schools/top-law-schools/dispute-resolution-rankings.

[3] 调解方面的教材非常少,据笔者查询到的,如廖永安主编:《中国调解学教程》,湘潭大学出版社2016年版;廖永安主编:《调解学教程》,中国人民大学出版社2019年版;邱星美、王秋兰:《调解法学》(第3版),厦门大学出版社2022年版(第1版于2008年出版)。

整合路径则是要以社会调解为中心,统一调解类型的社会属性,确定调解协议的同等效力,从根源上推动各种调解类型的共同发展,使调解成为纠纷解决的独立支柱。

另一方面,它有利于推动中国范式调解理论与实践走出国门,为国际治理格局改革贡献中国经验与智慧。在全球化趋势加强之下,纠纷解决不再是一国之事,纠纷中涉外因素的广泛增加推动着纠纷解决机制的全球化运作。与分散路径中"化整为零"的自我拆分功能不同,整合路径中"化零为整"的自我凝聚功能将集合国内与国际调解的各种资源,促使形成可供参考与借鉴的东方调解经验模板,为我国争占国际调解服务市场的一席之地增添助力,从调解大国、调解古国升级成为调解强国。

因此,从立法、理论与实践的三重价值考量,我国调解法律体系的优化在宏观指向上适宜选择整合路径。接下来,需要对调解立法整合的范畴与体系进行界定,同时统筹权衡调解法与其他法律之间的替代、补充与衔接关系。

三、调解立法的整合范畴:以社会调解为基点

范畴是对事物进行归类整理时所依据的共同性质,即事物种类的本质。各国调解立法的整合范畴因源于各自的政治经济社会文化因素而呈现差异性。我国应以推动调解成为社会救济之独立支柱的目标追求而框定调解立法的整合范畴。

(一)调解立法整合范畴的域外视角

调解在各国的历史长河中都曾是一种古老的纠纷解决手段,只不过在近现代的法治进程中逐渐退位于诉讼与仲裁。20世纪中期在"接近正义"第三次浪潮的席卷之下,调解得以复兴与现代化转型。调解的法制建设自20世纪末逐渐成为各国立法的重要议题。

起初,调解立法只是关注诉讼程序中调解的鼓励与推广。1991年,南非颁布《特定民事案件速裁与调解法》,将调解制度引入普通治安法院的诉讼程序中[1];1996年,法国修改《民事诉讼法典》,增设诉讼调解的主体类型,在已有的国家依附型调解(conciliation)基础上增加了社会自治型调解(médiation);[2] 1999年,英国施行的《民事诉讼规则》将诉前议定书、案件管理制度、诉讼费罚

---

[1] 参见齐树洁主编:《外国调解制度》,厦门大学出版社2018年版,第433页。
[2] 参见周建华:《法国现代调解的发展:传承、借鉴与创新》,载《法学家》2015年第2期。

则等引入调解来解决纠纷,但政府对调解却较少干预,使之体现出完全的市场化模式。[1]

随着调解的扩展应用,其立法需求不再囿于民事诉讼领域,而是聚焦于纠纷解决的宏观领域,由此推动了调解单独立法国际浪潮的出现。例如,2003年的奥地利《民事调解法》;2005年的挪威《民事纠纷的调解和程序法》和列支敦士登《民事案件调解法》;2006年的罗马尼亚《调解和调解员职业组织法》;2008年的斯洛文尼亚《民商事调解法》;2010年的意大利《民事调解法》、俄罗斯联邦《调解替代程序法》、中国《人民调解法》、希腊《民商事调解法》;2011年的芬兰《民事调解和普通法院和解确认法》、哈萨克斯坦《调解法》;2012年的德国《调解法》、西班牙《民商事调解法》、捷克《调解法》;2013年的葡萄牙《调解法》;2015年的巴西《调解法》;2017年的爱尔兰《调解法》和新加坡《调解法》等。

上述调解法的适用范围首先均覆盖民商事纠纷的处理,其中一部分在法律名称中将适用范围限定于民商事调解领域,例如,奥地利《民事调解法》、挪威《民事纠纷的调解和程序法》、列支敦士登《民事案件调解法》、斯洛文尼亚《民商事调解法》、希腊《民商事调解法》与西班牙《民商事调解法》。部分国家选择在调解法的序言中限定规范的对象,例如爱尔兰《调解法》在序言中便说明"本法旨在规定调解的安排,作为提起民事诉讼或继续进行民事诉讼的一种替代办法而设立"。

各国调解法通常不涉及诉讼调解,后者规定在民事诉讼法中。[2] 许多国家选择在调解法颁布前后修改民事诉讼法,增强调解在诉讼程序中的适用。例如,奥地利为配合《民事调解法》的法院转介调解程序,修正了《民事诉讼法》的部分内容;希腊在其《民商事调解法》施行后,于2012年和2015年先后修改了《民事诉讼法典》,增加第214B条和第214C条引入司法调解,授权法院指定法官成为专职或兼职调解员;德国也在《民事诉讼法典》中增设第278条和第278a条,规定法院调解与法院附设调解。

也有国家没有采取单独的调解立法模式,而是选择把调解法律条文全部并入民事诉讼法典中。2012年法国《民事诉讼法典》增加了第五卷"协商解

---

[1] 参见齐树洁主编:《外国调解制度》,厦门大学出版社2018年版,第237页。
[2] 芬兰的《民事调解和普通法院和解确认法》为例外情形,第1条界定本法的适用范围包括:法院调解;对法院外调解协议的执行力确认;欧盟调解协议的执行力确认。

决纠纷",包含"协商调解和协商和解""参与程序""共同规定"三编。[1] 由此,法国《民事诉讼法典》实质转型为《民事程序法典》,涵盖诉讼、仲裁与调解以及参与程序等多元化纠纷解决方式。类似立法形式还见之于与法国法律一脉相承的比利时《司法法典》第七卷"调解"、加拿大魁北克省《民事诉讼法典》第七卷"私法纠纷预防和解决程序"第二编"调解"与卢森堡《民事诉讼法典》第三卷第二编"调解"。

一些国家在调解法中不断扩充其规范对象,使之不再局限于民商事纠纷,其中以向行政争议领域的扩张为典型。例如,葡萄牙《调解法》第1条确立的适用范围包括民商事调解和公共调解;巴西《调解法》第1条规定,调解是解决私人当事方之间争端的一种手段,也是公共行政范围内争端的自我解决方式。有的国家则采取一种类似于我国《人民调解法》的做法,并不清晰言明法律规范的纠纷类型,保留适用范围的伸缩性,如德国《调解法》与新加坡《调解法》。

综合域外调解法整合范畴的情况可以看出:第一,依据其所调解纠纷的实体性质,目前整合的类型基本为民商事调解,并也有开始涵盖行政调解的迹象,但鲜少涉及刑事调解;第二,依据调解与诉讼、仲裁三种纠纷解决机制的界限划分,调解法的规范范畴通常指诉讼之外的调解类型,而诉讼调解则规定在民事诉讼法中。

(二)调解立法整合范畴的中国定位

实现国家治理现代化是当前我国国家治理改革的主要任务。国家作为治理的整体性单元,需要促使政府、经济、社会等多元主体通过协商和对话等制度性形式,实现公共目标和推进公共利益。[2] 党的十九届六中全会通过的《中共中央关于党的百年奋斗重大成就和历史经验的决议》指出:"推动社会治理重心向基层下移,建设共建共治共享的社会治理制度,建设人人有责、人人尽责、人人享有的社会治理共同体。"我国国家治理格局目前有条不紊地实现着由点而面、自上而下的延展式下沉,追求政府、市场与社群之间"共治"秩序的塑造。这一秩序在形式上呈现为政府、市场与社群的互动融合,形成政府管理主义、市场理性主义和社会参与主义三重机制互涉融合的新

---

[1] 具体条文参见《法国民事诉讼法典》,周建华译,厦门大学出版社2022年版,第347-358页。
[2] 参见高奇琦:《智能革命与国家治理现代化初探》,载《中国社会科学》2020年第7期。

治理范式;在实质上要将国家主义法治形态导向更均衡的包容性法治,形成一种由责任法理(政府)、权利法理(市场)、公共法理(社群)组成的复合形态。[1]

我国调解法整合范畴的确立应以本法在国家治理现代化格局中的定位为首要依据。多元化纠纷解决机制的构建与完善是国家治理现代化的重要内容之一。依据解纷主体的性质差异,纠纷解决机制区分为私力救济、社会救济与公力救济。[2] 私力救济是当事人的自发性协商或自我救助行为,鲜少进入法律范畴,即使有也通常是一种"引导性政策"[3],主要借助以保护与实现私权为中心的民事立法来保障私力救济理性规则秩序的建立。[4] 公力救济存在国家公共力量的介入,以一种"权利的权利"形式垄断公共权力,从而取代权利主体自我救济的权利,[5] 为避免国家公共力量的介入沦为对当事人权利的剥夺与侵蚀,法律规制成为必要事项。社会救济作为一种折中引入社会组织的无强制性力量的纠纷解决手段,企图在私法权利理论和国家权力理论之间寻求平衡点,其以尊重当事人合意为原则,并规范救济方式以保障公平与效率价值的统一。

在纠纷解决的三大支柱中,诉讼表现为国家司法权力的介入,属公力救济;仲裁融合当事人合意与权力控制两重因素,属社会救济;调解虽以当事人合意为本质特征,但有第三方调解员的引导与协助,调解活动也应是在法律规范的框架内运作,故也属社会救济。按理来说,调解明显区分于仲裁与诉讼,基于各自属性与优劣势互补而应形成"三足鼎立"局面。

然而,现实中调解的法制滞后与性质效力不统一使其尚未凝聚取得社会救济的独立支柱功能。综合当前法律规定,调解是否发生在诉讼与仲裁程序中,对其性质与效力有根本影响。如果发生在诉讼与仲裁程序中,调解协议能取得一种类比于法院裁判、仲裁裁决的性质与效力,直接成为申请强制执行的依据。否则,调解协议要想取得执行效力,须经过下列间接转化路径:向法院提起合同之诉,取得胜诉判决;向法院申请司法确认,取

---

[1] 参见杜辉:《面向共治格局的法治形态及其展开》,载《法学研究》2019年第4期。
[2] 参见范愉:《非诉讼程序(ADR)教程》(第4版),中国人民大学出版社2020年版,第9页。
[3] 参见徐昕:《通过法律实现私力救济的社会控制》,载《法学》2003年第11期。
[4] 参见沃耘:《民事私力救济的边界及其制度重建》,载《中国法学》2013年第5期。
[5] 参见贺海仁:《从私力救济到公力救济——权利救济的现代性话语》,载《法商研究》2004年第1期。

得司法确认裁定；向法院申请督促程序，取得支付令；向公证机关申请制作公证债权文书。

以调解是否发生于诉讼和仲裁程序中为区分方法，蕴含着脱离实践发展的自我矛盾。以诉讼中的调解为例，在历经调审合一与调审分离的争辩后，为有效分离调解与审判功能，委托调解自21世纪初成为法院改革诉讼调解的重要手段，被正式确立于2004年最高人民法院颁布的《关于人民法院民事调解工作若干问题的规定》中。随着委托调解的实践推广以及对相应分歧的总结与回应，2016年最高人民法院颁布的《关于人民法院特邀调解的规定》以专项司法解释的形式对委托调解的升级版即特邀调解进行了详细规定，并以立案为节点区分为立案前的委派调解与立案后的委托调解。委派调解与委托调解本质实为同一制度，均属法院把调解任务转托给外部第三方完成，但二者在性质与效力上却存在明显差异：委派调解被定位于诉外调解协议，只能以司法确认程序赋予执行效力；委托调解则被定位于诉讼调解协议，可由法院制作调解书直接赋予执行效力。[1]

法院的调审分离改革实质是要通过引入社会调解力量，促进社会救济与公力救济的对接实现案件的外部导流。一方面，法院因为对日益精细化审判模式、高质量审判结果的追求，希望能够集中审判力量于法庭审理之中；另一方面，法院案多人少的现状与对矛盾纠纷源头化解、构建和谐社会的国家治理目标的追求存在张力，其希望借助于社会调解力量进行案源的转移与消化，从而消弭此种张力。但是，由于调解法律尚未对社会调解的性质与效力作出统一规定，特邀调解无法取得应有的独立属性，对法院的依附性质太过突出，使得独立调解成为空中楼阁，调解保密原则也形同虚设。

因此，为终结当前的分歧局面并形成凝聚之力，我国调解立法的整合范畴应以社会调解为定位，统一多元调解类型的性质与效力。笔者建议取消对诉讼调解、仲裁调解与社会调解的差别性对待，利用批准《新加坡调解公约》的契机，统一国内与国际调解协议的法律效力，使之同等取得直接执行效力，强化调解与仲裁、诉讼同等的终结纠纷之地位。调解法的构建应立足于调解归属社会救济的范畴，凝聚各调解类型之力量，使其被缔造为社会救济之独立支柱，以此推动调解发展成为与诉讼、仲裁相平行的纠纷解决机制。

---

[1] 最高人民法院《关于人民法院特邀调解的规定》第19条和第20条。

四、调解立法的整合体系:总则与分则

整合路径将调解法定位为综合性的基本法和框架性的程序法与组织法,[1]但它在整合协调统一各调解类型的共同特征之时,也包容彼此的差异性与多元性。故为兼顾这两种需求,应在立法体例上采取总则与分则的结构体系[2]。调解立法的整合虽会迎来调解领域的一次深刻变革,但"并非将我国调解体系推倒重建,而是在现有传统规范基础上进行合理的扬弃。"[3]

在具体实施中,应谨遵科学立法原则,尽可能维持已有法律体系的状况,在合理修改的幅度内把《人民调解法》整合改造为一部综合性调解法。在条文设计上,鉴于调解程序的灵活性、开放性与自愿性等特征,适宜选择"二元调解法律规制模式"[4],只对调解的核心问题进行框架式规定。在整合之时,相应修改与增设其他法律中的调解条文,建立调解法与辐射圈内其他法律之间的衔接机制,形成完善的有中国特色的调解法律体系。

(一)调解法总则:奠定统一基调

在总则中,应采用提取公因式方法确立多元调解类型共同适用的规则,奠定统一的基本框架,解决实践中的分歧与混乱,凝聚与整合各种调解资源,具体可以涵盖调解的定义、调解员、调解组织、调解程序与调解协议。

调解定义的界定对确立调解的合意与社会救济属性非常关键。《人民调解法》第2条中"促使当事人在平等协商基础上自愿达成调解协议"的规定虽使人民调解呈现合意特征,但除此之外,该条文还规定了"人民调解委员会通过说服、疏导等方法"促使当事人达成调解协议,在参与主体关系顺序上还着

---

[1] 参见范愉:《有关调解法制定的若干问题》(上),载《中国司法》2005年第10期。

[2] 在21世纪初有关调解立法的草案中,便有观点提出参照《合同法》的模式,分为总则与分则,总则中包括一般性规定,表达共性的东西,分则中囊括现存的各种调解方式,分门别类,加以细化。参见《全国政协提案委员会召开调解立法座谈会》,载王承杰主编:《仲裁与法律》总第88期,法律出版社2003年版,第7页;杨荣馨:《构建和谐社会呼唤调解法》,载《法制日报》2005年3月4日,第3版。

[3] 廖永安等:《中国调解的理念创新与机制重塑》,中国人民大学出版社2019年版,第327-328页。

[4] "二元调解法律规制模式"的基本建构思路是,除了自愿和排除规则,在国家立法层面,调解的其他面向都无须加以规制。如有需要,应该激活地方立法,允许各个地区创设符合自身实际的调解规制细则。参见熊浩:《论中国调解法律规制模式的转型》,载《法商研究》2018年第3期。

重凸显了第三方调解组织即人民调解委员会的主体作用。调解法中的调解定义在继承合意特征之时,将调整参与主体关系的顺序,突出纠纷当事人的主导地位,明确第三方调解员的协助与促进作用。[1] 鉴于调解的适用范围日益扩大,不仅限于平等主体之间的民商事纠纷,也渗透至行政主体与行政相对人之间的行政纠纷以及刑事纠纷等,在调解的定义中直接采用"纠纷"一词可以更好涵盖上述范围。故建议将调解定义为:"纠纷的各方当事人在调解员的协助下,秉持友好平等协商的诚信合作态度,在自愿和保密的基础上共同协商解决纠纷的活动。"

调解、诉讼、仲裁平等原则的确立是巩固调解作为社会救济的独立支柱之功能的必要条件。在调解法与三大诉讼法、仲裁法之间,选择以委托调解[2]为切入点构建其相互衔接关系,实现与诉讼、仲裁程序的连通。委托调解虽在法院系统推行已近二十年,但由于一直停留于司法解释层面,[3]法院无法梳理清楚其与受托调解组织之间的合理关系,无法实现调解任务的顺利达成,导致委托调解形成了一种以包揽方式为表现形态的"若即若离"的运作方式。为架构法院与社会调解组织之间的良性合作互动关系,调解法的总则应明确委托调解的地位和作用,对三大诉讼法与仲裁法对委托调解的导出与回流(与诉讼或仲裁程序的衔接)进行规定并清晰划定各自在委托调解中的责任与权限,保障社会调解组织在受托调解部分获得主动性与独立性,确保调解的社会救济属性。

总则应对调解员之生成路径采取全国统一注册登记的思路,规定只有注册登记的调解员主持的调解才能适用。非注册登记的调解员虽能主持调解,但不能援引调解法。调解法对满足注册登记条件的资格与培训要求只作框架性规定。资格方面应修正《人民调解法》中"就低不就高"的做法,学历要求

---

[1] 联合国《贸易法委员会国际商事调解和调解所产生的国际和解协议示范法》与《欧洲议会及欧盟理事会关于民商事调解若干问题的指令》对于调解的定义均侧重强调当事人的主体地位,前者第1条(3)中指明调解是"当事人请求一名或多名第三人('调解人')协助他们设法友好解决他们由于合同引起的或与合同关系或其他法律关系有关的纠纷的过程",后者第3条(a)中指明调解是"两个或多个当事人在自愿的基础上,借助于调解员的帮助,就他们之间的纠纷达成协商结果的程序"。
[2] 考虑到委托调解实践最早且从词面上理解更准确,而特邀调解只是一种人工的词语转化与界定,同时趋于消除委派调解与委托调解的人工区分,故建议选择沿用委托调解。
[3] 早在《人民调解法》讨论制定中,就有主张把委托调解纳入法条中,但最终未列入。参见范愉:《〈中华人民共和国人民调解法〉评析》,载《法学家》2011年第2期。

至少提升至大专,并同时增加调解培训或教育的要求。调解是一门技术与艺术,凡欲进入调解行业的人应熟悉调解的本质、原则、要求、目标、方式等,需要资深调解员从实务角度进行培训与指导。把调解员培训经历或学位教育作为注册登记的准许条件,培训资格发放给符合条件的调解组织,同时斟酌把调解法学教育纳入大学法学院的教育体系中,增设调解法律硕士学位。调解的教育体系与培训体系相结合,双管齐下将推动各调解组织与各大学法学院积极考量建设调解教育与培训体系,为职业调解员队伍提供人才储备库。

同时,调解法还需要包容多元化调解组织形式的存在,允许个人设立调解工作室,弥补调解组织固化或官僚化产生的弊端。在市场化竞争环境下,完全可以合理推断规模大的调解组织通常要比规模小的调解组织更有竞争力,但个人调解工作室可以在丛林环境中选择自己擅长的专业或行业领域的纠纷。有人可能质疑放宽调解组织形式与允许个人调解工作室,会造成调解的滥用和不公平现象。但是,调解员是调解中的灵魂人物,是调解成功的关键所在。只要调解员具有专业的调解知识与过硬的调解技能,无须依靠调解组织就可以个人名义来主持调解。个人调解的弊端在机构调解中同样存在,对此可以通过设立全国调解员协会实现调解员伦理道德准则的编订、加强调解员职业伦理建设、构建调解员职业责任保险与失职行为追究机制来进行保障。

调解程序虽以灵活著称,但并不意味着其漫无边际、无所拘束。因此总则中应确立调解的基本原则体系。调解以合意为首要特征,故建议构建一个金字塔式的基本原则体系:自愿原则处于金字塔之首,对等、诚信、保密原则则处于底端。[1] 自愿原则作为基本原则体系之首,对三大辅助原则(对等、诚信、保密原则)具有修改与变通之决定权。对等原则是辩论原则在调解程序中的延伸嬗变,调解员基于中立地位进行的调解活动应以平等对待当事人为基础。促进协商中的平等对话需要当事人之间坦诚相待,才能取得真实的磋商效果,故诚信对话至关重要。保密原则是调解与仲裁等非诉讼纠纷解决程序的特有原则,也是区分于诉讼审判程序的明显特征,其实施有利于营造调解程序的独立运作空间,避免其他力量的干预与影响,推动诚信平等对话氛围的形成。

作为调解自愿原则的延伸,总则需明确选择调解协议的法律效力。选择

---

[1] 参见周建华:《司法调解的契约化》,载《清华法学》2008年第6期。

调解协议,是指当事人在从事各类活动时签订的对于可能发生或已经发生的纠纷合意选择通过调解解决纠纷的协议,既可为单独的协议,也可为协议中的某个条款,如同仲裁法中的仲裁协议或仲裁条款。按常理推测,选择调解协议作为当事人合意的一种表现,是当事人签订的一种特殊合同,其合同标的为选择纠纷解决的方式。既然当事人表明此合意,从合同法律效力理论而言,选择调解协议应对当事人产生拘束力。此拘束力并非要求当事人必须达成解决纠纷的协议,而是拘束当事人采取调解作为纠纷解决方式的一种尝试与努力。选择调解协议的效力已在一些国家的调解法中被明确规定,如葡萄牙《调解法》第12条。[1]

最后,从批准《新加坡调解公约》的角度出发,为进一步加固调解的社会救济支柱功能,总则应考虑提升调解协议的法律效力,赋予其直接执行效力。调解协议的法律效力自21世纪初以来呈现不断提升的趋势,从无效力到合同效力,[2]再到申请司法确认效力,[3]也即从0到1.0版本再到2.0版本。在2.0版本中,调解协议申请司法确认程序于启动条件上,必须"由双方当事人自调解协议生效之日起三十日内"向管辖法院提出。此规定并不利于鼓励当事人选择调解,使调解员对自己工作的结果缺乏底气,也容易造成当事人不遵守承诺与随意反悔的行为产生。调解自愿原则并非给予当事人无时无刻的反悔机会。当事人接受调解时应意识到自己承诺的后果,调解正当程序保障当事人的实质参与,而对于恶意反悔者应处以法律惩罚。调解协议的法律效力适宜升级至3.0版本,与《新加坡调解公约》中国际商事调解协议直接执行程序的条文进行对接。调解协议的直接执行效力将与调解员的资格认证

---

[1] 葡萄牙《调解法》第12条"选择调解协议"规定:"当事人可以在合同范围内约定由该合同关系可能产生的纠纷应提交调解。选择调解协议必须是书面的。此协议由双方签署的书面文件、书信往来、电报、传真或其他提供书面证明的电信手段(包括电子通信手段)组成,则应满足书面形式要求。选择调解协议违反上述条文的规定,则无效。就选择调解协议中标的事项提起诉讼的州法院,应在被申请人提出请求后,不迟于提交其关于争议案情的第一份陈述时,暂停诉讼,并将案件提交调解。"
[2] 2002年最高人民法院《关于审理涉及人民调解协议的民事案件的若干规定》第1条第1款清晰界定人民调解协议具有"民事合同性质"。
[3] 2010年《人民调解法》第33条确立当事人合意申请法院启动司法确认程序取得执行效力的诉讼简化路径;2012年修改的《民事诉讼法》中第十五章"特别程序"增加第六节"确认调解协议案件",详细规定司法确认程序;2021年修改的《民事诉讼法》在繁简分流改革试点经验上扩大了申请司法确认的调解协议范围,不再局限于人民调解协议,而是包括经依法设立的调解组织调解达成的调解协议。

体系挂钩,只有注册调解员主持的调解协议才能适用调解法赋予的直接执行效力,由此可以预见,这一举措必然鼓励更多人申请成为注册调解员,也便于统一纳入全国调解员协会进行管理与约束。

(二)调解法分则:兼容多元与差异

调解法的分则将涵盖识别度高的多元调解类型,具体包括:历史根源深、组织广、公众最为熟知、极具有自身特色的公益性调解,即人民调解;按照实体纠纷类型区分的四类调解类型,即商事调解、家事调解、行政调解与刑事调解;以及数字社会中互联网信息技术、区块链与人工智能运用下而产生的新调解形态,即在线调解。分则中列举的调解类型并不穷尽,为将来包容新调解类型预留空间。

人民调解在我国作为特定概念和专门组织已有大半个世纪的历史,具有独特的生长路径,《宪法》授予其依托基层群众组织而建构是这一制度的基础。人民调解早已成为国家实现基层社会治理的重要手段,其设立面不仅广泛,而且能辅以政府财政支持,用来提供公益调解服务,具有包容处理庞杂且细枝末节的基层纠纷矛盾的伸缩能力。与人民调解组织相比,市场调解组织会趋于利益而容易产生地域分布的不均衡,例如律师事务所与仲裁组织的分布都比较集中于大城市。而人民调解组织作为一种公共服务机构则能实现分布的均衡性,特别是能够涉足市场调解组织不会涉及的广泛基层领域,提供当地需求的调解服务。[1] 分则中人民调解一章可以基本保留《人民调解法》有关人民调解的特殊规定,但同时应促进人民调解从过度依赖国家权威向增强社会自治过渡,实现国家权力与民间自治的互动转变,"搭建完全建立在服从者内心信服的基础上的权威"。[2]

商事调解是商事活动的组成部分,在商事交往全球化发展趋势之下更应注重商事调解组织的市场化运作。在待批准《新加坡调解公约》之际,我国商事调解组织进入国际商事调解蔓延之旋涡,将与欧美等国家创立的国际商事调解组织直接竞争。为把握国际机遇、应对国际挑战,分则中商事调解一章

---

[1] 人民调解组织与市场调解组织的并存,犹如基层法律服务所与律师事务所的并存局面,前者采取一种接地气式的服务方式,旨在为基层群众提供容易接近的调解服务,实现法律为民的目标,后者更加专业化与市场化,提供满足更高需求的并且愿意为之支付费用的调解服务。

[2] 钱大军:《组织与权威:人民调解的兴衰、重振和未来发展逻辑》,载《法制与社会发展》2022年第2期。

应确立商事调解员的专业选拔与培养路径、商事调解组织的市场运作模式[1]以及商事调解联盟的产生。

家事调解以追求情感关系的修复与维系为核心目标,其在诸多国家的家事纠纷解决程序中被确立为诉前强制程序。我国早在《婚姻法》(已失效)中便规定家事纠纷应遵循调解优先原则,但调解前置程序只被确立在法院的诉讼程序中。分则中家事调解一章应另行建构诉外家事调解前置程序,鉴于家事纠纷中情感纠葛的复杂性与未成年人利益保护的偏重性,应考虑引入家事诉讼改革实践中的"三员辅助"制度。家事调解员的资格条件应予特殊规定,如要求具备儿童心理方面的知识与经验。家事调解组织采取多元化形式,既可以是市场运作,如有志于家事调解的市场调解组织,也可以是公权力运作,如由人民调解委员会、民政局设立的家事调解委员会。

行政调解的规范对象包括民事纠纷与行政争议。行政主体及其工作人员主持民事纠纷的调解,不应与社会调解产生任何区别,故应适用调解法的总则条文,无须特殊化处理。行政调解也贯彻委托调解的改革脉络,不应以行政权的存在而改变调解的合意属性,无论是行政工作人员作为调解员,还是邀请外部的调解员进入行政调解,都应当遵循调解法的基本原则。分则中的行政调解一章特指针对行政争议的调解,应对行政调解组织与行政调解员的权利义务作出规定,特别要避免类似于审判中"调审合一"而可能产生的"调裁合一"弊病。此外,在行政调解协议的效力上也存在区别,特别是涉及行政责任的免除以及违反调解协议时如何追究责任的问题。[2]

刑事调解缘起于刑事自诉与刑事附带民事诉讼案件。自21世纪初在恢复性司法理念的影响下,刑事司法范式发生转型,所有与犯罪有关的人共同决定如何解决犯罪所造成的后果及对未来的影响的新纠纷处理方式逐步形成。[3]《刑事诉讼法》在2012年修正时增设当事人和解的公诉案件诉讼程

---

[1] 我国商事调解应从依附于法院和仲裁的模式发展为专业化、机构化、市场化模式,形成以社会资源调解为主、公权力调解为辅的格局。参见祁壮:《"一带一路"建设中的国际商事调解和解问题研究》,载《中州学刊》2017年第11期。

[2] 例如,依据《治安管理处罚法》第9条,公安机关对于因民间纠纷引起的打架斗殴或者损毁他人财物等情节较轻的违反治安管理行为,可以调解;经调解达成协议的,不予处罚;达成协议后不履行的,公安机关应依照本法对违反治安管理行为人给予处罚,并告知当事人可以就民事争议提起民事诉讼。

[3] 参见孙光妍、庞洋:《"恢复性司法"视角下"中国特色"的刑事调解》,载《学术交流》2010年第1期。

序,在2018年修正时确立认罪认罚从宽原则与增设速裁程序,一种"合意式刑事诉讼"[1]的制度框架基本搭建完成。依据《刑事诉讼法》第289条的规定,在公诉案件中双方当事人和解的,公安机关、人民检察院、人民法院应当听取当事人和其他有关人员的意见,对和解的自愿性、合法性进行审查,并主持制作和解协议书。调解员在公诉案件中的介入,可以使其中的和解自愿性与合法性得到更为有力的保障。但是同时,认罪认罚从宽制度因赋予检察官对刑事案件定罪量刑的决定权而可能导致其成为裁判主体的情况出现,蕴藏着认罪认罚的自愿性、真实性以及案件处理的公正性难以得到保证这三大风险。[2]因此,可以通过委托调解架构刑事诉讼与社会调解之间的桥梁,从而避免强制权力因素的干扰,保证刑事调解、和解与认罪认罚从宽中自愿的真实性,这将是分则中刑事调解一章应考量的问题。刑事调解的结果不仅涉及民事关系的处理,而且涉及刑事处罚的减轻或免除,也需在分则中作出特殊规定。

比较于传统的线下调解,在线调解借助互联网、大数据及人工智能等技术而具有缩短空间距离、方便调解沟通的优势,成为调解中的一种全新的运作形态。但也受限于技术,在线调解中同样存在适用场域的局限性、互动过程的非人格化、技术的瑕疵与缺陷、隐私易泄露等弊端。在线调解深刻改变了参与人之间的对话场域,即"从线下人与人之间的真实互动变成了以电子设备为中介的对话沟通"。[3]这种以计算机为媒介的人际沟通经常过滤掉面对面沟通中存在的诸多非语言传播要素,如副语言、强度、强调、速度、音量等,由于缺失了这些社会语境线索与非语言暗示,在线调解的交谈中容易出现"社会真空"。在线调解的运作形式必将带来调解正当程序基本原则的适应性演变。各国调解法在制定之时局限于当时技术条件的限制而鲜少考虑在线调解的规范,但信息技术的发展与新冠疫情的暴发使得在线方式不再是一种边缘方式,而成为社会运转与生活交往中的一种重要方式。探讨在线调解的原则与特殊规定,是调解法的分则中必须考虑的内容。

---

[1] 参见王新清:《合意式刑事诉讼论》,载《法学研究》2020年第6期。
[2] 参见孙长永:《中国检察官司法的特点和风险——基于认罪认罚从宽制度的观察与思考》,载《法学评论》2022年第4期。
[3] 熊浩:《论法院在线调解的机能失调:基于媒介传播与冲突化解的双重视角》,载《法制与社会发展》2022年第2期。

五、结语

调解立法的整合路径是指在遵循立法原则的前提下,把《人民调解法》整合修改成为一部综合性调解法,包括总则与分则。总则通过确立多元调解类型所共同适用的规则而奠定统一的基本框架,分则则涵盖各调解类型的特殊规定以包容多元性与差异性。在整合之时,还需关注该法辐射圈内其他法律条文的增设与修改,从而通力打造独立的调解法律体系。这一法律体系的形成将有力支撑中国调解法学之自主知识体系的建构,两者相辅相成,必将推动现代调解新格局的发展,塑造社会救济之独立支柱功能;同时,还将有利于生成中国式调解范本,推动中国调解走出国门,基于构建人类命运共同体使命而助推国际治理格局的改革。

弘扬传统"和"文化　绘就广东新"枫"景
——关于发挥广东"和"文化在坚持和发展新时代"枫桥经验"中作用的研究

王　辉*

一、"和"文化在坚持和发展新时代"枫桥经验"中的意义

（一）"和"文化是坚持和发展新时代"枫桥经验"的特色之魂

习近平总书记在学习贯彻党的二十大精神研讨班开班式上发表的重要讲话中指出，"中国式现代化，深深植根于中华优秀传统文化"。[1] 中华优秀传统文化是中华民族的"根"与"魂"，也是中国式现代化的文化沃土和思想根基。早在140多年前，马克思就提出跨越"卡夫丁峡谷"的设想，为开辟一条不同于西方现代化的道路提供了重要理论基础，经过百年实践，中国将马克思主义与中国国情、中华优秀传统文化相结合，找到了一条中国式现代化道路。事实证明，现代化没有固定模式，来源于中华优秀传统文化的中国式现代化就是我们特色的现代化。

"和合"一词可以追溯自《国语·郑语》中"商契能和合五教，以保于百姓者也"。"和"本身已经包含了"合"的意思，就是由相和的事物融合而产生新事物，张立文教授为了突出这一点，提出"和合"文化概念。[2]"和合"文化即"和"文化，其是中华优秀传统文化精髓，[3] 塑造了新时代"枫桥经验"，是

---

* 王辉，广东省司法厅人民参与和促进法治处。
[1]《习近平在学习贯彻党的二十大精神研讨班开班式上发表重要讲话强调　正确理解和大力推进中国式现代化》，载《人民日报》2023年2月8日，第1版。
[2] 参见张立文：《和合学——21世纪文化战略的构想》，中国人民大学出版社2006年版。
[3] 参见习近平：《之江新语》，浙江人民出版社2007年版，第150页。

中国式现代化在社会治理领域的特色之魂。在新时代,要使中国式现代化以及"枫桥经验"被世界广泛认同和接受,固然离不开经济和科技上的成就,但更离不开思想文化价值观上的影响力。因此,超越西方的现代化标准,坚持和发展新时代"枫桥经验",必须坚持中华传统文化的本位立场,在尊重历史、立足现状中推进中华优秀传统文化的创造性转化和创新性发展,提升新时代"枫桥经验"的国际形象,铸就中国式社会治理现代化的话语之魂。

(二)"和"文化是坚持和发展新时代"枫桥经验"的动力之源

中华民族经过几千年的探索形成了关于国家治理的丰富思想,这些蕴含"和"文化的思想为当代中国坚定制度自信提供了深厚滋养,是坚持和发展新时代"枫桥经验",推动中国式社会治理现代化的动力之源。首先,"和"文化塑造了"枫桥经验"。儒家强调"仁",认为仁慈是社会的基础,并以此衍生出"以和为贵"的思想,成为用调解方式化解矛盾达到和谐稳定的社会基础;儒家强调"礼",认为"礼"的作用就是"定分",提出"德主刑辅",与"三治融合"一脉相承;儒家强调"义",提出"重义轻利",这种义利观能在化解矛盾中做到"相互谦让"。其次,"和"文化为"枫桥经验"提供了实践先例。费孝通认为,乡土社会里的权力结构名义上是"专制"和"独裁",但在基层人民实际生活上看却是"松弛"和无为。[1]"皇权不下县"是乡土社会的基层治理特点,县以下主要靠人们自觉以及乡绅等群体来进行管理,在这种语境下,面对矛盾纠纷多采取调解等较平和的手段。这为新时代践行"枫桥经验"即"注重抓基层,实现矛盾不上交"提供了实践先例。最后,"和"文化是"枫桥经验"长盛不衰的源泉。坚持以人民为中心,发展全过程人民民主正是"民惟邦本、本固邦宁"民本理念的生动体现。坚持党是领导一切的,正是"六合同风、九州共贯"的大一统观念在当代的传承发展。坚持"无讼"理念,打造"无讼社区"也源自《论语》"听讼,吾犹人也,必也使无讼乎"的思想。

(三)"和"文化是坚持和发展新时代"枫桥经验"的成功之径

习近平总书记提出"文化育和谐"[2],强调把马克思主义同中华优秀传统文化相结合,这是我们在探索中国特色社会主义道路中得出的规律性认识,是我们取得成功的最大法宝。将"和"文化同马克思主义相结合,就是坚

---

[1] 参见费孝通:《乡土中国》,青岛出版社2019年版,第109页。
[2] 习近平:《之江新语》,浙江人民出版社2007年版,第150页。

持和发展新时代"枫桥经验",推动中国式社会治理现代化的最大法宝。究其原因,一是功能性。长期以来,文化作为一种软实力,不但具有满足人民群众精神需求,促进经济发展的显性功能;也有规范人的行为,化解矛盾纠纷等隐性功能。古人所说的"道以德教者,德教洽而民气乐"就是文化发挥社会治理作用的重要体现。二是便利性。借助本土资源参与法治建设是使人们下意识认同法律的便利途径。[1] 文化治理作为一种内在自我约束力量比法治等其他治理方式的成本要低,可以说是低成本维护社会和谐稳定的上佳方案。三是地域性。基层社会"百里不同风,千里不同俗"的特点,使得基层治理不仅要贯彻国家法律的统一性,也需要重视地域特性,充分挖掘地方文化和吸收地方治理的智慧,可以为坚持和发展新时代"枫桥经验"筑牢文化根基。

二、广东"和"文化的内涵及其在坚持和发展新时代"枫桥经验"中的实践

(一)广东"和"文化的内涵

广东"和"文化是中华"和"文化的重要分支,以海洋文化及农业文化为源头,其在发展过程中不断吸取中原文化和海外文化融合成具有"和"元素的文化,包括广府、潮汕、客家三大民系"和"文化和其他"和"文化。广府"和"文化以珠江三角洲最为突出,既遗传古南越文化,也受中原汉文化哺育。由于从汉代开始与海外文化的接触交流不断,广府成为岭南最活跃开放、最具商品意识,最富有反传统精神的地区,形成了以开放、商业、创新为特征的"和"文化,其中以粤贤文化、粤俗文化和粤商文化为代表。潮汕地区地狭人稠,激烈的竞争环境培养了潮汕人创造、开拓和冒险的精神,不少人到海外谋生,在农业上精耕细作,在手工业上精雕细琢,在商业上更是精打细算。宋元明清时期,大量移民入潮,闽文化北来,形成了以精细、爱国、互助为特征的"和"文化,其中以潮食文化、潮侨文化和潮堂文化为代表。客家人经过由人口稠密、文化经济较发达的中原地区向人烟稀少、经济落后的偏远荒蛮地区的迁徙,不断与南方的百越族(畲族、黎族、瑶族等)融合,并在积极投身革命事业中形成了以包容、奉献、自然为特征的"和"文化,其中以古色文化、红色文化和绿色文化为代表。

---

[1] 参见苏力:《法治及其本土资源》,北京大学出版社2022年版,第144页。

（二）广府"和"文化在坚持和发展新时代"枫桥经验"中的实践

广府由于最早受到海外尤其是近代西方文化思想的影响，其得风气之先，再在强悍的民性与冒险、创新的气质的影响下，涌现了许多英雄和先贤[1]，并由此形成了粤贤文化。粤贤文化在纠纷化解和社会治理中发挥了积极作用，是普遍认同的"和"文化。茂名为弘扬冼夫人"惟用—好心"精神，设立了"好心五老"调解室，打造了"好心书院"和"好心法治"阵地。肇庆汲取包公文化中的"法为上、和为贵、调为先、让为贤"精神，推动实现乡贤个人调解室在每个县区全覆盖。清远将贤人治理与民族文化相结合，打造了"瑶老"调解和壮家圩日调解，以及时化解涉民族纠纷。云浮、揭阳和揭东依托由"熟人"精英组成的乡贤理事会推动农村公共事业的发展。[2] 深圳西乡"说事评理"将乡贤治理和陪审模式结合，引入市民评理和专家调解，成为基层化解疑难复杂纠纷的有力品牌。

广府风俗文化历史悠久、特色鲜明、影响广泛，传统的广府庙会活动包含了粤剧、功夫、醒狮、灯会等，是广府风俗文化最集中的体现。这些"粤韵风华"本质上均蕴含着解纷妙招和治理良方。东莞洪梅镇发动洪屋涡文武粤剧社积极参与各类普法活动中，将案例编写成朗朗上口的唱词，用顿挫分明、圆润雅淡的唱腔，拉近普法、调解与群众之间的距离。佛山下足"功夫"，弘扬"匡扶正义、锄强扶弱"精神，组建功夫平安志愿队、打造功夫角，以"武"止戈提升城市平安感。在"中国醒狮之乡"遂溪，文车村和许屋村曾有百年积怨，通过醒狮文化节切磋"狮艺"从而使得这些恩怨得以消弭，"醒狮起舞泯恩仇"成为当地美谈。

广府人具有敢于探索的拼搏精神，视野较为宽广，思路较为开阔，商品意识和价值观念较强，创造了珠江三角洲的多元农业商品经济。"广帮商人"在清中期已驰名全国，广州十三行成为洋船云集的外贸要冲。改革开放以后，来粤投资的企业家们又形成了以包容、和气和开放为特征的新粤商形象，深圳拓荒牛就是改革开放新粤商的象征。近年来，粤商文化为湾区高质量发展营造了良好的营商环境。一是以"包容"促进法治化。以包容、敢为人先的精神形成了涉及律师、调解和仲裁等一批湾区示范规则和标准，出台"18条"以

---

[1] 南粤先贤馆展示的56个先贤就是代表。
[2] 参见徐晓全：《新型社会组织参与乡村治理的机制与实践》，载《中国特色社会主义研究》2014年第4期。

降低市场主体的制度性交易成本。二是以"和气"助力市场化。"和气生财""重商重义"的理念构筑了市场的有序环境,这使得港澳律师来粤执业成为普遍现象,商事商会调解组织实现较快增长。三是以"开放"对标国际化。以务实开放的国际化视野设立了第一国际商事法庭,培育了一批律师,以及仲裁、调解等涉外国际法律服务示范机构,广州发布了全球首个互联网仲裁标准和商事争议解决 ODR 平台,珠海设立了首个工程争议国际调解中心。

(三) 潮汕"和"文化在坚持和发展新时代"枫桥经验"中的实践

美食家蔡澜说"食在广州,味在潮汕",源于潮汕地区"种田如绣花"的农业经济方式,使精细成为潮汕饮食文化最突出的特征[1]。工夫茶、潮菜等均是潮汕饮食文化的重要表现形式,是潮汕人"习尚风雅,举措高超"的象征。潮州"工夫茶二十一式"体现了"和、敬、精、乐"的茶道精髓,启迪人们传承和弘扬"和为贵"的高尚情操。潮州将"工夫茶二十一式"泡茶精髓与人民调解相结合,将纠纷化解过程分解成以下步骤:"识茶"—甄别纠纷;"醒茶"—剖析纠纷;"泡茶"—依法待纷;"斟茶"—以理评纷;"敬茶"—动情解纷;"悟茶"—纷结事了。由此形成了极具"法味"与"潮味"的"茶文化六步调解法",体现了潮州在矛盾纠纷化解上的精细特点[2]。

在广东各地域中,潮汕华侨人数最多,其文化影响深远。潮汕华侨文化包括侨批、侨宅、碉楼、骑楼等,"侨批"是华侨家书和汇款凭证,是海外华侨连接家人、家乡和祖国的纽带,蕴含着"百善孝为先""业无信不兴"的理念。"碉楼"是侨民为了防卫、居住而建,其"碉其稳""碉其精""碉其和"的特征蕴含着"和睦、团结、多元、互动"的理念。[3] 华侨文化承载着外出谋生广东人的苦难史、创业史、爱国史、中西文化交流史,形成了不可复制、不可替代和不可再生的地域性的"和"文化。在华侨文化浓厚的汕头与江门,其为守护华侨权益,在辖区内以及海外设立涉侨调解室或涉侨纠纷化解工作联络点,出台了《汕头华侨经济文化合作试验区条例》;善用"侨"力量,将侨胞纳入调解专家库或公共法律服务团,成立汕潮揭"一带一路"涉侨法律服务团;搭建云端"侨",在线化解侨民纠纷,为海外侨胞提供远程视频公证服务。

---

[1] 参见林伦伦:《"潮汕文化"的自新与粤东社会的发展——"潮汕文化"三题》,载《汕头大学学报(人文社会科学版)》2008 年第 4 期。

[2] 参见周虹:《潮州市打造特色茶文化调解品牌》,载《长安》2022 年第 11 期。

[3] 参见李晓蕾、甘素芳:《传统文化在新时期社会治理中的功能和作用——以广东省开平市碉楼文化为例》,载《农村·农业·农民(B 版)》2020 年第 2 期。

潮汕善堂是一种民间自发组织的,同时兼具慈善与信仰色彩的组织,其起源于北宋时期,有700多年的历史,现存300多个。善堂运作所需资金源于社会捐赠,其广施仁德、扶危济困,是潮汕独特的"和"文化。善堂在1922年"八二风灾"和2008年冰雪灾害和汶川地震中进行赈灾救灾,为维护社会稳定发挥了显著作用。发展到新时代,善堂逐渐向公共管理和民生公益服务转型,服务类型涵盖养老、教育、消防、调解等社会治理各方面。汕头的善堂精神随处可见:汕头"呼援通"通过组建志愿者为辖区老人提供紧急呼援等公益服务项目;汕头金平广厦街道"五老"志愿者是汕头社区治理的"好管家";汕尾城区金町村志愿者组建的"夕阳红·老娘舅"调解服务队为村民解决了多起纠纷。

(四)客家"和"文化在坚持和发展新时代"枫桥经验"中的实践

客家文化保护区是广东唯一的国家级生态保护区。古色古香的围屋,古朴独特的谣谚,古邑之魂的家训,中州古调的汉剧,源自古代的擂茶等,这些客家古色文化充满着客家的"和谐包容"理念。近年来,按照"客家人管客家事"的原则,客家地区将客家古色文化融入人民调解工作中,打造"客家事客家解"的调解品牌,实现了矛盾不上交的治理成效。梅州依托围屋或祠堂开展"叔公"调解,整理宣传具有"和"元素的客家古训并运用到调解过程中,邀请懂谣谚的调解队伍现场说唱式促和,有效化解并预防矛盾。深汕合作区和河源紫金以擂茶文化中的"礼""合""和""清"为引领,积极探索"擂茶调解法",设立"擂茶调解室"。基层干部、人民调解员和居民群众以"擂茶会"为媒介,引导广大居民群众办事依法、遇事找法、解决问题用法,古时"擂茶"治病良方在今日仍可解"纠纷顽疾"。[1]

客家地区在新中国成立前大多属于原中央苏区,是广东最早建立党组织的地区,是三河坝、"九月来信"等革命事件的发生地,长征参军和牺牲人数全省居首,拥有梅州学宫、红军长征粤北纪念馆等众多红色基地,红色文化底蕴浓厚。近年来,客家地区充分挖掘红色资源,将"政治优势"转化为"治理优势"。梅州马图村积极探索"红色+客家"治理机制,发挥党员"红色引领"作用,利用"四月八"茶香节开展纠纷化解和普法等活动,为解决老区的社会治

---

[1] 参见广东省司法厅:《广东巧用客家文化促进人民调解工作,实现"客家事客家解"》,载微信公众号"广东司法行政"2023年5月6日,https://mp.weixin.qq.com/s/qvPsP57Yv-SBAVTY3HnHzQ。

理问题提供参考。韶关培育"社区吹哨、党员报到""红袖章""平安志愿者"等"红色品牌",丰富了红色治理的途径。连州将红色文化与建设调解队伍、化解纠纷深度融合,用红色文化凝聚人心和纾解心结,弘扬"当好红色基因传承人"的理念。

客家地区大多属于北部生态发展区,长寿乡数量在全省居首,客家人注重与自然和谐共处,爱护山水的理念深入人心,客家人把妈祖从沿海请到山里作为山乡的保护神,最终形成了注重环境保护、资源节约、可持续发展的绿色文化,并积极将其用于社会治理。[1] 例如,河源出台了《河源市扬尘污染防治条例》等法规,持续开展环境监测和污染防治,并设立了万绿湖旅游巡回法庭,在此基础上构建了东江、新丰江流域生态环境司法保护协作机制,以法治保障河源高质量发展。再如惠东巽寮设立了巽寮度假区人民调解组织和旅游巡回法庭,积极化解旅游和环保纠纷,此外还积极开展客家歌曲创作比赛以及送法进码头、上渔排、入市场等活动,绘就绿美治理图景。

(五)其他"和"文化在坚持和发展新时代"枫桥经验"中的实践

除了三大民系,广东还有许多其他民系,其"和"文化同样在坚持和发展新时代"枫桥经验"的实践中发挥了重要作用。例如,海陵岛是"舟楫为家,捕鱼为业"的疍家人的居住地,其巧用"船上议事、咸水歌叙事、老渔民管事、渔委会平事"等方式,将疍家文化与人民调解深度融合,实现矛盾纠纷"小事不下船,大事不出港"。又如,雷州利用"年例",由村中长辈出面,摆上一桌"和头酒",三言两语就化解了矛盾,传承以邻里团结为内涵的"姑娘歌",为当地的和谐营造良好氛围。[2]

三、广东"和"文化在坚持和发展新时代"枫桥经验"中面临的现实问题

通过调研,我们发现广东"和"文化在坚持和发展新时代"枫桥经验"的实践中面临一些问题或不足。

---

[1] 参见黄晓锋、陈红心:《区域文化传统与创新社会管理——以客家文化为例》,载《嘉应学院学报》2012年第7期。
[2] 参见赵银月:《充分发挥地方传统文化促进社会稳定和谐的作用——以广东湛江为例》,载《传承》2008年第22期。

（一）文化重视问题

广东不同地域的"和"文化在坚持和发展新时代"枫桥经验"中发挥的作用处于不均衡不充分状态，一般而言，农村地区要优于城市地区、老社区要优于新社区、基层执政能力强的地区要优于执政能力弱的地区。究其原因，部分地方对"两个结合"理解不深，对发挥"和"文化作用的重视不够。部分地方重视以经济和行政手段实现治理，相对忽视发挥"和"文化治理的作用。还有部分地方对"和"文化的教育、宣传培训力度不够，导致少数群众思想上并不完全认可。

（二）文化甄别问题

广东部分传统文化宗法观念浓厚，与中华民族现代文明不协调，对其进行创造性转化的力度不足。如雷州等地区的基层宗族势力过于强大，时有发生的宗族纠纷甚至大规模械斗，再如，潮汕的拜神游神等形式也与现代文明格格不入。一些地区由于资本的逐利性以及外来文化的冲击，传统文化市场趋于低级化、恶俗化和西方化，文化价值和自主性缺失。

（三）文化传承问题

由于新生文化冲击、作品创新滞后、宣传鼓动不足以及培训不到位等，导致一些"和"文化面临着传承断代和衰落的隐忧。如客家古色文化中的山歌、谣谚、汉剧、木偶戏等随着客家地区城市化进程的加快，对年轻人的吸引力正逐步降低，进而导致这些文化濒临失传。一些地区由于在城市改造中急功近利，片面追求现代化导致祠堂、牌坊和围屋被拆除重建。

（四）文化挖掘问题

"和"文化的时代内涵和价值挖掘利用不够，与新时代"枫桥经验"所要求的数字化、精细化、科学化、法治化仍有差距。具体体现在：第一，部分粤俗文化的创新载体欠缺，与现实契合点较少，寓教于无形的效果不佳；第二，部分潮汕地区文化较为保守排外，华侨和善堂的资源利用不足，科学治理的成效不佳；第三，潮汕部分商人的"抱团""狭隘""敢干"的观念不利于法治化营商环境的构建；第四，部分传统村落和历史文化街区的改造过于粗放，精细化、系统化治理有待提高；第五，一些客家族谱中关于"禁砍伐""保山林"等生态保护规约未得到有效遵守，生态和资源遭到破坏的情况仍有发生；第六，部分地方对粤贤、孔庙、道家等文化的挖掘力度不够，未能最大限度发挥出其在维护稳定和社会治理中的功效。

四、广东"和"文化在坚持和发展新时代"枫桥经验"中作用的优化路径

我们应当更加重视发挥广东"和"文化在坚持和发展新时代"枫桥经验"中的作用,以"两个结合"思想为指引,将马克思主义、广东"和"文化与广东实际相结合,既要总结提炼实践经验,又要注意解决面临的问题,着力实施"'和'文化治理工程",努力绘就新时代广东"枫"景。

(一)发掘民间"粤贤",推动群众自治

坚持以人民为中心,紧紧依靠人民是新时代"枫桥经验"的灵魂。要弘扬"粤贤"精神,总结贤人治理的实践经验,广泛发动乡贤能人开展自治管理。具体可从以下三个方面展开:第一,发掘能人,培育基层带头人。一方面,配齐配强村社"两委"班子,努力把拥护党的领导、遵纪守法、群众基础好的民间贤人吸纳进班子;另一方面,将离退休干部、草根代表、热心公益人士等培养成村社领袖,发挥其利益表达、参政议政、调解纠纷的作用,成为村社两委的补充。[1] 第二,搭建乡贤自治平台。如建立百姓说事点,广泛吸纳"叔公""族老"以及专家等设立乡贤能人带头的个人调解室,推广说事评理工作法。结合"百千万"工程,可建设万个说事点,千个乡贤调解室,百个金牌调解室,并加大政府扶持力度。第三,加大对乡贤参与治理的嘉许力度,调动其建设家乡的积极性与创造性。

(二)打造数字"粤俗",着力宣扬德治

强化德治在社会治理中的引领作用,提升社会治理数字化水平是新时代"枫桥经验"的基本内涵。挖掘本地优秀"和"文化,如庙会、功夫、粤剧等,并以移动互联网的发展为契机,以智慧小区为载体,发挥社会主义核心价值观和民间粤俗文化相结合的浸润、感召作用,着力打造云上德治、数字粤俗等法治文化宣传品牌,促进粤俗"和"文化成为新时期凝聚民心、增进团结、促进和谐的精神力量。增强村社功能,广泛开展粤俗文化活动,如组建青壮年舞狮队、龙舟队、老年人粤剧团等,从而增强村社向心力、凝聚力和亲和力,推进村

---

[1] 参见邓智平:《文化育和谐:传统文化在基层社会治理现代化中的作用》,载《中国矿业大学学报(社会科学版)》2019年第1期。

社社会治理共同体建设。

(三)坚持法治"粤商",推动湾区治理

坚持法治保障是新时代"枫桥经验"的基本方法,也是打造最好营商环境的重要依托。要以粤港澳三地重商重义、务实开放、敢为人先的粤商文化为引领,推动构建粤港澳大湾区社会治理格局。拓宽域外法查明渠道,推进三地法律服务市场深入对接,推动商事调解和仲裁市场化、专业化和国际化,进一步落实三地在民商事调解、仲裁和判决的承认和执行,推进中立第三方评估机制、创新无争议事实确认等,加强人才融合,完善湾区民商事纠纷多元化解机制。在尚不具备统一立法的前提下,首先推动三地在规划、清理等方面立法实现协调一致。运用行政执法的协同合作框架协议推进三地多领域协同执法。降低湾区市场主体的制度性交易成本,加强产权的司法保护,提升湾区法治化、市场化、国际化的营商环境。

(四)推广精细"潮食",推动精细治理

坚持科学、精细治理是新时代"枫桥经验"的基本内涵。要学习借鉴"潮食"文化的精细精髓,推广"茶文化六步调解法",创造更多的精细化社会治理样本。在矛盾纠纷的风险排查上,可借鉴潮汕牛肉火锅"庖丁解牛"式吃法,针对风险等级、类型不同的矛盾纠纷,"涮烫"次数和方法也应不同,以实现纠纷预防排查的最优解。在矛盾纠纷的化解上,也应就事前、事中和事后进行全周期全链条精细化管理。从矛盾纠纷的不同类型出发,融合本地"和"文化,创造更多的精细化调解法,做实矛盾纠纷化解"后半篇文章"。在城市治理上也应如"绣花"般,首先绘制治理"图样",其次锤炼"绣花"功夫,施展"微操技术",再次聚焦"难点"和"堵点","一题一策"解决顽疾,最后坚持"精治、法治、共治",提升治理水平。

(五)传承爱国"潮侨",推动内外共治

统筹国内法治和涉外法治,推动涉外纠纷多元化解也是新时代"枫桥经验"的应有之义。传承爱国"潮侨"文化,做好"侨"文章,是推动广东高质量发展的有力举措。具言之,可以通过发挥"侨心""侨智"作用,通过在海外设立华侨联络点、发掘"侨"文化精品等方式,吸引鼓励更多的华侨华商参与"一带一路"建设中,推动"一带一路"倡议沿线国家在合作中优先选择谈判、斡旋等替代性纠纷解决方式,推动涉外企业健全合规体系,有效应对"长臂管辖",做好"民间亲善大使",以"和"文化推动人类命运共同体建设。通过设立涉侨调解室、推广云端"侨"等方式深化涉外矛盾纠纷多元化解机制，着力打造"丝路枫桥"。

（六）发扬善美"潮堂"，推动多元共治

坚持多元共治，推动矛盾纠纷多元化解是新时代"枫桥经验"的基本理念。要发扬潮汕善堂精神，发动社会各方力量参与公益，把传统慈善引入中国式社会治理现代化轨道。一是优先发展具有扶贫济困功能的各类基层慈善组织，如鼓励人民调解组织建立慈善互助会，设立调解慈善救助金等，为生活困难的当事人提供救助。通过实施政府购买、税收优惠、公益创投等方式为慈善活动提供资金支持。二是常态化实施"我为街坊搭把手"等志愿服务项目，全面推行"时间银行"，并在志愿服务中引入积分兑换回馈金等激励措施，更好地激发群众参与志愿服务，打破"陌生人社会"的弊端，为"枫桥经验"城市化提供支撑。三是营造公益慈善的良好氛围。通过拓宽慈善文化传播渠道、加大宣传力度等方式增强全民公益慈善意识。

（七）守好客家"古色"，推动矛盾不上交

实现矛盾不上交是新时代"枫桥经验"的初心本意和核心要义。要充分挖掘客家古色文化，通过开展"一村一祖祠祖训"等活动，整理编写不同姓氏家训、山歌、汉剧等文化题材，加强客家谣谚、细妹调解员队伍专业培训力度，推广客家擂茶调解法，开展汉剧调解文化宣传，并将客家"和文化"贯穿于人民调解、行政调解和专业性调解全领域、全过程，深化"客家事客家解"调解品牌，推动客家地区实现矛盾不上交。推动风俗不同的地域在遵守法律的基础上利用"和文化"化解本地矛盾纠纷，着力实现自家纠纷自家解、矛盾不上交的社会治理效果。

（八）坚持党建"红色"，推动"小微"治理

党建统领是"枫桥经验"产生发展创新的根本保证。要学习借鉴客家红色文化创新社会治理的经验，将红色文化与粤贤、粤俗、粤商等广东"和"文化结合起来，创建更多的"红色+"治理品牌。注重发挥党组织政治优势，推行"把支部建在网格上""把党小组建到楼道里"，建立"网格预报、街社吹哨、部门报到"机制，实现问题"实时监测、分流处置、销号反馈"闭环，实施"微治理"项目，畅通党建引领社区治理的"神经末梢"，构建横向互联、上下贯通、共促共融的党建引领基层治理组织体系，以党建推动社会治理单位最小化。

(九)擦亮治理"绿色",推动高质量发展

推进绿色治理,保护"金山银山"是新时代"枫桥经验"的实践成果,也是高质量发展的最亮底色。要学习客家人爱护山水的理念,将客家绿色治理的经验推广至山林湖海、风景度假区。同时借鉴浙江仙居的"三绿"模式,[1]制定"过错方植树"等绿色调解规则,设立"榕树下"绿色调解室,健全涉林涉旅纠纷多元化解机制,签订法治保障协定,推动环境公益诉讼发展,强化污染防治执法,加强环保领域立法,积极开展环保普法宣传活动,打造"绿色枫桥法治护航"治理样板,为服务广东高质量发展点燃"绿色引擎"。

(十)弘扬中华"和合",绘就广东"枫"景

广东"和"文化是中华"和"文化的重要分支,除了要重点发挥广府、潮汕、客家三大民系"和"文化在矛盾纠纷多元化解和推进中国式社会治理现代化中的作用外,也要注重挖掘雷州、疍家、妈祖、儒家、道家等其他中华"和合"文化,着力打造"三粤""三潮""三色""和合"等广东"枫桥十景",并以"十景"为样本实施广东"和"文化治理的"百千万"工程,为推进中国式社会治理现代化贡献广东经验。

---

[1] 参见于法稳:《仙居县"三绿"乡村治理模式——经验与启示》,载《社科院专刊》2019 年 2 月 15 日,总第 468 期。

"枫桥经验"在地化：新时代民族地区矛盾纠纷调解创新
——主要以南宁市马山县"贝侬+"调解模式为研究视角

李立景*

矛盾纠纷调解是"枫桥经验"的重要内容。坚持和发展新时代"枫桥经验"是《中共中央关于党的百年奋斗重大成就和历史经验的决议》、党的二十大报告等一系列中央文件明确提出的新时代命题。但有必要注意的是，目前关于"枫桥经验"的研究绝大多数是从不同视角对"枫桥经验"是什么进行的实然研究，而存在论意义上的关于"枫桥经验"本身的研究与如何坚持与发展"枫桥经验"的研究与前者并非同一个问题。前者是枫桥镇的经验，后者既包括枫桥镇本地，也包括外地；两者不宜混淆。诚然，前者是后者的研究基础；但前者主要研究是什么、为什么的问题；后者的视角主要聚焦于"枫桥经验"的创新扩散研究，即如何坚持与如何发展的问题。除了上述研究境况外，实践中民族地区在社会治理方面的政治注意力竞争问题也引发了新问题，这就使得民族地区如何坚持发展"枫桥经验"这一议题的研究具有了理论与实践的双重意义。

既往调解的社会功能分析、文化解释和权力技术分析研究进路，忽略了新修辞视角下调解过程中少数民族文化情境建构所具有的调解权力技术功能[1]。本文从在地化（loclazition）这一民族地区坚持发展"枫桥经验"的逻辑基点出发，运用扎根理论对全国民族地区内具有典型意义的利用"枫桥经

---

* 李立景，广西民族大学法学院教授，博士生导师。

[1] 参见强世功：《文化、功能与治理——中国调解制度研究的三个范式》，载《清华法学》2003年第2期。

验"进行调解的案例进行分类梳理,并着重以南宁市马山县"贝侬+"调解模式为考察视角,研究民族地区"枫桥经验"的在地化发展创新情况,归纳其实践模式,阐释其运作机理,分析其局限不足,并对新时代民族地区基层矛盾纠纷多元化解如何通过"枫桥经验"在地化创新,提出若干建议。

一、在地化:民族地区坚持与发展"枫桥经验"的逻辑基础

"枫桥经验"既是一种经验,也是一种理论。民族地区坚持发展"枫桥经验"面临从枫桥到民族地区的区域性跨文化空间转换,尽管它跨越的不是东西方意义上萨义德所谓的"理论旅行",但区域性文化间的差异性是不容否认的;很显然,"枫桥经验"的概念表达是地方性的,但是当地方治理经验上升为一种政策话语时,就需要因地制宜、一切从实际出发进行再地方化。

社会治理在地化的背后是治理的地方性与普适性问题,"枫桥经验"在地化是马克思主义哲学事物的普遍性与特殊性这一哲学原理的生动体现。民族地区作为文化空间与物理空间,其所承载的文化的特殊性是在地化的前提。

正如吉尔兹所说,法律是一种地方性知识,社会治理也是一种地方性知识。地方治理的地方性是在地化的前提,这使得法治具有地方性知识的属性。"枫桥经验"作为地方治理的中国范式,具有核心价值的确定性和边缘的扩张性。这要求"枫桥经验"必须不断实现创新,通过诉诸传统与当下的融合对话,形成新的话语特征,生成生机勃勃的地方性知识力量。

调解作为纠纷化解机制,其生成路径依赖于共同体空间和文化的情境性。"要说地方性知识必定会否定科学知识中具有独立于叙事情境和用法的确定内容,那不是事实。它只是告诉我们,离开特定的情境和用法,知识的价值和意义便无法得到确认。"[1]治理现代化不应忽略社会治理技术与制度、机制作为知识的地方性。文化逻辑不同于罗格斯中心主义科学逻辑,不顾民族地区的文化适应性是不合适的。

国家法与民间法、民族习惯法的二元化研究范式进路与地方化虽有一定关联,但也不尽相同。"枫桥经验"是经验的,也是建构的。"枫桥经验"是得到国家认同、将党的政策方针从理念原则转换到实践方法与机制的地方性创造,其是创新社会治理的重要手段。不同历史时期的"枫桥经验"之所以不尽

---

[1] 盛晓明:《地方性知识的构造》,载《哲学研究》2000年第12期。

相同,主要是党中央的政策方针的侧重点和政治生态的变化。民族区域自治与知识的地方性是"枫桥经验"在地化的制度例证和理论论据。

二、我国民族地区矛盾纠纷调解在地化创新样态

本文研究的核心是马山矛盾纠纷治理的总结和创新。因此,归纳目前中国民族地区的调解创新模式具有基础性意义,以"贝侬调解"为代表的马山矛盾纠纷化解治理创新研究必须置于全国民族地区矛盾纠纷化解创新的总体格局中,方能凸显其价值;同时,民族地区调解的共性优势与相对局限均能对马山矛盾纠纷治理有所裨益。

(一)中国少数民族地区调解创新模式

民族地区的调解创新主要可以划分为民族路线以及非民族路线两大类,以民族路线为视角可以归纳为以下主要模式。

1. 民族元素嵌入模式

(1)少数民族与汉语的双语调解

云南怒江傈僳族自治州法院开展的"玛腊调解"。[1] 泸水市人民法院称杆法庭在办案实践中,结合少数民族地区的实际,因地制宜,特邀精通傈汉双语的调解员进行双语调解、化解纠纷,特邀调解员被当地群众亲切称呼为"玛腊"调解员。称杆法庭根据民族聚居区特点,用活"玛腊"调解品牌,用本民族语言把矛盾纠纷化解在基层。目前"玛腊"调解员已参与处理了一百多起纠纷,受到人民群众的一致好评。最为典型的案例便是广西的恭城"瑶姐姐"双语调解巧解"家事"。

(2)调解价值目标的民族话语象征性表达

"福撒玛"调解室。[2] "福撒玛"在傈僳族语言中寓意为幸福美满,云南华坪法院便利用这一寓意于2022年4月因地制宜地建立了具有民族特色调解方式——"福撒玛"调解室。石林法院"阿诗玛"特色调解室为群众提供双语服务被写入十三届全国人大四次会议《最高人民法院工作报告》。云南法院创新成立了"白族金花调解""彝族阿细调解"等一批民族特色调解工作室。

---

[1] 参见《称杆法庭:积极构建"人民法庭+乡调解中心+玛腊调解+网格"打通"玛腊调解"服务最后一公里》,载云南长安网2023年7月10日,http://www.yncaw.gov.cn/html/2023/ftnw_0710/108985.html。

[2] 参见《化解矛盾好帮手,华坪法院"福撒玛"调解室很暖心》,载云南长安网2022年9月15日,http://www.yncaw.gov.cn/html/2022/ftnw_0915/96286.html。

摩萨调解室。[1]"摩萨"一词在彝语中有居中调解之意，在彝族文化中，通过"摩萨"的调解，矛盾双方往往能重归于好。丽江市宁蒗彝族自治县人民法院巧妙利用这一文化背景建立了摩萨调解室。战河法庭成立了以老党员、老干部、老村长、老乡贤为主的摩萨调解室，充分发挥彝族居间调解人员的作用，对辖区案件进行提前介入，用彝族人民都能接受的调解方式处理纠纷，切实化解矛盾纠纷。

"石榴籽调解"。[2] 四川叙永县人民法院早在2017年就以摩尼法庭为试点，开启民族地区矛盾纠纷化解的特色探索。经过多年摸索发展，叙永县人民法院形成了"两法融合"的矛盾调解机制、"石榴籽调解工作室+专业法官+乡贤人士"联动机制等特色经验，让新时代"枫桥经验"在民族地区落地生根，走出了一条乌蒙山区民族大团结的创新之路。叙永县人民法院的改革经验在2021年入选最高人民法院《多元化纠纷解决机制典型经验与实践案例》。

(3) 传统民族调解人的再出场

"阿兹拔""蒙王子"特色调解。[3] "阿兹拔""蒙王子"分别是彝族语和苗族语，均指在群众中公道正派、德高望重的人。昌宁县人民法院耈街中心人民法庭辖区的耈街乡和珠街乡系彝族、苗族等少数民族聚居较多的乡镇，在婚姻家庭、邻里纠纷等案件中时常涉及一些民族风俗习惯问题，在这些案件中有了"阿兹拔""蒙王子"特邀调解员的协助，有效地提升了化解纠纷质效。

瑶老调解。[4] 广东连南县是全国排瑶人口居住最多的自治县，2013年起，连南县大力推进"'瑶老'机制辐射汉村瑶寨"特色品牌的创建，发扬传承来源于排瑶聚居地的瑶族传统文化——"瑶老制"，将"瑶老"调解员队伍与人民调解、行政调解、司法调解相互衔接，形成集预防、调解、稳控于一体的"大调解"工作格局，着力探索构建起"瑶老"调解员治理模式，走出一条少数民族地区乡村治理机制的创新之路。这一调解模式成功入选"2016全国创新社会

---

[1] 参见《案件调解好帮手 宁蒗"摩萨调解室"很暖心》，载云南长安网2022年10月28日，https://www.yncaw.gov.cn/html/2022/ftnw_1028/98213.html。

[2] 参见《"石榴籽"调解孕育民族团结花》，载四川长安网，https://www.sichuanpeace.gov.cn/fzsc/20220218/2538416.html。

[3] 参见《耈街：活用"三个工作法"助推矛盾纠纷有效化解》，载昌宁人民政府网2023年3月3日，https://www.yncn.gov.cn/info/3986/8329020.html。

[4] 参见《瑶老乡贤参与调解 司法资源送进家门：广东连南法院探索构建多元化解纷机制》，载法治网，http://www.legaldaily.com.cn/zfzc/content/2022-12/02/content_8806252.html。

治理典型案例"。

"金花调解室"。[1] 大理市人民法院喜洲法庭坐落于苍山、洱海之间,辖区内白族人口约占90%。2012年起,大理市人民法院结合喜洲的地域特点、白族群众"耻讼"的风俗习惯以及白族"金花"在当地群众中的影响,探索成立了"金花调解室",选聘熟悉法律政策、通晓白族语言、知晓民风民俗的"金花"作为调解员,借助"金花"温柔、亲和、知性的形象,为人民群众调处纠纷,化解矛盾。"金花调解室"的优秀经验得到了中央和省级有关部门的多次表彰和肯定。在第十三届全国人大五次会议第二次全体会议上,周强院长代表最高人民法院做工作报告,大理市人民法院喜洲法庭"金花调解室"作为被点赞的"云南元素",获得代表委员的一致好评。

"石榴籽+德古"创新调解机制。[2] 峨边彝族人有以"德古调解"解决矛盾纠纷的传统,峨边法院借助"德古"在民间的威望和影响力形成了"石榴籽+德古"创新调解机制。

宁夏的阿訇调解、哈吉调解。[3] 宁夏同心县人民法院根据县情,聘请"哈吉"作为人民调解员,协助法院开展调解工作。广西有东兴哈亭(哈亭亭长),南宁兴宁区的族老、寨老、贝侬调解等。

(4)民族艺术治疗性调解

贵州以及广西柳州等地的山歌调解、新疆"冬不拉"调解室。[4] 在新疆福海县喀拉玛盖人民法庭冬不拉调解室里,法庭庭长解肯·哈依拉提端来热腾腾的奶茶和包尔萨克(哈萨克族的一种小吃),打开了冬不拉(哈萨克族的传统弹拨乐器)音乐,让一起矛盾纠纷的双方当事人坐下来边吃边聊,在聊天弹唱的氛围中轻松愉快地化解了矛盾纠纷。

---

[1] 参见《点赞大理喜洲"金花调解+N"模式》,载云南长安网2022年4月28日,http://www.yncaw.gov.cn/html/2022/ftnw_0428/89719.html。

[2] 参见曹登金、尹之墨:《德古助力！峨边法院"石榴籽"调解工作室圆满化解一起涉彝民间借贷纠纷》,载四川法制网2021年10月19日,http://www.scfzw.net/fayuan/35/48802.html。

[3] 参见《弘扬法治精神创平安建设"宁夏样本"》,载新法治报网,https://jxfzb.jxnews.com.cn/system/2015/09/01/014217977.shtml。

[4] 参见查燕荣等:《"冬不拉调解室"奏响美妙和弦》,载《中国县域经济报》2022年3月17日,第3版。

(5)民族文化场景构建性调解

宗祠调解。[1] 譬如江西的寻乌县高排村深入挖掘利用"宗祠"文化,践行"客家矛盾客家调"理念,按照客家家规家训,积极动员祠堂长者、乡贤等人,以矛盾纠纷"依法调""祠堂调""长者调""家训调""食茶调"等方式,将客家传统文化与现代社会治理深度结合,使传统礼仪习俗成为村民日常行为规范,促进传统道德对村民行为的约束。

广西融水的"火塘调解""苗王说理",苗族地区妇女儿童维权审判工作的"融水模式"。[2] 广西融水利用苗族人民有着在火塘旁打油茶的生活习惯,创新性发展了"火塘调解""油茶调解"模式。这些富有视觉形象的想象与民族风情的创新引起了上级领导部门和社会媒介的关注。这些方式亦恰好与当年马锡五审判方式的田间地头形象具有异曲同工之妙。

瑶族新"石碑律"调解。[3] 广西金秀县创新调解方式方法,充分发挥少数民族群众自治机制作用,通过瑶族"石牌律""石牌头人"等自治载体协助政府部门调处各类矛盾纠纷。明清以来,金秀瑶族人民为维护社会和生产秩序,共同订立规约,镌刻在石牌上警示大家共同遵守,并以此形成了具有大瑶山特色的瑶寨治理"石牌律"。瑶族石牌习俗在金秀瑶族社会沿袭了几百年,其本身具有的原始民主色彩和法理性质对瑶族经济社会发展发挥了重大作用,在瑶族人民心中占据不可磨灭的地位。随着社会文明的发展和进步,传统瑶族石牌习俗已不为现今适用。近年来,金秀瑶族村寨与时俱进、推陈出新,由族老、石牌头人、村民共同商议,在遵守法律法规的前提下,将社会主义核心价值观和优秀民族传统文化融入村规民约,拟定新石牌律内容,由司法行政部门、法院审核把关后,通过村民代表会议最终确立,形成新时代的"石牌律"。

湖南江永"民俗创意调解法"。[4] 该调解法具有鲜明的六有特征:一有文化底蕴,例如,江永的三千文化、瑶族文化、上甘棠廉孝文化等,这些文化蕴

---

[1] 参见郭庆方等:《祠堂里化纠纷 家训中颂家风》,载江西政法网,https://www.jxzfw.gov.cn/2023/0421/2023042148067.html。

[2] 参见《广西融水:"火塘调解"、"苗王说理"苗族地区妇女儿童维权审判工作"融水模式"获肯定》,载广西妇女网,http://www.gxwomen.org.cn/sy/gdkx/12731.shtml。

[3] 参见陈海清:《巧用"石碑律"解纠纷——金秀获全国信访工作"三无"县小记》,载广西新闻网,http://lb.gxnews.com.cn/staticpages/20180830/newgx5b879d50-17606592.shtml。

[4] 参见陈健林、奉玉兰:《民俗调解催开幸福花——打造湖南江永特色"民俗创意"调解法》,载湖南长安网,https://www.hnzf.gov.cn/content/2021/09/28/10244878.html。

含丰富的"和美风尚";二有故事情节(把民间通晓的牛魔王、铁扇公主卡通化,警示教育大家以和为贵);三有调处方法(首先利用刻有调和内容的实物引导当事人降温去火、冷静情绪,再来调处矛盾,最后用村规民约来对当事人进行约束);四有实物助力,刻有"调和"语言的牛角梳、女书扇等既可以在调解过程中促人反思,又可以在调解后放在家中睹物警醒;五有村规民约,把矛盾纠纷的化解纳入村民自治(江永在清朝乾隆年间即已把《村规民约》刻在青石碑上,让村民自觉遵守);六有道德奖惩,将对本村和睦团结的影响与先进户、文明户、五好家庭户等评比进行关联。

甘肃酒泉的"一壶奶茶"矛盾纠纷化解法。[1] 奶茶是哈萨克族人聊天闲谈、交流信息、加深感情的纽带之一。阿克塞哈萨克族自治县积极挖掘民间文化,在辖区积极发挥"一壶奶茶"在调解纠纷中的独特作用,广泛推行"一壶奶茶"工作方法,在调解婚姻、家庭、邻里等常见性、多发性矛盾纠纷时,司法工作人员将哈萨克民族酷爱喝的奶茶引入其中,当事人可以边喝着香喷喷的奶茶边拉着家常,诉说需求,营造一种轻松的调解环境,促成乡邻间互谅互让,从而达成共识以化解纠纷。

2. 非民族元素模式

民族地区的调解创新主要是走民族路线,但是,"枫桥经验"的在地化创新策略不排除有些民族地区走非民族路线进行调解创新。

(1)"五老调解"。[2] 贵州开阳多民族村寨的模式是以"五老"调解促民族团结和谐。龙广村的"五老"即"老共产党员""老离退休同志""老村干""老复退军人""老退休教师",由村委聘请这些"老把式"担任人民调解员,对村里各种纠纷、矛盾进行调解,结果相对令人信服。寨老也是其中的一部分。另一个典范是云南红河"五老"调解(老干部、老战士、老专家、老教师、老模范)。权威资源具有地方性与共性,"五老调解"的共同取向是遵循了长者为尊的传统权威,并在此基础上整合、协同政治权威与专业知识权威等权威资源,但地方权威资源的结构与文化不同,由此便体现了一定的地域性特征。例如,肇庆推出的"五老"调解的调解主体是"老党员、老干部、老教师、老知识分子、老政法干警",其中"老政法干警"体现了法治专业权威和政治权威的

---

[1] 参见赵志锋:《甘肃肃南:"一碗奶茶"调解法让矛盾化解在基层》,载法治网,http://www.legaldaily.com.cn/index_article/content/2023-04/18/content_8845133.html。

[2] 参见《铺就社会平安基石——我省社会治安综合治理创新工作综述》,载贵州长安网,http://www.gzpeace.gov.cn/info/1508/20630.html。

结合。

(2)服务地方特色产业模式:南宁市武鸣区的"沃柑法庭"。[1] 古有"甘棠树下听讼决狱",今有"沃柑树下解民忧"。为助力"枫桥经验"扎根壮乡,南宁市武鸣区人民法院双桥人民法庭利用地处沃柑产、销重地和壮族群众聚集的特点,将壮族文化与沃柑产业相融合,打造富有边疆民族特色的"沃柑法庭"。全程使用壮语审理,并通过抖音进行直播,在当地壮族"族老"和沃柑协会等多方的协作下,使得案件以调解方式结案,这一庭审方式深受民众喜爱。以此为背景,南宁市武鸣区人民法院双桥人民法庭挂牌成立了"沃柑纠纷调解室",并邀请"族老"进驻调解沃柑纠纷。将矛盾纠纷化解与服务乡村振兴相融合,到农业合作社巡回审判、调解金融借款担保纠纷,保障"政府+银行+合作社+农户"金融服务政策落地生根,为武鸣做大做强沃柑产业提供司法服务。加强与司法所、沃柑协会等组织的沟通与协作,组成矛盾纠纷快速化解工作组。

需要说明的是,除了上述典型的创新模式外,还存在权威资源整合调解与情境调解、民间权威与制度权威的混合形态。

(二)少数民族地区调解创新启示

1.通过品牌思维弥补传统矛盾纠纷化解法学思维不足

党的十八大以来,在社会治理创新的政治强驱动之下,绩效机制的竞争与评价以及各地矛盾纠纷化解的品牌意识觉醒,使传统法学理论与实践范式下的纠纷化解机制与方法呈现出品牌思维与品牌传播的跨学科特征。矛盾纠纷化解的品牌化努力,一方面为地方在社会治理方面提升竞争力赋能;另一方面在客观上助推了社会治理的创新发展,并在一定程度上增强了矛盾纠纷化解机制的公信力。品牌的意义在于,其作为司法系统的内部标杆,实现引领作用、聚合当事人的司法政治合法性的资源,以及在社会声誉注意力上实现竞争。

2.少数民族文化符号机制的社会治理功能需要高度重视

从创新策略上看,地方调解的创新主要体现在采取调解场景的民族话语命名以及调解人的民族性权威符号人物命名等方式,命名的范式可以分为直接命名和隐喻性符号命名。那么,如何评价这种矛盾纠纷化解机制创新中少

---

[1] 参见王攀:《"沃柑法庭"以法治服务武鸣全域旅游高质量发展》,载人民网,http://gx.people.com.cn/n2/2021/1202/c390645-35033186.html。

数民族文化符号和文化场景运用的意义和机能?

少数民族符号机制作为一种隐喻,通过场景与文化共情,具有隐而不显的社会治理功能。调解的场景赋权自觉功能历来在调解实践技艺中没有受到充分重视。案件性质、当事人以及调解程序的差异,一般可以体现在空间设置的区别上,其大致可以划分为传统的和合文化场景和现代法庭型场景。而作为地方性知识的少数民族文化场景的修辞功能天然具有传统语言劝服的调解技艺所无法比拟的优势。

(1) 民族特色文化场景建构与情境空间修辞。传统民族文化空间场景的再现,填充了单纯制度文本中人民调解所剥离的文化空间。诚然,调解情境的设置欲发挥长效的社会治理机制的功能,不能仅仅停留在方法与技艺层面,还需要进行制度建构以实现模式化保障。

(2) 话语共通:共识的基础。少数民族文化符号与场景的策略性运用,一方面凸显了在调解中对少数民族语言文字原则进行贯彻的重要意义,另一方面也彰显了推广普通话、完善国家通用语言文字执法机制的必要性。

原始自然血缘意义上的民族,经历中国五千余年的民族交往交融,已经很难获得精确的现代科学的实证性应答;民族既是宏观意义上的"想象的共同体",也是现实微观社区意义上的文化共同体和情感共同体。作为壮语的"贝侬"可以激发出久远的民族共同体想象和集体记忆,成为维系人际关系和谐的话语符号,因而具有广泛而深沉的社会整合的情感价值与文化召唤功能。每个民族都具有自己特定的文化图腾符号,呈现于具象文字符号或其他视听形式的符号体系,具有民族文化的主体性和符号域[1]特征,民族地区的民族元素在调解中的融入非常重要,地方治理的地方性创新特色必须考虑到与民族相符合的地域空间特殊性;依靠传统与现代的兼容性、历史与现实生活勾连的迭代鲜活性,壮语"贝侬"一词聚合了上述多重要素,具有良好的壮族特质与中华民族共同体共性,呈现出历史与现实的融通。

"贝侬"一词的兄弟姐妹情感共同体对和谐的价值追求体现了调解的价值取向,具有社会主义核心价值观的一致性、民族与国家的统一性;同时,壮语"贝侬"在当地少数民族之间广为熟知,具有良好的话语符号沟通性和价值

---

[1] 所谓符号域,就是符号存在和运作的空间。同一民族的各种文化符号和文化文本存在和活动的空间就构成一个民族文化的符号域,因此我们说,符号域就是一个民族文化的载体。参见郑文东:《符号域:民族文化的载体——洛特曼符号域概念的解读》,载《中国俄语教学》2005年第4期。

认同性,这使得贝侬调解品牌的建设和传播具有了地方的文化基础和群众基础。贝侬调解品牌建设发挥了化解与预防纠纷、传承民族优秀历史文化和筑牢中华民族共同体意识等多重功能。

3. 情感主义治理:依法治理不容忽视的另一面

调解何以有效?应当注意到,包括贝侬调解在内的民族地区的创新性调解既是一种文化治理机制,也是一种情感治理机制,更是自治、德治、法治"三治融合"在民族地方治理中的创新性实现方式。20 世纪 50 年代以来,对理性主义范式和情感社会治理功能的发现所衍生的情感社会学,为情感主义社会治理提供了理论基础;在中国式法治现代化的语境下,有必要重新发现中国传统的情理法融合治理之道的新时代价值,并对之进行创造性转化和创新性发展。

(三)少数民族地区调解创新的局限

在肯定地方调解创新意义的同时,也不应回避其在实践中所存在的某些局限:

第一,作为传统主流调解技艺的劝服性修辞,其古典修辞范式亟待向空间场景修辞、视觉修辞等新修辞范式拓展。在价值多元的网络社会,作为基层调解主要方法的劝服性、教喻性调解越来越暴露其局限性。调解方法论研究的不足直接影响了调解实践的效能,故需要方法论上的系统创新转型。

第二,山歌调解、冬不拉调解等形式虽然在无意识中契合了叙事治疗与艺术治疗的原理,但并未在艺术治疗的理论高度上进行深入把握,还停留在常识水准的认知层面,呈现出个案性和碎片性特征,缺乏制度化的普遍引领。

第三,在新闻化话语导向下,调解创新存在沦为表演性治理的风险。一些地方在政治注意力竞争之下,一味追求曝光率,地方矛盾纠纷化解创新为特色而特色,新闻事件化的嵌入遮蔽了调解创新对治理效能的追求。一些地方的调解创新还仅仅停留在粗糙的概念创新层面,缺乏社会治理现代化所需求的技术与程序精细化设计。"枫桥经验"在地化创新需要从新闻自觉走向理论自觉、制度自觉,从概念话语的形式创新转向以治理效能为导向的实质创新。

第四,调解创新受限于行业系统品牌属性,未能实现向社会大众品牌转型。目前调解品牌的建设主要以司法系统内部的竞争性评价为导向,而不是面向公众的评价;"正是由于面向人民群众的针对性不强,造成群众对司法品牌特点感到困惑,继而导致人民群众对司法品牌的认知度不高、认可度不强。"[1]司法裁判追求法治的统一性,这与以风格彰显的商业品牌追求具有质性不同。如果我们承认人民满意的口碑与司法品牌的意义不完全等同,从这个意义上讲,品牌的市场竞争意义与司法关联性并不高。但是,调解之于当事人的自主选择性以及调解过程和结果的高度个人技术依赖性,决定了品牌假设之于调解的意义与司法相比具有更大的价值空间。

第五,后喻社会传统调解面临的现代性危机。诉诸传统文化是民族地区调解创新的普遍进路,但也应当重视调解创新需要与时俱进。当代社会正在逐步步入后喻时代,前喻时代的族老、长老、寨老无论是在年龄还是时代发展趋势上都将走向无奈的黄昏。但这并不意味着他们会即刻消失,在某些边远落后封闭的民族地区,其在特定类型的纠纷中还将发挥一定的作用。尽管目前在我国一些发达省份,人民调解作为公共法律服务的组成部分被纳入政府购买服务中事项中,但是其实其中很多是自发、无偿性质的,邻里家庭或者村居委会有一个调解委员会,用来调解邻里纠纷和家庭纠纷。这种"老娘舅式"的调解方法,年轻人越来越不能接受,他们有了新的、更高水平的需求,需要专业调解和行业调解,完善公共法律服务体系是适应新时代要求的新内容。随着经济社会的发展,要加快推进专业调解和行业调解。

三、矛盾纠纷多元化解的马山经验:融治理模式

党的十九届六中全会把"坚持理论创新"概括为党百年奋斗的十条历史经验之一。党的二十大报告指出,"加快建设法治社会。法治社会是构筑法治国家的基础。弘扬社会主义法治精神,传承中华优秀传统法律文化,引导全体人民做社会主义法治的忠实崇尚者、自觉遵守者、坚定捍卫者。建设覆盖城乡的现代公共法律服务体系,深入开展法治宣传教育,增强全民法治观念。推进多层次多领域依法治理,提升社会治理法治化水平。发挥领导干部示范带头作用,努力使尊法学法守法用法在全社会蔚然成风。"

广西壮族自治区南宁市马山县是多个少数民族聚居地,其中以壮、瑶族居多。壮村瑶寨的群众普遍具有"重感情、重情义"的民俗特点,生活中很注

---

[1] 福建省厦门市中级人民法院课题组,郝勇等:《关于深化司法品牌建设的调研报告》,载齐树洁主编:《东南司法评论》2013年卷·总第6卷,厦门大学出版社2013年版,第1-16页。

重"贝侬"关系。村寨中一旦有村民产生矛盾并且争执不下,无论是哪个民族的,中立的"贝侬"都会及时过来劝解,使矛盾双方的情绪能较好地平复下来,从而理性解决问题。2013年7月,马山县法院法官到村寨开展调解工作时,积极尝试将富有当地民俗特色的"贝侬"关系运用到矛盾纠纷调解工作中来,并进行创造性转化和创新性发展——寻找双方都信服的"贝侬"作为矛盾调解的参与者,创建了经典品牌"贝侬+调解"。此后这一模式不断迭代演进,进行品牌集群化创新扩散,创设了"人大代表+贝侬"等调解特色司法服务品牌系列。目前,该地区正进行"贝侬+统战""贝侬+政协"等新尝试,实现了从司法品牌到社会治理品牌的升级,从解决当事人纠纷到融嵌县域社会治理大格局的转型,形成了县域矛盾纠纷多元化解与服务"贝侬+"协同融洽的马山模式。

"'贝侬'+调解"品牌模式有效促进了审判执行质量与效率的提升,助力了平安建设工作。2016年以来,马山县通过覆盖全县的"贝侬"调解工作室,解决矛盾纠纷4000多件,8000多名当事人握手言和。马山县法院2020年调解率达45.21%,排名南宁市法院首位,全院调解率连续7年保持全市法院首位。南宁市委以及广西政法委和自治区高级人民法院对马山县域矛盾纠纷多元化解与服务"贝侬+"协同融洽的马山模式予以了充分肯定。2023年9月《"贝侬+"调解:民族地区县域社会矛盾纠纷多元化解的马山融治理模式》入选全国社会治理创新案例。

(一)"贝侬"调解:"四步三招",案结事了

1."四步走":构建"贝侬"调解核心步骤

第一步,进行科学研判。在征集矛盾双方意见的前提下,优先考虑用调解的方式来解决纠纷案件。矛盾双方同意调解的,法庭则开展对其人际关系、社会背景的摸底排查,详细了解矛盾双方是否有共同的好友或者亲戚,即双方的"贝侬"。

第二步,确定案件调解员。选择在摸底排查中发现的双方拥有的共同亲戚朋友,或者在当地寻找较有威望的"贝侬",将这些人确定为调解员参与案件调解。

第三步,由法官组织调解。由法官在"贝侬"调解工作室开展调解,矛盾双方及其"贝侬"围圆而坐,由"贝侬"中年纪最小的至最大的依次发言,最后由年纪最长的"阿贝"总结大家的意见,向矛盾双方提出解决方案。

第四步，由法官进行审查确认。"阿贝"提出解决方案后，矛盾双方同意该方案的，由法官对调解结果进行审查。调解结果符合法律规定且不违反社会公序良俗的，法官根据调解结果制作调解书，双方签字后即调解成功。

2.抓好"三招"：让群众更满意舒心

第一招：抓硬件建设，让群众调解有平台。古零法庭在矛盾纠纷较多的、地域位置较偏远的少数民族聚居地设立"贝侬"调解工作室，以工作室为"点"，所辖片区为"面"，将"点"连线，将"面"相接，最终建立起以法庭为中心，带动辐射所辖乡镇、村屯的调解力量，形成马山县大石山区"贝侬"调解网络。目前，古零法庭在辖区内41个村委均设立了"贝侬"调解工作室，调解网络已经初步形成。

第二招：抓软件服务，让群众温暖贴心。人民法庭派员组成"贝侬"调解工作室，调解团队由审判员、书记员和法警各一人组成，并在调解室门外公布法官姓名、职务和电话号码，方便群众联系；建立"贝侬"调解服务微信工作群，将工作群二维码张贴在调解室外，群众扫码即可加入。

第三招：因地制宜、因环节制宜："贝侬"+"联动"调解。一是走访村屯寻找"贝侬"力量。古零法庭的法官们积极联系所辖的3个乡镇41个村委，提倡"贝侬"调解员可以与法官、村支部、驻村第一书记等人员一起参与调解，把矛盾纠纷化解在基层。二是定期开展"贝侬"调解员培训班，夯实法律法规基础知识。三是与群众充分互动。法官利用当地"街天"或周末时间，到乡里村屯张贴海报、发放"贝侬"调解工作法宣传单，让群众了解"贝侬"调解工作法的内涵及意义，为"贝侬"调解工作打下良好基础。

(二)"贝侬"+"壮汉双语"调解

充分利用少数民族语言沟通增进调解员的亲和力以及与纠纷当事人的交流畅顺度。

(三)"贝侬"+"调解文化"：以调解文化建设助推调解长效

马山县以"贝侬"调解工作法在马山法院的运用为基础，撰写"贝侬"调解调研课题，为"贝侬"调解的推广应用提供理论基础。收集"贝侬"调解的经典案例在古零法庭内绘成中国风墙画文化长廊，完整展示了"贝侬"调解工作法的适用过程。马山法院干警结合当地的"欢雅娜"三声部民歌，原创《贝侬调解山歌》并摄制MV；干警自编自导"贝侬"调解舞蹈《和谐壮乡》、设计原创小品《贝侬调解万家和》，并拍摄以真实案例为蓝本的《贝侬》微电影，逐步构建可以面向群众开展宣传推广的"贝侬"调解文化。通过培育贝侬调解司法文化,为司法工作人员的纠纷解决观转换为实践的组织力赋能。

(四)贝侬调解升级版:"贝侬+N"调解特色司法服务品牌

近年来,马山法院在原有贝侬调解的基础上继续创新,打造出以"三官一员"进站、人大代表担任社会矛盾纠纷调解员的形式的调解特色司法服务品牌。"四步走"是构建"人大代表+'贝侬'"调解的核心步骤。第一步是对矛盾双方进行调查摸底,第二步是确定参与调解的人大代表和"贝侬",第三步是由人大代表联络站负责人和法官组织调解,第四步是由法官进行审查确认。

(五)多元矛盾纠纷化解促进营商环境,服务县域发展大局

马山县现代种业科技创新中心是广西第一个县级科创中心,马山县人民法院驻点法官工作站的成立是法院积极主动作为、服务三农和乡村振兴的重要举措,是司法助力县域知识产权保护大格局形成的创新机制。这一举措为护农爱农提供了充分的法律保障,为打击坑农害农行为、引导农民和种业公司维护自身权益提供了法律服务,真正让司法服务成为马山县高质量发展的"护航者"。

马山县人民法院主动延伸司法职能,在苏博工业园区管委会设立法官工作站。这是构建"法律+企业"服务平台,构筑"法律保障+优化营商"工作机制的重要举措。工作站的设立将服务工业园区内企业、农村集体组织和群众。驻站法官将不定期到站开展工作,根据服务对象在生产经营中遇到的不同法律问题,提供精准、精细化的司法服务。同时,还会不定期通过座谈会、走访调查、摆摊发放资料等形式,引导服务对象高效、合理地使用法律武器维护自身合法权益,全力为企业及其员工纾困解难,将矛盾纠纷化解在萌芽状态,以期实现以法治助力营商环境优化。

(六)延伸司法职能,参与综合治理

马山县人民法院积极延伸审判职能,通过"贝侬"调解室协助当地党委政府开展社会综合治理,协助党委政府化解"三大纠纷"矛盾,开展平安建设、维护社会稳定等工作,得到党委政府高度肯定。2016年以来,"贝侬"调解室协助参与"三大纠纷"调处工作20次;组织当地党委政府执法人员开展"三大纠纷"调处培训班2次;开展平安建设工作12次。在设立有"贝侬"调解室的金钗镇,10年来没有发生过群众到县、市、区、京等上访的情况,有效地维护了辖

区和谐稳定。

（七）矛盾纠纷化解与中华民族共同体意识一体化建设

古寨瑶族乡将矛盾纠纷多元化解创新与民族团结进步相关联。古寨瑶族乡是南宁市三个民族乡之一，被誉为"金银花之乡"，是自治区级非物质文化遗产"打榔"的传承基地，聚居着壮、汉、瑶等民族。2016年2月，古寨瑶族乡被国家民族事务委员会命名为"第三批全国民族团结进步创建活动示范乡镇"；2017年12月，被广西命名为"第二批全区民族团结进步创建活动示范乡镇"；2018年11月，被评为"广西壮族自治区民族团结进步模范集体"。古朗屯、古奔屯分别被命名为第三批"中国少数民族特色村寨"，下古拉屯被命名为第二批"广西民族特色村寨"，2022年11月，琴榜屯被命名为第二批"广西民族特色村寨"。2022年年底，古寨瑶族乡获得国家民族事务委员会公示命名"第十批全国民族团结进步示范区示范单位"。时隔6年，该乡再获此全国殊荣。

其主要的经验做法是：一是抓主线，铸牢中华民族共同体意识；二是强活动，助推民族大团结大融合；三是重宣传，民族团结宣传教育"人文化、大众化、实体化"；四是办实事，将民生实事办成"暖心工程"；五是促和谐，组织"三官一员"进站化解矛盾纠纷，服务群众"最后一公里"，打通基层社会治理的"神经末梢"；充分发挥人大代表密切联系群众的优势，积极探索新形势下矛盾纠纷化解机制，深入开展"人大代表+贝侬"调解工作。

（八）新权威主义人民调解：打造个人调解室品牌

调解员老莫原是马山县加方乡司法所的优秀调解员，县里为推动个人调解室创新，成立了"老莫调解室"。作为公务员的"老莫"使合法性权威与个人魅力叠加，形成了新时代人民调解创新的新影响力机制。

（九）发掘传统文化，注重矛盾纠纷多元化解，跨界多重赋能

广西素有歌海之称，以歌抒情、以歌言志、以歌为教具有悠久的历史。壮族的古老民间伦理道德劝谕诗歌《传扬歌》起源于隋唐，马山县是其主要传唱地，《传扬歌》被称为"马山文化四宝"（壮族会鼓、三声部民歌、扁担舞、壮族传扬歌）之一。马山县注重发掘地方文化底蕴，其以梁庭望、罗宾两位教授精心研究、译注出版的《壮族伦理道德长诗传扬歌》为主题内容，承办了"壮族传扬歌"保护传承专家研讨会，进一步推动了本地优秀传统文化的传承发展和繁荣兴盛。马山县还注重非物质文化遗产的传承与法治文化一体化建设，

2014年,壮族《传扬歌》经广西壮族自治区人民政府同意,入选第五批自治区级非物质文化遗产项目名录。此外,马山县还连续16届举办文化旅游美食节。"体育+文旅+扶贫+县域发展"的马山模式,被《人民日报(海外版)》选登为"中国九个脱贫传奇"之一。壮族《传扬歌》的保护传承发展工作被列入马山县"十三五""十四五"文化发展规划,将在原有的基础上对之进行不断补充、拓展和完善。

四、"贝侬+"调解:一个来自壮乡标识概念的法理逻辑与其价值

在地化与时代化是"枫桥经验"马山模式的主要启示,是党的二十大报告提出的马克思主义中国化与时代化命题的地方治理逻辑延伸。"贝侬+"调解是"枫桥经验"在广西壮族自治区在地化创新发展的成功例证,它印证了社会治理在地化转换的理论适用性。

(一)"贝侬+"调解:民族地区"枫桥经验"的隐喻

概念是话语的节点,也是理论创新的原点。贝侬调解作为一个具有创新性的标志性概念,仅仅从认知语言学的角度来诠释是不够的,社会治理的复杂性要求相应研究具有跨学科思维。马山"贝侬+"矛盾纠纷化解可以组合为一系列概念群:作为治理节点的贝侬调解、作为解纷人的贝侬调解、作为纠纷化解机制的贝侬调解、作为隐喻概念的贝侬调解。

在壮语中"贝侬"具有"兄弟姐妹"的意思,这一含义具有很强的语义逻辑扩张解释空间。贝侬文化中的平等精神、民族大家庭意蕴和共同体精神与新时代法治精神以及铸牢中华民族共同体意识具有高度的契合性。贝侬话语以情感与想象唤醒壮族民族法文化集体意识。对比其他民族地区的德古调解、哈亨调解、族老调解的调解创新形式,它们诉诸的都是传统权威性的调解,缺乏一种现代调解所要求的民族平等以及当事人平等精神。

"贝侬+"调解话语是一个民族地区纠纷化解模式创新的文化隐喻。"贝侬调解"由壮语音译加汉语合成,这一特定概念创造了语言共同体。贝侬的兄弟情义隐喻构建了中华民族共同体的想象空间,象征着少数民族与汉族协作的纠纷解决共同体,"贝侬调解"这一概念具有扩充性;"贝侬+"调解也意味着壮汉文化的交互与调和。"贝侬+"调解通过壮汉语言的合成,在文化的珠联璧合隐喻中实现了对"贝侬"这一壮族文化身份的认同,助推了"贝侬+"调解治理模式的创新扩散。铸牢中华民族共同体意识是民族地区坚持发展

"枫桥经验"的文化心理基础。共同体的认同、归属、依存意识是调解作为解纷机制存在和发挥功能的基石。"贝侬"的丰富意蕴为马山"贝侬+社会治理"创新扩散提供了理论合法性论证的可能拓展空间。

"贝侬+"调解践行新时代以人民为中心的人民司法观和矛盾纠纷多元化解的司法群众路线。由于权威资源的分布取决于社会结构,当民族地区的社会结构发生变化时,传统社会的族老、寨老、头人等不同权威身份符号势必式微消亡。"贝侬+"调解以民族团结平等友爱的人际关系型社会为基础,与新时代铸牢中华民族共同体意识的民族地区治理主线高度契合。"贝侬+"调解为少数民族文化话语与制度话语的融合、打造新时代民族地区社会治理共同体提供了样本。

(二)传统礼乐文化的新时代转换旨归:文旅法融合、诗性治理

中国素称礼乐之邦,诉诸礼乐教化的社会治理模式具有悠久的历史。孔子说"安上治民,莫善于礼;移风易俗,莫善于乐"。中华先人早在《黄帝内经》中就有"五音疗疾"的音乐治疗理论,《礼记·文王世子》中就有关于周代乐教思想的记载,所谓"凡三王教世子,必以礼乐。乐所以修内也;礼所以修外也。礼乐交错于中,发形于外,是故其成也怿,恭敬而温文"。礼乐交错融合,形成文化规范的情境沉浸式体验,规范与仪式以情感的力量潜移默化地塑造着人的精神与行为,是故教化的社会治理意义得以彰显;朱熹在《四书集注》中说"乐有五声十二律,更唱迭和,以为歌舞。八音之节,可以养人之性情,而荡涤其邪秽,消融其渣滓",现代艺术治疗的理论与实践与这一论述具有异曲同工之妙,礼乐教化的传统为新时代自治、德治、法治融合提供了历史与文化的逻辑。

法治文化建设与道德文化建设很难截然分开。就自治而言,自我和解,修身己和。己人和,己巳和,这样的文化基础由此导致了在马山县古寨、加方乡等《传扬歌》流行的地区产生了人民调解"老莫调解室"、法庭"贝侬调解"等典型,这并非偶然,而是传统地方文化潜移默化力量型塑的必然。

礼乐文明的历史逻辑为文旅法融合、诗性治理提供了基础。民族地区的文旅法融合体现在以发掘传统礼乐融合治理资源的方式实现了"枫桥经验"的创新发展,它不仅使教化功能得到发挥,同时,也为文旅产业的发展注入了活力,使矛盾纠纷多元化解与服务大局和经济建设融合起来。

文旅法融合需要增强文化社会治理的意识自觉,更新法治宣传教育传统

狭隘的普法观念。打造普法与法治文化建设的大格局、新格局。走出知法—懂法—守法的简单假设。加强隐形普法,真善美的阐扬、虚假恶丑的贬低是最好的普法和法治文化建设,从法律知识输出迈向法治价值的浸润。

(三)司法调解与熟人调解合作模式的建构

"贝侬调解"是不是特邀调解?如果不是,那么它与特邀调解是什么关系?这是诠释"贝侬调解"特色必须回应的问题。如果属于特邀调解,"贝侬调解"的社会治理创新意义将变得极为有限;如果不是,那么贝侬调解的实践与理论逻辑是什么?

最高人民法院《关于人民法院特邀调解的规定》(法释〔2016〕14号)(以下简称《特邀调解规定》)第6条规定:"依法成立的人民调解、行政调解、商事调解、行业调解及其他具有调解职能的组织,可以申请加入特邀调解组织名册。品行良好、公道正派、热心调解工作并具有一定沟通协调能力的个人可以申请加入特邀调解员名册。人民法院可以邀请符合条件的调解组织加入特邀调解组织名册,可以邀请人大代表、政协委员、人民陪审员、专家学者、律师、仲裁员、退休法律工作者等符合条件的个人加入特邀调解员名册。特邀调解组织应当推荐本组织中适合从事特邀调解工作的调解员加入名册,并在名册中列明;在名册中列明的调解员,视为人民法院特邀调解员。"

可见,成为人民法院特邀调解员有三种方式:一是品行良好、公道正派、热心调解工作并具有一定沟通协调能力的个人可以申请加入特邀调解员名册。二是特邀调解组织推荐本组织中适合从事特邀调解工作的调解员加入调解员名册。三是法院邀请加入特邀调解员名册,受邀范围为人大代表、政协委员、人民陪审员、专家学者、律师、仲裁员、退休法律工作者等。当然,上述人员中,现实中有可能包括当事人双方的熟人。但是很显然,特邀调解员的标准并非取决于与当事人双方是否相熟,这一社会学的主要理论范畴,恰恰是"贝侬调解"的特质所在。

最高人民法院《特邀调解规定》第17条提到:"特邀调解员应当根据案件具体情况采用适当的方法进行调解,可以提出解决争议的方案建议。特邀调解员为促成当事人达成调解协议,可以邀请对达成调解协议有帮助的人员参与调解。"可见,"帮助调解人"参与调解是基于特邀调解员的邀请,这意味着帮助调解者的选任是临时随机的,与特邀调解员并非同一概念。

"贝侬调解"与特邀调解的区别在于:贝侬调解人的核心特点着眼于调解

人与当事人的熟人关系,其本质是关系型调解;而最高人民法院的特邀调解人标准则是人大代表、政协委员、人民陪审员等政治权威和专家学者、律师、仲裁员、退休法律工作者等技术权威,这一标准并非特邀调解制度设计的基准。

五、"贝侬+"调解发展存在的问题

笔者通过实地调研发现,"贝侬+"调解模式在民族地区的发展存在以下问题:

1. 调解力量薄弱。目前马山县人民法院邀请的"贝侬"调解员虽然人员充足,但是其多由各乡镇司法所干警兼任,缺乏相关的法律专业知识。此外,由于案件调解过程较长,经常占用群众的劳动时间,而且没有人员经费支持,影响了"贝侬"调解员的参与积极性,进而对屯级"贝侬"调解工作的持续健康发展产生了不良影响。

2. 部分法官的调解能力有待加强。调解工作集法学、心理学和语言艺术于一身,对法官的综合素质有着较高的要求。现阶段,许多基层年轻法官工作年限较短,缺乏人生阅历,不善于做思想工作,再加上案多人少的缘故,使得法官缺乏充足的时间来进行调解,最终导致调解率难以提高。而法官助理或者书记员的工作经验亦有所欠缺,虽然其已经尝试参与调解,但是仍无法弥补经验匮乏所带来的消极影响,使得调解的说服力较低。

3. 当事人对民间调解的认同程度较低。具体体现在:第一,部分当事人对法官调解带有抵触情绪,将在调解过程中让步、牺牲部分利益与败诉关联的思想根深蒂固,导致当事人在主观上排斥调解;第二,部分当事人认为民间调解的法律认可性差,人民调解员缺乏法律专业知识,即使进行调解也要在法官的主持下进行调解,其他社会调解组织人员的权威性得不到有效认可;第三,部分当事人认为案件已经进入法律程序,由此认定法院判决的社会影响更大、法律效果更强,希望法院以判决的方式结案。

4. 农村大多青壮年劳动力外出务工,不少人法律意识淡薄,对一些矛盾纠纷置之不理,不配合人民法院工作,也影响了调解工作的开展。

5. "贝侬调解"没有纳入人民调解网络,因此无法给予案件补贴。在实践中,法院主要以个人感情交往或者发证书等身份荣誉的方式激励贝侬参与调解,激励方式的实效性有待提高。

6. "贝侬调解"范围的局限性。"贝侬调解"在处理涉及相邻关系的纠纷时最为有效,在婚姻调解中则相对较弱,这是因为外人不了解矛盾双方的婚姻关系内情。

7. 国家正式规范与民间规范的冲突。"贝侬调解"的意见与法官的意见相左体现出民间习惯与国家法之间的冲突。如在坟地与祠堂纠纷中,法院很难依照"贝侬调解"的结果下达正式的调解书。

8. 普法山歌法治文化与文化治理存在"瓶颈"。一是围绕"贝侬调解"的法治文化建设所需的人才不足以及经费不足;二是文化产品的数量和质量都有待进一步提升。目前的文化产品只有微电影和《贝侬调解山歌》歌词创作,形式还有待于进一步丰富,尤其是与流行文化的融合上还有待于进一步加强。如《贝侬调解山歌》中,反复咏唱"贝侬调解好,吵架贝侬到,坐桌边讲理,商量解决了,喝酒拉交道,不伤贝侬心,感情长来交"。这一形式注重传统熟人社会纠纷的情感解决,缺乏法治规范场景的嵌入,这可能使"贝侬调解"走向民间调解的私和,违背人民调解的规范性。

9. "贝侬调解"亟需迭代升级:从传统到治理现代化转型。具体包括从个人主义方法论到稳固可靠机制的形成,从个体参与到社会治理网络建设的升级等。

10. 贝侬品牌推广问题。目前还未建立贝侬社会治理的全媒体传播体系,贝侬品牌还局限于"贝侬调解",传播范围主要局限于法院系统的向上(级)传播,自我宣传式传播;贝侬调解与普法、法治文化建设、公共文化服务、法律服务之间还存在一定的脱节;贝侬社会治理品牌的公众识别度、知晓率以及大众传播度有待加强。

11. "贝侬调解"品牌建设的联动与协同不够。目前,"贝侬调解"品牌的建设还仅仅局限于法院内部,尚未形成协同治理格局。未来,需要包括统战民族宗教部门、文化部门、宣传部门(融媒体中心)、司法行政机关、检察机关、公安机关、群团组织等主体的联动协同,形成大统战、大调解的贝侬品牌集群效应。

尽管民俗文化活动的推广是文旅部门的职责,但是只有加强与政法部门的协作,才能在客观上发挥文旅法融合对矛盾纠纷多元化解的推动功能。但是,应当指出的是,这是一种功能性的耦合,缺乏体系性建构,因此,在公共文化服务与公共法律服务的制度性协同和社会参与上还有很多发掘的空间。

12. 司法社工类社会组织参与矛盾纠纷化解的孵化培育不足。马山县民政局的调查反馈显示,该县登记注册的社会组织共304个,其中民办非企业单位 250 个,社团 54 个,主要分布在教育、文化等行业。目前还没有与化解矛盾纠纷相关的社会组织登记成立,因此此项工作还不能正常开展,这就需要加强培育建立贝侬非民办企业调解组织,创造品牌,填补空白;在政府采购之外,还需要发掘建立多元化社会组织参与动力机制。

六、新发展阶段再出发:马山经验再创新的可能空间与路径

（一）做足贝侬品牌,推进"贝侬调解"核心品牌的扩散与联动

以贝侬象征性文化为核心,形成"贝侬+N"模式的扩散。将"贝侬调解"从法院品牌,拓展到马山整体县域,乃至到所有矛盾纠纷化解主体及机制中,将贝侬符号嵌入县域治理现代化的总体格局之中。

（二）持续推进马山贝侬治理的学术推广和理论深化

厘清理论推广与新闻宣传的关系,克服既往新闻推广的不足,对贝侬调解的研究不能仅仅停留在以司法为中心的视角,应当跳出这一理论框架,站在县域社会治理现代化的高度进行把握。"贝侬调解"作为社会治理创新案例的产生、推广以及未来走向,应当在新时代治理格局中对之进行关照。

（三）程序机制改造

1. 寻找、建构嵌入程序的"贝侬+新权威"

充分发挥县级融媒体的综合服务和社会治理功能,改变县级融媒体的传统媒体平台角色,打造媒介化贝侬,通过媒介化为贝侬赋权,发挥"贝侬调解"的影响力和创造力,打造马山"贝侬调解"的媒介产品品牌;构建"贝侬+新权威(新乡贤,律师等)"的拓展性组合。

2. 司法改革政策导向下的中立评估机制构建

现代社会人的理性成长是一个普遍性的事实,在当事人的利益对峙久拖不决时,共识性的法律规范性评价有利于消解利益冲突。司法机关亦认识到了这一点,最高人民法院《关于人民法院进一步深化多元化纠纷解决机制改革的意见》(法发〔2016〕14 号)第 22 条规定:"探索民商事纠纷中立评估机制。有条件的人民法院在医疗卫生、不动产、建筑工程、知识产权、环境保护等领域探索建立中立评估机制,聘请相关专业领域的专家担任中立评估员。对当事人提起的民商事纠纷,人民法院可以建议当事人选择中立评估员,协助出具评估报告,对判决结果进行预测,供当事人参考。当事人可以根据评估意见自行和解,或者由特邀调解员进行调解。"以此为参照,建立"贝侬调

解"的中立评估机制可以消解调解中的僵局,克服单纯依赖情感进行调解的不足,符合自治、德治、法治三治融合的要求。

为实现这一需求,有必要建立专家、律师、退休法律职业人员等组成的中立评估库,并在此基础上建立当事人的随机抽选机制。此外,为实现"贝侬调解"的规范化运作,还可以建立有关调解的中立性评估与小型审判机制,以保障调解在严格的程序框架内运作。

(四)媒介化赋能,探索"贝侬调解"间接市场化创新机制

近二十年来,电视调解节目在全国范围的风行,证明了调解媒介化的可行性。新时代县级融媒体的"新闻+政务商务服务"的提供综合服务和参与基层社会治理的定位,为县级融媒体电视调解类节目提供了有利的政策背景,裨益于发挥调解"一案教育一片"的功能。数字化社会的发展为在"贝侬调解"中嵌入媒介化转译机制与栏目运营机制创造了可能空间,有必要探索县级融媒体平台的"贝侬调解"机制,通过平台节目经营、插入式广告、政府采购等多种方式拓展调解间接市场化的空间,回应矛盾纠纷化解的数字化趋势。

需要指出的是,"贝侬调解"迈向的是间接市场化的道路。电视栏目运营与调解机制运行相辅相成、并行不悖,间接市场化后的调解机制对当事人来说仍然属于免费服务的范畴,但是可以极大地调动参与者的积极性。通过建设一种媒介化矛盾纠纷治理共同体的网络协同动员机制,并提供政府财政支持,可以避免调解直接市场化改革带来的制度性冲撞。20年来电视解纷节目的实践,为县级融媒体中的矛盾纠纷化解电视节目的研发生产机制提供了丰富的经验以及迭代创新的机遇,如在内蒙古便存在将公共法律服务接入电视机顶盒的实践,未来可以考虑利用电视网络对"贝侬调解"以及公共法律服务进行三网合并延伸到用户终端。

(五)场景赋能:"贝侬调解"的空间再造

调解室的设计应当实现从传统的赤裸直白式宣传转向新时代的修辞艺术式布局。这一理念的转变是在调解过程中减少对抗的重要路径。但是与此同时,调解室宣传话语的简单招贴需要进行艺术化创新转化。例如,尽管石榴籽在政策文本中是极好的隐喻,但其并非广西特产,也不是日常生活中流行的水果,与壮族传统文化之间缺乏直接的具象联系。故以石榴籽作为隐喻对象,无法实现与壮族传统文化之间的确切联系。

基于此,有必要针对不同案件类型中的当事人关系和案件规范性元素的

强弱,建立不同类型的文化调解室,发挥不同的情境对当事人的操控功能。其一,通过调解的场景转换和空间再造,改变对传统单纯劝服性话语的依赖。要加强法治微景观建设与法院文化的融入,以空间场景转换为轴线实现程序再造,使调解活动与场景选择相互匹配。其二,应当加强调解的数字化场景建构。具体可以通过建立贝侬文化沉浸式调解室,在其中融入民族性背景音乐、民族法文化要素,改变既往法庭威严的室内场景设计。

（六）"贝侬调解"的载体创新

从注重向上传播到向上传播与向下传播并重转换:建立全媒体传播体系、开发 App;通过媒介化、数字化贝侬建构,克服传统"贝侬调解"具有的空间地域局限性。

（七）"贝侬调解"运作的规范化与现代化

参照 2021 年最高人民法院《关于进一步健全完善民事诉讼程序繁简分流改革试点法院特邀调解名册制度的通知》(法〔2021〕150 号),建立贝侬调解员的遴选标准与程序,建立贝侬调解员库和特邀贝侬调解员名册制度;加强贝侬调解员的规范化培训,包括但不限于调解人的视觉修辞素养、场景策略素养以及传统的调解方法和技巧;克服实践中的随机性,把"贝侬调解"纳入《关于在全区农村实施"法治带头人""法律明白人"培养工程的方案》当中,进一步规范和捋顺贝侬与有关职能部门的权利义务关系。

（八）构建共建共治共享"贝侬社会治理共同体"

"贝侬调解"涉及社会治理、文化建设、民族团结等多重主题,与司法、行政、民族宗教、统战、文化宣传、群团组织存在交合,应积极探索类似于古寨瑶族乡全国民族团结进步示范区的实践模式,把矛盾纠纷化解与铸牢中华民族共同体意识进行一体化建设。党的十九届四中全会提出,必须加强和创新社会治理,完善党委领导、政府负责、民主协商、社会协同、公众参与、法治保障、科技支撑的社会治理体系。有必要进一步加强与高校和政协等部门单位的合作,增进专家学者的深度参与,通过签订横向合作研究协议等方式有效发挥外部智囊作用。

（九）创新推进文化治理和矛盾纠纷多元化解机制的结合

尽管目前存在《贝侬调解山歌》、微电影等作品,但其主要目的却是用于法院系统的内部评比,在传统和合文化与法治文化的社会传播上仍需进一步发力;发掘马山当地的红水河文化等传统法文化要素,进一步创新丰富贝侬法治文化大众化、数字化传播的形式与渠道,把调解文化融入当地的特色文化中,用文化滋润多元矛盾纠纷化解机制,筑牢文化根基,进一步发挥文化的纠纷预防功能。

(十)山歌调解赋能:融合民族地区的艺术治疗功能

山歌调解功能的学理本质是艺术在社会治理生活场景化中的无意识运用,俗语所说"男愁唱,女愁浪"描述的正是这一原理的日常表征。基于这样的原理,通过对山歌歌师的社会心理服务技能的培训,可以实现民族地区山歌的治疗功能与公共文化服务、社会心理服务、志愿者服务的结合,使之融入矛盾纠纷多元化解综合机制之中。党的十九大报告明确提出"加强社会心理服务体系建设,培育自尊自信、理性平和、积极向上的社会心态"。党的十九届四中全会也指出,要健全社会心理服务体系和危机干预机制,完善社会矛盾纠纷多元预防调处化解综合机制。2018年,国家十部门联合发布了《关于印发全国社会心理服务体系建设试点工作方案的通知》。在相应政策导向下,歌师贝侬的调解可以消解西方心理治疗在中国民族地区"水土不服"的困境,走出一条具有民族地区特色的艺术治疗式社会心理服务之路。

(十一)"贝侬调解"方法论的修辞转型:言语修辞、视觉修辞和空间体验

目前经验性研究对调解技艺修辞层面的帮助还停留在日常话语当中,在理论对话的盲区中,调解技艺的研究似乎走向了瓶颈,技艺的背后似乎难以有理论的生长空间。通过修辞的治理,是一种越来越受到制度化重视的范式,例如,《治安管理处罚法》、《行政处罚法》、《民事诉讼法》以及《刑事诉讼法》都对教育群众进行了明确规定,这样一种柔性执法机制在手段方法上可以视为通过修辞的执法。

从古典修辞到新修辞的理论跃迁,尽管在20世纪60年代的西方已经逐渐完成,但是就调解的实践技艺来说还处于尚未开始阶段,其仅仅停留在话术的治理层面,这一阶段可以谓之亚里士多德的古典修辞学阶段。古典修辞学注重语言文字的劝服,但西方20世纪60年代以来便认识到了这一特性的局限性,兴起了将修辞的对象拓展到象征性行为、视觉文本实物,以及空间构造的新修辞学浪潮,但是遗憾的是,这一浪潮尚未扩散到调解学的研究中,这也使得调解方法技艺策略的研究存在很大的局限性。现实中单单依赖商谈

理性是解决不了问题的。

作为调解技艺和策略的场景布置，它可能表现为马锡五式的田间地头、强世功所描述的陕北炕上，传统的茶楼、酒桌、祠堂以及当下流行的电视演播间。目前，调解空间场景的设计还缺乏视觉修辞的技术理性自觉。在调解室的设计上，主要是"和为贵"文字符号直白表达上的价值目标引领型，在视觉修辞策略上显得比较单一，缺乏象征性表达、隐喻等视觉呈现图像的影响力机制，有违权力技术文本的隐匿性策略原则；此外，音乐、视频等多样化调解修辞手段的综合运用存在严重不足。

民族特色调解室不能仅仅是民族文化的一种泛泛的展示，不能机械复制民俗文化特色旅游建设的路径，而是要展示民族文化中的规范性元素，它不应当采用板报式、年画式等简单装点的格式；建议建立马山县"贝侬法治文化广场（公园）"；建议深度总结挖掘民族文化的法文化意涵，加强民族特色调解空间建设的法学、艺术学、社会学、民族学多学科协同创新合作。

（十二）从组织化到再组织化：个案到网络化、组织化协同和体系化

贝侬调解员要与网络化治理机制嵌入融合，将热心调解、有一定声望和公信力的贝侬组织起来成立理事会、族老理事会，同时，还要加强贝侬组织与乡贤理事会、新阶层联谊会等组织的协同。

1."贝侬调解"+"党建+统一战线"的再组织化。加强党委领导下的总体布局统筹。不能单单靠法院一家协调，要激活党建、统战等制度优势，对贝侬协会、微信群、业主群等进行再组织化，形成网络贝侬与线下贝侬的联动机制。

2.扩充个人调解室模式。目前只有一个"老莫调解工作室"，可以考虑适度进一步扩大规模。此外，还可以考虑对调解员的权威与身份进行叠加，如公务员身份权威与个人影响力叠加，人民调解与司法行政调解叠加。

3."贝侬调解"运行的市场化革新。"贝侬调解"在实际运作中还主要是靠关系来协同，对于治理现代化的总目标来说，显然是不匹配的。治理现代化要求治理体系的现代化和治理能力的现代化，马山县"贝侬调解"的未来走向需考虑是否要走向标准化、可复制、融入治理体系、促进社会治理经费来源多样化的道路。

（十三）引进开展NVC非暴力沟通及冲突调解项目培训

要实现调解在社会治理上的现代化，首先需要实现调解主体的现代化。

与中国传统的调解员技能培训以及送法下乡等活动不同，NVC非暴力沟通及冲突调解项目培训是由马歇尔·卢森堡博士创立研发，现在已经在世界越来越多的国家和地区开展，提供了一整套人际冲突消解的新理念、新方法、新范式。该课程可用于单位组织的冲突管理、人际冲突的自我赋能以及矛盾纠纷的化解等，同时也对培育非暴力沟通文化、夯实矛盾纠纷多元化解的社会基础具有重要意义。

（十四）进一步深化协同创新联合体协作机制

1. 建议采取政府采购方式，实行以问题为导向的订单式深度合作，加大科研成果的实践转化力度。目前马山县方面与高校的合作主要还局限于法院建立学生实习基地的层面，以服务马山社会治理创新为导向的全方位合作尚未全面展开。建议马山县政府与高校科研单位联合成立"县域治理研究中心"进行合作开发研究，研究对象包括但不陷于矛盾纠纷多元化解机制、综合治理机制、普法与法治文化、培训、社会组织参与、社会工作、融媒体参与社会治理机制设计等诸多县域社会治理方面存在的问题。

2. 建立"三书一函"协同联动机制（《监察建议》、《司法建议书》《检察建议书》以及公安机关的《提示建议函》）。由政法委统筹整合"三书一函"，增强建议的科学性、协商性和统一性，把矛盾纠纷多元化解与社会综合治理有效地统一衔接起来。

3. 建立完善社区贝侬协商议事机制。协商议事机制是一个比调解外延更开放、更具有包容性的概念，建立贝侬协商议事机制更有利于政治话语与法学话语的沟通与融合。调解适用于已然发生的特定当事人之间的矛盾纠纷，而协商机制可以囊括调解，同时也包括公共性问题的解决，具有矛盾纠纷预防及化解功能。

七、结语

"枫桥经验"不是西方的替代性（选择性）纠纷解决机制的中国式话语，也不是当事人主义、职权主义抑或欧洲协同主义的诉讼话语，它是中国制度生态下的原创性概念。在地化是民族地区坚持和发展"枫桥经验"的关键性环节，它需要以中国特色的自主矛盾纠纷多元化解话语体系予以支撑。这在新时代体现为，将矛盾纠纷化解与服务大局一体性建设关联，以重塑文化情境、筑牢中华民族共同体意识等方式夯实民族地区坚持发展创新"枫桥经验"的基础。

"枫桥经验"视角下人民调解员调解力探析
——基于计划行为理论

宛敏强[*]

自党的二十大以来,国家、社会愈加关注多元纠纷化解机制在社会治理中的实绩实效。多元纠纷化解目标落地并不容易,"强诉讼、弱调解"的纠纷解决格局在短时间内难以扭转,委派调解、委托调解的运转不够理想。人民调解员作为"枫桥经验"的传承者、多元化解纠纷的执行者,在实践过程中受到的关注较少。对此,本文以人民调解员的调解力为研究对象,借鉴相关理论模型,以此进行分析并提出相关建议。

一、问题聚焦:人民调解员的调解力差值透视

问题,就是"预期与现实之间的反差以及由这个反差而引起的心理困惑"[1]。据此,为发现人民调解制度的问题,本文拟结合其运行现状,提出人民调解工作的预期值(expectation)以及现状值(actuality),分别记E值、A值,预期与现状的差值(difference)则记为D值。

(一)社会治理预期——实践反差

《中共中央关于构建社会主义和谐社会若干重大问题的决定》提出:"完善矛盾纠纷排查调处工作制度,建立党和政府主导的维护群众权益机制,实现人民调解、行政调解、司法调解有机结合"。国家、社会、群众对人民调解在社会治理上寄予了预期,即人民调解在诉前纠纷化解应具有基础性作用。

E_1. 引导与实现群众自治。人民调解是我国特有的一种纠纷解决方式,是在吸收历史上存在的调解制度中的合理因素而产生与发展起来的,是中国

---

[*] 宛敏强,宁波市北仑区人民法院法官。
[1] 曹锦清:《问题意识与调查研究》,载《社会学评论》2014年第5期。

共产党在基层社会法律制度建设上的一个创举。[1] 作为上层建筑的法律制度由经济基础所决定,社会出于对其经济基础服务的需求,赋予调解制度对社会转型期大量出现的矛盾进行社会管理的重要责任。正因如此,随着近年来新形势下我国对社会矛盾纠纷处理机制认识的逐渐加深,人民调解作为社会治理手段的重要性越来越突出。

E_2. 修复与巩固社会关系。"与对抗性的纠纷处理方法相比,调解具备一些明显的优势,它更为紧急、快捷,并更倾向于那些更周全考量当事人非物质利益的独特解决方案"[2]。简单对比主流的四种纠纷解决方式,诉讼、仲裁大都由相对专业化的人员进行主持,且都有相对严密的程序设计及救济途径,而人民调解制度的程序规定则较为宽松,对社会关系的修复与巩固作用要优于其他几种纠纷解决方式,是实现国家长治久安,创造和谐稳定社会环境的重要工具。

然而,实践并不能达到预期。

A_1. 消极怠业。个别人民调解员的认识存在错位,对人民调解工作持可有可无的心态,甚至还存在"搞人民调解工作得罪人""纠纷处理上面会管"的错误理念,对人民调解工作的重要性缺乏应有的认识。例如,B 法院在 2023 年 1—4 月通过"线下+浙江解纷码"委派人民调解员进行调解的案件为 385 件,其中不受理的案件便达到了 125 件,比率达 32%,调解失败的案件为 324 件,调解成功率仅为 2.08%。

A_2. 推诿敷衍。在交通事故纠纷案件的调解中,交通调解委员会(以下简称交调委)向 B 法院反映保险公司不愿意调整赔偿标准,导致交调委调解案件的赔偿标准低于司法调解的标准,由此引发了案件的纠纷倒流,但保险公司却反映真实情况是交调委未主动协商。2023 年 1—4 月,浙江解纷码平台上的该区调解员的合格响应率仅为 86.7%。例如,在个别案件中,人民调解员接受委派调解案件后,依然会主动告知当事人"化解矛盾到法院,跟他没关系",然后做不受理结案处理,从而引发了当事人的投诉。

(二)司法制度预期——效果反差

人民调解员实际发挥作用的场域为社会治理与司法审判相衔接的部分,

---

[1] 参见朱景文主编:《中国法律发展报告:数据库和指标体系》,中国人民大学出版社 2007 年版,第 455 页。

[2] [美]斯蒂芬·B.戈尔德堡等:《纠纷解决——谈判、调解和其他机制》,蔡彦敏、曾宇、刘晶晶译,中国政法大学出版社 2004 年版,第 25 页。

其既承载了国家治理的期望,同时也负有促进司法审判现代化的职责。

E_3. 阻遏矛盾、纠纷形成案件。"枫桥经验"的基本内涵为发动和依靠群众,坚持矛盾不上交,就地解决,人民调解员在其中扮演着"矛盾的化解者"和"法律精神的引导者"[1]。矛盾、纠纷与案件分属不同的阶段,在"把非诉讼纠纷解决机制挺在前面"的指示下,人民调解员应努力将矛盾、纠纷吸附在基层,最大限度地过滤矛盾、纠纷,从而减轻法院的收案压力。

E_4. 与民事审判工作相互衔接。自1989年起,最高人民法院已在《关于进一步加强新时期人民调解工作的意见》《关于建立健全诉讼与非诉讼相衔接的矛盾纠纷解决机制的若干意见》《关于人民调解协议司法确认程序的若干规定》《关于进一步完善委派调解机制的指导意见》中反复对人民调解与司法审判的衔接作了具体安排,要求在充分保障纠纷当事人诉权的同时有效地实现案件繁简分流,为参与诉讼的当事人及法院带来巨大的程序效益。

然而,效果不能达到预期。

A_3. 效率不佳。人民调解的效率不高是全国较为普遍的现象。从全国的数据来看,从1995年至2021年,每个人民调解员每年调解的案件只从0.4件增至2.5件[2]。2022年,B区共有247个人民调解委员会,其中村(社)调委会228个、乡镇(街道)调委会11个、行业性专业性调委会8个,该地区的人民调解员数量保持在942个,其中包括兼职调解员652人,专职调解员320人,每人年均办理的案件为10余件。

A_4. 质量不高。仅从质量的维度来看,人民调解难以称佳。虽然人民调解成功案件基数大,但实质化解纠纷的效果却有限,大部分当事人仅达成口头协议但却无书面记录,这导致当纠纷再次进入诉讼后,审判人员需重新固定案件事实。此外,在部分调解成功的案件中,还存在文书质量不高的情况。具体体现在调解协议繁简不一,欠缺一些必要的事项和内容。例如,有的协议仅记载经调解后当事人需承担的权利义务,却没有表述纠纷涉及的事实、争议事项及双方责任;有的协议没有相关调解笔录,没有及时固定与纠纷相关的证据。

---

[1] 参见臧小磊:《农村人民调解员纠纷调解有效性个案研究——以刘庙村为例》,中国人民公安大学2018年硕士学位论文。

[2] 全国有记载的人民调解员数量已经从1025万人减至2021年的316.2万人,人民调解的案件数量则486万件增至874万件,具体参见《中国法律年鉴》2005—2021年版。

(三)职业心理预期——配套反差

"人民调解员"制度角色并未给人民调解员带来特定的身份标识与符号收益,[1]但人民调解员对职业同样存在心理预期,涉及工作环境、内在需求、职业目标、价值实现、调解文化[2]等。从现有的制度安排来看,人民调解工作是公益性质的,且对人民调解员的职务、工资、奖励标准等方面均未做相对细致的安排,导致配套机制难以契合人民调解员的职业心理预期。

A_5. 激励机制不完善。人民调解员大多数为兼职,如实践中存在律师、仲裁员兼任调解员的情况。尽管人民调解工作是公益性质的,但是亦需弥补其所耗费一定的时间成本以及经济成本。从现有的司法实践来看,多采取"以奖代补"等激励模式,虽然对调解工作具有一定的促进作用,但仍未能充分激发其动力。与此同时,基层调处化解纠纷奖励办法在实施执行过程中存在封顶、包干等模式,导致精通业务、能力突出的调解员在完成一定比例的案件后,即使再成功调解案件,也不计入奖励的基数内。

A_6. 信息平台不流畅。投入大量精力、物力建设的浙江解纷码平台,虽然能有效使用,但相比人民法院在线服务平台却具有数据抓取慢、信息反馈慢、材料流转不及时等缺点,平台更新升级无法满足现有的使用场景,人民调解员在使用该平台时经常遇到视频无法认证、材料无法签名等情况。浙江解纷码平台无法顺畅使用,使得人民调解员只能要求当事人主动前往法院或在人民法院在线服务平台上完成相关事宜。最终导致人民调解的职能被削弱,难以有效减轻法院的工作负担。

A_7. 职责清单不明晰。委派给人民调解员的案件,虽然并不可能全部实现矛盾纠纷的彻底化解,但调解过程的确可以减轻审判的事务性压力,诸如完成虚假诉讼甄别、争点整理、送达地址确认、证据材料收集等事项。由于考核是以纠纷调处成功与否为标准,若人民调解员无法调解成功,即无法获得相应的奖励,其投入在案件上的时间、精力则无法以量化的标准来体现。

A_8. 适合调解的案件在减少。无论现代化的程度如何,当下中国各局部区域内所发生的传统型民间纠纷都有可能不同程度地减少。在适合人民调解解决的民间纠纷可能减少的情况下,人民调解的解纷数量当然可能会随之

---

[1] 参见吴元元:《人民调解员的制度角色考》,载《中国法学》2021年第4期。
[2] 参见聂作坤:《基于动力效能理论的基层公安队伍动力机制研究》,天津大学2012年博士学位论文。

下降。[1] 近十年来,结合相关数据来看,传统型的人身属性的纠纷降幅不大且相对稳定,而具有经济属性及侵权等属性的纠纷的调解适用率则降幅较大,的确佐证了适合调解的案件正在逐渐减少。

综上所述,无论是人民调解的制度、环境,还是其目标、要求,都在实践中聚焦到人民调解员身上,故,按照本文选择以人民调解员为视角构建的问题模型 $D=E(E_1、E_2、E_3、E_4)-A(A_1、A_2、A_3、A_4、A_5、A_6、A_7、A_8)$,可推断总结出以下问题:

D_1:对标调解工作要求,人民调解员可能调解意愿不足、态度不佳、能力素质不够。

D_2:对标自我目标实现,人民调解员可能对环境、现状及激励机制不满。

本文将上述 D_1、D_2 概念化,构建人民调解员的调解力标准,即人民调解员及其他部门推动人民调解员实现人民调解工作目标与自我目标的能力。

二、实证研究:人民调解员的调解力维度分析

结合 D_1、D_2,本文尝试采取结构方程模型(SEM)[2]的理论研究方法来建构人民调解员调解力研究模型。

(一)问卷设计:接受调研 B 地区人民调解员的群体情况

1. 样本来源

2023年1月,B法院开展了诉讼服务中心入驻社会治理中心及集约化改革,并设立诉调衔接团队,与该地司法局对接人民调解工作,由法院通过ODR委派给调解委员会诉前调解案件。在委派过程中,为进一步推动委派调解工作实质化,法院对人民调解员参与调解的积极性进行了调研,共向354名调解员发放调查问卷,去除无效问卷外,收回有效问卷302份。受调研的人民调解员有以下特征(见表4-1):一是年龄结构老化,40岁以下的人民调解员占比为23%,50岁以上的人民调解员占比超过50%;二是受教育程度不高,其中初中以下学历的人民调解员占比为61%,这与年龄结构老化相关;三是兼职比例高,本次接受问卷调查的专职人民调解员仅有103人,占比34%,兼职人民

---

[1] 参见郭松:《人民调解解纷数量为何下降?——超越已有理路的新论说》,载《清华法学》2010年第3期。

[2] 结构方程模型(SEM):一种建立、估计和检验因果关系模型的统计学方法,已被广泛应用于人文社会科学研究。

调解员的比例为 66%,高于专职的比例。

表 4-1　B 地区人民调解员特征

类别	选项	频数	百分比/%
性别	男	184	61
	女	118	39
年龄	30 岁及以下	6	2
	31—40 岁	63	21
	41—50 岁	69	23
	51—60 岁	120	40
	61—70 岁	44	14
受教育程度	小学及以下	75	25
	初中	108	36
	高中或中专	59	19
	大专	45	15
	本科及以上	15	5
是否专职	专职	103	34
	兼职	199	66
	律师	3	0.01

2.量表设计

结合第一部分的论述,本部分引入规范计划理论(NAM)[1]以及计划行为理论(TPB)[2]两种理论,并以后者为基础,依据两种理论的相关研究成

---

[1] 规范激活理论(NAM)是由 Schwartz 于 1977 年提出的,并用以预测和解释个体公共环境行为的理论模式。该理论共包括个人规范、责任归属和结果意识三个核心变量。个人规范指个体对采取某项行为的道德义务感;责任归属指个体对不采取某项行为产生不良后果的责任感;结果意识指个体对某项行为可能给他人带来积极或消极影响的认知。

[2] 计划行为理论(TPB)作为理性行为理论(TRA)的继承者,于 1985 年被 Ajzen 首次提出。Ajzen 在研究中发现,个体的行为并非完全受个人意志掌控,还与个体执行该行为的能力和资源密切相关。

果，设计人民调解员调解力的五个维度（见图4-1），由消极怠工、互相扯皮等现状可知：人民调解员的调解意愿、行为态度将起到关键作用；环境限制、案源限制的情况则与人民调解员的主观规范、感知行为控制相关；激励机制、职责清单等要素则指向人民调解员的结果意识。

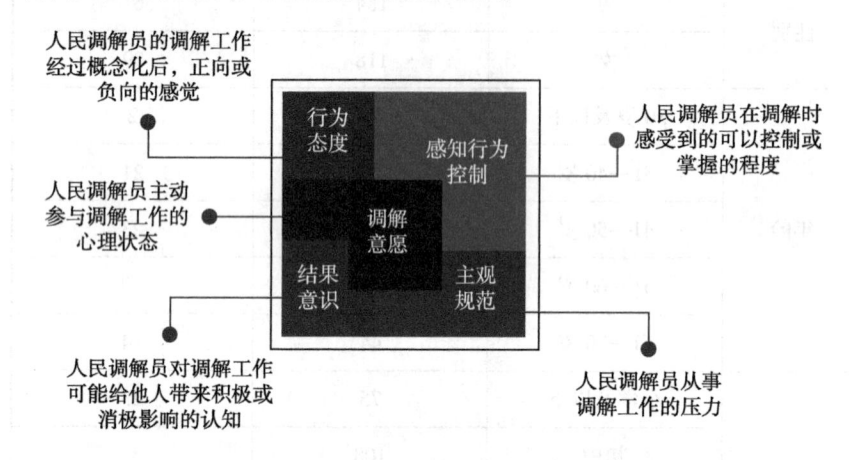

图4-1 调解力五个维度概念

围绕上述五个维度，笔者制作了15个相关的测量题项。其中，所有题项均采用Likert 7级量[1]表进行测量，范围从"非常不同意"到"非常同意"，分别对应1—7分。具体测量题项如表4-2所示。

表4-2 人民调解员调解意愿的相关题项

变量	代码	测量题项
调解意愿	PC1	对现有的案件分派满意
	PC2	对人民调解培训工作感到满意
	PC3	对现有的"以奖代补"等机制感到满意
行为态度	PQ1	人民调解工作具有社会价值
	PQ2	我对人民调解工作有兴趣
	PQ3	人民调解工作有助于自我能力的提升

---

[1] 李克特量表（Likert scale）是社会调查和心理测验等领域中最常使用的一种态度量表。

续表

变量	代码	测量题项
主观规范	PV1	调解工作心理压力较大
	PV2	调解工作同样有社会压力
	PV3	人民调解工作内容繁琐
感知行为控制	PU1	调解工作可在行业内部先行进行
	PU2	人民调解工作同样需要进一步规范
	PU3	我能从多种渠道获得调解工作的情况
结果意识	PR1	我清楚所有的调解事项
	PR2	我对调解工作具有法律责任
	PR3	考核对我来说很重要

(二)路径假设:建立调解力结构模型

在已有文献中,国内外学者采用双因素理论、预期利益理论、技术接受模型及相关拓展模型,围绕提升人民调解有效性等多个维度对人民调解员的纠纷化解行为进行了研究。研究表明,人民调解员是否积极参与调解与其内在需求、职业目标、价值实现、调解文化[1]等因素有关。综上,本文认为,计划行为理论(TPB)所提出的调解意愿、行为态度、结果意识、主观规范、感知行为控制等五个维度对人民调解员的调解力具有解释力,模型如图4-2所示。

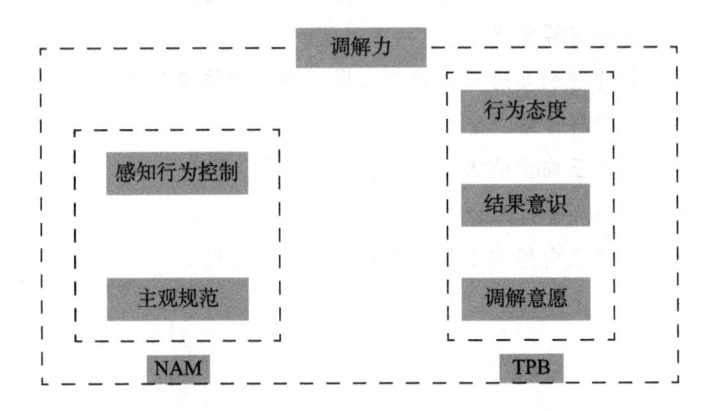

图4-2 人民调解员调解力的五个纬度

[1] 参见聂作坤:《基于动力效能理论的基层公安队伍动力机制研究》,天津大学2012年博士学位论文。

根据 NAM 及 TPB，人民调解工作的职责清单以及可能具有的法律后果越明确，人民调解员对调解工作的责任归属感就会越强，进而形成积极行为态度的可能性也就越大；当人民调解员的行为态度被激活后，随之而来的公益性价值观与愧疚感会促使其积极参与人民调解工作。

所有可能影响行为的因素都经由行为意向间接影响行为，而行为意向主要受两项关键因素的影响，分别为主观规范和感知行为控制。人民调解员同样会对预期收益与付出成本进行权衡，并考量工作压力、政策环境等因素，当其认为实施某项行为对自身有益时，就会产生积极的主观规范，进而提高行为意愿。

在上述两种理论的交叉部分中，本文认为，人民调解员对调解工作的控制力越强、越容易获得调解工作的支持，其对调解结果的掌控就会越娴熟。调解意愿作为认知的核心，与结果意识、行为态度及感知行为控制应存在正相关的关系。基于上述分析，提出以下假设（见图4-3）。

H1：结果意识显著正向影响人民调解员的行为态度

（结果意识→行为态度）

H2：结果意识显著正向影响人民调解员的调解意愿

（结果意识→调解意愿）

H3：行为态度显著正向影响人民调解员的调解意愿

（行为态度→调解意愿）

H4：主观规范显著正向影响人民调解员的调解意愿

（主观规范→调解意愿）

H5：感知行为控制显著正向影响人民调解员的结果意识

（感知行为控制→结果意识）

H6：主观规范正向影响人民调解员的感知行为控制

（主观规范→感知行为控制）

H7：调解意愿正向影响人民调解员的感知行为控制

（调解意愿→感知行为控制）

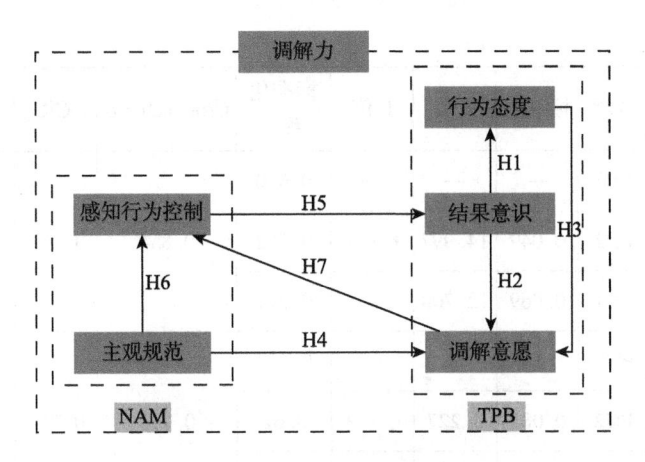

图 4-3 五个纬度的路径假设

(三)效度检验:调解力结构模型具有解释力

1. 信效度校验

信效度检验,即对本次调查数据的信度和效度进行评价分析。关于信效度校验,需检验克朗巴哈系数、标准化系数、组合信度、平均提炼方差等指标。(见表4-3)Hair 等认为,Cronbach's α 值≥0.7[1],CR 值>0.7[2],收敛效度 AVE>0.5[3],则模型可接受。各潜变量所对应的标准载荷值在 0.504—0.998,组合信度 CR 值在 0.742—0.876,AVE 在 0.58—0.74,Cronbach's α 值大于0.8,说明收敛效度较好,而各潜在变量的 AVE 值的最低值为 0.5,符合要求。

表 4-3 信效度检验

维度	题项	标准差	Z 值	P 值	标准化系数	Cronbach's α	CR	AVE
调解意愿	PC1	—	—	—	0.732	0.799	0.829	0.63
	PC2	0.083	10.855	***	0.580			
	PC3	0.116	10.599	***	0.817			

---

[1] Hair J. F, *Multivariate Data Analysis*, 7th edition, Pearson, R. E. (2014), p.619.
[2] Hair J. F, Black, W. C., Babin, B. J. & Anderson, *Multivariate Data Analysis*, 7nd edition, Pearson, 2014, p.619.
[3] Hair J. F, Black, W. C., Babin, B. J. & Anderson, *Multivariate Data Analysis*, 7nd edition, Pearson, 2014, p.619.

续表

维度	题项	标准差	Z值	P值	标准化系数	Cronbach's α	CR	AVE
结果意识	PR3	—	—	—	0.610	0.854	0.89	0.74
	PR2	0.049	14.997	***	0.752			
	PR1	0.069	12.708	***	0.671			
感知行为控制	PU1	—	—	—	0.623	0.713	0.742	0.50
	PU2	0.087	8.227	***	0.62			
	PU3	0.118	7.695	***	0.845			
行为态度	PQ1	—	—	—	0.66	0.814	0.876	0.72
	PQ2	0.101	11.481	***	0.589			
	PQ3	0.145	10.628	***	0.736			
主观规范	PV1	—	—	—	0.693	0.755	0.791	0.58
	PV2	0.087	8.619	***	0.504			
	PV3	0.159	9.427	***	0.996			

资料来源：spss19.0 AMOS24 分析得出。

2. 拟合度

数据与理论模型适配情况能够反映出模型科学与否[1]（见表4-4）。针对常用拟合指数 CFI、TLI、RMSEA 和 SRMR，一般认为，CFI 和 TLI 不低于0.9、RMSEA 和 SEMR 不高于 0.08，则模型可以接受。[2] 从表4-4来看，χ^2/df、GFI、AGFI、RMSEA、IFI、TLI、CFI 等指标均在参考范围之内，其中 $\chi^2/df=2.97<3.00$。综上所述，人民调解员调解意愿的实际调研数据与本文构建的理论模型适配度较好。

---

[1] 参见张瑞增等：《TPB-NAM 框架下规模农户绿色优质农产品生产意愿研究——基于江苏省的调查数据》，载《中国农业资源与区划》2023年第4期。

[2] 参见王阳等：《新世纪20年国内结构方程模型方法研究与模型发展》，载《心理科学进展》2022年第8期。

表4-4 拟合度检验

拟合指标	X2/df	SRMR	RMSEA	CFI	AGFI	IFI	CFI	TLI
参考值	<3.00	<0.08	<0.08	0.9	>0.9	>0.9	>0.9	>0.9
检验值	2.97	0.08	0.08	0.91	0.90	0.90	0.90	0.90

资料来源:spss19.0 AMOS24分析得出。

3.假设验证

从表4-5来看,P值<0.05的路径有H1、H2、H3、H4、H5、H7,H6的P值不满足显著性条件,该假设在本次调查中不成立。其中,路径H1的系数仅为0.001,相关程度较小,亦无法作为依据。其余路径系数分别为0.056、0.129、0.319、0.076、0.281,具有显著性,假设在统计学意义上成立。

表4-5 人民调解员调解力结构模型路径系数

	路径假设			标准化系数	标准误差	P值	假设验证
H1	结果意识	→	行为态度	0.001	0.066	***	不成立
H2	结果意识	→	调解意愿	0.056	0.066	0.001	成立
H3	行为态度	→	调解意愿	0.129	0.043	0.003	成立
H4	主观规范	→	调解意愿	0.319	0.085	***	成立
H5	感知行为控制	→	结果意识	0.076	0.0735	***	成立
H6	主观规范	→	感知行为控制	0.240	0.097	0.204	不成立
H7	调解意愿	→	感知行为控制	0.281	0.0803	***	成立

据此,本次调研的SEM模型如图4-4所示,可以看出,该模型对人民调解员的调解力具有解释力。其中,人民调解员的结果意识对行为态度产生影响,但影响力较小,这与人民调解员多为兼职的特点有关。此外,主观规范与感知行为控制的路径系数不显著,因此人民调解员对调解工作的关注度实际上并不理想,其行为意愿、注意内容尚未集中在调解工作上。结合上文,结果意识、行为态度、调解意愿实际上属于"私益"的范畴,而主观规范、感知行为控制则属于"公益"的范畴,从本次的路径分析来看,"私益"因素明显更为活跃,相较之下"公益"因素则活力不足。

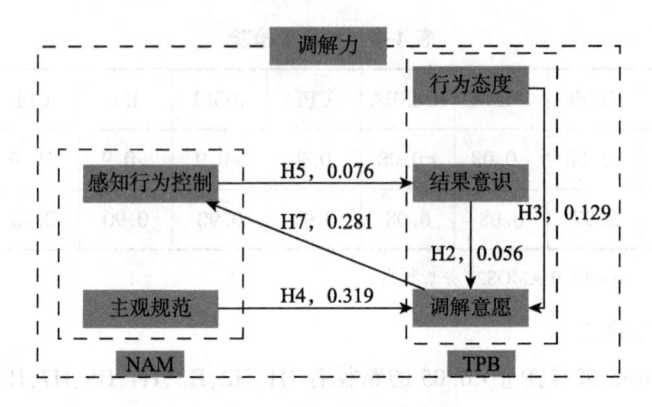

图 4-4 路径标准化系数

综上所述,检讨模型验证结果,D_1 即对应"公益",而 D_2 则对应"私益",由此拆解调解力的五个维度,并进一步将其细化为 15 个可测量指标。模型中,结果意识、行为态度、主观规范均对调解意愿有正向的调节作用;调解意愿与感知行为控制、结果意识又存在单向闭环的影响路径,该三维度的内部关系对调解力具有重大作用;五个维度均有共同的影响因素,即司法的支持力度,诸如调解清单、案源分配、法律责任等。

在各种路径交叉之下,调节力问题聚焦于人民调解员的激励问题、支撑问题以及考核问题。其中,激励问题是核心,只有完善的激励机制才能充分调动人民调解员的积极性,将各项规章制度落地;支撑问题则主要源于政府与法院,将管理目标融入支撑体系中,才能使人民调解员制度健康发展;考核问题虽然只是管理的一个项目,但其是连接激励与管理目标的唯一抓手,同样值得单独研究。

三、实践修缮:人民调解员调解力赋能路径

在诉讼服务中心入驻社会治理中心的新格局下,本文聚焦结果分析中的激励问题、管理问题以及考核问题,尝试统一人民调解之"公益"与"私益",为赋能调解力,笔者提出以下建议。

(一)完善激励机制,以人为本,形成强力推动机制

何阳认为,"探究一个国家治理者群体的激励制度就是探究这个国家公共权力如何运作有效的制度",同理,探究人民调解员的激励制度就是探究人

民调解如何有效运作的制度。[1] 长时间以来,我国未能有效推动形成人民调解员的动力机制,故本文建议:

S_1:人民调解员应强化自身建设。第一,强化政治建设,自觉将习近平新时代中国特色社会主义思想贯彻于调解工作的方方面面,以行动自觉统一人民调解工作中的"公益""私益",激发为公众服务的积极性与主动性。第二,强化业务学习,面对案件纠纷形态的变化,主动学习新的法律知识,提升应对能力。

S_2:设置职业准入与退出制度。规范选任标准、选聘方式、考评制度、职称管理、资格认证以及资质续展认定,将人民调解员分为初级、中级、高级三等十二级,并使其与奖励标准、薪资待遇、考评内容相挂钩。同时明确退出机制,对违反法律规定、调解质量不佳的调解行为及时计入档案,经相关机构评测讨论后,对不适宜担任人民调解员的人员定期进行清退。

S_3:建立标准化、规范化培训机制。域外对调解员有培训时长的硬性要求[2],可制定不同阶段人民调解员的培训内容,以是否录用为人民调解员为时间节点,在录用前进行岗前培训,包括任职培训、职业资质培训。在录用后仍需继续接受教育培训,时长可设置为5天40个小时,内容包括调解理论培训及人民调解协议书、卷宗的规范制作培训。

S_4:建立多元经费保障体系。依据《关于进一步加强人民调解工作经费保障的意见》、《关于印发〈政府购买服务管理办法(暂行)〉的通知》(已失效)、《关于推进行业性专业性人民调解工作的指导意见》等文件要求,整合现有的人民调解的经费来源渠道,统一支付标准,吸纳社会及行业的捐助,从而扩大经费来源。

S_5:设置多调多得奖励机制。灵活适用"以案定补""以奖代补""底薪+计件""固定工资制""岗位补贴"等形式,并根据调解案件数量同步增加奖补经费,按照调解案件的复杂程度和执行结果,设立不同奖补标准,实行分级分类奖补。

S_6:设置人民调解荣誉阶梯,增强人民调解的"仪式色彩",对人民调解员可设置高层次的荣誉称号、专题奖项,同时针对荣誉称号设置专门的颁奖仪

---

[1] 参见何阳、孙萍:《人民调解员激励制度审视及其引申——基于双因素理论的视角》,载《广西社会科学》2017年第1期。

[2] 如奥地利要求调解员需完成220—365课时的培训,意大利要求调解员通过司法部认证的2年以上学习或培训,比利时则要求调解员需由25小时的理论培训及25小时的实践。

式、增强感染力、提升荣誉感。

（二）明确操作规范，强化支撑，妥善安排角色职能

虽然有法律制度赋予了人民调解员进行调解的权力，但目前行政机关以及司法机关却未给予其足够的现实支撑，人民调解员的角色职能处于"尴尬"的境地。现阶段，在社会治理中心的资源整合下，上述问题应得到妥善安置。

社会治理中心应强化规范化管理，健全调解流程体系：

S_7：成立人民调解员管理委员会。由司法行政机关从各类调解组织中选派政治素质高、业务能力强、责任心强的人民调解员组成人民调解员管理委员会，由其定期对各类调解组织及人民调解员的调解案件情况进行分析汇总，选出调解质量高的人民调解员予以奖励，并对投诉较多、能力水平难以适应工作需要的人民调解员及时予以清退。

S_8：出台规范性文件，实现人民调解的制式化，为诉调对接流程设置统一的流转文书、统一格式的协商笔录，设置严格的调查和发言流程，强化纪律性，突出人民调解工作的程序性和庄严感。

S_9：优化案件纠纷流转，健全回流导入机制，加强以"案、物、人"为对象的全流程闭环监管，制定"四定"（定案件、定期限、定人员、定任务）规则，确保案件质量稳中有进。如图4-5所示，在经历程序1、2、3、4、5、6后，符合相关条件的，调解组织须在5日内将案卷材料退回法院立案窗口，法院应在法定期限内予以立案，导入诉讼程序。

S_{10}：建立调解赛马机制。对首次调解未成功的复杂纠纷，可通过解纷平台"抢单系统"向所有调解组织和调解员（含律师调解员）开放，由有能力的调解组织和调解员对之进行二次抢单调解，提升调解成功率。

S_{11}：在社会治理中心设置专门的调解室，调解员席位与当事人席位可保持一定距离，配备模式统一的装修布局和外观标识，悬挂国徽，为人民调解员配备制式统一的制服或身份标识。设置冷静室，增加协商过程中的禁言环节，完备协商洽谈活动的发言纪律，强化对当事人的约束力度。

法院层面应着重强化诉调对接，深化司法支撑：

S_{12}：专设诉调对接团队，可以"员额法官+法官助理+书记员"的模式组成调解团队，深入收集管理诉调对接中的"痛点、堵点、难点"问题，实现案件精准分流，再造诉调对接接口，塑造高效分流的平台。

S_{13}：建立预分案法官与调解员一对一指导机制，案件在委派前就确定案

件承办人员,负责对案件进行具体指导,人民调解员可自行或者通过诉调对接团队联系承办法官,推动案件纠纷实质性化解。

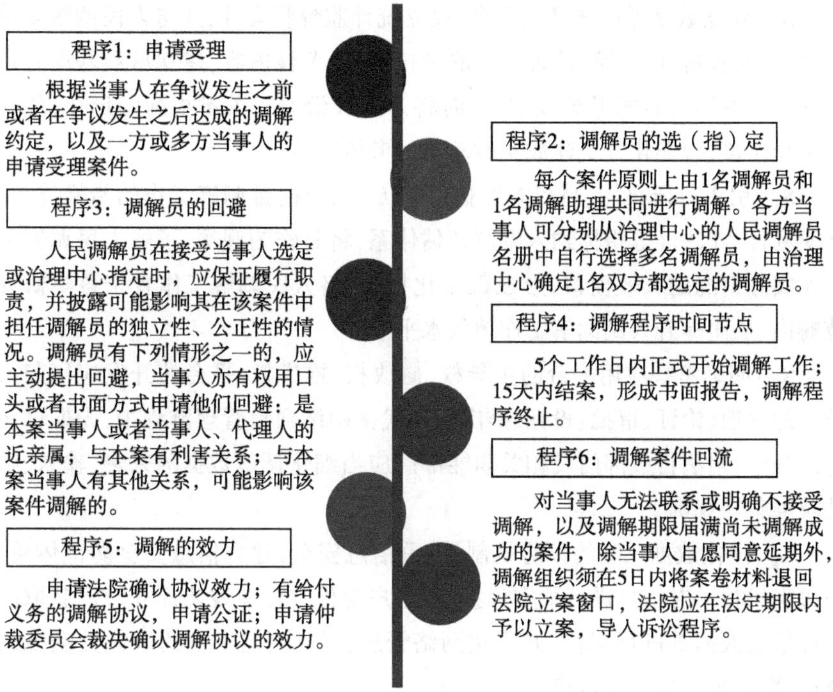

程序1:申请受理
根据当事人在争议发生之前或者在争议发生之后达成的调解约定,以及一方或多方当事人的申请受理案件。

程序3:调解员的回避
人民调解员在接受当事人选定或治理中心指定时,应保证履行职责,并披露可能影响其在该案件中担任调解员的独立性、公正性的情况。调解员有下列情形之一的,应主动提出回避,当事人亦有权用口头或者书面方式申请他们回避:是本案当事人或者当事人、代理人的近亲属;与本案有利害关系;与本案当事人有其他关系,可能影响该案件调解的。

程序5:调解的效力
申请法院确认协议效力;有给付义务的调解协议,申请公证;申请仲裁委员会裁决确认调解协议的效力。

程序2:调解员的选(指)定
每个案件原则上由1名调解员和1名调解助理共同进行调解。各方当事人可分别从治理中心的人民调解员名册中自行选择多名调解员,由治理中心确定1名双方都选定的调解员。

程序4:调解程序时间节点
5个工作日内正式开始调解工作;15天内结案,形成书面报告,调解程序终止。

程序6:调解案件回流
对当事人无法联系或明确不接受调解,以及调解期限届满尚未调解成功的案件,除当事人自愿同意延期外,调解组织须在5日内将案卷材料退回法院立案窗口,法院应在法定期限内予以立案,导入诉讼程序。

图 4-5 人民调解案件受理流程

S_{14}:建立调解反馈机制,在充分告知双方当事人法律后果的情况下,当事人对调解过程中已确认的无争议事实无须再举证,但相关事实涉及国家利益、社会公共利益或者他人合法权益的除外。

S_{15}:探索建立调解调查令及财产保全制度,对部分需要进一步取证的案件及财产保全的案件,经当事人申请和法院审查,可以向调解员签发调解调查令,且可向法院申请保全。

S_{16}:探索建立调解赋强机制,对事实清楚、证据确凿的简单金钱给付类纠纷,当事人可以持调解协议依法向法院申请出具支付令,或经当事人申请,由公证机构对调解协议进行公证,赋予其强制执行效力。

(三)坚持数字赋能,注重应用,做到智慧安全管理

当在审判机制中业已实现人工智能的广泛运用时,由于纠纷解决机制与之具有一定共通性,故亦可以从调解人员整合、数据深度应用、纠纷信息采集

和动态监控各方面入手,实现在线纠纷解决机制的体系化和智能化。[1] 人民调解的实质化运转离不开数字化建设。

S_{17}:建立数字考核链条及平台,设立统计监督管理部,并与人民调解委员会对接,明确村社、街镇、治理中心的考核责任、考核内容,建立从最基层直达考核部门的不间断的考核权限,及时将万人成讼率等关键指标图形化,依托数字化手段、智能化方式建成实时动态的考核链条。

S_{18}:引入科研机构、高校等评估第三方,完善衡量调解工作的指标体系,将便利性、守法性等指标纳入调解评估体系,将其作为观测、了解人民调解员工作实际情况的有效窗口,形成数字化报告,将人民调解工作置于科学研究范畴内,从而提升人民调解工作绩效水平。

S_{19}:明确考核应用平台的主导权、修改权、推广权,平台的开发应用归入统一的立项、论证、审批、投标、推广的现代化网络项目管理流程中,先期试运行过程中,司法行政部门及相关职能部门应当细化调解数据的采集、输入、筛选及屏蔽等规则。

S_{20}:强化数据风险的预防机制,注重信息安全,建立信息安全防范体系,通过密码技术对信息进行加密保护,对用户身份进行在线认证并对已获取的案件信息数据等进行保护,并强化网络管理,提高网络平台的采集数据准入资格、数据采集平台的监管责任。

---

[1] 参见龙飞:《人工智能在纠纷解决领域的应用与发展》,载《法律科学(西北政法大学学报)》2019年第1期。

新时代"枫桥经验"引领下城市人民法庭参与社区调解的法治保障研究
——以推动市域社会治理现代化为视角

高 波[*]

当前世界正处于百年未有之大变局,对我国来说,正进入战略机遇与风险挑战并存的重要关口时期,不确定与难预料的因素也在增多。我国的社会矛盾已经发生明显的转变,社会各方面的利益需求也更加多元化,社会冲突和矛盾日益增加,全面推进社会治理法治化成为大势所趋,这也是我国推进国家治理体系和治理能力现代化的内在要求与必由之路。在新型城镇化建设背景下,每年有上千万农村人口转移到城镇。就全国而言,城市人口规模在不断扩大,大量涌入城市的流动人口,给城市治理与社会管理带来了诸多难题,如熟人社会向陌生人社会的转变,使社会矛盾纠纷急剧增加,进而导致法院的案件负担越来越重,部分大中城市出现了"诉讼爆炸"的现象,司法领域正面临前所未有的挑战。"调解"作为一种非诉讼纠纷解决方式,具有鲜明的中国特色,其在化解矛盾、消除纷争、促进和谐方面发挥着重要作用。由于"调解"具有方便快捷、形式多样、低成本、高效率以及有利于当事人各方继续保持和发展关系、增进彼此的信任感等优势特点,被国际社会称为"东方之花",也被视作维护社会和谐稳定的"第一道防线"。通过引导更多矛盾纠纷以非诉讼方式解决,能够有效解决法院系统的"案多人少"矛盾。

2021年9月13日,最高人民法院发布的《关于推动新时代人民法庭工作高质量发展的意见》明确提出,以"三个便于""三个服务""三个优化"工作原则为引领,全面加强人民法庭建设。其中,更是强调了法庭建设要考虑到城

---

[*] 高波,上海市宝山区人民法院。

乡差异。[1]与乡村不同，社区作为城市的组成部分，是我国城市治理体系的基本单元。同样地，与乡村人民法庭不同，城市人民法庭在辖区经济发展、人口面积、基础设施、交通条件、司法需求、案件类型等许多方面，也存在明显的差异。如果矛盾纠纷能够在城市社区这个基础单元内得到大量化解处理，那么进入人民法院的案件量必然会随之大幅减少。因此，依照乡村和城市分类施策，加强城市人民法庭的专业化建设，满足人民群众的司法新需求，推动矛盾化解关口前移，深入推进"矛盾纠纷源头治理"工作，符合推进市域社会治理现代化的要求与规律。而这亦与新时代"枫桥经验"的矛盾纠纷源头治理理念相契合。传承六十载的"枫桥经验"自诞生以来，倡导的是"小事不出村、大事不出镇、矛盾不上交"，而新时代"枫桥经验"的基本内涵已经从过去的化解矛盾纠纷、维护社会稳定发展变化到现如今的"矛盾不上交、平安不出事、服务不缺位"，覆盖面拓展至预防化解经济、政治、文化、社会、生态等各领域的安全风险，成为预防化解社会风险、创新基层社会治理、促进社会平安和谐的重要法宝。"枫桥经验"传承了中华优秀传统文化，强调对于民间矛盾纠纷"调解先行"，对一般的矛盾纠纷，优先适用调解的方式进行解决。在新时代"枫桥经验"的引领下，通过不断加强城市人民法庭的专业化建设，优化社区调解工作，推进市域社会治理现代化，从而引领新时代司法工作实现高质量发展。

一、城市人民法庭参与社区调解推进市域社会治理现代化的逻辑起点

（一）国家治理体系和治理能力现代化的要求

国家治理包括了社会治理，社会治理现代化是"国家治理体系和治理能力现代化"这一系统性工程的题中应有之义。党的十八届三中全会就明确将"推进国家治理体系和治理能力现代化"定为全面深化改革的总目标。党的

---

[1] 最高人民法院《关于推动新时代人民法庭工作高质量发展的意见》规定："……5.坚持'三个优化'……"。综合考虑城乡差异：一要优化法庭布局。区分城区法庭、城乡结合法庭、乡村法庭，不断优化人民法庭区域布局。二要优化队伍结构。结合案件数量、区域面积、人口数量、交通条件、信息化发展状况、参与乡村振兴和社会治理任务等因素，建立并实行人员编制动态调整机制。三要优化专业化建设。坚持综合性与专业化建设相结合，实现人民法庭专业化建设更好服务乡村振兴和辖区基层治理需要。农村地区要继续加强和完善综合性人民法庭建设；城市近郊或者城区，可以由相关人民法庭专门或者集中负责审理道交、劳动、物业、旅游、少年、家事、金融商事、环境资源等案件；产业特色明显地区，可以由专业化人民法庭专门负责审理涉及特定区域或者特定产业的案件。

十九届四中全会也对"推进国家治理体系和治理能力现代化"作出了顶层设计和全面部署,其中又特别指出,要加快推进市域社会治理现代化。而推进市域社会治理现代化,必须从总体思路、根本保证、活力源泉、价值基石、实践路径五个维度,完善党委领导、政府负责、民主协商、社会协同、公众参与、法治保障、科技支撑的社会治理体系,形成人人有责、人人尽责、人人享有的社会治理共同体。"法治保障"离不开作为国家司法机关的人民法院这一重要主体的参与,而人民调解又是基层社会治理的重要力量和抓手。通过法院参与社区治理,加大对人民调解员的法律服务和业务的指导,提升化解矛盾纠纷的水平,为有效减少辖区内的矛盾纠纷、保障社会安定和经济高质量发展提供法治保障。城市人民法庭作为基层人民法院在城市地区的派出机构,其数量占全国实际运行的人民法庭数量的39%(包含城区法庭、城乡结合法庭),对于不断提高市域社会治理的法治化水平具有重要意义。

(二)弥补城市社会社区治理方式的现有不足

城乡社区治理是社会治理体系的"最后一公里",其治理对象既包含城市因素亦包含乡村因素,这凸显出城乡社区在新时期社会治理体系中所承担的任务之重要。城乡社区治理之所以至关重要,是因为其关系到党和国家的大政方针能否真正得到贯彻落实,既关系到人民群众的切身利益,也关系到城乡基层的和谐与稳定。《中共中央、国务院关于加强和完善城乡社区治理的意见》为促进城乡社区治理体系和治理能力现代化提出了新目标、新思路、新举措,其中第三部分的"不断提升城乡社区治理水平"就明确强调了关于城乡社区"六种能力"的增强,包含"增强社区依法办事能力"与"提升社区矛盾预防化解能力"。而传统意义上的基层社会治理方式主要有三种,第一种是行政治理,第二种是"信访—维稳"治理,第三种是自我治理,以上方式均存在各自的缺陷。[1] 其中,"自我治理"的缺陷在城市社区治理中表现得尤为明显,这是因为此种治理方式的作用场域主要为"熟人社会",这使得其只能在传统乡土社会(农村社区)发挥效用,但随着我国市场经济体制建立,在乡土社会中由血缘、地缘决定的"差序格局"已发生了很大的变化,"陌生人社区"成为这一变化过程中的产物,这种现象在我国城市社区中表现更加明显,由此导致,在相对的陌生人社会中,城市居民寻求矛盾化解的途径更加依赖司法手

---

[1] 参见胡丹:《人民法院参与基层社会治理的形式研究——以恩施州人民法院为例》,载《现代商贸工业》2022年第16期。

段。因此，传统基层治理方式在社会格局变化后产生的缺陷，往往需要司法治理来弥补。城市人民法庭作为城市社区家门口的法院，是参与市域社会治理、实现司法治理的具体承载者，其角色尤为关键。人民法庭与基层调解组织具有各自的特点与优势，二者都有一个共同的目标就是"化解纠纷"，因此，应当不断加强二者的沟通和联系，努力促进人民调解和诉讼的有机衔接，加强人民法庭对人民调解组织工作的支持与业务指导，这既符合新时代"枫桥经验"的要求，也是构建和谐社区的需要。

（三）新形势下城市人民法庭的积极应对

党的十九大报告提出，经过长期努力，中国特色社会主义进入了新时代……我国社会主要矛盾已经转化为人民日益增长的美好生活需要和不平衡不充分的发展之间的矛盾。上述历史性的变化反映到司法层面，则具体表现为人民群众日益增长的司法需求与人民法院工作发展不平衡、保障群众权益不充分之间的矛盾。人民群众的司法需求呈现多层次、多样化的特征，需要人民法院尊重群众差异化的司法需求。这就要求我们必须坚持以人民为中心的工作立场与发展思想，始终践行司法为民与公正司法，不断提升人民群众的司法获得感和满意度，努力满足人民群众日益增长的多元司法需求。与此同时，党的十八届四中全会提出，全面推进依法治国，总目标是建设中国特色社会主义法治体系，建设社会主义法治国家。随着全面依法治国的不断推进，城市社区市民的法治意识和法治素养不断提升，选择通过司法途径解决矛盾纠纷逐渐成为常态，这是一个社会司法公信力与司法权威性的重要体现，这也给城市人民法庭的工作创造了良好的法治环境。此外，人民法院内部司法体制改革也给城市人民法庭的建设带来新的机遇，党中央对司法体制改革高度重视，最高人民法院也把强化人民法庭建设，服务全面推进乡村振兴和基层社会治理作为工作重点。最高人民法院发布的《关于推动新时代人民法庭工作高质量发展的意见》成为新时代基层人民法庭建设的重要指导。综上所述，城市人民法庭在新形势下推进市域社会治理现代化，既是时代特征、社会需求，也是人民法院自身发展的新目标。

二、城市人民法庭参与社区调解推进市域社会治理现代化的现实困境

（一）顾此失彼：办案压力压缩参与社区调解的空间

在城市人口快速发展的同时，乡村人口从增长速度逐渐减慢、比重逐步

下降,转变为绝对数量减少、比重大幅度下降。[1] 在某种程度上来看,区域案件数量与人口数量一般有着正相关关系,故可以明确的是城市人民法庭承载的案件压力远远大于乡村法庭。虽然繁简分流等改革取得了较好的效果,但对于部分地区的基层人民法庭来说,其办案压力并未明显减轻,司法资源配置仍存在不合理之处,人民法庭对社会治理缺乏积极性。[2] 一方面,尽管公民整体的法治意识提高,但由于受到教育程度和文化背景等因素的影响,乡村居民的法律意识普遍不如城市居民,这带来的是城市内各类矛盾纠纷大量进入法院的趋势。法官实施"员额制"改革后,承办案件的法官数量受到限制,法院内部庭室与派出人民法庭之间的法官员额数量如何科学分配成为一个新的问题。另一方面,在诉前调解及繁简分流的试点与推行趋势下,事实清楚、权利义务关系明确、争议不大的简单民事案件或者易调解易处理的民事案件被负责诉调对接、速裁快审的业务庭室分流与消化,导致"剩余"的案件难度系数大,处理时间周期长,部分法官不堪重负,无法挤出时间从事审判业务以外的工作,使得审判工作与社区调解工作出现失衡。

(二)自治失灵:陌生人社会下城市社区内部治理施展空间缩小

费孝通先生在其代表作《乡土中国》中曾尝试分析概括出中国传统乡土社会的主要特征,总结出传统乡村的基本治理模式。[3] 其将"无讼"视为乡土中国的基本社会特征之一,这意味着将矛盾消弭于基层是中国社会一贯的文化特征。换言之,中国的乡村社会具有"厌诉"观念,村民之间的矛盾多通过内部的自治手段,通过"乡贤"参与沟通便能够得到内部化解。所以,中国传统乡村的自治是根植于"熟人社会",根植于利益矛盾冲突不尖锐情况下的"礼俗调和"。经过四十多年的改革开放,我国常住人口城镇化率已经超过60%,随着人口持续向城市集聚,传统的社会交往和社会治理模式正在发生前所未有的深刻变化,当下乡村的社会关系已经逐渐从"熟人社会"向"半熟人社会+初步法治社会"转变。而现代城市社区也成为"陌生人社会",在此情况

---

[1] 根据2021年5月11日第七次全国人口普查的结果,我国居住在城镇的人口为90,199万人,占63.89%;居住在乡村的人口为50,979万人,占36.11%。与2010年相比,城镇人口增加23,642万人,乡村人口减少16,436万人,城镇人口比重上升14.21个百分点。
[2] 参见李海燕:《人民法庭参与基层社会治理对策研究——以四川省南江县为例》,重庆大学2021年硕士学位论文。
[3] 参见包路芳:《费孝通的"无讼"思想与中国基层社会治理》,载《湖北民族大学学报(哲学社会科学版)》2022年第3期。

下,城市社区内部治理施展空间缩小,传统乡村治理技术无法照样复制到现代城市社区,在传统的社区管理体制下,群众主体作用发挥不足[1],居民更多地倾向于将日常生活中的大小事情诉诸司法权威,本应能够内部化解的"鸡毛蒜皮"的小事也递增式地进入法院,这更加加剧了司法资源的紧张。同时,当前法院培养的法官、法官助理普遍接受的是高水平的法治教育,大多是法学科班出身,法学理论知识与法律专业素养较高,但是与之相对应的是群众工作能力、调解工作能力、接访工作能力、判后释法能力及参与基层治理能力却较为薄弱,需要着重培养与提高。

(三)势单力薄:市域社会治理的系统性、整体性与协同性有待增强

推进市域社会治理现代化是一个开放、动态、发展的系统性工程,需要充分整合社会各类资源,仅凭一己之力或一种方法无法应对纷繁复杂的市域社会治理难题。目前,在市域社会治理中,仍然存在治理碎片化与职能分散化的问题,各职能部门没有"一盘棋"思想,仍习惯于"单打独斗",最终导致治标不治本的后果。同时,国家治理结构中的"条块问题"也限制了新时代"枫桥经验"的具体执行。[2]共建共享是新时代"枫桥经验"的工作格局,也是治理目标,其与"群防群治"理念有异曲同工之处,二者都强调各方治理力量的积极参与,以此形成基层社会治理的强大合力。因此,多元主体参与在市域社会治理中起着基础性作用,一个城市的基层治理,需要人民法庭、居委会、派出所、司法所、综治中心、调解组织等各类社会治理主体的共同参与,每一个主体都有着各自的基本职能。各类参与主体只有找准定位,各司其职、各尽所能、协调联动,才能共同推动市域社会治理现代化的进程。"枫桥经验"作为由基层干部群众共同创造探索出来的成功治理模式,之所以能取得成功,一个重要的原因就是其注重吸收社会力量参与社会治理,坚持多元主体协同共治。市域社会治理的现代化离不开广大人民群众的积极参与,共建共治共享的社会治理新格局也离不开多元主体的共同参与。人民法庭自身地位的特殊性,使其可以贴近群众、深耕基层、服务地方,其对所在辖区内的风土人

---

[1] 参见中国法学会"枫桥经验"理论总结和经验提升课题组:《"枫桥经验"的理论构建》,法律出版社2018年版,第164页。

[2] 参见王猛:《新时代"枫桥经验"的实施逻辑及其对基层治理现代化的启示》,辽宁师范大学2022年博士学位论文。

情和经济社会发展状况比较熟悉,与辖区内的其他各类社会治理参与主体能够实现更为顺畅的沟通协调。故人民法庭理应在市域社会治理中发挥其独特的功能和作用。

(四)千篇一律:社会治理理念方面过度依赖人民法院的终端诉讼

新时代的中国正在迈向现代化,创造经济上的"中国奇迹",但在这背后,社会矛盾纠纷的发生率与激化率也在显著提升,并呈现出新的特点。具体体现在,不但群体性、突发性的事件增多,而且矛盾纠纷的尖锐与对立程度也在日益加剧。社会矛盾纠纷在经济社会的发展过程中属于一种客观性存在,其不可避免地对社会秩序产生影响与冲击,尽管这一冲击无法完全消除,但是却可以通过合理合法的程序实现与行为表达予以规范与化解,进而可以在一定程度上推动社会发展与变革。人民法院在参与社会治理过程中,其最直接的参与方式就是通过特定诉讼程序审理、裁判具体案件,化解社会矛盾纠纷[1],但是近年来,由于大量社会矛盾纠纷涌入人民法院,进一步加剧了"案多人少"的矛盾,导致司法需求与司法资源之间的矛盾更加明显。虽然国家在建立矛盾纠纷多元化解机制,积极整合包括人民调解、行业调解等在内的各方调解力量,期待对社会矛盾纠纷进行诉前分流,但是在实际开展过程中,前端解纷工作的效果并不理想,导致在一定程度上仍然依赖于人民法院以诉讼职能来化解纠纷。

三、新时代"枫桥经验"与城市人民法庭参与社区调解推进市域社会治理现代化的耦合逻辑

(一)新时代"枫桥经验"优化新时代城市人民法庭的功能定位

"枫桥经验"源于乡土,但又不限于乡土。从"矛盾不上交"到"矛盾不上交、平安不出事、服务不缺位",作为中国式基层社会治理的重大实践经验,"枫桥经验"在实践中不断地守正创新、与时俱进,为全国治理作出了重要示范。在指导城市人民法庭推进市域社会治理现代化的过程中,新时代"枫桥经验"所发挥的司法引领作用正在日益凸显。"枫桥经验"的核心是"依靠群众"和"发动群众",坚持群众在社会治理中的主体地位,强调人民主体、实现

---

[1] 参见范愉:《以多元化纠纷解决机制保障司法改革整体目标的实现》,载《人民法院报》2016年1月19日,第5版。

人民的利益也是新时代"枫桥经验"的核心要义,其中鲜明的"人民性"导向与最高人民法院发布的《关于推动新时代人民法庭工作高质量发展的意见》中所要求的"三个面向"和"三便原则"不谋而合。随着城镇化进程加快,城市人民法庭在面对市域社会治理中的新问题时,需要积极转变司法理念,准确把握新时代人民法庭的功能定位,不断完善审判方式。无论时代如何发展,我们都应当坚守人民法庭的人民性,必须以此为基准来对人民法庭的职能进行调整与优化。因此,我们必须在新时代"枫桥经验"的指引下,在坚守人民法庭的人民性的基础上,不断优化新时代城市人民法庭的功能定位。

(二)新时代"枫桥经验"创新城市人民法庭参与市域社会治理的方式

新时代,人民群众对于化解矛盾纠纷的便捷性与规范性的要求不断提高,对于公平正义的实现要求也与日俱增。随着我国在统筹城乡发展、推进新型城镇化方面取得显著进展,不同地区的群众对纠纷解决的需求也存在不同,人民法庭应当结合当地纠纷的特点,以灵活、多元的解决纠纷的手段适应实践中的具体需求。与立足于调处家长里短的乡土法庭不同,城市人民法庭审理的案件已不仅仅是事实清楚、法律关系明确、争议不大的简单民事纠纷,实践中各种疑难复杂案件层出不穷。同时,新类型案件不断涌现,仅仅依靠基层组织调解、做群众工作这种"熟人社会"的矛盾化解手段,很难解决这些纠纷。上述社会的发展变化要求基层人民法庭不断提高其专业性,需要法官们走出法庭,走进基层、走进社区、走进网格,推进基层社会治理体系中的自治、法治、德治相融合,以法治化、专业化实现社会治理现代化。此外,城市化进程也进一步导致社会成员在经济社会条件上的分化,从而导致其对司法的认知以及参与诉讼的能力产生差异。以上新变化决定了城市人民法庭在参与市域社会治理时要以问题为导向,以有效性为原则,创新治理方式。"调解"作为一种与官方司法裁判并存的社会矛盾化解方式,在人民群众心中具有广泛的心理认同感,其在我国具有十分悠久的历史传统和坚实的社会基础,历经千年,至今依旧具有强大的生命力,发挥着重要的作用。"枫桥经验"尤其强调"调解"的重要作用,其是一套基层社会治理的方法,不但具有典型意义与示范作用,而且从枫桥人民创造它之日起就从未离开过基层。[1] "枫

---

[1] 参见刘树枝:《新时代"枫桥经验"基本内涵探究》,载《社会治理》2018年第4期。

桥经验"的生命力就在于与时俱进,从"枫桥经验"到新时代"枫桥经验",其能够适应不同历史时期的社会治理需要,这也使得新时代"枫桥经验"的实践方式具有鲜明的多样性,无论是乡村振兴,还是市域治理,"枫桥经验"都能够适应发展的需要,不断增添新的内涵和功能。

(三)新时代"枫桥经验"提升城市人民法庭推进市域社会治理现代化的效能

尽管"治理效能"存在多种不同的解释,但其最基本的内涵是达到目标的程度,或期望达到具体任务要求的程度。城市人民法庭在新时代"枫桥经验"的指引下,立足法院的基本职能,面向人民群众的需求,坚持"抓前端、治未病"理念,以解决问题、化解社会矛盾为宗旨来灵活地运用法律,用暖心服务的"加速度"跑出人民群众对市域社会治理的"满意度",从而提升市域社会治理现代化的效能。当前,人民群众将诉讼作为维护自己合法权益的最终途径,直接导致我国已提前进入"诉讼社会"[1],社会呈现涉法纠纷急剧增加、诉讼案件层出不穷的态势,人民法院面临前所未有的严峻挑战。习近平总书记强调,要坚持和发展新时代"枫桥经验",把非诉讼纠纷解决机制挺在前面,推动更多法治力量向引导和疏导端用力,加强矛盾纠纷源头预防、前端化解、关口把控,完善预防性法律制度,从源头上减少诉讼增量。[2] 一系列关于推动矛盾纠纷从源头破题与在前端化解的文件的出台,说明了我国对多元化纠纷解决机制的高度重视。这要求人民法院在社会治理的体系框架内善用调解和裁判的方式,积极引导当事人在源头上化解矛盾,降低案件涌入法院的数量,减少诉讼增量。而新时代"枫桥经验"作为社会治理的中国经验,是中国特色社会综合治理模式的生动实践样本[3],为人民法院做好新时代纠纷解决和诉讼服务工作提供了理论支撑和实践指导。以调解与劝导的方式,将更多的矛盾纠纷在基层一线化解,具有以下两个方面的优势。一方面,在社区层面解决更多民间纠纷,减少案件进入法院的数量;另一方面,由人民法院对

---

[1] "诉讼社会"的概念在国内首先由张文显教授提出,一般认为,如果一个社会每年约有10%的人口涉讼,则该社会即可被认为是"诉讼社会"。参见张文显:《现代性与后现代性之间的中国司法——诉讼社会的中国法院》,载《现代法学》2014年第1期。

[2] 习近平:《完整准确全面贯彻新发展理念 发挥改革在构建新发展格局中关键作用》,载《人民日报》2021年2月20日,第1版。

[3] 参见廖永安等:《中国调解的理论创新与机制重塑》,中国人民大学出版社2019年版,第362页。

经过调解达成的协议进行司法确认,赋予其强制执行力,能够高效快捷地实现当事人权利,从而避免案件进入诉讼程序,占用更多司法资源。通过将新时代"枫桥经验"引入人民法庭的基层社会治理工作,指导城市人民法庭推进市域社会治理现代化,在基层党委的统筹领导下,建立健全诉讼与非诉讼相衔接的矛盾纠纷解决机制[1],真正把矛盾纠纷化解在最前端。

四、新时代"枫桥经验"在城市人民法庭优化社区调解工作推进市域社会治理现代化的示范性推广

(一)以前端预防为理念引领城市人民法庭参与社区调解

新时代"枫桥经验"的"四前工作法"的核心精神是"提前预防"[2],将矛盾扼杀在萌芽状态。当前,城市人民法庭受到新型城镇化发展与微观社会结构变化的双重影响,其在发展过程中需要应对由此产生的各类问题。同时,城市人民法庭在实际运转中也面临与乡村人民法庭不同的发展路径选择。因此要做到因情施策,依据城市发展的特点,汲取新时代"枫桥经验"中的提前预防纠纷的核心精神,以前端预防为理念引领城市人民法庭参与社区调解。

一是积极主动参与社区治理。社区是利益多元交织的场所,家庭纠纷、邻里纠纷、物业纠纷以及历史遗留问题等各类矛盾容易在此处积累和发展。当前,城市人口密集区的矛盾纠纷化解机制仍处于高速运行状态,只要做好做实矛盾纠纷源头预防工作,就意味着进入法院的案件量会逐渐减少,因此,城市人民法庭的法官必须在工作中发挥主动作用,摒弃坐等办案、关门审判的机械做法。闭门"说教"不如现场"说法",只要将解纷关口前移到城市社区,法官主动走进基层社区,矛盾纠纷在社区内就能及时得到化解。同时,法院要实现对诉前调解案件进行全流程管理,且在管理中正确适用审判绩效考核指标,判断法庭法官参与包括社区调解在内的市域社会治理工作的质效的唯一标准与根本标准只有一个,那就是让人民群众在每一个司法案件中感受到公平正义。

---

[1] 参见陈新哲:《我国调解前置程序改革的困境与对策》,载廖永安、胡仕浩主编:《新时代多元化纠纷解决机制:理论检视与中国实践》,中国人民大学出版社2019年版,第240页。

[2] 参见金星、许斐主编:《社会管理范本:"枫桥经验"的发展历程》,浙江人民出版社2013年版,第89页。

二是发扬"东方经验",充分利用法官职业优势。与乡村相比,城市的交通优势使得城市人民法庭能够触及其辖区内的每一个角落,仅仅在个案上推进矛盾纠纷源头预防,无法将城市人民法庭参与市域社会治理的效能最大化。故法官应当利用此优势,主动走进社区,融入市域社会治理,做实"抓前端、治未病",通过个案的化解推动群案的解决。"调解"之所以被国际司法界盛赞为"东方经验",在于其根植于我国几千年的传统法律文化和近代司法实践。法官具备丰富的专业法律知识,能够让化解纠纷更加专业,调解工作更加权威。此外,调解还具有技巧性,仅用法律条文来分辨对错还不够,还需要结合人情、风俗等因素来分析问题,故社区的专职调解员往往源于公道正派、热爱调解工作且具有一定调处能力和政策水平的乡贤、退休干部,其具有熟悉辖区民情、受人敬重、懂政策法规的优势。因此,应当发挥法官派驻社区的优势作用,在法官与社区调解员的合力调解下,实现资源整合有力、矛盾分流高效、诉调衔接紧密、纠纷化解及时的工作目标。

(二)以人民为中心推进城市人民法庭嵌入社区调解

纵观"枫桥经验"60年的发展历程,其精髓就是贯彻党的群众路线"发动群众、依靠群众、为了群众"。[1] 新时代"枫桥经验"的灵魂在于以人民为中心,其本质在于"人民主体性"。以人民为中心的思想赋予了"枫桥经验"历史内涵、时代内涵。[2] 城市人民法庭在积极服务基层法治,积极服务人民群众高品质生活需要方面有较大优势,而"人民性"又是城市治理的价值主线,归结为一句话就是:城市归广大人民所共有,由人民群众共同治理,最终实现人民共享。因此,城市人民法庭应当始终坚持人民至上,聚焦群众急难愁盼的问题,办好群众的"关键小事",善用调解的艺术,调出"情理法",在法律框架内推进"三个效果"的统一,构筑社会"大和谐"。

一是满足人民需求,推广设立社区"法官工作室"。城市人民法庭的发展应当与时代发展的要求相契合,与人民群众的期待相契合,与城市功能的定位相契合。同时,也需要继续保持和发扬人民司法的优良传统和作风,[3] 城

---

[1] 参见中国法学会"枫桥经验"理论总结和经验提升课题组:《"枫桥经验"的理论构建》,法律出版社2018年版,第172页。
[2] 参见张文显:《新时代"枫桥经验"的核心要义》,载《社会治理》2021年第9期。
[3] 参见高虹、牛毅刚、王华伟:《城市人民法庭建设的功能重塑与路径选择——以四个直辖市303个人民法庭为样本》,载胡云腾主编:《司法体制综合配套改革与刑事审判问题研究——全国法院第30届学术讨论会获奖论文集》(上),人民法院出版社2019年版。

市人民法庭在直接调处基层矛盾方面具有显著优势,应当在城市人民法庭管辖的社区内广泛设立"法官工作室",明确其基本职能定位。区别于既有的"巡回审判工作站""诉讼服务站""共享法庭"等形式,"法官工作室"可以通过社会调解等非诉机制化解尚处于萌芽状态的矛盾,让诉讼成为纠纷化解的最后一道防线。

二是站稳人民立场,实质化解社区矛盾纠纷。党的二十大报告强调:"坚持人民城市人民建、人民城市为人民,提高城市规划、建设、治理水平,加快转变超大特大城市发展方式,实施城市更新行动,加强城市基础设施建设,打造宜居、韧性、智慧城市。"这就意味着我国在新时代的城市治理中,正在把不断满足广大市民对美好生活的向往贯穿于推进城市市域社会治理现代化的实践探索中,努力让城市治理更加适应时代发展需要。人民群众所理解的新时代的"美好生活"必然包含民主、法治、公平、正义、安全、环境等要素。而"公平正义"正是司法的灵魂和生命,人民群众之所以对法院充满敬意,是因为相信法官的公正与专业,为的是矛盾纠纷最终能够实实在在得到解决。因此,发扬新时代"枫桥经验",人民法庭工作要确保永远站在人民的一边,兼顾公正与效率,坚持国法、天理、人情相统一,在法官的参与指导下圆满解决矛盾纠纷。而社区调解工作中,由于法官的参与,法官的"人民性"以及"中立性"、"公正性"能够使得调解工作更加顺利,实现"高效调解"。

(三)以协作治理作为城市人民法庭融入社区调解的最佳路径

"共建共治共享"是新时代"枫桥经验"的发展方向和基本格局。以"社区治理"为重点的市域治理现代化不能仅仅依靠政府,只有充分发挥参与各方的主动性与积极性,推动党委、政府、市场、社会、公民等多方主体协力共建、多元共治,才能最终建设成为人人有责、人人尽责、人人享有的社会治理共同体。[1] 人民法庭作为法院的"神经末梢",也是多元共治主体中的一分子,需要与其他主体相互配合,协同合力,形成各主体之间的良性互动,为推进市域社会治理现代化提供良性的发展空间。

一是强化党委领导,深入融入社区治理工作。习近平总书记深刻指出了"坚持党的领导"的重要性:"中国特色社会主义最本质的特征是中国共产党

---

[1] 参见卢芳霞:《"枫桥经验":走向社会治理》,浙江人民出版社2020年版,第190页。

领导,中国特色社会主义制度的最大优势是中国共产党领导"。[1] 社会治理是国家治理的重要领域,因此,我国社会治理的领导力量就是中国共产党,"党委领导"在我国社会治理体制中是关键所在。只有坚持党的领导核心地位,新时代市域社会治理现代化才能注入活的灵魂。城市人民法庭作为人民法院在城市基层的派出机构,应当充分发挥立足基层、贴近群众的优势,积极主动参与党委领导下的市域社会治理现代化工作,服务和保障地方法治建设。坚持和发展新时代"枫桥经验",需要各级党委和政府加强对市域社会治理的组织领导[2],城市人民法庭要深度融入社区治理就需要借助地方党委政府的组织优势,做好社会矛盾纠纷的预防和化解工作。因此,城市人民法庭在参与社区治理的过程中要始终贯彻"党委领导、政府主导"的要求,认识到各级党委政府在市域社会治理架构中处于核心地位。城市人民法庭应当找准坐标、正确定位、切实履职,积极服务地方,做一个合格的"参与者"。

二是"单独"转向"联合",构建"法庭+社区"联动调解机制。社区作为城市有机体中的细胞单元,在新时代城市建设中扮演着非常关键的角色,其是否能够得到有效治理、实现法治化治理,将直接关系整个社会的和谐稳定,也直接关系到平安建设、法治建设的基础是否坚实可靠。[3] 因此,社区是城市人民法庭参与市域治理的最佳入口,也是城市人民法庭开展司法联动的重要对象。通过城市社区开展诉讼服务、巡回审判、普法宣传、指导调解等活动,深度挖掘社区组织的自治能力,加强与社区调解力量的协作,着力从源头上化解矛盾纠纷,为提升市域治理与社区和谐稳定提供有力的司法服务和保障。最高人民法院《关于加快推进人民法院调解平台进乡村、进社区、进网格工作的指导意见》就强调要积极开展人民法院调解平台进乡村、进社区、进网格的"三进"工作,主动把司法工作融入基层解纷网格建设,着力提高司法便民水平,打造多元联动解纷机制。"枫桥经验"注重审判与调解的联动。因此,笔者认为可以结合各地基层法院法官工作室运行的典型模式,建立社区法官工作室"三级联动"调解工作机制,完善诉调对接,具体如下。

---

[1] 习近平:《高举中国特色社会主义伟大旗帜 为全面建设社会主义现代化国家而团结奋斗》,载《人民日报》2022年10月26日,第1版。
[2] 参见王钟主编、卢芳霞、余钊飞、刘开君等编著:《"枫桥经验"概论》,浙江人民出版社2020年版,第69页。
[3] 参见王斌通:《新时代"枫桥经验"与矛盾纠纷源头治理的法治化》,载《行政管理改革》2021年第12期。

第一级：法官工作室与社区调解组织联动机制，做好网格化治理。将法官工作室下设至社区居委会，做到网格化管理，实现与基层调解组织业务交流对接常态化，形成由工作室进行指导，以社区调解组织为主导的联动调解模式，将矛盾扼杀在萌芽状态。

第二级：法官工作室与社会调解组织联动机制，提升联治能力。将现有的社会调解资源予以整合，充分利用现有的各种调解平台，构建法官工作室与消协、工会等公益性组织的调解衔接机制，根据法官工作室已接收到的纠纷类型，分别委托给相应公益性组织的调解机构进行精细化调解，并将结果及时反馈给法官工作室。

第三级：法官工作室与特邀调解人员联动机制，构筑矛盾消解终端。以法官工作室的成员为基础，吸收一定的政法退休干部、法律服务工作者等，成立专门的特邀调解团队。对于未进入诉讼的仍未化解的矛盾纠纷案件，可以由法官工作室分流给不同的特邀调解员，由其对之进行逐一突破。

五、结语

推动市域社会治理现代化需要传承与发扬新时代"枫桥经验"，"枫桥经验"所倡导的"调解优先"蕴含着将非诉讼纠纷解决机制挺在前面的意旨，为当事人提供多元的解纷程序是人民法院推进矛盾纠纷源头预防以及推动市域社会治理现代化的重要法宝。如果城市人民法庭在当前的审判实践中，仍然固守"便利诉讼"的传统功能定位，其存在的意义将会大大降低。在当下创新和发展新时代"枫桥经验"，打造多元治理新格局，推动市域社会治理现代化的大背景下，城市人民法庭应当利用其天然的优势，深度融入市域社会治理中，积极参与社区调解工作，这既是实现我国基层社会治理现代化的内在要求，也是推动人民法庭实现高质量发展的必然选择。

人民调解在新时代社会治理中的创新路径探究
——以守法意识培养体系建设为论域

王若宇[*]

目前,我国的冲突和争端在性质上呈现多样化样态。党的十九届四中全会指出,坚持和发展新时代"枫桥经验"……完善人民调解、行政调解、司法调解联动工作体系,健全社会心理服务体系和危机干预机制,完善社会矛盾纠纷多元预防调处化解综合机制,努力将矛盾化解在基层。目前,面对后疫情时代的经济下行影响,金融作为现代经济的重要组成部分,更是当代经济社会发展和社会民生的重要命脉所在。在当前社会矛盾多元化的背景下,司法资源超负荷运载的情况时有发生,矛盾纠纷的解决效率和解决效果也进一步受到挑战,因此,人民调解制度作为具有中国特色的调处矛盾纠纷的重要制度,其更应当在一般民间纠纷和金融纠纷中发挥积极作用。为提高该制度在金融领域和一般民间纠纷领域的接受度和认可度,必须创新建立一种自下而上的公众守法意识培养体系,并利用现代数字化科学技术进一步提升人民调解解纷模式的高效性与信服度,最终达致"共建共治共享"社会治理格局的现代化治理模式。

一、构建公众守法意识培养体系的创新意义

（一）公众守法意识培养体系对人民调解制度的创新价值

社会治理离不开对社会矛盾的解决和疏导,尤其在维护基层社会和谐稳定的语境下,人民调解对于化解人民群众内部矛盾和推进社会矛盾化解机制建设有着更重要的意义。近年来,人民调解因其形式的灵活性以及组织方式

---

[*] 王若宇,华东交通大学人文社科学院。

的便捷性，人民群众对其需求不断增加，相关部门对人民调解员的综合素养建设和队伍建设的力度不断加大，人民调解员自身的责任感和使命感也在不断提升，这使得人民调解制度对于维护社会和谐稳定产生了更为深刻的作用。然而，在社会矛盾纷繁复杂、矛盾类型不断多样的整体背景之下，人民调解也出现了在满足社会需求上的疲态。主要表现在以下几个方面：应对跨地域纠纷的组织能力偏弱；面对部分新类型纠纷的调处能力较差；调解程序与矛盾数量较大之间的矛盾难以协调等。结合笔者在人民调解一线的实际经历，前述难题的关键症结之一就是人民调解制度在面对心理状态不稳定且法治意识薄弱的普通群众时往往趋于失灵，因为人民调解的底层逻辑就是在现有法律法规的制度框架内，以诚实信用、平等自愿等基本原则为指导，由中立的人民调解员在基本厘清纠纷事实的前提下，促成矛盾主体达成和解合意，从而实现疏解矛盾纠纷的目的。因此，在人民调解发挥作用的逻辑过程中，关键之处就是矛盾主体必须达成和解的合意。而达成和解合意的基本起点包括以下三个方面：第一，当事人能够对自身的权利义务和纠纷事实有基本清晰的认知；第二，当事人能够对权利义务的分配以及责任的承担有明确的了解；第三，当事人愿意以前述的认识观念和基础的法治观、是非观为指引，与矛盾纠纷的对方达成和解。

因而，本文认为，在坚持以往学者提出的程序正义的同时，还应当关注作为矛盾纠纷主体的社会公众的守法意识的培养。一方面，这是通过人民调解实现社会治理的一种新模式。以往人民调解过程过分关注程序正当和调解员的主观能动性，而往往忽视了作为矛盾纠纷主体的公众。从人民调解的实践可以发现，其主要调处的矛盾纠纷通常是一般的民间纠纷和金融纠纷，包括消费者权益保护、产品责任、道路交通责任、普通人身损害赔偿、普通经济纠纷、婚姻家庭与继承纠纷、信用卡纠纷等，这类纠纷的产生原因除了社会合作利益分配不均以外，更多的是由于主体对自身权利义务的认识模糊，尤其体现为正确法治观念错位而引发的错误法律心理。故通过对人民调解过程中矛盾纠纷主体守法意识的唤醒和培养，进而最终使社会公众形成知法、学法、用法、守法的良性循环的法律心理，从根源上消解矛盾冲突。这不仅能够避免以往机械运用程序和法律或者过度发挥调解员主观能动性而导致"案结事未了"或"事结人不和"的结果，还能够从长远上促进公众形成正确的权利义务观念，营造良好的法治社会氛围，通过"一案带动一片"的方式，创新性地让社会公众真正从实质上参与社会治理中，自下而上地带动社会治理（尤其是基层治理)朝着现代化、法治化的方向发展。

另一方面,可以巩固和加强金融活动的安全性和人民性,防范金融风险扩大化。随着社会市场不断发展和市场规则不断完善,金融活动正在逐渐丰富,当今中国社会的金融活动已经呈现出集中性与统一性相结合、人民性与实体性相结合、适配性与安全性相结合的特征,金融矛盾纠纷的调处也成为当代人民调解所面临的一大问题。常见的金融纠纷,是指金融机构与公民、法人和其他组织之间,金融机构之间所发生的因货币融通而引起的纠纷,类型多见于金融借款合同纠纷、融资租赁合同纠纷、信用卡纠纷、保险类纠纷和证券类纠纷等,不同于一般民间纠纷,金融矛盾纠纷常常体现出较高的专业性,这一特性由此引发了与人民调解专业资源的匮乏性之间的张力。以往人民调解在面对该类纠纷时,常常采取由当事人双方自行协商的方式,较大程度上削弱了人民调解本身的制度优势。若能构建公众守法意识培养体系,令公众尤其是参与金融活动的公众自发形成良好的法律心理,逐渐增强其在金融领域行为的规范性,就能在相当程度上减少该类纠纷的发生,缓解人民调解专业资源的匮乏问题,同时,还能更好地打牢金融秩序的"金字塔底端",稳固金融整体基本秩序,培养更多在思想上法治化、行动上规范化的"金融纠纷话事人"。由此可以反作用于人民调解制度,弥补人民调解中金融纠纷调处类人才的空缺。

综上所述,一方面,构建公众守法意识培养体系能够提升人民调解制度在调处社会矛盾纠纷时的"渗透力"和"影响力",令公众深度参与社会治理中,进而促进基层社会治理体系的现代化和法治化;另一方面,构建公众守法意识培养体系还能实现与金融活动的相互作用,深化金融活动的人民性和秩序性,进而影响参与金融活动的社会公众的思维方式,使其形成具有规范性和法治性的法律心理,为人民调解贡献专业化的调解力量,实现人民调解制度在普通金融矛盾纠纷中的触及力和有效性的总体提升。

(二)公众守法意识培养体系对社会治理模式的创新价值

党的十九届四中全会指出,国家治理现代化要求国家治理法治化,法治中国建设是国家治理现代化的重要组成部分。要实现国家治理体系和治理能力的现代化,真正提高社会治理水平和治理能力,就必须全力推进科学立法、严格执法、公正司法和全民守法。在提升国家治理体系和治理能力现代化的过程中,只有实现全民守法,才能够真正充分发挥社会主义法治的作用,从本质上提高立法水平和执法能力。而全民守法的核心便是让公众形成法律意识、法治精神和法治信仰,只有群众在内心中形成信仰法律、忠于法律、善用法律的心理,使法真正落实和渗透到社会生活的各个领域,社会整体的法治进程才能够真正得到推进。否则,法律便将成为束之高阁的"一纸空文",难以成为社会治理现代化的"助推器"和"护航舰"。

　　本文提出的公众守法意识培养体系,关注社会主义法治实践的过程和本质,回归全民守法的关键要素,即形成守法的法律意识和用法的法律心理,摒弃以往过度关注程序而忽视内容的观点,同时反思我国守法体系建设的现存问题和逻辑矛盾,整合守法意识培养体系建设的关键要素,构设社会治理的新模式。一方面,着眼于社会治理模式的创新,从人民调解这个解决社会纠纷的前线制度入手,探究如何将守法意识培养体系与人民调解制度融合,并以人民调解制度为起点,在社会矛盾纠纷的调处过程中逐渐形成社会治理模式的创新合力。另一方面,着眼于公众守法意识培养体系的创新,以矛盾纠纷处理困难背后的法律心理问题为出发点,不断提高守法意识培养体系的创新性和相对独立性,实现举一反三,将该体系推广到社会治理模式的其他板块中去。

二、守法意识培养体系建设面临的主要问题

　　守法意识培养体系建设存在于社会治理的多个方面。例如,单在矛盾纠纷化解社会治理过程中,就可以在司法审判、仲裁裁决、诉前调解、人民调解、行政裁决、行业调解等多个方面进行体系建设。本文立足于当前科技进步前景之下的社会矛盾多元化角度,认为人民调解制度是挺在解决普通民间纠纷和金融纠纷第一线的、符合我国国情和社会治理现状的重要制度,守法意识培养体系建设在人民调解制度中落实开展符合我国社会治理的基本模式,但同时笔者在调研过程中,也发现该体系在人民调解制度中的构建可能面临以下问题。

(一)"弱势"的人民调解难以高效促成守法意识培养

　　人民调解的基本指导性原则是自愿原则、平等原则和协商原则。因此,在实践中常常会遇见当事人双方都拒绝调解或一方拒绝调解的情况,此时就会导致人民调解制度在调处矛盾纠纷的过程中处于"无力"状态。通过既有实践不难发现,人民调解一般接收的案件是由公安机关受理但难以处理的民

间纠纷或者人民法院受理的大部分一般民商事案件。这些案件的当事人在了解人民调解的自愿性原则后会直接利用种种借口拒绝接受调解,更有甚者,在人民法院发出诉前调解传票后,当事人非但不配合,还对调解工作人员出言不逊或者出尔反尔。例如,本文了解到西南某市驻派出所的人民调解委员会在受理一起消费者权益纠纷后,依法传唤双方当事人到场接受调解,消费者提出的诉求仅仅是要求商家退还支付的全部合同价款,但商家直接以合同中有免责格式条款为由,拒绝了消费者的所有诉求。调解员在现场告知商家该种格式条款一般会被认为是无效的,因其违反了《消费者权益保护法》等相关法律法规。商家见状后直接表示拒绝调解,然后离开现场。通过商家的这种行为足以窥见当前我国不少人对人民调解制度的藐视,这在一定程度上解释了弱势的人民调解制度为何难以在实践中真正起到调处纠纷的作用,也从侧面反映出当前人民调解制度为何难以高效推进公民守法意识的培养。

(二)人民调解的"随意性"使公众对其信任度不足

在实务过程中,一半以上的人民调解案件是由公安机关基层部门将治安案件或者民间纠纷转移到人民调解委员会的,此时当事人双方的情绪一般都较为激动,对于通过法律程序解决矛盾纠纷的意愿也较为强烈。例如,民间纠纷中常见的邻里纠纷,通常情况下就是因噪声、房屋渗水等问题造成的;普通经济纠纷中的消费者权益纠纷,通常是由商品存在虚假宣传或以次充好等问题引发的。这些矛盾纠纷虽然涉及的经济价值不大,但是对当事人双方的生活质量和整体心理都造成了较大的不利影响。当事人在报警后往往希望能够有一个中立第三方来化解矛盾。然而现实情况却不尽如人意,不少调解部门在接到此类案件后,急于以"和稀泥"的心态将矛盾纠纷进行化解,采取"双方各打五十大板"的方法,在基本事实并不清晰明确、当事人双方未真正达成合意,甚至适用的基本法律都不明确的情况下,便要求当事人尽快签署调解协议。此外,还存在在调解并未开展的前提下,只要当事人表示不接受调解就匆匆结束,并未按照人民调解的程序规定对当事人开展事先的劝导和梳理工作。如此,人民群众便会认为人民调解具有较大随意性,从而对其产生不信任的心理。

(三)人民调解协议履行困难削弱公众守法心理

人民调解协议在本质上属于合同,其并不具有司法调解文书那样的既判力和强制执行力,在当事人没有向人民法院申请司法确认的情况下,债权人要求债务人履行人民调解协议时往往仍需要诉诸法院。这就在很大程度上加重了公众接受人民调解的困难程度,增加了纠纷主体对人民调解的抵触情绪。此类情况在消费者权益保障纠纷案件中尤为明显,在该类案件中,经营者往往会与消费者达成调解协议并规定履行期限,然而前者往往不会按期履行债务。消费者若此时向人民调解委员会反映情况或者向公安机关报案,往往难以受理,因为此时的纠纷已经完全成为民事纠纷并且已经达成调解协议,不再符合人民调解程序规定的可以受理的条件。此类情况的堆积导致公众对人民调解的信任程度进一步大打折扣。这种心理的堆积将会导致公众对调解程序和调解员的信任程度被进一步削弱,最终会淡化公众的守法意识。

(四)法律仪式在人民调解中的缺乏导致公众规则意识缺位

通常情况下,法律仪式是当代法律程序的重要组成部分,可以强化法律程序的仪式感和威严感。人民调解作为广义的法律适用过程,应当同样重视法律仪式的作用——利用法律仪式纾解争议双方的对抗意识,强化争议双方对法律程序的中立性认知,减少法律在适用过程中的阻力和障碍。然而,囿于调解资源不足以及调解员的程序意识较弱等因素,多数人民调解并不会将法律仪式作为重点来考虑,甚至有不少争议主体和调解员自身就认为人民调解并不属于法律程序的必要一环。这便会导致法律程序的分工作用被极大弱化,使得本来中立和理性的法律程序在适用过程中难以发挥真正作用。长此以往,将会导致部分争议主体对调解的任意性评价得到固化,最终导致调解程序的空转。

值得关注的是,我国《人民调解法》已经明确规定,人民调解活动应当遵循相应程序规定,例如在调解开始前,基层人民法院、公安机关对适宜通过人民调解方式解决的纠纷,可以告知当事人向人民调解委员会申请调解;在调解进行中,在征得当事人的同意后,可以邀请当事人的亲属、邻里、同事等参与调解,也可以邀请具有专门知识、特定经验的人员或者有关社会组织的人员参与调解;在调解结束后,人民调解委员会应当对调解协议的履行情况进行监督,督促当事人履行约定的义务。然则在现实中,一方面,不少人民调解员并未严格按照程序规定进行调解,如不履行法定的告知程序、不收集证据。另一方面,争议主体在许多情况下也并无意愿听取调解员宣读相关内容,甚至在调解过程中表现出极大的厌烦和抵触情绪。

（五）专业模式与现有制度互动的匮乏

随着社会经济和生产力的不断发展，矛盾纠纷已经逐渐呈现多样化，更对人民调解专业模式的选择提出了更高的要求。有学者调查发现，接近80%的民众会在出现矛盾纠纷后寻求调解，然而仅有不到5%的民众知道行业协会和公证机构也具有调解职能。[1] 以消费者权益保障纠纷为例，在出现矛盾较为激烈的纠纷后，大多数民众会选择报警处理，并最终转由驻派出所的人民调解委员会负责调处。然而，我国绝大多数省级行政区域出台的消费者权益保护条例均规定了消费者协会或消费者权益保护委员会具有调处消费纠纷的职能。毫无疑问，在面对消费纠纷时，消费者权益保护委员会或者消费者协会的专业程度一般而言比驻所人调委更高。这表明在人民调解的过程中，多元主体的衔接机制存在不足，争议主体对于调解专业模式的选择与现有制度尚未形成有效互动。

三、守法意识培养体系的现代化治理模式构建

人民调解中的守法意识培养体系的建构基础是，公众因人民调解程序而形成的更高层次的"尊法"和"用法"心理。"尊法"心理，即社会公众经过基础教育和社会的经常性宣教而习得的对法律的尊重、信任乃至信仰。"用法"心理，即社会公众基于"尊法"心理，通过对法律程序的真实接触，最终形成的以适用法律为主要特征的自觉性认知。需要特别说明的是，这里的法律心理并非指一般法理学中的法律意识的低阶表现，而是指社会公众对法律所形成的思想观点以及系统性认知。

要形成上述两种心理，应当通过以下两个方面的具体构建：一方面又可称为初级方面，即利用现有的法律程序和资源，在形成中立分工的基础上对矛盾纠纷主体进行教育和疏导，使被激化的社会矛盾重回法治轨道，最终"以点带面"式地让社会公众形成尊法用法的心理；另一方面又可称为高级方面，即利用当前发展迅速的人工智能和网络技术，创造性地开展相关法律活动，建立更加便捷高效的宣传教育和化解纠纷的体制机制，让第三次科技革命的浪潮推动守法意识培养体系的形成。

结合前文分析，在人民调解的具体过程中，针对初级方面的心理模式构

---

[1] 参见贾建平：《民法典时代多元纠纷化解机制构建路径创新研究》，载《河南警察学院学报》2023年第2期。

建，主要应当解决以下问题：其一，如何在保障程序中立和自愿原则的前提下减少人民调解的"弱势性"，实现人民调解参与社会治理的切实性和有效性；其二，如何利用好当前资源条件和程序规范，在不影响人民调解的效率性的前提下增强人民调解的规范性和仪式感，以提升公众的规则心理；其三，如何实现多元主体在人民调解中的切实参与，形成多元互动、高效可行的调解方式；其四，如何畅通调解成果的变现流程，增强社会公众对人民调解的信任感。而针对高级方面的心理模式构建，主要应以网络科技和人工智能在人民调解程序中的具体回应为中心，搭建各方有效参与、分工合理明确、纠纷疏解有力、校正功能显著的调解机制。

（一）建立人民调解结案意见转送制度

人民调解"弱势性"的症结并不在于其自愿原则，而在于矛盾纠纷主体对自愿原则的理解偏差。人民调解中的自愿原则，既注重保障矛盾纠纷主体的程序权利，使其能够自由选择是否参与调解以及以怎样的形式参与调解，也注重保障矛盾纠纷主体的实体权利，使其在调解过程中能够得到平等和公正的对待。因此，自愿原则并不应当成为矛盾纠纷主体逃避相关法律义务和责任的借口，更不能够成为一方主体为了加大另一方主体的维权成本或者拖延时间的手段，这不仅不符合我国的诚信原则，更与诚信中国战略建设的总体方向背道而驰。

因此，应该建立针对特定矛盾纠纷的调解结案意见转送机制。不妨从力量悬殊的争议双方入手，例如，经营者和消费者、一般民间借贷纠纷中的出借人和借款人以及小额金融借贷纠纷中的借贷人和出借人等。以一般的消费者权益纠纷为例，若消费者认为经营者存在虚假宣传、以次充好等行为，在基本事实明确和主要证据充分的前提下，受理案件的人民调解委员会可以在经营者拒绝调解的情况下，在结案报告中写明对该案件的初步处理意见。如消费者主张在经营者外送的餐品内出现可能导致人产生急性或慢性损害的异物，因此要求依法进行10倍赔偿。人民调解委员会在受理该案并依法进行程序告知的前提下，如果消费者能够提供较为完整的证据，且通过社会常理可以基本排除消费者存在主观恶意，此时若经营者拒绝接受调解，则人民调解委员会可以在结案报告中载明支持消费者主张的结案意见并附相应合理说明。若消费者将本案起诉至人民法院，则可由人民法院调取结案报告作为参考。如此，不仅可以使得人民法院审理该类案件的过程更加高效清晰，也能鼓励消费者积极维护自身权益,以此实现社会价值与法律价值的统一——既对维权主体提出了基本的举证要求,防止其滥用权利,也能够倒逼经营者主动遵守相应法律程序和法定义务,在保证自愿原则的前提下改变人民调解处于弱势的地位,促进形成更加完整、便利的社会治理流程。

(二)建立人民调解程序回访和责任制度

人民调解程序的"随意性"是由争议主体和调解人员双方造成的,因此,针对主体差异应当建立不同的制度——程序回访制度和责任制度。程序回访制度,是指争议主体在接受调解后,在没有成功达成调解协议的情况下,由人民调解委员会或者人民调解委员会的主管部门向争议双方了解人民调解员在调解过程中是否严格遵守了调解程序,争议主体表示未经过基本程序流程且经查证属实的,应当对处理该案件的人民调解员进行纪律惩戒。回访制度的建立主要是参考昆明市12345市长热线的做法,这能够在很大程度上避免调解人员因其主观随意性而过度简化法定的调解程序,进而导致争议主体的程序性权利和实体权利遭到损害。同时也应当看到,对争议主体的程序性规制也同等重要,因此应当建立相关责任制度。针对已经进入人民调解过程的争议主体,应当让其签署《人民调解程序权利义务知情同意书》,在明确告知相关程序性规定的前提下,若争议主体以辱骂攻击或其他相似方式阻碍调解员履行调解程序,或者以虚假陈述等方式违背诚实信用原则虚构调解协议故意损害对方或社会公共利益时,应当由人民调解员在结案报告中载明相关情况,并转交公安机关处理。对于情节严重的,应当计入诚信档案或相关诚信系统。最大限度地将争议主体的矛盾纠纷纳入理性和中立的程序框架内,用法律程序的时空要素合理规范参与者的行为,克服参与者行为的随意性。

(三)完善多元主体参与人民调解的机制

当前,在我国多个城市已经成功初步建立了一套高效可行的多元主体参与人民调解的一站式机制,例如,北京市西城区人民法院就引导辖区银行和欠款人达成一定的可行性还款方案,并将保险行业协会和金融消费者权益保障中心等纳入人民调解委员会的工作名单中,实现调解金融纠纷12000余件,自动履行率超过90%[1]。上海市也建立了金融消费纠纷调处中心,对于经初步调解争议双方仍难以达成一致的情况,由人民调解员依据相关法律法

---

[1] 参见兰荣杰:《人民调解:复兴还是转型?》,载《清华法学》2018年第4期。

规、政策以及行业惯例作出公平公正的调解意见。虽然该调解意见不具有强制约束力,但是能够在相当程度上缓和作为强势主体的银行方和作为弱势主体的借贷人之间的紧张关系,让双方能够在一个相对中立和具有公平价值导向的框架内进行理性协商。可见,具有专业性和行业性优势的主体的介入能够较大程度地拓宽人民调解的触及范围、提高人民调解协议自愿履行率、增强人民调解在专业领域的调解效率。

另外,在小额金融网络贷款纠纷中也可试行该种模式。小额金融网络贷款,通常情况下是由网贷公司利用互联网平台与消费者在网络上订立格式借贷合同。长期以来,借贷人未能与网贷公司形成畅通有效的矛盾沟通渠道,对于借款利息等合同内容无话语权,甚至出现了网贷借款利率超过同期 lpr 十余倍的情况,这种现象会扰乱我国正常的金融秩序。因此,应当紧抓小额金融网贷借贷双方的话语权严重失衡这个难点,由当地金融监管部门会同仲裁部门、市场监管部门、金融消费者权益保障机构等,组建一支有专业知识、懂政策行规、法律意识强的小额金融网贷纠纷人民调解委员会,并引导企业签署小额金融网贷纠纷人民调解引导协议,同时赋予借款人一定的约定管辖选择权,让专业化的人民调解挺在第一线。针对明显违法违规的行为,若经人民调解员出具中立的评估意见与调解意见后,小额金融网贷企业拒不接受的,人民调解员可以在案件笔录和结案报告中载明相应情况并留存证据,转交监管部门处理,借贷人也有权向监管部门反映情况,并由监管部门向人民调解委员会调取相关证据和记录。当然,评估意见和调解意见均不具有强制约束力,对于约定利息和还款期限等内容未明确违反法律法规或相关规定而只是争议双方关于还款方式或者利息数额方面有不同意见的情况,人民调解员不得以前述方式强迫金融网贷公司接受评估意见或调解意见。此种方式能够最大限度地平衡争议双方在该类案件中的地位,对于金融网贷公司而言,能够提高其理解相关法律问题的准确性,进一步优化实施相关政策法规的细节,促使其回归法治轨道,防止其利用自身优势地位强迫消费者签订不合理、不公平的网络借贷协议,同时也保障了争议双方在协商过程中的意思自治。

(四)打通调解协议"变现"流程

调解协议"变现"困难的重要症结在于,调解协议的债务主体对调解协议效力的轻视。要打通协议"变现"流程,除了利用互联网等平台对调解协议进行司法确认外,更有效的方式是与《市场监管领域轻微违法行为不予处罚清单》等类似制度进行衔接,让债务主体自发形成自愿履行协议的心理。具体而言,《市场监管领域轻微违法行为不予处罚清单》中规定的免罚的基本原理主要在于违法主体行为的轻微性,即未导致他人或社会利益受到损害。[1]免罚的基本原理主要在于违法主体行为的轻微性,即未导致他人或社会利益受到损害。以消费者权益纠纷中的虚假宣传纠纷为例,不少消费者在美容美发店内办理预储存卡或签署预储存合同后,经过一段时间的使用会发现经营者提供的相关服务或产品并未达到或根本不具有其所宣称的功效。人民调解员在实际处理此类案件时,往往会要求消费者提供足以支撑其主张的相关证据,但这种做法明显与我国《广告法》和《消费者权益保护法》中对于经营者诚信经营和真实告知的义务相悖,没有有效维护消费者的合法权益,对此类行为进行免罚,也无法达到免罚制度所期望的社会效果和法律效果。因此,应当将免罚制度与人民调解制度有机衔接在一起,针对经营者宣传明显违反法律法规,但又未达到使消费者足以认识到其为不真实的情况,人民调解委员会有权会同消费者权益保护委员会或者消费者协会对该类案件进行调处,并出具相关调解意见,如经营者无法提供该种宣传为合理的证据,同时又不接受由人民调解员和消费者权益保护委员会或消费者协会共同出具的调解意见,则应当将该种行为排除在免罚制度之外。

另外,调解协议履行困难的一个重要原因还在于争议双方对调解协议的不认可。不少情况下,因调解员并不具备相关领域的专业知识或未能细致了解相关情况就进行调解,即使争议双方达成了调解协议,也极易出现"案了事未了"的情况。面对这种问题,不妨吸纳具有相关专业知识的在校研究生和本科生,开放"志愿人民调解员"实习通道,由市一级或者区一级的调解机构招募相关专业成绩优异的在校研究生和本科生作为志愿人民调解员。志愿人民调解员与人民调解员共同组成调解小组,并在人民调解员的带领下,依照相关程序规定进行调解。志愿人民调解员可以在人民调解员许可的情况下当场发表意见,并以秘密协商的方式与调解员共同商议调解意见,对于调解员提出的相关专业问题,志愿人民调解员应当作出有依据的合理答复。对于表现优异、经调解员和当事人表扬或认可的志愿人民调解员,可由调解机

---

[1] 参见田阳、邱岳英:《社会力量参与市域社会治理现代化创新机制研究——以崇明人民调解工作为视角》,载《上海法学研究》2021年第15卷。

构出具"优秀志愿人民调解员"证书或实习证明。这样不仅能够最大限度地调动现有资源，弥补调解员人手不足的问题，还能让调解员与相关专业在校学生相互学习，取长补短。

（五）打造便利的人工智能"智慧"调解平台

1. 利用大数据算法形成案情预判——风险管控

从2019年开始，全国各地司法行政部门在12348智能平台的基础上开通了"案件结果智能预测"功能，让群众不仅能够快速享受法律服务，还能够基于大数据算法对一些常见案件作出合理预判[1]。该种做法可以成为人民调解智慧平台建设的借鉴对象，可以以省或几个经济发展状况相似的市为基础，将常见民间纠纷、小额金融借贷纠纷以及消费者权益纠纷的经典司法判例和调解案例上传至智慧调解平台的大数据库中，在人民调解员接到类似案件后，输入基本案情和标的额，由大数据算法出具初步的《案情预判意见》。例如，邻里纠纷中的最常见的问题就是漏水问题，人民调解员在接到案件后就可以在平台中输入房屋漏水情况、损失财产金额、是否存在精神赔偿要求、双方过错等情况，由大数据算法在借鉴相关司法案例和本市类似案件后，向人民调解员出具案情预判，使调解员能够掌握该类案件的一般赔偿数额以及当事人可能提出的相关诉求等信息，便于调解员在有限的时间内更高效地进行调解，并使调解结果更加趋于合理。

2. 利用人工智能生成调解笔录与协议——便利群众

困扰调解员已久的一个问题是调解笔录的记录较为困难。与人民法院不同，调解程序的进行一般仅有两名左右的调解员而没有专门的书记员，这就导致调解员既要思考调解方案和意见，又要忙于记录当事人表达，长此以往就会导致调解员产生疲态。针对这个问题，不妨借鉴杭州互联网法院的做法，在智慧调解平台中嵌入智能语音识别程序，其可以将记录的当事人表达实时转化为文字，极大地节省调解员的记录时间。若存在记录出现误差的情况，可由双方当事人在确认调解笔录时提出并要求修改。若能成功达成调解协议，人民调解员可以口头表达调解方案并询问双方意见，如双方当事人一致同意的，由智能调解平台根据调解方案和相关笔录直接形成初步调解协议，在由人民调解员确认后交双方签署，这极大地节约了调解时间，提高了调

---

[1] 参见肖嘉：《人工智能时代下智慧司法建设研究》，载《黑龙江人力资源和社会保障》2022年第16期。

解效率。

此外,还可以将智能笔录记录功能与民事诉讼法中的禁反言原则相衔接,在双方当事人对关键案情的表述与在法庭上的表述不一致时,应当将禁止反言原则的适用范围扩大到人民调解过程。必要时,人民法院可以调取相关语音记录和调解笔录,对于当庭作出虚假陈述的当事人,人民法院可以依法对其作出训诫或罚款。这种做法有助于争议双方在进入调解流程后自觉遵循相应调解程序和规则,使其形成应有的心理预期,预防争议主体在人民调解进行的过程中进行随意表述,促进其形成诚信协商的心理。

3.利用网络平台优势贯通案件流转渠道——优化资源配置

人民调解效率低下的一个重要因素是调解资源分配不合理。具体体现在,人民调解制度没有对案情较为复杂的案件和标的额较小且案情简单的案件进行分级管理。对此可以在智慧调解平台建立案件分级分流渠道,人民调解员在接到相关案件后,如认为相关案件案情复杂且涉及专业知识,便可以将案情简要输送到分流渠道中,由平台研判后在合理期限内分配给具有专业知识的调解员。为了提高资源利用效率,可以由承办案件的调解员与具有专业知识的调解员商定时间,后者可以以线上出席的方式参与调解。在案件流转渠道的建设过程中,应当充分借鉴多用于营销管理的"漏斗模型"[1],按照办案流程的推进次序设置一般程序。例如,以案件登记为入口,一旦案情类似的案件登记率超过80%,可由专业调解员就同类案件开展集中调解,调解过程可以选择进行直播,从而提高调解资源的一次性利用转化率。另外,针对标记为久调不决的案件,平台应该做出标红警告,并由工作人员询问调解员和当事人具体情况,根据具体的调解进度和效果,决定是否将该案件直接流转到专业调解员处。

4.在平台内定期评定和推送优质调解案例——正向循环激励

调解员作为调解工作的组织者,其守法意识体系建设显得尤为关键,甚至可以认为直接关系到调解结果的质量。长期以来,社会对人民调解员的重要性的认识不充分,人民调解制度自身的调解结果公开和奖励制度也并不完善,未能形成有效的正向循环激励。因此,亟须构建优质调解案件的评价推送和激励机制。

---

[1] 参见范愉:《以多元化纠纷解决机制 保证社会的可持续发展》,载《法律适用》2005年第2期。

具体而言,应当鼓励调解员上传成功调解的案例,在征得争议主体同意或隐去争议主体相关信息在调解平台予以公开,同时组织专家学者和法律实务工作者对公开的调解案例进行评定,分为特等、一等和二等优秀调解案例。获得评定的优秀调解案例,应当对之在全平台进行通报表扬,并择优发布到当地相关报纸期刊或者印发到全市调解机构,对于获得一定数量的特等或一等优秀案例的人民调解员,应当由司法行政部门或区县一级的人民政府予以奖励;对于获得一定数量的二等优秀案例的人民调解员,应由所在地的人民调解委员会给予公开通报表扬。与此同时,对于案件办理质量较差以及经常受到投诉且经查证属实的调解员,应当由相关部门及时进行约谈,必要时可以取消其调解员资格。既要做到积极鼓励,也要做到适当惩戒,以科学有效合理的正向循环激励机制,促进人民调解案件质量提升,最终实现以人民调解为入口,"以点带面"地形成社会守法意识培养体系。

四、结语

人民调解制度虽然脱离了社会控制的政治功能,但在新型社会纠纷不断涌现的背景下,仍不应模糊其灵活性、协商性、自愿性并逐渐具有专业性的特征。人民调解制度在中国式现代化进程中,对于社会守法意识培养体系和现代化社会治理模式的建构具有积极作用。毫无疑问,纠纷的解决仅仅是社会治理的部分环节,社会的稳定和谐发展更需要在社会诚信道德和守法意识的社会自治基础上实现。仅仅依靠外部的制度建设很难达到现代化社会治理的目标,更重要的是要让各社会主体都形成"尊法"和"用法"的守法意识。尽管在该体系的建设过程中,可能存在利益博弈、社会资源配置等因素的干扰,但是伴随着调整社会关系的客观需要和科学技术的不断向前协同发展,公众的法律主观心理状态和法律意识水平将不断提高,并逐步影响其所处的客观社会环境,最终成为社会可持续发展和现代化科学治理的关键性力量。

新时代"枫桥经验"背景下民事调解工作的反思与完善
——以修正调解关键指标为切入点

王雪芬[*]

党的十八大以来,习近平总书记高度重视"枫桥经验"。党的二十大报告进一步提出,在社会基层坚持和发展新时代"枫桥经验",完善正确处理新形势下人民内部矛盾机制。这要求我们整合基层矛盾纠纷化解资源和力量,不断完善社会矛盾纠纷多元预防调处化解机制,提高我国社会治理现代化水平。

调解作为多元纠纷化解方式的重要组成,可以满足人民群众日益增长的多元化纠纷解决诉求,并有助于源头化解矛盾纠纷,这对于加强基层治理体系和治理能力现代化建设具有重要意义。目前,各地人民法院大力营造"和谐司法"文化,积极引导当事人通过调解方式解决纠纷,努力让群众感受到"以柔化刚"的司法力量。在司法系统内,最高人民法院将调解作为案件质量评估体系的重要考核对象,将评估指标作为引导与评价调解工作的"指挥棒"和"体检单"。

当前,各级各地法院越来越关注调解工作,但案件评估指标考核数据却反映出,调解案件的自动履行率并未随着平均审理天数、结案率等效率指标数据的提高而提高,而自动履行率指标是体现调解效果的重要指标,因此如何提升调解效果成为了纠纷柔性化解的症结。笔者以2018—2022年浙江省高级人民法院以调解方式结案的民商事案件为研究样本,归纳出调解效果指标评价体系存在的问题并提出相应的合理化建议,为如何强化新时代"枫桥

---

[*] 王雪芬,临海市人民法院法官助理,法学硕士。

经验"提供思路。

一、问题提出:民事调解的纠纷化解效果难达预期

调解的优势在于,调解的结果是在当事人自愿的基础下产生,具有定分止争的效果,但实践中却出现大量调解案件进入执行程序的现象,违反了民事调解的内在逻辑。高调解率与低调解自动履行率之间的割裂现象反映了什么?这值得进一步深究。

(一)现象透析:案件质量评估考核中的调解样态

1.调解运作质量低

如图7-1所示,2018—2022年浙江省的基层法院的民事调解率[1]与调解自动履行率[2]基本呈上升趋势,调解率最低为2022年的28.43%,最高为2021年的39.29%;调解自动履行率最低为2019年的59.40%,最高为2021年的68.97%。从各基层法院案件质量评估数据来看,民事调解运作的质量整体偏低。

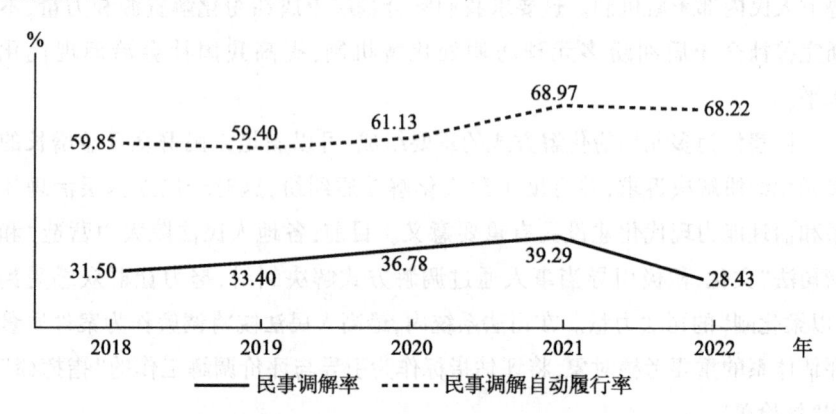

图7-1 2018—2022年浙江省基层法院民事调解率与调解自动履行率

通过对浙江全省100多个法院的调解案件的自动履行率情况(见表7-1)进行分析,可以发现多数法院集中在50%—70%。随着各级各地法院对自动履行率考核指标的重视,近五年自动履行率区间的分布整体呈现从低向高移

---

[1] 民事调解率,是指民事一审、二审和再审案件的调解结案数占民事案件结案数的比例(不含特别程序案件)。本文仅讨论一审民事调解率。

[2] 民事调解自动履行率,是指民事调解案件中自动履行的案件数占同期一审民事调解结案数的比例。

动的趋势。

表 7-1 2018—2022 年浙江省法院的调解案件的自动履行率情况

单位:家

年份	自动履行率						
	<50%	50%—60%	60%—70%	70%—80%	80%—90%	90%—100%	100%
2018	23	31	32	10	4	3	0
2019	15	34	37	8	7	4	0
2020	6	42	43	5	6	4	0
2021	3	16	39	25	16	8	0
2022	1	10	48	31	8	8	1

2.调解反悔比例高

调研发现,在 2018—2022 年浙江省 L 市法院调解结案的案件中,向法院申请强制执行的案件的比例在 19%—37%,进入执行程序的调解案件数整体呈现上升趋势。2019 年申请强制执行的案件数量最高,为 2309 件,调解案件的申请强制执行率也最高,为 36.62%。根据图 7-2 可见,民事调解案件当事人反悔的比例较高。

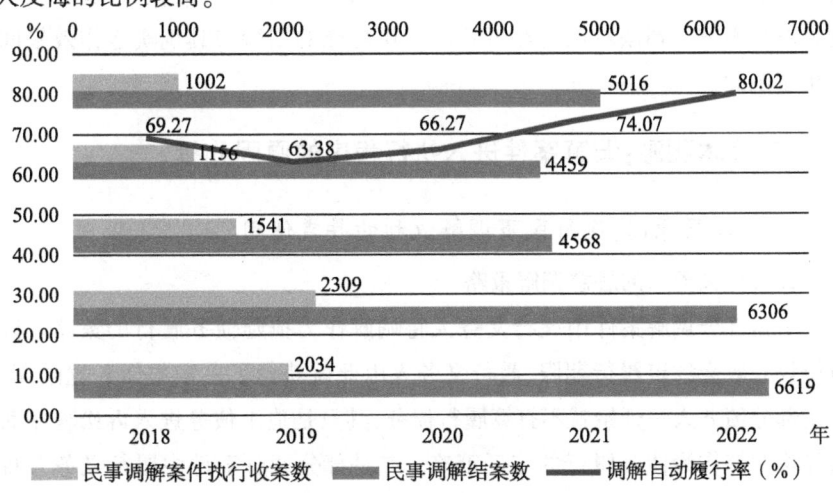

图 7-2 2018—2022 年浙江省 L 市法院民事调解结案数、调解案件执行收案数及自动履行率

3. 调解效果差异大

调研发现,在2018—2022年浙江省基层法院民事调解自动履行率整体呈上升趋势,但地区之间并不平衡。以2022年为例,各基层法院之间的民事调解自动履行率最高值为81.15%,最低为51.63%,地区间差距较大,但在案件质效考核中,相邻法院间的排名差距又极小,如长兴法院与余杭法院间的民事调解自动履行率差距仅为0.03%,分列第53、54名。

4. 执行化解难度大

据个别法院统计,部分调解案件进入执行程序后容易成为执行中的"骨头案",即部分当事人在调解后认为受到了法院的强制调解或对方当事人的欺骗,对履行义务的对抗性明显高于判决结案申请执行案件中的义务人的对抗性。[1]并有部分执行法官反映,部分调解法官对调解协议未尽充分审查义务,导致调解协议无法履行,此类调解案件进入执行程序后也易成为"骨头案"。

(二)问题窥探:调解期待值与现实效果存在落差

从设置调解自动履行率指标的初衷来看,由于其能够直观反映调解的功能效果,故在当事人自愿履行的情况下,调解案件便不会进入执行程序,这在案件质量评估体系考核中直接表现为高调解自动履行率。

高调解自动履行率是调解效果指标考核的理想状态,然而根据前述数据可见,相当数量的民事调解案件进入了执行程序,调解案件当事人事后反悔现象屡见不鲜。司法对调解经世致用实用功能的期待与其现实运作效果间产生了割裂。

二、追本溯源:调解案件进入执行程序的原因分析

(一)表层原因:现行民事调解权利的异常使用

1. 履行义务人的恶意调解策略

一是部分调解案件中履行义务人将调解作为拖延债务履行的策略。调解协议一般会约定履行期限,履行义务人由此就获得了一定的债务宽限期,但是部分债务人一开始就不打算履行债务,其只是迫于债务进入诉讼程序而选择将调解作为债务履行的拖延策略。二是部分调解案件中履行义务人将

---

[1] 参见冯一文:《"案结事了"理想的实践障碍及其超越——基于调解案件进入执行程序的实证分析》,载《宁波大学学报(人文科学版)》2009年第6期。

调解作为债务减轻的策略。部分履行义务人将调解协议中的利益交换作为逃避部分债务的重要手段,但是即使其已经达致减轻债务的目的,部分履行义务人的履行意愿仍然较低,他们寄希望于债务的再次调解从而进一步减轻债务。

2. 调解中间人的失当调解运作

一是调解中间人未促成实质性调解合意。个别承办法官通过对案件信息与法律风险的垄断与加工,给当事人营造了拒绝调解可能更不利的心理环境,使当事人越过诉讼心理预期,从而达成调解合意。这种人为的信息藩篱一旦被剥离,调解履行义务人发现不履行调解协议所能获得的利益更大,在利益驱使下,其会拒绝履行调解协议。二是调解中间人未尽调解注意义务。个别法官机械式调解,未尽充分释明义务,最终形成的调解协议由于"显失公平"而被履行义务人拒绝履行。三是调解中间人未尽调解协议审查义务。个别法官对调解协议的审查存在瑕疵,比如调解协议条款存在歧义、调解协议履行时间不明确等,致使履行义务人不能履行或迟延履行。

(二)深层原因:现行案件质量评估的负面效应

有机辩证法理论认为,个体行为取向的关键在于目标所达到的效果满足个体的基本需要的程度。[1] 现行民事调解权利的异常使用对调解案件进入执行程序的影响是直观的,但不科学、不合理的考评指标才是调解权利异常使用的深层原因。

1. 调解率权重过高易诱发压迫性调解

调解率高的法院能反映法官调解积极性高、能调尽调工作完成出色,但调解率低是否能反映法官调解积极性低、法院调解工作不到位？这种推论显然不合理。影响调解率的因素多种多样,调解率的高低不能完全与法官主观的勤勉努力及法院调解工作成效保持同步,其还受到社会政治经济条件等诸多因素的影响。量化的案件质效考核却将调解率作为重要的应然效果指标,与案件效果直接挂钩并被赋予极大权重,而这一做法却忽视了外部因素的客观干扰,其不仅会对法院调解工作成效评价产生误差,也易诱发压迫性调解,最终导致案件进入执行程序的可能性增加。

2. 指标相关要素缺失挫伤督促积极性

调解自动履行率作为效果考核指标的运用范围广泛,覆盖中级人民法院与基层人民法院、条线与个人。但在统计综合指数时,调解自动履行率仅随

---

[1] 参见张剑、郭德俊:《内部动机与外部动机的关系》,载《心理科学进展》2003年第5期。

调解结案数与执行收案数的变化而变化,忽视了地区、条线以及繁简案团队收案不同等多种因素的影响。以地区差异对调解自动履行率的影响为例,经济发达地区的履行义务人的经济能力高,其自动履行能力也随之提高,反之,经济不发达地区的履行义务人的经济能力较低,其自动履行的可能性就较低。进一步具体到个人考核,当办案法官面对的案件复杂或者审理难度较大时,调解自动履行率则会呈现较低水平,而负责审理简案的法官却比较容易达成较高的调解自动履行率。未加区分案件性质来对案件质量进行统一考核,显然并不能如实反映被考评对象所付出的勤勉努力,个别地区的法院与个别法官在无差异化、"一刀切"的案件质量考核中处于天然劣势,督促调解自动履行的积极性不高是可以预见的。

3. 绩效考核工具化削弱法官履行司法职能的积极性

个别法院将最高人民法院制定的案件质量评估体系直接转化为法官个人绩效考核指标,使法官与法院共用一套考核指标体系。这种做法使法官个人绩效考核可能沦为法院完成考核指标的工具,削弱了法官履行司法职能的积极性。部分法院将法官承办案件的调解率、调解自动履行率进行排名,并作为法官个人评优评先、奖惩激励、晋职晋级的重要依据。在这种制度激励下,逐步形成了各地各级法院及各法官间数据提升的"马太效应"[1]。在调解自动履行率无法提高的情况下,进一步提高调解率成为完成考核指标的必然的选择。在考核压力下,法官的调解行为可能忽视对司法规律的遵循,损害的当事人权利,进一步导致调解自动履行率的降低。

除上述提及的表层原因与深层原因外,还存在导致调解案件进入执行程序的其他客观原因。比如一些案件当事人从始至终缺乏履行能力,无论采取调解还是判决方式,最终案件都将进入执行程序,对方当事人出于效率考虑,选择通过调解方式迅速确定权利;也有部分案件当事人在调解时主观上愿意履行,但由于客观条件变化,当事人丧失了履行能力。因此,部分调解案件进入执行程序是正常且合理的司法现象。这种比例的合理数值有人曾测算过[2],但

---

[1] "马太效应"可被描述为:"相对于那些不知名的研究者,声名显赫的学者通常得到更多的声望,即使他们的成就是相似的。"参见鞠雪楠等:《高等教育研究中的马太效应及其应对策略》,载《中国电化教育》2018年第4期。

[2] 参见冯一文:《"案结事了"理想的实践障碍及其超越——基于调解案件进入执行程序的实证分析》,载《宁波大学学报(人文科学版)》2009年第6期。文中指出,作者抽样调查后认为150个不能自动履行的调解案件中有22个属于合理现象,也就是说,调解案件申请执行的合理比例为14.67%。

目前尚无权威且科学的结论。

三、价值考量：调解效果指标的功能评判与逻辑协调

(一)功能评判：调解率与调解自动履行率功能慎思

案件质量评估制度作为法院实现"公正与效率"目标的导向体系,是依据各级各项指标与司法公正与效率价值的内在联系,为各项指标赋予了特定的功能,使各级各地法院在追求高指标数据的同时,坚守社会公平与正义的原则。浙江省案件质量综合指数评估体系下设四个二级指标,分别为公正指标(权重为40%)、效率指标(权重为30%)、效果指标与当事人满意度(两者合计权重为30%)。调解率与调解自动履行率作为正向效果指标,均被赋予一定的指标功能。前者的指标功能主要体现法院化解纠纷的能力,调解率越高,则意味着法院对化解社会矛盾越重视。后者的指标功能在于可以反映法院督促负有履行义务的当事人自觉履行法院调解书的情况,民事调解自动履行率高,说明调解质量高。[1] 然而这一功能设计是否精准仍需要进一步审思。

1.调解率不能承担柔性化解纠纷能力的考核功能

在司法的评判约束体系中,对司法判决合理性和法律正当性的约束与评判大部分是由司法的社会效果来维持的。[2] 效果指标主要考察人民法院审判的社会效果,而社会效果又主要包括两个方面:一是审判职能目的的实现情况;二是社会对审判工作的评价。[3]

调解率反映的仅仅是调解在一定期限内被使用多少次,即表征多少案件是以调解的方式结案。[4] 调解率越高确实反映了特定统计时间内,以调解方式结案的案件越多,然而这并不必然意味着法院化解纠纷的能力就一定越高。调解作为一种纠纷解决方式,调解率受到多种因素影响,并不与社会公正和谐直接相关。同时,调解率越高也不代表着法官化解纠纷的能力更高。

---

[1] 参见浙江省高级人民法院2022年2月15日发布的《浙江法院案件质量综合指数评估体系(试行)》。
[2] 参见张文显、李光宇:《司法:法律效果与社会效果的衡平分析》,载《社会科学战线》2011年第7期。
[3] 参见熊英灼:《新时期人民法院案件质量评估制度初探——以最高院〈人民法院案件质量评估指标体系〉为评析对象》,载《求索》2012年第3期。
[4] 参见陈树森:《调解率的功能回归与机制重构——由案件调解后申请执行情况引发的追问、慎思与求解》,全国法院系统第二十届学术讨论会2011年会议论文。

相较之下,案件以调解方式解决与司法效率之间的联系更为密切。

2.调解自动履行率不能完全承担调解质量高低的考核功能

调解自动履行率,作为反映特定统计时间内调解案件中自动履行案件数与调解结案数之比,在一定程度上反映了案件当事人对法院调解工作的态度,与司法社会效果评价中对司法工作的评价具有高度关联性。然而对比司法社会效果评价的丰富内涵,调解的自动履行只是其中的一个方面。

效果指标具有高度综合性,涵盖司法工作的方方面面。对司法社会效果的定义更是存在诸多解读。[1] 调解自动履行率作为其中一个指标,反映的是调解协议履行义务人的履行自愿性,这一指标受到地区经济发展、案件复杂程度等多种因素影响。因此仅仅以单一指标反映社会评价的好坏,进而衡量调解质量的高低显然是片面和不恰当的。

(二)逻辑协调:调解率与调解自动履行率价值考察

对调解率与调解自动履行率的刻意追求可能导致本末倒置,违反司法规律。因此有必要从价值角度梳理考察调解率、调解自动履行率存在的必要性。

1.调解效果双考核指标之间的关联关系

调解率与调解自动履行率均为反映调解效果的正向指标,其内部关系可以通过算式予以表明。即:1-民事调解自动履行率=民事调解执行收案数/民事结案数×民事调解率(见图7-3)。

图7-3 调解率与调解自动履行率的关系

---

[1] 一部分观点认为,司法的社会效果是指法律对社会的调整、规范、促进作用是不是得到了实现;另一部分观点认为,司法的社会效果是指司法的运作过程及结果是否符合国情、是否符合当地的现实情况;还有部分观点认为,司法的社会效果评价在于人民群众满不满意,社会舆论评价如何,当事人是不是有意见。更宏观的还有认为,司法的社会效果是指司法的过程和结论能否推动社会的发展和进步。参见江必新:《在法律之内寻求社会效果》,载《中国法学》2009年第3期。

从关系式看,假设每年结案数稳定,调解率的增加意味着调解案件增多。执行收案数在外部因素稳定的情况下,调解质量越好,执行收案数越低。综上可得,在影响调解案件进入执行程序的外部因素与收案数稳定的情况下,调解质量越高,算式右侧分子越小,此时调解率越高,算式右侧数值越低,民事调解自动履行率越高。

对两者关系进行量化,在于更直观地表明调解率与调解自动履行率指标涉及的逻辑。但如图7-3所示,该算式存在四个未知数,民事调解执行收案数、民事结案数、调解率指标与调解自动履行率指标均存在关联性,再延伸开来,民事调解执行收案数更是受调解质量及地区经济发展、案件难易程度等多种因素影响,单纯的调解率与调解自动履行率指标不能直接体现调解效果。

2.调解效果双考核指标存在的必要性

调解自动履行率指标对调解效果的评价功能已有诸多学者论证且已得到实践认可,在此不再论述。而判断调解率指标是否有存在必要还值得进一步讨论。一方面,需要考察当前调解推广的必要性。调解的优越性并不体现为它是比判决更高端的解纷方式,而在于它为当事人提供了判决以外的选择自由,这会促使当事人更理智地比较诉讼与调解的成本收益,保障司法效率。同时,调解有其独特的解纷优势,特别是在熟人社会中,调解能够发挥判决所不具有的柔性解纷特征,修复社会关系,促进社会和谐。另一方面,判断调解率指标是否有存在必要还要看该指标功能能否被其他指标的指标功能取代。调解所具备的提升司法效率的功能与效率指标下的平均办案时间指标功能存在重叠,但其柔性解纷功能目前尚无其他指标能够取代。因此调解率指标的存在是有必要的,其指标功能兼具对效率与效果的反映。

四、模式架构:优化调解效果的理念设计与体系构建

本文结合调解实践,并对当前调解效果考核的关键指标进行深度审思,提出优化调解效果指标评价体系的初步构想。

(一)重构调解理念

1.完善调解工作理念机制,防止法官不当主持调解

诉讼调解应当根据每一个案件的实际情况,充分尊重当事人的意愿,让他们可以对调解和裁判两种处理纠纷的方式进行自由选择。在实践中,法官

有时会违背当事人的意愿强制调解。由于调解主体和裁判主体的同一性使得这种强制行为变得更加容易,我们必须认识到,现有的诉讼调解的势态不是一种理性的状态,因此我们必须将异化的调解功能导正到理性状态。为此,需要消解诉讼调解的强制形态显得尤为重要。[1] 法院与法官必须回归民事调解的中立地位并坚持该立场,应当在中立立场上履行调解注意义务与审查义务,让当事人在理性思考的基础上基于心理预期与利害考量作出价值判断。

2. 引入有效履行督促机制,杜绝当事人不当参与调解

履行义务人恶意参与调解,将调解作为"打白条",严重损害债权人信赖利益,损害调解社会效果。本文认为,应当采取更有力的履行督促机制,可以从以下两个途径展开。一方面,通过引入履行担保或增加逾期付款违约责任等方式增加调解协议的违约成本,最大限度避免恶意调解。另一方面,人民法院应当重点打击恶意调解行为,加大恶意调解处罚力度。

(二)优化效果指标

化解法院调解悖论的司法改革路线,主要应落脚于调解效果指标的构建。通过优化调解效果指标影响因素,充分发挥案件质量评估的责任倒逼功能,从而真正落实调解的自愿性。

1. 计算个案权重比

调解概率越低、调解可能性越小的案件,越能彰显法官的调解能力,以此确定考核权重有利于反映办案法官的工作实绩。过去由于缺乏海量数据支撑,传统的统计分析方法无法推导出影响个案调解概率的应用公式,原有案件质量评估赋权一直采取"一刀切"的平等赋权,导致了个案的考核不公。随着大数据的高速发展,海量案件数据已经齐备,影响调解概率的公式推导已经具备现实基础。根据已有司法大数据研究表明,个案的调解概率与证据充分性、社会地位差距具有强关联性。[2] 据此,法院在立案端口可以采集更为

---

[1] 参见张卫平:《诉讼调解:时下势态的分析与思考》,载《法学》2007年第5期。
[2] 参见陈慰星:《法院调解悖论及其化解———一种历时性大数据的分析进路》,载《法律科学(西北政法大学学报)》2018年第2期。文中研究表明,证据充分性能有效促成双方尽快在案件事实认定上达成一致(也反映为调解效果的稳定性)。同时,原被告之间的社会地位高低情况也会对调解产生重要影响。若原被告社会地位正向差距越大,则案件调解率越低(如金融借贷案件);若原被告社会地位逆向差距越大,则案件调解率越高(如劳动合同案件);原被告社会地位越平等,则案件调解率越低。

详细的案件信息及当事人的社会性指标,依托公式推导个案调解概率,以此明确个案考核权重。考核权重公式可以设定为:1/个案调解概率×100%。

该指标仅针对调解成功的案件,调解失败的案件分母为0,权重为0,不应纳入调解效果考核。该指标越高,法官化解纠纷的能力越高。在案件质量评估考核时,汇总所有调解案件的权重即可直观感受法院或法官的调解能力。

2. 限定调解率分母

过于强调以调解率作为法官调解效果考核指标,容易导致调解成为化解收案激增的手段,致使司法过于能动,形成片面追求调解率的局面。鉴于此,本文建议调整调解率指标计算公式,将调解率指标的统计限定在适宜调解的案件范围内,而非将所有民商事案件结案数作为分母。

具体公式调整为:民商事案件调解结案数/(民商事案件结案数-缺席审理案件数)×100%。

该指标越高越能体现法官在纠纷化解中投入的努力,同时柔性调解成功率越高。然而,需要注意的是,在该指标中缺席审判虽然不排除可以适用调解,但它却反映出了当事人的调解意愿极低。因此在评价法官调解实效时,缺席审判是重大变量,应当在指标中予以剔除。

3. 修正自动履行率

一定比例的调解案件进入执行程序是合理的。这种比例并非全国口径的数据,受地区差异的影响较大。鉴于此,本文建议设置的自动履行率要取地区平衡值,从而降低地区差异对自动履行率指标的影响。

具体公式调整为:(一审民事调解结案数-以国内调解书为依据的执行收案数)/(一审民事调解结案数-地区平衡值)。

在该指标中,地区平衡值的计算可以选取具有代表性的地方全样本数据,完成标准的大数据分析。如在确定浙江省的地区平衡值时,可以挑选东中西部代表性的地级市近5年收取的调解案件为数据研究样本,分析调解案件进入执行程序的合理比例,明确平衡值。

4. 设置无成本调解自动履行率

无成本调解,是指未约定违约成本的调解情形。无成本调解的自动履行更能体现调解义务人的自愿性,反映法官的调解能力。鉴于此,本文建议增设无成本调解自动履行率作为调解效果指标。

具体公式为:无成本自动履行调解案件数/无成本调解案件数×100%。

该指标越高意味着法官的调解能力越强且案件的调解效果越好。在该指标中,无成本调解案件数还能够反映法官适用督促履行条款的积极性。法官适用督促履行条款的积极性越高,分母越小,无成本调解自动履行率越高。

5. 设置调解债权受偿率

在实践中,存在进入执行程序的调解案件部分履行的情况,履行义务人未继续履行的原因在于,各种客观因素导致履行义务人丧失履行能力。若"一刀切"将此类案件评价为调解效果不佳,是对法官勤勉付出的忽视。鉴于此,本文建议正确评价此类案件的调解效果,增设调解债权受偿率作为调解效果指标。

具体公式为:调解案件债权人受偿债权总额/调解确认的债权总额×100%。

该指标越高,调解效果越好。在该指标中,调解案件债权人受偿债权总额为0的情况下,调解债权受偿率为0,这能够督促法官引导履行义务人当庭全部或部分履行。(见表7-2)

表7-2 民事调解效果考核关键指标调整内容

关键指标	指标公式	指标解析
个案权重比	1/个案调解概率×100%	正向效果指标,该指标越高,法官化解纠纷的能力越高
调解率	民商事案件调解结案数/(民商事案件结案数-缺席审理案件数)×100%	正向效果指标,该指标越高,法官投入的纠纷化解努力就越多,柔性调解成功率越高
自动履行率	(一审民事调解结案数-以国内调解书为依据的执行收案数)/(一审民事调解结案数-地区平衡值)	正向效果指标,该指标越高,当事人满意度越高,反映调解效果越好
无成本调解自动履行率	无成本自动履行调解案件数/无成本调解案件数×100%	正向效果指标,该指标越高,法官的调解能力越高,调解效果越好
调解债权受偿率	调解案件债权人受偿债权总额/调解确认的债权总额×100%	正向效果指标,该指标越高,调解效果越好

(三)完善配套制度

1. 实行每月通报

出于保障绩效考核透明性以及发挥考核"指挥棒"作用的考虑,建议每月通报考核关键指标的数值,法官可根据每月通报情况及时改进调解工作、提升调解成效。

2. 引入个案回访

为全面评价办案法官的调解成效,建议在每年年底开展个案回访工作,抽取自动履行的调解案件、进入执行程序的调解案件、调解失败的案件等若干案件,对当事人、相关协作机构进行回访,回访内容包括办案法官的调解能力、调解态度、司法品质等。

3. 设置提分例外

调解工作成效的提升除了办案法官尽责履职外,还受到其他配套机制的制约,例如,个别调解义务人需要其他部门配合协助才能完成履行义务。当这些部门需要法院出面才会予以配合时,调解协议权利人往往只能通过申请执行这一途径才能完成调解协议约定的内容。针对此类特殊情况,建议按一定比例对案件调解成效指标值与法官绩效指标值予以提分,确保客观反映办案法官的工作实绩。

4. 综合评定绩效

审判管理办公室根据案件调解效果指标值的情况、个案回访结果,并对符合提分条件的指标值进行统一赋分,建议按照案件调解效果指标值排名80%、个案回访结果20%的考核权重对办案法官调解工作成效进行综合评定。

五、结语

随着全国法院大调解工作的深入发展,以及无讼社区、共享法庭等重点项目的稳步推进,人民法院正展现全面参与国家治理的坚定决心。然而,案件质量评估考核数据却直观揭示出当前调解效果未达预期,对调解工作存在的问题进行反思已成当务之急。在未来的调解过程中,应当发挥调解作用评估关键指标的引领作用,充分激发法官在诉讼调解中的积极作用,确保调解工作的"质"与"量",使调解发挥应有的功效,有效回应当前司法需要。

全面抗战时期太行根据地调解机制研究

王豪凯[*]

调解在中国古已有之,又名"调处"或"和对"。抗日战争时期,调解作为一种缓和民间纠纷的司法补充手段,发挥了重要功效。以山西太原为例,据统计,在地方法院新受理的134件民事案件中,以调解方式结案的案件高达132件。[1] 鉴于调解有息讼维稳的功效,在当时,其颇受重视。

20世纪40年代,各根据地立足实况,都或早或晚地建立起调解委员会并相继颁行相关条例。[2] 在调解举措的落实过程中,中国共产党与基层民众,尤其是广大的农民群体,形成了积极的良性互动,充分展现了中国共产党维护广大人民合法权益的理念。而在这一过程中所产生的经验,不仅促进了特色调解制度的建立和发展,甚至对中华人民共和国成立后的基层法治建设有着重要的参考价值。太行根据地因长期作为党、政、军重要机关的驻扎地而地位显著,其独特的调解机制的实践运作成为了学界研究关注的对象。20世纪史学界对晋冀鲁豫边区多以整体视角进行研究。[3] 21世纪以来,史学研究区域化理念得以发展,有关边区下辖的太行、太岳等根据地的研究成果不

---

[*] 王豪凯,重庆大学人文社会科学高等研究院历史学系中国史研究生。
[1] 参见华北政务委员会临时处法务委员会编:《华北司法概况》,华北政务委员会临时处法务委员会1940年版,第54页。
[2] 如《晋察冀边区行政村调解工作条例》(1942年4月1日)、《陕甘宁边区民刑事件调解条例》(1943年6月10日)、《晋冀鲁豫边区冀鲁豫区调解委员会组织大纲》(1944年,具体时间不详)等。
[3] 通史类著作参见齐武编著:《一个革命根据地的成长:抗日战争和解放战争时期的晋冀鲁豫边区概况》,人民出版社1957年版。代表性论著参见魏宏运:《论晋冀鲁豫抗日根据地的集市贸易》,载《抗日战争研究》1997年第1期;花瑜:《晋冀鲁豫抗日根据地的减租减息运动》,载《平原大学学报》1994年第2期;姚寅虎:《略论晋冀鲁豫抗日根据地精兵简政的主要经验及其现实意义》,载《理论探索》1994年第4期。

断丰富。[1] 随着研究持续深入,史料更加高效地被发掘利用,研究主体与角度越发创新,研究方法也更上一层楼,以上变化都为进一步了解根据地提供了可能性。应当注意到的是,根据地司法机制的相关研究仍处于不饱和状态,并且整体上呈现出侧重陕甘宁边区而相对忽视其他根据地的特征。但目前已有学术成果为进一步开展研究提供了基础性作用。[2] 就史学与法学界的研究而言,法学界对包括陕甘宁边区在内的各根据地司法研究给予了更多的关注,而史学界则显得相对薄弱。[3] 现有研究成果主要是依据法律文本、调查资料等对调解进行宏观性概述,对制度的实效等方面的研究尚有欠缺之处。[4] 鉴于此,笔者不揣浅陋,试从史学视角出发,拟以若干典型性民间案例为中心,并结合相关地方基层档案,来考察太行根据地调解机制之实效。

一、太行根据地调解机制的实践背景

太行根据地位于边区中心,隶属于晋冀鲁豫边区政府领导。在抗日民族统一战线建立后,在中共中央北方局和八路军总部直接领导之下,以一二九师为主力并结合地方党组织、牺盟会、游击队等抗日势力,最终创建了太行根据地。创立伊始,其司法工作重心为改造旧体系和培养新人才,在管理上由

---

[1] 以太行根据地为例,代表性论著参见姜涛:《中共抗日根据地的民兵、自卫队——以太行根据地为例》,载《抗日战争研究》2014年第3期;王龙飞:《抗战时期太行根据地民兵的武器:困难与对策》,载《史学月刊》2018年第1期;赵诺:《中共太行区党委整风运动的历史考察(1942—1945)》,载《抗日战争研究》2019年第1期。以往被视为"失语"的妇女群体也得到关注,参见杜清娥、岳谦厚:《太行抗日根据地女性婚姻家庭待遇及其冲突》,载《安徽史学》2016年第3期。

[2] 代表性学术论文参见陈始发、陈亚先:《晋冀鲁豫根据地的法律文献整理现状与法制建设研究述评》,载《理论学刊》2013年第8期;鲁书月、顾海燕:《太行山文书与晋冀鲁豫根据地研究》,载《河北学刊》2014年第6期;李文军:《早期人民司法中的证据问题研究——基于太行地区63个案件的初步分析》,载里赞主编:《法律史评论》第11卷,社会科学文献出版社2018年版。

[3] 较有代表性的学术论文参见韩延龙:《试论抗日根据地的调解制度》,载《法学研究》1980年第5期;侯欣一:《陕甘宁边区人民调解制度研究》,载《中国法学》2007年第4期。

[4] 针对这一问题,胡谦以法律视角对太行区调解制度类型、制度依据和调解与诉讼之间关系进行阐述,从而在法学研究领域拉开了对太行区调解制度研究的大幕,参见胡谦:《20世纪40年代晋冀鲁豫边区调解制度实践——以太行区为中心的考察》,载《阜阳师范学院学报(社会科学版)》2019年第2期。

部队管理向政府管理过渡,进展相对迟缓。[1] 而黎城会议(1940年4月)和《保障人权法令》的颁布,是司法工作进展的一个重要转折。随后,法治建设作为一项迫切任务,被提到根据地建设的日程上来。[2]

伴随法治建设的不断推进,群众运动工作也在不断深化。一方面,公安、司法部门在宽大与镇压相结合的政策方针下,不仅成功地安定了人心、稳定了秩序,更是有效地纠正了官僚衙门作风。另一方面,司法机关深入民间,为缺少法律观念的群众充当法律顾问和义务律师,并设立游动法院和巡回法院,在解决许多疑案、难案的同时给予了人民以便利。[3] 高等法院在1942年发布了《关于司法工作在扶植群众运动中及适应战争环境的几点指示》,其中写道:"在工作上,凡是经过群众斗争的案件(如减租减息、反贪污等)到政府解决时,司法干部应很好倾听群众团体及各方面的意见,了解真实情况,依法作正确之判决……反对单纯引用法条,不了解真实情况,不能依法作合理判决脱离群众的举动。"[4]这体现出中国共产党坚持实事求是原则和对群众工作的重视。正如时任高等法院院长浦化人所说:"今天的司法工作,是抗日民主政权的一部分,应该为人民着想,并不是站在人民头上统治人民的工具。"[5]可见,中国共产党领导下的司法工作,不仅争取妥善处理党和民众以及人民内部的关系,而且力求保卫根据地,保卫抗日人民群众,保卫抗日民主政府,把消极因素转化为积极因素,巩固和扩大抗日民族统一战线。[6]

然而,国民党统治时期司法工作普遍落后、相关人才较为匮乏,加之波诡云谲的局势,使得司法建设工作进展迟缓。因而,作为"中华集邮传统"的调解因符合群众运动思想,其作为一种司法补充手段得到了广泛推广与应用。

具体就一般乡村社会民事案件而言,司法机关在处理案件时,始终贯彻

---

[1] 参见太行革命根据地史总编委会编:《太行革命根据地史稿》,山西人民出版社1987年版,第236页。

[2] 参见齐武:《晋冀鲁豫边区史》,当代中国出版社1995年版,第242页。

[3] 参见齐武:《晋冀鲁豫边区史》,当代中国出版社1995年版,第246页。

[4] 晋冀鲁豫边区政府、晋冀鲁豫边区高等法院:《关于司法工作在扶植群众运动中及适应战争环境的几点指示》,选自1942年9月15日晋冀鲁豫边区政府《边区政报》第十二期。收录于韩延龙、常兆儒:《中国新民主主义革命时期根据地法制文献选编》(第3卷),中国社会科学出版社1981年版,第413页。

[5] 《晋冀鲁豫边区高等法院通令》(法行字第一八六号),1943年4月22日,左权县档案馆藏,革命历史档案1.1-058-001-017。

[6] 参见太行革命根据地史总编委会编:《太行革命根据地史稿》,山西人民出版社1987年版,第240页。

息讼维稳与强化团结的精神,高度重视基层调解的作用,将其作为解决乡村纠纷的重要途径之一。如在《晋冀鲁豫边区政府扩大区公所司法职权之决定》中规定:"区公所一般可受理民事诉讼,但在司法上不算一级,基本上在于调解。必要时可以处理(但不是判决)。但当事人不服调解或(处——笔者注)理者,不得强制执行应送县办理。"[1]又如,高等法院在1942年作出指示:"一般民事案件,尽量由区村调解,调解不成立,再向县诉讼。"[2]在此指示下,区村各级广泛吸收当地民众团体代表和公正士绅参与乡村调解。调解过程中,采取座谈等形式,一旦调解成立,其效力等同于县级司法机关的判决,并同时出具调解合意书面证明,确保调解的合法性和有效性。这种办法在相当程度上起到了平息争端、减少诉讼的作用,从而大量精简了司法机关的审理工作。[3]根据太行区司法处1945年的统计,各县民事案件调解结案占总案数的百分比是:磁县99%、涉县70%、平顺63.8%、井陉55%,而区村调解的比率则更大。[4]由此可见,太行根据地的调解机制在这一时期发挥了重要作用,因此有必要进一步了解其运行实态。

二、太行根据地调解机制的实践运作

战争期间,社会发生重大变迁,民间纠纷也随之增加,此时调解机制则成为化解纠纷的有效手段。在1943年太行根据地的一份司法工作总结中曾经提到:"所谓各种案件处理主要是刑事案,为什么民事案少呢?"紧接着在下文给出了答案:"这主要有两种原因,第一,群众运动后,一般法令政策的精神,已经为广大群众所接受,因之土地、婚姻等案群众自己都可解决,或在村中调解完案;第二,区公所与群众团体干部已经有了掌握政策法令的一套知识,而且一般干部在处理问题时,已经有了群众观念,因之问题一解决,即不会再有

---

[1] 晋冀鲁豫边区政府、高等法院联合命令:《晋冀鲁豫边区政府扩大区公所司法职权之决定》,1942年9月10日,左权县档案馆藏,革命历史档案1.1-058-001-009。
[2] 晋冀鲁豫边区政府、晋冀鲁豫边区高等法院:《关于司法工作在扶植群众运动中及适应战争环境的几点指示》,选自1942年9月15日晋冀鲁豫边区政府《边区政报》第十二期。收录于韩延龙、常兆儒编:《中国新民主主义革命时期根据地法制文献选编》(第3卷),中国社会科学出版社1981年版,第411页。
[3] 参见齐武:《晋冀鲁豫边区史》,当代中国出版社1995年版,第246页。
[4] 参见郭士辉、陈伟:《晋冀鲁豫边区高等法院:调解工作如火如荼》,载《人民法院报》2016年6月27日,第4版。

翻案情事，所以民事案经县政府处理者为数很少，其原因即如此。"[1]

抗战时期的根据地调解类型多种多样，如林伯渠曾在1944年撰文将调解分为："民间自行调解、群众团体调解、政府调解、司法调解"[2]。大致而言，又可分为官方调解与民间调解两大类。但由于理论与实际操作之间存在着不可抗拒的偏差，如某一案件存在涉及多方主体参与调解的情况，因此在具体实践过程中很难界定调解主体。对此，不妨以案件类型进行划分，并选取若干具有代表性的民事纠纷案件来探究太行革命根据地的调解实践机制。

（一）土地纠纷

自古以来，土地对于国人而言一直有着重要的意义，而制度规范对于土地分配及使用起着重要的指导作用。在中国共产党领导下的多次土地革命或改革都对传统封建土地制度产生强烈冲击。如1922年6月，中国共产党在《对于时局的主张》中首次公开提出没收军阀以及官僚的土地以分发给贫苦农民的主张。在1928年7月9日党的六大政治决议案强调："地主阶级私有土地制度并没有推翻"，因此要"彻底的平民式的推翻地主阶级私有土地制度，实行土地革命"[3]。在具体的实践过程当中，又有1928年12月施行的《井冈山土地法》："没收一切土地归苏维埃政府所有"，"以人口为标准，男女老幼平均分配"[4]。

经过十余年的实践探索，到抗日战争时期，中国共产党已经形成了一套全新并且更加灵活适用的土地政策。在1937年8月中央政治局洛川会议上，减租减息被列入《抗日救国十大纲领》，成为抗战时期共产党土地政策的基本原则。随后在《中共中央关于抗日根据地土地政策的决定》中明确指出"抗日民族统一战线的土地政策，也就是一方面减租减息一方面缴租交息的土地政策"，此项政策成效显著，"获得了广大群众的拥护，团结了各阶层的人民，支

---

[1]《左权县政府一九四三年份司法工作总结》，1944年3月，左权县档案馆藏，革命历史档案1.2-046-004-002。

[2] 林伯渠：《关于司法工作》，1944年。转引自冯小光：《调解制度发展进程中的政治动因》，载《人民法院报》2011年4月20日，第8版。

[3] 中央档案馆编：《中共中央文件选集》（第4册），中共中央党校出版社1991年版，第169-172页。

[4] 选自《农村调查》，1949年。收录于韩延龙、常兆儒编：《中国新民主主义革命时期根据地法制文献选编》（第4卷），中国社会科学出版社1984年版，第2页。

持了敌后的抗战"。[1]

然而,土地制度的调整也导致了农村地区土地纠纷频发,其中更是以土地继承、买卖、租佃等为主要纠纷类型。如在太行根据地某县年度工作总结记录中,1940年全年发生民事案件共40件,其中土地纠葛共12件,占比最多。[2] 又如,在1942年共38起民事案件中,土地相关案件共19起,占据一半。[3] 对此,太行区在1942年颁布了《关于如何执行土地政策的指示》,其中提出:"农民一经起来,可能有越法行为,司法机关要多予调解,尽量使农民不吃亏。"[4]

具体就典型性个案而言,如在1941年城关镇王同方与任多滋赎地纠葛案中,王同方于5月20日上诉,该案件历经办案机关询问、和解人调解,至同年6月28日司法机关给双方出具和解状,仅一个月该纠纷便得到了解决。这一案件中,调解主体"刻镇长李金榜、周思敬等与各方均系友好,不忍坐视与讼致失友谊,向各方多方劝导。"[5] 和解人坚持多方实地走访调查,并对证人冯灵枝、王庆元进行询问后制作笔录,最终在实事求是的基础上推动和解达成。在和解状上附有当事人与和解人的签名画押,并声明"各方均无异言,永不反复",同时"为此恳请,钧府鉴核准予销案,以息诉讼"[6]。

事实上,这一司法实践已经暗合了随后《太行区民刑事调解条例》中所规定的:"在法庭外调解成立之案件,应由调解人制成和解书,交双方当事人收执为据。为其事件已在司法机关有案者,应交署一份和解书,送司法机关要求销案"[7]。此外,该条例所规定的和解书应当包括的基本内容,体现出调解机制在运行过程中已经具备了一定的规范性。

正如司法科在工作总结所言:"民事案……大部分都经过区、村政权与各

---

[1]《中共中央关于抗日根据地土地政策的决定》,1942年1月28日。收录于韩延龙、常兆儒编:《中国新民主主义革命时期根据地法制文献选编》(第4卷),中国社会科学出版社1984年版,第182页。
[2]《一九四一年辽县政权工作总结》,左权县档案馆藏,革命历史档案1.1-004-002-007。
[3]《一九四二年辽西行政工作总结》,左权县档案馆藏,革命历史档案1.1-010-116-057。
[4] 中共河南省委党史资料征集编纂委员会编:《太行抗日根据地》(一),河南人民出版社1986年版,第166页。
[5] 白潮编著:《乡村法案——1940年代太行地区政府断案63例》,大象出版社2011年版,第140页。
[6] 白潮编著:《乡村法案——1940年代太行地区政府断案63例》,大象出版社2011年版,第140页。
[7]《太行区民刑事调解条例》,1945年5月28日,山西省档案馆藏,A053-0002-0055-0002。

救会干部解决了,一方面证明了区、村干部是能够解决问题的,同时更证明了司法工作并不神秘,只要大家愿意研究法令政策,人人都能当司法官,区、村都是司法科。"[1]

再如,1944年东远村岳守方和申金生土地纠纷案。岳守方之父岳景贤于光绪八年(1882年)将所有之三分地典与高明山,当时开具价十千文,至光绪二十九年,以原契转典给申金生之父申英翠,又作价五千文,至民国二十七年,经岳守方手向申金生又作价为十三元,并注明五年为满期限。至三十二年六月到期,岳守方烦中间人任中义向申金生提议,此地找价五百元,而申金生只出三百(当时一斗麦子),再多不要,岳守方又转典与任作林,价洋六百五十元,至三十二年十一月间,岳守方出价向申金生赎地,而申金生借故说文契不在手,亦未接到赎价,此后,粮米价涨,申金生又看到六百五十元典此地不贵,再借口不准岳守方赎地。又因申金生典岳守方脚滩地二亩,岳守方要向回赎(民国三十年作价二百七十元,未定年限),申金生原种到秋后再赎,双方各持己见。区署、村里与民间中间人的调解屡次失败。最终当事人在县政府传讯判决调解之下,双方才达成和解。[2]

这一案件在调解过程中,深入贯彻落实了《关于司法工作在扶植群众运动中及适应战争环境的几点指示》中的精神:"司法干部应很好倾听群众团体及各方面的意见,了解真实情况,依法作正确之判决……一般民事案件,尽量由区、村调解,调解不成立,再向县诉讼"[3]。本案中,当事人双方在区、村中进行调解均无果后,区、村单位将讯问陈述上移县政府。这一过程还践行了各区司法应有基础(如口供)的要求和更进一步提高了区级司法能力的目标[4]。经过调查研究后,县政府"为了调剂双方情绪,特此调解"[5],给予了

---

[1] 《左权县政府一九四三年份司法工作总结》,1944年3月,左权县档案馆藏,革命历史档案1.2-046-004-021。

[2] 参见白潮编著:《乡村法案——1940年代太行地区政府断案63例》,大象出版社2011年版,第185页。

[3] 晋冀鲁豫边区政府、晋冀鲁豫边区高等法院:《关于司法工作在扶植群众运动中及适应战争环境的几点指示》,选自晋冀鲁豫边区政府《边区政报》第12期,1942年9月15日。转引自韩延龙、常兆儒编:《中国新民主主义革命时期根据地法制文献选编》(第3卷),中国社会科学出版社1981年版,第410-411页。

[4] 参见《左权县政府一九四三年份司法工作总结》,1944年3月,左权县档案馆藏,革命历史档案1.2-046-004-021。

[5] 白潮编著:《乡村法案——1940年代太行地区政府断案63例》,大象出版社2011年版,第185页。

双方满意的结果。

在司法科总结报告中还记录有一例典型的地界争执案:枊滩家沟有两家,一家彭拴成在深北住,一家李金来在深南住,相距五百余米。两家中间有一个圪梁,并对之争执了三年多,尽管村、区多次调解,但是村、区根据种地原则的处理结果导致彭拴成不服,因此没有澈(彻——笔者注)底解决。后来腾宥(司法科干部)下乡到那里把山梁地形查看了一遍,又问了圪梁的大小和村中的人,才知道这座圪梁原是彭姓的(彭姓来得早)。李金来父亲来时,因人地生疏,而且和彭姓是同乡,彭姓一家在那里住着嫌孤独,其就承许(方言词,相当于"允许"——笔者注)圪梁梁由李姓种。但是彭姓一家当时(光绪年间)没说长短,也无实际凭据,这才起了纠纷。了解了这个情形后,腾宥又问彭家,后者笑着承认。腾宥由此说道:"既然你老子们都相谦到这,你辈儿子们都相争起来。"两个人相视一笑,彭家说道:"你看吧先生,你怎了断怎了"。最终两家共同答应,凭据文字和解书,以后不要争闹。在和解书中,对于地界进行了合理再分配,并规定"新渠划前后,双方不再争执,任何一方无故引起纠纷,愿受处分"。[1]

根据本案,司法工作人员总结道:"从这个案子里说明,一个案子先要彻底了解了他的原委,然后对症下药进行说服是不难解决的。如果不去了解他的根源争论现象,不去了解相关情况就用行政命令强制执行,当事人是不会心悦诚服接受你的意见的。"

但是,调解在实践过程中也并非万能,当遇到棘手的土地利益纠纷,当事人互不退让的情况时,仅仅使用调解难以确保纠纷的妥善解决,甚至会与调解的初衷背道而驰。

如1944年更乐村赵翠明、赵彦明诉赵中明母亲的土地继承案件。由更乐村村长证词可知,在村里调解失败后,当事人双方又经彼此亲族进行和解,但是依旧无果。最终本案上交县政府进行处理,此时县政府仍然以调解为主,并在同年3月16日出具民事和解书。尽管有专员进行实地走访调查,并且县政府在和解书中明确写道:"以完家庭和好而息讼端",但是赵翠明等人依旧不服并上诉至第五专员公署。[2] 在上诉书中,上诉人针对调解内容保持异

---

[1] 本案例全文均来自《左权县司法科1944年工作总结》,1945年1月10日,左权县档案馆藏,革命历史档案1.1-087-008。

[2] 参见白潮编著:《乡村法案——1940年代太行地区政府断案63例》,大象出版社2011年版,第196页。

议,并陈列三条不服之处及缘由。由此可见,当利益冲突双方争执不下时,调解不能很好地解决纠纷,不仅难以发挥息讼的作用,而且容易诱发官司越打越大的窘境。又如,1942年许土成与王福林土地纠纷案,许土成不服判决直至上诉到边区高等法院。[1] 这反映出根据地时期调解机制在运行之时仍旧存在一定不足。

尽管在上述案件中调解未能发挥化解干戈的效用,但应当注意到的是,在赵案民事判决书中写道:"对调解如有不服,接此调解书二十日内向第五专属(署)提出上诉"[2],则依旧是对《民事诉讼上诉须知》中"民事诉讼本区暂定三级三审制度"和"对于民事诉讼须依审级进行"精神的贯彻落实[3]。同时也是对调解自愿原则的坚持。这一方面体现了相关单位对法律法规的尊重和严格遵循,另一方面也反映出根据地民众对中国共产党司法规定的认可与信任。

(二)婚姻纠纷

婚姻形态作为社会结构的重要组成部分,其能反映一定的社会历史进程。在中国传统社会中,婚姻的目的只在于宗族的延续及祖先的祭祀,完全是以家族为中心,既非属于个人也非属于社会。[4] 近代以来,随着社会发展与思想观念革新,群众特别是妇女群体对于婚姻的态度有了巨大的改变。

在新民主主义革命初期,现代婚姻制度的主要原则已经基本确立,这一时期的典型代表如《中华苏维埃共和国婚姻法》,该法体现了现代婚姻制度的平等、自愿和保障妇女权益等基本原则。到抗日战争时期,各根据地妇女要求婚姻自主的呼声更是与日俱增。如在晋冀鲁豫边区临参会上,妇女界参议员提出的6条提案中便有"请取消不合理的婚姻,切实实现自愿的平等的婚姻制度",并且该提案"已博得广泛的同情和赞助"[5]。最终,《晋冀鲁豫边区婚姻暂行条例》得以出台,其中明确规定:"本条例根据平等自愿原则所制

---

[1] 参见《判例:晋冀鲁豫边区高等法院民事判决书》(三十一年度上字一二〇号),载《边区政报》第十六期,边区政府印刷厂1942年版,第22页。

[2] 白潮编著:《乡村法案——1940年代太行地区政府断案63例》,大象出版社2011年版,第196页。

[3] 《晋冀鲁豫边区太行区民事诉讼上诉须知》,左权县档案馆藏,革命历史档案1.1-058-001-006、1.1-058-001-007。

[4] 参见瞿同祖:《中国法律与中国社会》,中华书局1981年版,第88页。

[5] 《妇女界提案:实现婚姻自主,促进妇女教育》,载《新华日报(华北版)》1941年7月17日,第4版。

定""结婚须男女双方自愿,任何人不得强迫""夫妻感情恶劣,任何一方均得请求离婚"[1]。相较于之前的婚姻制度,这一条例更加灵活和人性化,该条例使得弱势群体结束不合理的婚姻成为可能。

《晋冀鲁豫边区婚姻暂行条例》的出台的确在民间引起了强烈反响,该条例极大地冲击了传统婚姻制度,推动了社会历史转变的进程。条例实施初期,由于传统观念的根深蒂固,这一变革使得该时期婚姻纠纷案频发。如在太行根据地某县1940年、1942年的司法工作总结中,婚姻纠纷案分别在当年全年民事案件里占比25%、37%[2]。由此对比可见,在法律规定的支持下,婚姻主体的思想负担减轻,从而敢于对以往不自愿、不合理的婚姻发起挑战。但另一方面,战时家庭关系的变动对于根据地政权的稳固又有着非同一般的影响,因此在面对如何平衡小家与大家的关系时,调解机制再一次发挥出重要作用。

就具体个案而言,如1943年涉县后西峪村屈鸟嘴诉屈杨氏(杨怀玉)请求复婚案。在本案中,杨怀玉婚后屡遭男方家暴,因此提出离婚要求。对此村公所与农会首先进行调解,但是各级干部调解后尚未有结果。在1943年1月12日村主任杨淇圪、农会主任李成中给区长王明的信中可见,虽有村里调解,但杨怀玉不服再诉。到同年1月14日,区公所再次调解并出具民事调解书,准予双方离婚,而这次又转为男方不服处理结果因而上诉到县政府。至此,村、区调解均未能妥善解决纠纷。县政府接管此案后,对夫妻双方以及保人等相关对象进行传讯记录,其间发现"屈鸟嘴不断压迫,不给吃饭,打女人,是实在的情形"以及"证人系屈鸟嘴亲戚"。因此,根据婚姻条例中"夫妻感情恶劣,至不能同居者,任何一方均得请求离婚"以及"虐待压迫或遗弃他方"的规定[3],县政府决定维持区署调解,判决离婚。[4]

---

[1] 《晋冀鲁豫边区婚姻暂行条例》,1942年1月5日公布。收录于韩延龙、常兆儒编:《中国新民主主义革命时期根据地法制文献选编》(第4卷),中国社会科学出版社1984年版,第834—836页。

[2] 参见《一九四一年辽县政权工作总结》,左权县档案馆藏,革命历史档案1.1-004-002-007;《一九四二年辽西行政工作总结》,左权县档案馆藏,革命历史档案1.1-010-116-057。

[3] 参见《晋冀鲁豫边区婚姻暂行条例》。收录于韩延龙、常兆儒编:《中国新民主主义革命时期根据地法制文献选编》(第4卷),中国社会科学出版社1984年版,第836页。

[4] 参见白潮编著:《乡村法案——1940年代太行地区政府断案63例》,大象出版社2011年版,第49页。

此案起自1941年结于1943年,不仅时间跨度较长(两任区长经手处理),而且内容纷繁复杂,涉及主体广泛(夫妻双方、公所干部、农救会、保人、证人等)。但此案体现了调解机制在实践过程中的一个重要原则,即调解不是诉讼的必经程序原则,当事人不愿调解或不服从调解,有权径向县司法处或地方法院起诉,任何人不得加以阻止或刁难。而夫妻双方不断上诉和各级单位进行调解的行为则是对"区公所进行之调解仍不成立,或调解后十日当事人之一方,又对调解方案不同意时,将由当事人双方或一方向县政府正式起诉。县政府接受诉状后,认为仍有调解之必要时,仍须进行法庭调解,或指令双方当事人之亲友邻居,区村干部在外调解。县政府主持之法庭调解或在外调解,如当事人不同意,不能成立之时,县政府得依法判决之"[1]规定的自发实践。

又如,在任桂英与张敬元离婚案中,张敬元是招岗村一个朴实本分的农民,与城里人任桂英结婚后,虽偶有口角打骂,但感情尚可。后任桂英以张敬元"虐待不堪,命难生命"之由向当地政府提出要求离婚,相关工作人员经过仔细询问当事人和证人后查明,"赵(张——笔者注)敬元在本村是一个朴实的农民,很忠厚,是村中所谓的好人,是不打老婆的……据一般人说,离婚的事基本上是由她(任桂英)母亲挑拨的,任桂英自己还没有什么"。因而最终在村干部耐心调解下,双方"说明条件重新和好",不再离婚[2]。

正如本案中相关干部在传递信件中所写:"……替群众解决了不少的问题,尤其是婚姻问题,解决了不下十余件案件,群众都很满意。解决的方式大都是和解,将几年没解决的事都解决了。""以和为贵"的传统社会理念在此得到了具体体现。并且在处理该案时,"这个问题群众要求马上解决",对此工作队同志的意见是:"首先将这个问题让村上(工作队)来解决,如果解决不了,再到县司法科。如果司法科能够派同志来共同解决,那当然更好了。我觉得群众的要求既然如此,能够这样来和解这个问题,那是很好的。"[3]这真实反映出中国共产党在处理民间问题时,能够一直保持"一切群众的实际生活问题,都是我们应当注意的问题。假如我们对这些问题注意了,解决了,满

---

[1]《太行区民刑事调解条例》,1945年5月28日,A053-0002-0055-0002,山西省档案馆藏。
[2] 参见白潮编著:《乡村法案——1940年代太行地区政府断案63例》,大象出版社2011年版,第29页。
[3] 白潮编著:《乡村法案——1940年代太行地区政府断案63例》,大象出版社2011年版,第33页。

足了群众的需要，我们就真正成了群众生活的组织者，群众就会真正围绕在我们的周围，热烈地拥护我们"[1]的团结民众理念，这一点是难能可贵的。

当然，调解不能够解决所有的婚姻纠纷。如1943年偏城县陈苏英与王年的离婚纠纷案。在这起案件中，夫妻双方因感情不和，所以在诉讼离婚时按照"离婚时，须向区级以上政府请求，经审查批准，领得离婚证明书，始得离婚"[2]的规定，自愿向县政府提出离婚申请。但是围绕子女携带以及生活照顾问题，双方产生了纠纷。根据婚姻条例规定，离婚后，子女尚未满4周岁者由女方抚养，已满4周岁者由男方抚养，女方未再婚时，无力维持生活者，男方须给女方抚养子女之生活费，至女方再婚时为止。[3] 因此在处理陈苏英与王年的纠纷时，因为陈苏英尚未再婚，所以县府判决"男方给女方三斗粮食作为未改嫁前之生活"，并且参考偏城县政府第一科的意见，由男方抚养子女三年。[4]

在该案中，调解的作用主要体现在协调夫妻双方离婚方面，村主任常起胜、村与县干部张华文等人纷纷参与调解。尽管最终双方坚持自愿离婚，调解未能成功，但调解自愿原则仍得以体现。此外，本案还体现了随后出台的《太行区民刑事调解条例》中"调解必须双方当事人同意，不能强迫"和"调解人之间对调解方案有不同意见时，不以多数少数做表态，而应以双方当事人同意与否为决断"的精神。[5] 可以说正是通过平气息争的调解，有效地规避了工作误区，即："婚姻问题是民生问题之一，不能光凭干部下一纸条文就完事，必须很好掌握。不然会引起农民与妇女的对立。"[6]

（三）财产纠纷

财产纠纷在乡村生活中较为常见，凡是与民众生活息息相关的一草一木

---

[1] 毛泽东：《关心群众生活，注意工作方法》，载《毛泽东选集》（第1卷），人民出版社1991年版，第137页。

[2] 《晋冀鲁豫边区婚姻暂行条例》（1943年9月29日修补颁布）。收录于韩延龙、常兆儒编：《中国新民主主义革命时期根据地法制文献选编》（第4卷），中国社会科学出版社1984年版，第840页。

[3] 参见《晋冀鲁豫边区婚姻暂行条例》。收录于韩延龙、常兆儒编：《中国新民主主义革命时期根据地法制文献选编》（第4卷），中国社会科学出版社1984年版，第841页。

[4] 参见白潮编著：《乡村法案——1940年代太行地区政府断案63例》，大象出版社2011年版，第56页。

[5] 《太行区民刑事调解条例》，1945年5月28日，山西省档案馆藏，A053-0002-0055-0002。

[6] 《太行三专婚姻问题》，1944年，山西省档案馆藏，A067-0002-0034-0004。

都可能成为纠纷对象,甚至可能发展为刑事案件。自从各个根据地建立以来,中国共产党秉持"全国人民都要有人身自由的权利,参与政治的权利和保护财产的权利"的态度[1]。一方面,对于民众合法私有财产加以保护,如《山东省人权保障条例》(1940年11月11日公布施行)、《陕甘宁边区保障人权财权条例》(1942年2月边区政府公布)等条例在战时纷纷出台[2],又如,《晋冀鲁豫边区政府施政纲领》明确指出:"努力经济建设,增加边区财富,确切保障一切抗日人民财产所有权。"[3]另一方面,诚如梁漱溟所言:"中国乡村的事却断不能用法律解决的办法,必须揆情夺理,以情义为主,方能和众息事;若强用法律解决,则不但不能够调解纠纷,反更让纠纷易起。"[4]当面对民间财产纠纷时,深入基层民众的特色调解制度依旧被广泛应用。正如晋冀鲁豫边区司法部门提出"面向事实,深察民意,倾听群众意见,解除民间疾苦"的口号那般,各司法办事机构深入群众中间,解决了许多民间纠纷与疑难案件[5]。民间调解、村公所调解、区公所调解、县政府调解和政府判决相辅相成,都受到重视和认可。[6] 经过"整风运动"后,司法工作进一步明确了为人民服务和坚持群众路线的观点,加强了同群众的关系。解决民事纠纷案件以调解为主,审判为辅,以法律为基础,并结合当地民风民俗,使得司法工作的开展较为顺利,增进了人与人之间的团结,大大提高了司法运行效率。[7] 如在太行区某县的两个年度司法工作统计中,财产纠纷分别为10件与5件,且

---

[1] 毛泽东:《在陕甘宁边区参议会的演说》,载《毛泽东选集》(第3卷),人民出版社1991年版,第808页。

[2] 参见韩延龙、常兆儒编:《中国新民主主义革命时期根据地法制文献选编》(第1卷),中国社会科学出版社1981年版,第89-97页。

[3] 《晋冀鲁豫边区政府施政纲领》(1941年9月1日公布)。收录于韩延龙、常兆儒编:《中国新民主主义革命时期根据地法制文献选编》(第1卷),中国社会科学出版社1981年版,第45页。

[4] 梁漱溟著、中国文化书院学术委员会编:《梁漱溟全集》(第1卷),山东人民出版社1989年版,第706页。

[5] 参见太行革命根据地史总编委会编:《太行革命根据地史稿》,山西人民出版社1987年版,第238页。

[6] 参见白潮编著:《乡村法案——1940年代太行地区政府断案63例》,大象出版社2011年版,第243页。

[7] 参见太行革命根据地史总编委会编:《太行革命根据地史稿》,山西人民出版社1987年版,第240页。

大多已于当年解决。[1] 由此可见,调解的确发挥了保障民众合法私有财产和解决民间财产纠纷的重要作用,还同时有助于保障民间经济正常运行与维护根据地社会秩序的稳定。

典型个案如申贵礼诉申学亮私自盗卖公树案。西崚村、张家头村的申姓原为一宗,共祭一个老坟,而坟地周围树木茂盛,且申氏宗族有约不得随意伐木在先。但是西崚村的申学亮等违反禁规,将坟内27株树木悉数盗卖,并且私吞所得,由此申贵礼提起诉讼。在申贵礼的诉状中可知纠纷已经过民间人士进行调解(大港村人席三元),但并未解决问题。又由申学亮的诉状可知,第八区区长已经进行处理(没收卖树所得并罚款500元),但其对于处理结果仍然不服。除此之外,当事人又经区公所调解,但各方对于处理结果依旧不服,最终诉讼至县政府处理。本案不仅涉及民事纠纷,而且申学亮等人已经涉嫌违反刑法,因此司法机关如何妥善解决纠纷成为难题。县政府经过调查后,依据《刑法》第320条、第342条对纠纷案件进行判决处理。由于树木售与新一旅鞋工厂,因此政府按价格补偿423.5元,由当事人带交予社首,作为坟社立碑用。至此,双方因宗公事树而起的矛盾纠纷终于得以解决。[2]

这一案例既属于民事纠纷案件,又属于轻微刑事案件。政府机关采用特殊处理方式,一方面争取调解息讼,另一方面依据法律进行判决,同时兼顾当地民风民俗,巧妙地平衡了情理与法律的关系,同样也是对于调解合法原则(调解要遵守政府政策法令,照顾民间善良习惯)的一种坚持。该案的处理恰如随后出台的调解条例所规定那般,"凡民事一切纠纷(土地、婚姻、债务、继承、劳工……)均进行调解。凡刑事除下列各罪不许调解外,其他各罪均得调解。"(不得调解的案件多为重大刑事犯罪,此处略——笔者注)以及调解内容"1.双方争事务物的决定。2.一方向另一方赔礼道歉,或赔偿损失,抚慰金,或其他依习惯上平气息争之方式。(但以不违背善良风俗,不涉及迷信为限)3.双方实条仲之和解。以上各项方式,得用其一,或并用之"。[3] 这既体现出中国共产党特色司法不断吸取实践经验的优越性,又反映出根据地的调解

---

[1] 参见《一九四一年辽县政权工作总结》,左权县档案馆藏,革命历史档案1.1-004-002-007;《一九四二年辽西行政工作总结》,左权县档案馆藏,革命历史档案1.1-010-116-057。

[2] 参见白潮编著:《乡村法案——1940年代太行地区政府断案63例》,大象出版社2011年版,第244页。

[3] 《太行区民刑事调解条例》,1945年5月28日,山西省档案馆藏,A053-0002-0055-0002。

已经初步形成了一种较为合理的机制。

再如,记录于太行根据地某村农会年度工作报告中的一起民事财物纠纷案。数年前,李多费因故借走田李的金毛毡3领,但当时并未出具借条等凭据,双方仅口头达成协议。后来李多费心生恶意,企图将金毛毡占为己有,纠纷遂起。在民间自行调解失败后,田李万般无奈之下,只好求助村公所出面解决。最终,经过村公所干部多方调解,李多费答应退还金毛毡。[1]

在该案调解过程当中,基层单位发挥了至关重要的作用,村作为和人民群众关系最为紧密的组织,对矛盾纠纷产生的缘故最为了解,根据《晋冀鲁豫边区村政权组织暂行条例》规定:"村公所由村主任、村副主任以及各委员会组成,其中民事委员会有调解土地、劳动及其他民事争讼的职责。"[2]因此调解起来相对更加合理。这一调解实践活动在随后的调解条例中也得到认可:"调解之进行,先在所在村进行,其形式有两种:1.民间自行调解由双方当事人出面或当事人之亲属出面。邀请地邻亲友,或民众团体,评议曲直,就事件情节之轻重,提出调解方案,劝导双方息争。2.由双方当事人之一方,申请村公所调解,由村主任(或其他村干部)召集双方当事人之亲友地邻,或民众团体,或其他有关人员开调解会,大家评议曲直,就事件情节之轻重,调出调解方案,劝导双方息争。"[3]面对受害者田李没有借条凭证的情况,村公所以及农会的干部们坚持多方走访寻找证据,并且对李多费动之以情、晓之以理进行说服,最终,既维护了田李的合法权益,使得金毛毡得以物归原主,又解决了双方矛盾纠纷,调和了邻里关系。

通过对上述民间纠纷案件的讨论,我们不难发现调解机制是司法建设的重要一环,在解决民间各种纠纷矛盾时有着不可替代的作用,是日常司法生活中不可或缺的部分。具体问题具体分析的方法论以及调解主体的多元化则推动了调解机制的高效运行。深入民间群众,具体问题具体分析是调解成功的关键一环。对于包括太行根据地在内的众多根据地而言,调解为维护根据地社会稳定有着重要的作用。而在机制运作的背后,民众舆情和根据地的

---

[1] 参见《1943年李多费抢夺田李金毛毡案》,收录于《左权县第五区芹泉村农会工作一年报告》,1943年12月29日,左权县档案馆藏,革命历史档案1.1-012-085、1.1-012-086。

[2] 《晋冀鲁豫边区村政权组织暂行条例》(1941年6月1日公布)。收录于韩延龙、常兆儒编:《中国新民主主义革命时期根据地法制文献选编》(第2卷),中国社会科学出版社1981年版,第305页。

[3] 《太行区民刑事调解条例》,1945年5月28日,山西省档案馆藏,A053-0002-0055-0002。

应对方式理应受到关注。

三、太行根据地调解机制的舆情、因应与嬗变

在战争年代,由于调解具有灵活便捷的适用性,其在解决纠纷时发挥了重要作用。它不仅能迅速化解矛盾,使当事人尽快回归正常生活,减少耽搁的生产时间,同时还能增强亲朋邻里和睦,有效减少"累讼"现象的出现。调解在战争年代的意义主要体现在以下三个方面:首先,缓解相关机构的压力,节约宝贵的司法资源;其次,维护根据地社会秩序稳定;最后,调解对于支持前线抗战也具有积极意义。但由于调解非强制性的特点及部分专业人员业务能力不足等因素,有时反而会出现调解后非但不能平息纠纷反而使矛盾愈加升级的情况发生。因此,根据地对于调解之舆情大致可归为两类,即积极方面和不足之处。以下试就太行根据地调解机制的民众舆情分而述之。

(一)积极方面

调解在我国拥有悠久的历史和深厚的文化传统,这种根植于民间的纠纷解决方式,拥有众多现实优点,因而根据地民众对于调解普遍持认可和接纳态度。集中表现为若干方面。

1. 息讼息争

首先,就法的层面而言,法律虽然具有稳定性和可预测性,但是其并非全知全能。随着社会的不断发展,新的问题以及现象出现后,法律难以迅速随之发生变化。其次,就理的层面而言,在传统民间理念中,普遍存在一种息事宁人甚至"厌讼"的心理。"一场官司十年仇"就说明民众更加倾向于凭民间之"理"来解决纠纷。最后,就情的层面而言,乡村历来人口流动规模较小,也由此形成了费孝通提出的"熟人社会"。而纠纷大多产生于熟人之间,纷争恶化也往往是因为误解或者缺乏沟通。显然法庭并非建立良好人际关系的场所,一味诉诸官司,邻里之间的关系会遭受严重的破坏。

对此,调解作为根据地社会的一种司法补充手段,在实践过程中能够将"法、理、情"三者有机结合:调解机制在运作中不拘泥于法律法规,且在一定程度上可以弥补现行法律的不足;调解人由日常生活中彼此相知相识的邻里好友构成,并根据民众生活的价值观念和自身的工作经验适用调解机制,行之有效地维护了民众"息讼"乃至"惧讼"的心理。

综上所述,根据地民众对调解机制逐渐形成了其能"息讼息争"的舆情认

知。这也正如随后出台的《太行区民刑事调解条例》所言之初心:"本条例为民间调解纠纷,减少人民讼累制设之。"[1]可见,调解机制确有合情合理消弭争端,并减轻人民诉讼之累进而实现为人民服务的效果。

2. 省时省力

调解的另一重要价值,即在于经济便捷、省时省力。根据地时期调解主要在村、区、县三级单位进行。一般而言会依层级由低到高逐步展开调解,而每次调解地所在的距离会不断地拉大。由于根据地以农业手工业者居多,并且当时交通条件恶劣甚至有日伪敌军不时侵袭,一般民众要顺利到达县城所需要的时间及风险成本较高。因此虽有多层级的调解,但仍以民间自行调解以及区村两级调解为主。如若村公所调解成功,民众便可节省相关程序所需的时间,由此将大大节约时间成本。否则,如因纠纷的解决耽误生产时间,不仅可能会影响家庭温饱,而且甚至会影响到前线抗战的物资供应及后勤保障工作。

此外,除却路程遥远导致的时间成本,还有路宿费等经济成本的问题。如上文私卖公树案,在县政府最终判决中便有:赔偿申贵礼等路宿损失费120元。[2] 在此类案件中,被告人不仅要赔偿原告要求的一切损失,还要赔偿陪同人的路宿费。反观调解机制,由于其是非对抗性解决纠纷的手段,因此当事人可以在第三方在场的情况下尽量心平气和地进行沟通,再由调解人帮助理清因果,化解干戈。最终双方商量出一个解决的方案,该方案对调解的结果可以有一个提前的预判,与诉讼形式相比,败诉方一定程度上可以减少一些损失。这反映出调解机制对于诉讼双方而言,是司法途径当中成本相对低廉、经济损失较少的选择。由于省时省力的优势,调解因而渐渐获得民众青睐,也由此不断获得正向的评价。

3. 团结支前

抗战时期,民族矛盾上升为最高矛盾。就民法层面而言,战争不仅导致社会激荡变化,造成民间纠纷持续增加,而且当遇到战局紧张时,司法工作人员变得分散,降低了司法效率:"最近为了备战又到山沟里……法院的工作人

---

[1]《太行区民刑事调解条例》,1945年5月28日,山西省档案馆藏,A053-0002-0055-0002。
[2] 参见白潮编著:《乡村法案——1940年代太行地区政府断案63例》,大象出版社2011年版,第244页。

员都已分散。"[1]二重因素叠加,使得累讼现象频发,如何妥善处理事关民生的重重矛盾,成为根据地社会的重要问题。对此,在解决纠纷的方式中,司法部门及根据地民众均把目光投向调解。

各级单位坚持"在敌我矛盾当头的时候,处理民事纠纷这类人民内部矛盾应当采取民主的方式、走群众路线的方式"[2]。以此来稳妥解决纠纷,既有利于弥补战时司法机关效率降低的缺陷,又可以有效消除累讼给前线带来的负面影响,有助于调动群众生产生活方面的积极性,最终得以实现支前目的。

而对根据地民众而言,在接受了各种各样的教育后,其对于抗战的重要性亦有着充分认知。当民众内部产生纠葛时,其同样倾向于选择形式多样、简便快捷的非对抗性手段,即人民调解。调解根据"熟人社会"中村民之间约定俗成的习俗来劝说、教育各方,以求妥当解决内部矛盾,使得人民内部团结之余,又适应了抗战时期的艰难社会环境。因而在民间舆论认知当中,调解机制更有着团结内部、支前抗战之效。

(二)不足之处

正如前文所述,调解机制由于若干现实优点而在民间获得支持,但其功效绝非万能,并且在具体实践过程中难免会有不足之处。结合相关案例而言,其表现大致有以下几点。

1. 素养不足,忽视原则

抗战时期,民众受教育程度偏低,各级政府工作人员的学历也普遍不高。当时并没有过多受过专业培训的调解人员,这导致部分调解员会依照自己的想法进行调解,进而引发违反客观中立原则的情况出现。

例如,若在进行调解时,调解人与一方为亲属或者亲密关系,便有偏袒之嫌,同时对另一方造成不公,其证词也应有待商榷,如"证人系屈乌嘴亲戚当然要偏袒他,这是旧社会的人情特点"[3]。又如,部分干部工作素养不足,思想意识落后,不能真正做到为人民服务。如李清太与李如意关于农村道路纠

---

[1] 白潮编著:《乡村法案——1940年代太行地区政府断案63例》,大象出版社2011年版,第50页。

[2] 邱星美:《调解的回顾与展望》,中国政法大学出版社2013年版,第154页。

[3] 白潮编著:《乡村法案——1940年代太行地区政府断案63例》,大象出版社2011年版,第54页。

纷案中,村干部与被诉人李如意关系密切,所以遇事对其袒护偏向,面对纠纷推诿不管。而原诉人李清太在村中是被压迫者,和个别村干部有成见,因此倍受打击,此种做法殊不合于新社会的干部作风。[1] 素养不足的个别干部以这种态度和方式处理纠纷难免会形成打击、偏东向西的问题,大大影响本村民生工作的开展。

专业素养的不足也会导致工作人员对调解若干原则的忽视。《太行区民刑事调解条例》曾有规定:"调解必须双方当事人同意,不能强迫","调解人之间对调解方案有不同意见时,不以多数少数做表态,而应以双方当事人同意与否为决断"。[2] 但事实上,在条例出台前后,自愿原则往往最容易被忽视。而滥用调解甚至忽略自愿原则,强行调解,将会导致各方失和。如在张李氏与李业成土地纠葛案中,县长直接指令:"该村长接到命令后,速与双方适当调解。"[3] 未经双方当事人同意,径直将调解任务委派给村长,忽视双方自愿原则,也导致村主任来报:"经各干部协同区属调解,张李氏不服,便又上告"[4]。由此可见,非自愿的调解往往会导致费时费力且无效,在民间舆论中会产生副作用,甚而引发民众的不满情绪。

2. 正义价廉,界限过宽

针对调解,部分学者批判道:"调解结果不过是向因缺乏资源而不能通过审判购买正义的人们,推销质次价廉的'正义'而已。"[5] 根据地面临外部的艰难环境,加之经验缺乏,使得调解机制的范围存在过宽的情况,由此给予民众一种调解属于"质次价廉的正义"的感觉。

调解的过程往往就是当事人握手言和的过程,调解结果多为双方各有退让。但事实上往往是权利人让步,若其不进行一定让步,则调解将无法进行。如在岳守方与申金生土地纠纷案中,曾提及"岳守方是富农,而申金生是一个贫农,我们的法令基本精神要照顾各阶级的利益,还特别要照顾基本群众的

---

[1] 参见白潮编著:《乡村法案——1940年代太行地区政府断案63例》,大象出版社2011年版,第222页。

[2] 《太行区民刑事调解条例》,1945年5月28日,山西省档案馆藏,A053-0002-0055-0002。

[3] 白潮编著:《乡村法案——1940年代太行地区政府断案63例》,大象出版社2011年版,第142页。

[4] 白潮编著:《乡村法案——1940年代太行地区政府断案63例》,大象出版社2011年版,第142页。

[5] [日]棚濑孝雄:《纠纷的解决与审判制度》,王亚新译,中国政法大学出版社1994年版,第47页。

利益,所以决定土地仍归申金生,不能让岳守方赎回,但又照顾岳之利益,决定让申金生再给岳大洋650元"。[1] 此案得以调解成功,是富农岳守方作出了一定让步促成的。

此外,调解还有界限过宽的弊端。根据《太行区民刑事调解条例》规定:"凡民事一切纠纷均应厉行调解,除重大刑事不许调解外,其他各罪均得调解。"[2]这为轻微刑事案件的犯罪分子提供了法律漏洞,其以调解即可脱罪,如此这般,不仅侵犯了当下受害者权益,更助长了根据地轻微刑事案件增长的苗头,就长远而言,并不利于社会治安。

综上所述,调解尽管解决了纠纷,但从法律与公平的角度出发,这种"廉价的正义"在严格意义上是不尽如人意的。妥协者会心存不满,存有矛盾复发的潜在可能。而轻微刑事案件亦可采纳调解处理,对于根据地民众秉持的传统的"结果正义"价值观不啻为一次冲击。

3. 缺乏保障,纠纷反复

调解被认为是一种"以和为贵"的息讼方式,若无善良风俗与高道德水准来支撑,仅依靠调解机制等非诉方式,难以解决民事纠纷。同时,由于调解结果并无明确可以执行的规定,因此结果的履行还需要依靠当事人的自觉,否则将会导致案情反复。这不仅浪费了当事人的时间,也浪费了司法资源。正是调解结果缺乏强制性,导致许多纠纷反反复复,由此又需不断逐级再次对纠纷进行调解。如韩珍诉解殿元离婚案,原告韩珍在讯问中提道:"我男人他当自卫队长时,就举意想休我,但邻居来劝解","后经某工作同志屡次劝解,好转数日,仍后日如照常","我到更乐村告,也经政府解决,不让我丈夫虐待,仍然恶意不改,当我在外面做工作时,给男人去信,将原信拨回,他有气不理我,又经某同志劝解和村公所几次解劝,他还是置之不理"。[3] 由此可见,调解结果缺乏相应保障,导致纠纷反复的情况时有发生,造成根据地民众生产生活重心偏离,这一负面影响是作为司法补充手段的调解机制之天然缺陷。这一不足,使得民众对调解滋生出一定的负面看法。

---

[1] 白潮编著:《乡村法案——1940年代太行地区政府断案63例》,大象出版社2011年版,第184页。

[2] 《太行区民刑事调解条例》,1945年5月28日,山西省档案馆藏,A053-0002-0055-0002。

[3] 白潮编著:《乡村法案——1940年代太行地区政府断案63例》,大象出版社2011年版,第22页。

（三）因应嬗变

对于以上种种舆情，调解机制亦有一定因应。其中有两项措施尤为关键：一是各地多次总结经验及教训，对调解机制不断进行反思并加以修正；二是根据地政府于1945年出台了《太行区民刑事调解条例》。自此，太行根据地调解机制更加制度化、条理化，调解制度由此建立。[1]

通过根据地的数年工作经验的汇总，可见彼时其不仅充分掌握了民间舆情，而且对于机制建设的现状与不足有着更为深刻的见地，从而能够在此基础上对调解机制乃至司法工作进行修补完善。如某县在总结1942年工作经验时指出："感觉到对法令政策的研究差，所以在工作中受到障碍。"[2]因而决定此后："对环境多作判断分析，对法令政策多做研究，拔高政治理论专心业务学习多了解群众的问题，创造好的办公，眼睛向下，向群众学习，去创造经验。"[3]一年后，该县的工作得到相当大的改善，但有部分工作者却走向另一极端，即对于法令法条过于依赖，出现了所谓的"法条主义"。根据工作总结，其具体表现为："不主动、缺乏创造性，各部门配合得不够等。"[4]对此，该地决议"应即加速克服"，从三个方面进行："整风学习；从政治责任上加强业务学习与领导；机械的、形式的判决案件、处理问题，都是官僚主义的一种，应严格克服。"[5]到后一年，该地再次取得了新的成绩："司法工作在每个时期的中心工作都能得到有效配合，克服了以往司法孤立形象；对民案的处理能够耐心地说服当事人，详细解释法令，使他们心悦诚服地执行法令，纠葛就会

---

[1] 关于"机制"与"制度"之别，在此简略叙述：机制含义相对宽泛，指一个工作系统的组织或部分之间相互作用的过程和方式，为一微观概念；制度即在一定历史条件下形成的规范化、系统化、定型化的社会关系体系，为一宏观概念。就二者关系而言，机制隶属并内含于制度当中，而制度必须通过一定机制发挥。在此处，当规范性文件（调解条例）尚未出台时，机制可视为制度的前导，当条例出台后，则可视为制度的建立。关于二者观念辨析，参见赵理文：《制度、体制、机制的区分及其对改革开放的方法论意义》，载《中共中央党校学报》2009年第5期。

[2] 《一九四二年辽西行政工作总结》，左权县档案馆藏，革命历史档案1.1-010-119-059。

[3] 《一九四二年辽西行政工作总结》，左权县档案馆藏，革命历史档案1.1-010-119-059。

[4] 晋冀鲁豫边区第三专员公署：《对于各县前半年司法工作总结的指示》，1943年8月30日，法字第233号，左权县档案馆藏，1.1-058-001-046。

[5] 晋冀鲁豫边区第三专员公署：《对于各县前半年司法工作总结的指示》，1943年8月30日，法字第233号，左权县档案馆藏，1.1-058-001-048。

顺利地解决。"[1]

在工作总结中,司法工作人员通过走访民间,发现了另一亟待解决的问题,即"人民对司法部门仍有错误的认识,希望通过向司法工作人员行贿、送钱、送纸烟、送吃喝来谋取便利"。针对这一问题,相关司法单位提出建议:"除教育行贿人以外,并分三种办法来说明抗日政府是给老百姓求真理、解决问题的,绝不是行贿可以左右的:(1)对群众说明(2)具体教育案犯及其家属(3)教育本部门人员。"[2]由此可见,各地司法单位通过持续调查民间舆情和总结工作经验,不断完善自身工作机制,积极回应民众,努力提升群众满意度。

到1945年,太行根据地调解机制和司法工作建设均取得了巨大成果。据戎子和在三月边区参议会太行区会议上的报告指出:"早在三十二年,我们确定司法方针时,即提出了推进司法工作中民主制度的口号。指示各级司法部门,树立为群众服务的司法观念。发扬实事求是的精神,对各种案件,着重调查研究,反对单纯的法律观点的教条(即法条)主义,反对严刑逼供的主观主义和封建的官僚做法。同时,处理和判决案件时,又主张大事化小,小事化无、息事宁人的调解精神。一年来各级上诉案件均在减少,到高等法院,仅有23件。"[3]如此显著的成绩,与根据地持续总结经验并在此基础上进行合理修正的做法密不可分。这种经年累月的归纳总结,同时结合对民间舆情的敏锐捕捉,使得根据地调解机制能够对民众需求产生积极因应。

经过多年实践运作,调解机制作为司法补充手段得到发展。1945年5月,《太行区民刑事调解条例》出台,标志着太行根据地调解制度得以确立。此后,根据地调解工作打开了新的局面。条例之出台,事实上是对根据地过往调解实践的一次凝练总结,这也符合中国共产党"先实践,后总结"的特色。该条例除规定一切民事纠纷均需调解,并对调解主体、内容和形式等作出详细说明外,还有若干项规定可圈可点:首先,针对调解不服、继续上诉的情况

---

[1]《左权县司法科一九四四年工作总结》,1945年1月10日,左权县档案馆藏,革命历史档案1.1-087-008-008。
[2] 晋冀鲁豫边区第三专员公署:《对于各县前半年司法工作总结的指示》,1943年8月30日,法字第233号,左权县档案馆藏,1.1-058-001-047。
[3] 戎子和:《太行区三年来的建设和发展》,1945年3月8日,黎城县档案馆藏,55-018-005-034。

加以时间限定,并决议"高等法院之判决,为最后判决"[1]。这一规定有效规避了无休止不服调解进行上诉的问题。其次,基于息事宁人、维护社会团结稳定的考量,条例对调解依旧给予充分重视,对于民间纠葛仍然提倡以调解方式解决,并赋予各级单位自主判定是否采取调解之权。再次,对调解自愿原则加以落实保障,条例中规定:"调解必须双方当事人同意,不能强迫"和"调解人无论是政府人员,民众团体或地邻亲友,均不得对当事人强迫压抑,并不得有从中受贿舞弊情况,违者处罚"以及"调解人之间对调解方案有不同意见时,不以多数少数做表态,而应以双方当事人同意与否为决断"[2]。以上对调解自愿和公平原则作出了明确规定,有效维护了乡村社会权力文化体系中弱势群体的利益。最后,条例对调解达成后的和解书格式进行规定,要求写明双方争执事由、结果、是否自愿和解、各方签字盖章以及调解时间地点,充分实现了规范化、系统化与制度化管理的目标。

在抗日战争后,通过对调解制度的修正,其对于解放区民众生产生活仍产生了重要的影响。[3] 如在1945年后半年,边区高等法院在介绍某县司法工作经验时即着重强调要"正确地依据实际情况,专业政策,克服主观主义的工作作风,运用调解为主、审判为辅并耐心进行思想教育的新方法"[4]。到1946年,调解制度在太行根据地持续发展,相当一批司法工作人员"能即时了解材料,也愿意帮助研究司法调解工作"[5]。体现在调解成效上,"榆社四区、一区、二区、三区八个村半年来调解纠纷256件,占民生纠纷总数的85%"[6]。

到解放战争时期,兵戈再起,由于调解制度有稳定社会和发展生产的功能,一如既往地受到党的重视。例如,1947年至1948年,各单位多次下发书面文件要求重视调解制度,如推介榆社调解经验:"以群运中的积极分子为骨干,结合热心调解工作的干部组成固定组织,然后于解决问题时,按纠纷性质吸收有关方面及当事人信任的人士参加……启发我们今后调委会方向,应当

---

[1] 《太行区民刑事调解条例》,1945年5月28日,山西省档案馆藏,A053-0002-0055-0002。
[2] 《太行区民刑事调解条例》,1945年5月28日,山西省档案馆藏,A053-0002-0055-0002。
[3] 关于抗战胜利后调解制度新的嬗变与运作等方面的相关研究,可待另文讨论。
[4] 《晋冀鲁豫边区高等法院通报》,1945年10月15日,法秘字第32号,黎城县档案馆藏,55-036-004-050。
[5] 太行第二专署:《一九四六年上半年司法工作概况》,左权县档案馆藏,1.1-249-009-008。
[6] 太行第二专署:《一九四六年上半年司法工作概况》,左权县档案馆藏,1.1-249-011-010。

和中心工作紧密结合。"[1]又如,指示夏秋两季司法工作的重点应为:"庞大农民要求所有纠纷得到合理解决,特别要求把这些纠纷解决在他的村里,这是目前工作的另一个重要特点。"[2]到当年冬季,又将调解和冬季生产相结合:"在今天个体经济基础的社会中,农民间的相互问题,特别是细小问题还是会发生的,如得不到适当解决是会影响农民团结翻身发展生产的,所以我们调解干部要有意识地能结合冬季生产,注意调解这类问题,推动生产还是很重要的工作。因此希望你们吸收年末的调解经验,把它有机地结合起来。"[3]

1948年在解放区司法讨论中,调解仍占有一席之地:"让县里分组讨论调解方面如何做到节省民力民事民财,集中力量团结生产,使群众认识到搞好调解对自己有利;如何调解纠纷,把生产搞好,争取模范队与村;看调委会人员是否能给大家办事,结合讨论模范调解员条件,审查一次不称职者重新征选;讨论出今后的调解制度。"[4]至1949年新中国成立后,调解制度再次进化演变并推广施行于全国。时至今日,调解制度对于我国法治建设仍有着不言而喻的重要现实意义。

四、结语

在全面抗战的大背景下,中国共产党领导下的各根据地的各种制度逐步建立并稳步运行。其中调解制度成为司法建设中的重要一环,其不仅体现出中华民族悠久的"以和为贵"的价值追求,同样也是"实事求是、因地制宜、立足民间"发展的结果。

正如本文开篇所指出的,调解是传统社会中的一种"息讼"手段,其至根据地时期已经发生新的变化,其中最值得注意的是以下三个方面:首先,体现在调解的"兼收并蓄"。近代的调解不仅注重吸取固有经验,还合理参考了国外经验,这使得调解运行更规范。如华北各根据地先后颁发《晋察冀边区行

---

[1]《太行第二专署关于榆社调解工作经验介绍的通报》,1947年1月9日,山西省档案馆藏,A066-0006-0014。
[2]《太行行署关于今夏秋两季司法工作调解工作的指示》,1947年5月7日,山西省档案馆藏,A052-0006-0032-0002。
[3] 左权县司法处:《关于调解工作结合冬季生产的一封信》,1947年12月1日,法字第34号,左权县档案馆藏,1.1-297-001-001。
[4]《平顺县1948年司法讨论内容》,山西省档案馆藏,A053-0002-0034-0004。

政村调解工作条例》(1942年4月1日)、《陕甘宁边区民刑事件调解条例》(1943年6月11日)等条例对调解进行了制度化指导。其次,在20世纪40年代的根据地中,调解又有了新的特色,即司法工作人员不局限于办公地点,而是亲自前往乡村基层开展工作,采取"马锡五方式",将调解与审判结合。如在某县《司法通报》中即有指示:"在解决问题时,要深入访问,了解问题全貌,进行个别耐心说服教育""一定是采纳群众意见。"[1]司法人员下乡帮扶农民解决纠纷,成为根据地调解工作的独特之处。最后,在乡村地区调解过程中,还形成了多元化的调解力量。一方面,相关调解组织逐渐成熟,如调解委员会等;另一方面,妇女救国联合会等群众团体也积极参与调解,形成了齐驱并进的调解模式,此为根据地调解又一特点,且在基层社会尤以明显。

细析上述种种举措,根据地时期的调解工作以坚持群众路线为核心指导原则,并且呈现了一种独特司法路径,即在开展调解的过程中,调解人员积极介入民间纠纷,从传统社会的"裁判者"成为"调解者"。这一路径即为彼时著名的"马锡五方式",这一做法也有效地维系了司法与民意之间的良好沟通。

之所以采取如此方式,成因诸多:首先,近代社会激变使得相关诉讼模式难以应对复杂的纠纷局面,从而造成了"累讼"局面。其次,调解作为一种历史悠久的纠纷解决方式,更易于被根据地民众所接受,同时也有助于维护善良的风俗习惯。再次,支持人民调解,既有助于在民众中提高中国共产党的声望,又可赢得民众的理解和支持,进而动员群众支持抗日,这符合当时根据地高举的民族统一战线和民主大旗。最后,调解能够得以发展,同样也是根据地司法建设探索过程中的一次大胆尝试。

当然,根据地调解制度的建立与发展并非一帆风顺,其经历了漫长而曲折的过程。在实践过程中,调解在一定程度上做到了合理化、规范化的运行,但众多因素导致其仍存在一定的缺陷。然而,根据地能够真诚地吸纳民间舆情并及时作出修正,与基层社会形成一种良性互动,这值得赞许。当然,调解制度的完善并非一蹴而就,其发展同样需立足不断的实践。就太行根据地而言,随着《太行区民刑事调解条例》的出台,调解机制逐渐走向制度化与条理化。在实践中不断发展的调解制度,为新中国成立后人民调解制度的发展提供了丰厚的经验基础,并与后者产生了紧密的承续关系,因此还有深入研究之必要。

---

[1]《论群众性的调解工作》,载《司法通报》1947年8月29日,第1页,左权县档案馆藏,革命历史档案1.2-002-003-001。

新民主主义革命早期人民调解制度研究

——以安源裁判委员会的运行为视角

胡恒胜[*]

人民调解制度的建构经历了漫长的历史发展过程,最早可追溯至新民主主义革命早期中国共产党领导的工农运动时期。这一时期,尽管"以俄为师"和"倡导德先生和赛先生"的理念盛行,但本土却孕育出了独具特色、被誉为"东方之花"的人民调解制度,其诞生背景与运行逻辑均值得深入探究。在新民主主义革命早期,人民调解制度如何在特定的时期运行,又是如何影响当时的社会秩序与民众生活,这都是我们需要进一步讨论的问题。特别是安源路矿工人俱乐部裁判委员会(以下简称安源裁判委员会)作为这一时期人民调解制度的重要实践者,其运行机制、调解成效及社会影响对于理解人民调解制度的发生逻辑和历史价值具有重要意义。因此,本文以安源裁判委员会的运行为视角,试图厘清其人民调解制度在新民主主义革命早期的发生逻辑,还原其历史面貌,并深入挖掘其历史价值,以期对人民调解制度的整体发展历程有更为深入和全面的理解。

一、安源裁判委员会中人民调解的发生逻辑

(一)以科学理论为先导

在无产阶级专政建立之前,剥削阶级出于维护本阶级利益的考虑,刻意将劳动区分为脑力劳动和体力劳动两种,并过分强调脑力劳动的重要性,这种做法实质上是剥削阶级将自身优势夸大化的一种手段,目的在于凸显自身在社会中的特殊地位。在任何社会时期,脑力劳动的主要承担者大多为接受

---

[*] 胡恒胜,江西省奉新县人民法院。

过系统教育的统治阶级成员,因此他们极力强调个人意志和少数英雄人物在社会历史中的作用,以此来维护其统治地位。然而,中国共产党坚持以马克思主义为指导思想,与剥削阶级的历史观有着本质的区别。马克思主义坚持人民史观,认为人民群众是历史的创造者。历史活动是群众的活动,人民群众是推动历史发展的决定性力量。[1] 毛泽东同志指出,只有人民,才是创造世界历史的动力。[2] 在中国共产党进入安源地区开展工人运动之前,当地的工友们整日辛苦劳作,然而,他们的子女却面临教育机会不均等的问题,其只能眼巴巴地望着那些专为贵族子弟设立的商场化学校,却无法获得应有的教育资源。[3] 中共湖南支部党委深刻认识到这一问题,决定以开办平民教育作为推动安源工人运动的重要切入点。他们结合工人的实际日常生活,宣传社会主义先进思想,传播"劳工神圣""工人万岁"的观念,让工人意识到自己才是社会的主人翁,是社会财富的创造者,鼓励团结工人朋友争取自身的基本权利。

人民调解在安源路矿工人运动中的运用,展现了中国共产党对马克思主义法学观点的深刻理解和实践。根据马克思主义法学的观点,法律是统治阶级意志的体现,[4] 法律的功用是保障特定阶级的经济结构。[5] 然而,在安源地区,工人阶级长期受到压迫,法律往往成为剥削阶级维护自身利益的工具,而非保障工人权益的屏障。安源地区的工人阶级自诞生起,便饱受"三座大山"的压迫,为实现对路矿工人的统治管理,当局曾设立司法课,用以处理工人纠纷。但面对工人和工头职员之间的纠纷,工头职员和法警往往是沆瀣一气,压榨工人。即使是处理工人之间的纠纷,司法课往往也是罚钱了事。大罢工胜利之后,工人俱乐部在工人心中的地位日益高涨,工人将俱乐部视为"青天衙门",什么事情都找俱乐部处理。[6] 裁判委员会作为工人俱乐部

---

[1] 参见中共中央马克思恩格斯列宁斯大林著作编译局编译:《马克思恩格斯文集》(第1卷),人民出版社2009年版,第287页。

[2] 参见《毛泽东选集》(第3卷),人民出版社1991年版,第1031页。

[3] 参见中共萍乡市委《安源路矿工人运动》编纂组编:《安源路矿工人运动》,中共党史出版社2022年版,第148页。

[4] 参见中共中央马克思恩格斯列宁斯大林著作编译局编译:《列宁全集》(第17卷),人民出版社1988年版,第145页。

[5] 参见李达:《法理学大纲》,法律出版社1983年版,第102页。

[6] 参见中共萍乡市委《安源路矿工人运动》编纂组编:《安源路矿工人运动》,中共党史出版社2022年版,第758页。

的下设机构,如何公正处理工人之间的纠纷,使其有别于腐败的司法课,真正保障工人的权益,体现工人的主体地位,是其需要探索的问题。人民调解的引入,为这一问题提供了有效的解决途径。它充分尊重安源工人的意思自治,体现了安源工人的主体地位,契合马克思主义的人民史观和法律观。

(二) 以阶级认同为内核

中国无产阶级和广大的农民有一种天然的联系,[1]近代以来,广大的中国农民和手工业者深受地主阶级和买办资本的剥削而大量破产,其只能流入附近地区的工厂工作。安源地区的工人人数众多,至1922年,路矿共雇用工人13000余人,另有失业工人4000多人作为产业后备军。这些失业人员平时以短途挑运焦煤等临时辅助性工作为生。同时工人大多是来自萍乡和附近湖南农村的农民,[2]其中"年岁在十七八以上者,萍乡人居其五,湖南人居其三,湖北人居其二"[3]。工人运动的组织者和领导者的籍贯也十分集中,根据安源路矿工人俱乐部第一届职员表统计,职员共有30人,其中湖南籍22人,湖北籍5人。工友们风俗习惯接近,地域性情明显,皆不畏生死,重侠好义[4]。为反抗压迫争取权利,安源工人进行了长期的顽强斗争,斗争形式从罢工、破坏机器以及驱逐外国工程师等,至爆发较大的武装起义。安源工人在刚刚形成阶级的短短十数年中,有文字可考的群众性斗争即达8次。[5]

安源路矿的工作环境和生活条件极为艰苦。尽管路矿企业采用了机器进行生产,但在实际生产中,手工劳动还是占据了重要部分。路矿工人中窿内矿工人数超过一半,机械工人数只有千余,此外还有大量工人负责洗煤、炼焦、运输等工作。窿内矿工工作时,"二三尺高之煤窿内的炭——须用竹筐拖出,……他们工作时之使力,非用手,亦非用肩膀,乃是伏身头顶,如牛马之驮

---

[1] 参见《毛泽东选集》(第2卷),人民出版社1991年版,第380页。
[2] 参见江西省社会科学院历史研究所编:《江西近代工矿史资料选编》,江西人民出版社1989年版,第449页。
[3] 汪敬虞编:《中国近代工业史资料:1895—1914年》(第二辑)(下册),科学出版社1957年版,第73页。
[4] 参见中共萍乡市委《安源路矿工人运动》编纂组编:《安源路矿工人运动》,中共党史出版社2022年版,第98页。
[5] 参见刘善文主编、安源路矿工人运动纪念馆著:《安源路矿工人运动史》,上海社会科学院出版社1993年版,第62页。

车一样"。[1] 矿局仅在建矿初期实现了几年的三班制,后随着煤炭的需求增加,矿局加大了对工人的压迫,由三班制变为两班制;工人每半月休例假一天,但不给工资。工人为生计所迫,有的甚至连续工作24小时。[2] 矿工的食宿区空气浑浊,地面潮湿,床位拥挤,食料粗陋无比,洗澡池等于泥沟,非生人所能堪。[3]

安源煤矿工人队伍的文化素质较低。不识字的工人有4000余人,占路矿两局工人总数的1/3,其余约1/2的工人是半文盲和粗通文字者。[4] 这限制了他们的信息获取和自我表达的能力,也使得他们对于社会现象和自身处境的理解相对有限。然而,通过工人夜校和游艺宣传教育,工人群众对于自己所处的悲惨遭遇深有感触,认识到工人阶级应当团结起来,并于大罢工时提出了"从前是牛马,现在要做人"的斗争口号。大罢工胜利后工人们看到工人俱乐部切实保障了自己的权益,因此对俱乐部寄予厚望,感情甚笃。每当工会危急之时,内部存在不同意见及扯皮打架等事即可完全消灭,工人个个拼命保护工会。[5] 经过长期的教育和斗争,路矿工人逐渐形成了阶级情感和认同,认识到工人兄弟应当互相帮助,共谋幸福。因此在遇到矛盾纠纷时,工友们乐意找到工人俱乐部,平心静气地接受裁判委员会的调解。

(三)以传统调解为基础

人民调解作为中国共产党司法探索的重要经验,并不是凭空产生的,而是对传统调解的扬弃。传统调解在中国历史上源远流长,具有深厚的文化底蕴和社会基础。从西周时期的"调人"一职,到各朝各代的"啬夫""里长""保甲长"等基层小吏,虽名称不同,但均有调解的职权。整体而言,传统调解呈现出以下特征:一是调解形式的多样性,不仅包括官府调解(由官方机构介入进行的调解),还有乡里调解和民间调解等;二是调解范围的广泛性,不仅涉

---

[1] 中共萍乡市委《安源路矿工人运动》编纂组编:《安源路矿工人运动》,中共党史资料出版社1991年版,第868页。

[2] 参见刘善文主编、安源路矿工人运动纪念馆著:《安源路矿工人运动史》,上海社会科学院出版社1993年版,第45页。

[3] 参见中共萍乡市委《安源路矿工人运动》编纂组编:《安源路矿工人运动》,中共党史出版社2022年版,第97页。

[4] 参见中共萍乡市委《安源路矿工人运动》编纂组编:《安源路矿工人运动》,中共党史资料出版社1991年版,第415页。

[5] 参见中共萍乡市委《安源路矿工人运动》编纂组编:《安源路矿工人运动》,中共党史出版社2022年版,第400页。

及"户婚田土"等民事案件,还涵盖部分轻微刑事案件;三是调解结果的强制性,传统调解中的调解者多是社会的权威者,因此他们提出的调解方案即使有失公正,当事人也很难拒绝。传统调解秉持着以和为贵、息事宁人的基本理念,对维持社会的和谐稳定起到了不可忽视的作用。

人民调解制度则在此基础上对传统调解制度进行了创新和发展。人民调解制度萌芽于第一次国内革命战争时期。1923年5月,为了应对不断增加的纠纷案件,工人俱乐部第三十次最高代表会议决定成立裁判委员会,专门负责纠葛纷争的处理。裁判委员会的建设参照苏维埃模式,但按照西方近代司法理念和司法传统,矛盾纠纷通常应当通过诉讼的方式解决。然而,裁判委员会实际却是主要以调解的方式来解决纠纷,并没有建设现代诉讼机制。这背后的原因是多方面的,其中非常重要的一点在于,工人俱乐部本质上是一个自治性组织,还没有完全取得政权。因此,建设诉讼机制的条件并不成熟。对此,路矿当局曾以工人俱乐部"私设法庭"为由对之加以刁难,这也从侧面反映了当时司法环境的复杂性和敏感性,也无怪乎有学者认为现代人民调解制度萌芽于我党建立革命根据地之后的革命战争时期。[1] 裁判委员会采用的调解方式继承了传统调解的精神和方式,坚持以和为贵,采取"和解"而非"裁判"的方式解决争端,致力于实现工友自治和工会和谐。相较于传统调解,其间的人民调解的主体和标准均发生了变化。人民调解的调解者由总代表会议选出,相较于封建官僚和士绅通过封建礼教进行调解教化的方式,人民调解强调通过革命理念来平等公正地解决纠纷。调解的目标也从单纯的定分止争变成源头上解决问题,从而增强工人之间的团结,促进革命运动。

二、安源裁判委员会中人民调解的运作状态

(一)人民调解的工作原则

人民调解的首要原则是平等自愿原则。这一原则贯彻调解的全过程,无论从调解的启动、开展还是调解协议的达成都应当建立在当事人平等自愿的基础之上。在裁判委员会成立之前,工人们在工作生活中遇到的矛盾纠纷,通常会选择交由工人俱乐部的各主任来解决。裁判委员会成立后,其深受工人群众的欢迎,导致过去司法课的繁忙景象不复存在,取而代之的是裁判委

---

[1] 参见强世功编:《调解、法制与现代性:中国调解制度研究》,中国法制出版社2001年版,第145页。

员会门前络绎不绝的工人身影。[1] 裁判委员会在处理争端的时候注意疏导说理,一律采取解释的方法,"平情酌理以开导之,阐明大义以晓示之",[2]尊重当事人的意志,力求和平解决纠纷。人民调解能够遵循平等自愿原则,与其调处对象的变化是紧密相关的。在裁判委员会成立之初,裁判委员会的调处对象不仅包括本部部员,还包括部员之外的人,这不仅超出了工会的基本职权,容易引起外部人员的不满和路矿当局的猜忌,也有违人民调解的自愿原则。后经《安源路矿工人俱乐部总章》修改,裁判委员会的职权被限定在处理本部部员之间的纠纷,这一变化使得人民调解有了更为明确的感情认同和组织基础。尽管新民主主义革命早期的人民调解制度仍属于初创阶段,尚未建立独立的人民调解机构,但裁判委员会在解决纠纷方面的作用仍不可忽视。在维护工会秩序和公共安宁的过程中,裁判委员会运用调解这一工作方法,不仅能够处理工人之间的纠纷,还能在一定范围内对工人的违法乱纪行为进行惩处。这种独特的调解方式,既符合当时的社会背景和工人运动的需要,也为后来人民调解制度的发展奠定了坚实基础。

人民调解的核心原则是公正合理原则。裁判委员会是为了应对工人俱乐部成立之后产生的大量矛盾纠纷而专门设立的机构,它的核心工作方法自然围绕工人俱乐部的基本宗旨展开。根据《安源路矿工人俱乐部总章》第2条之规定,本部以联络感情,涵养德性,互相帮助,共谋幸福为宗旨。[3] 随后最高代表会对之完善后进一步指出,要"化除地域""推广教育""提倡工人自治"[4]等。《裁判委员会报告》明确提出"本委员会秉息事宁人旨,持正道公平之法",[5]促进工友自治,维持公共安宁。工人之所以愿意将纠纷交由裁判委员会处理,皆因工人俱乐部是工人的自治组织,工人发生纠葛时能够得

---

[1] 参见中共萍乡市委《安源路矿工人运动》编纂组编:《安源路矿工人运动》,中共党史出版社2022年版,第758页。
[2] 中共萍乡市委《安源路矿工人运动》编纂组编:《安源路矿工人运动》,中共党史出版社2022年版,第137页。
[3] 参见中共萍乡市委《安源路矿工人运动》编纂组编:《安源路矿工人运动》,中共党史出版社2022年版,第181页。
[4] 中共萍乡市委《安源路矿工人运动》编纂组编:《安源路矿工人运动》,中共党史出版社2022年版,第352页。
[5] 中共萍乡市委《安源路矿工人运动》编纂组编:《安源路矿工人运动》,中共党史出版社2022年版,第137页。

到公正合理的对待,不致受腐败法庭的虐待。[1] 即使受到惩处,对于"罚工所收入之款项,俱充本部工人图书馆书报费"[2],《干事会报告》亦提出决议案,要求裁判委员会尽量减少罚款[3]。以上均体现出裁判委员会所作裁判结果的公正。

(二)人民调解的制度建设

如前所述,人民调解并非专门调解机构独立行使的职权,而是作为裁判委员会的一种主要工作方法,因此其是内生于裁判委员会的制度建设之中来建构具体规则的。根据《最高代表大会报告》和《裁判委员会简章》相关规定,可以发现人民调解已经构建了诸多制度的雏形。[4]

一是选任制度。裁判委员会根据民主集中制的原则由总代表会议选出委员7人,各工作处的代表人数具体为窿内3人,窿外2人,路局1人,株洲1人。再由7位委员互选推举出委员长1人,委员长需要驻守本部,全权负责本部事务。若本部委员有不称职或者因故辞职的情形,则由总代表会议另选继任。此外,委员会成员存在任期限制,每半年为一届。据史料记载,裁判委员会共经历过三届。

二是业务登记制度。由委员长负责在本部设立一日志,对每日办理的纠纷案件进行记录,包括当事人的姓名、案件类型以及处理结果等内容。通过对受理案件的统计,可以使裁判委员会的工作有据可查,更有利于主任团对工人俱乐部内部的争端纠纷情况有一个整体的把握,以便及时采取相应的措施。刘少奇同志便在《对俱乐部过去的批评和将来的计划》中引用了裁判委员会的报告数据,指出裁判委员会受理的案件多是工友争斗案件,并号召工友"和和气气,亲亲爱爱"[5]。

三是例会制度。裁判委员会每月举行两次碰头会,时间固定在每月的1

---

[1] 参见中共萍乡市委《安源路矿工人运动》编纂组编:《安源路矿工人运动》,中共党史出版社2022年版,第398页。

[2] 中共萍乡市委《安源路矿工人运动》编纂组编:《安源路矿工人运动》,中共党史出版社2022年版,第137页。

[3] 参见中共萍乡市委《安源路矿工人运动》编纂组编:《安源路矿工人运动》,中共党史出版社2022年版,第280页。

[4] 参见中共萍乡市委《安源路矿工人运动》编纂组编:《安源路矿工人运动》,中共党史出版社2022年版,第135页。

[5] 中共萍乡市委《安源路矿工人运动》编纂组编:《安源路矿工人运动》,中共党史出版社2022年版,第83页。

日以及16日下午1时,若临时召开会议则由委员长负责召集,会议用于讨论本部各项事务,推动本部工作开展。针对本部事务繁杂但经验总结较少的情形,《干事会报告》亦提出建议,要求裁判委员会召开会议[1]。

四是免费、补贴制度。一方面,裁判委员会的设立初衷在于服务工友,促进工友自治,因此调解纠纷并不会收取任何费用。另一方面,调解机构的设立需要承担一定的成本,需要耗费调解者较多的时间和精力,尤其是委员长需要驻部处理事务。因此工人俱乐部会根据实际情况给予调解工作人员相应补贴,《会计股报告》中记载1923年10月至1924年6月裁判委员长胡立生领取生活费洋105元。[2]

(三)人民调解的实际效果

裁判委员会将受理的事件详细划分为九个类型,包括不遵部章、斗殴、银钱账务、盗窃、工程纠葛、赌博、妨害公安、不守厂规和琐事。根据第一届裁判委员会的工作报告,裁判委员会在初创的两个月时间内总共受理事件98件,月平均受理量49件,其中斗殴事件以数量30件位居榜首,其次则以工程纠葛、银钱财务事件居多。[3] 而根据第二届的裁判委员工作报告,裁判委员会在1923年12月至1924年9月的10个月时间内共受理事件432件,月平均受理量43.2件,其中斗殴事件数量以100件仍居榜首,银钱账务纠纷急剧减少,由原来的月平均受理量6件减少至0.8件,取而代之排在前列的事件是不守厂规和不遵部章。[4]

裁判委员会的工作方法并不能直观地表现出人民调解的效果。因为裁判委员会的工作方法不仅包括调解,也含有具有惩处性质的措施,因此将裁判委员会受理事件的整体减少全部归功于人民调解并不客观。根据《裁判委员会简章》的规定,如果工友有"行凶殴打""违犯本部规章""聚众酗赌"等严

---

[1] 参见中共萍乡市委《安源路矿工人运动》编纂组编:《安源路矿工人运动》,中共党史出版社2022年版,第280页。

[2] 参见中共萍乡市委《安源路矿工人运动》编纂组编:《安源路矿工人运动》,中共党史出版社2022年版,第287页。

[3] 参见中共萍乡市委《安源路矿工人运动》编纂组编:《安源路矿工人运动》,中共党史出版社2022年版,第135-137页。

[4] 参见中共萍乡市委《安源路矿工人运动》编纂组编:《安源路矿工人运动》,中共党史出版社2022年版,第318-321页。

重情节,本部将予以处罚(记过或罚工)或送警。[1] 例如,根据第二届《最高代表大会报告》的决议,对于本部部员参与赌博的行为,根据赌博次数的不同所设置的惩处措施包括由罚工直至开除部籍。[2] 应当承认,正是因为这些强制性规定和处罚性措施才保证了裁判委员会裁决的权威性,从而对减少工人俱乐部的矛盾纠纷发挥了不可或缺的作用。然而,我们仍然可以就受理事件的变化情况做一番分析,从而间接探究调解的作用。根据受理事件的类型可以发现,斗殴、银钱账务和工程纠葛等侧重于工友之间人际关系的事件数量呈现明显的下降趋势,而不遵部章、不守厂规以及赌博等体现的是纪律性的要求,反映了安源工人运动取得一定成果后工人的思想有所松懈。可见,在工作和生活中,工友个体之间的冲突有了较大程度的改善,这依赖于人民调解起到的促进工会和谐稳定的功能。

三、安源裁判委员会中人民调解的历史价值

(一)充实安源精神内涵

安源精神的基本内涵一般被概括为"义无反顾,团结奋斗,勇于开拓,敢为人先"。长期的工人运动和革命实践孕育了安源精神,并成为中国共产党精神谱系的重要坐标。[3] 安源工人运动和安源精神互为表里、相辅相成。安源精神作为一种深厚的文化底蕴和强大的精神力量,推动了安源裁判委员会的制度建设,特别是其中的人民调解制度。同时,人民调解制度的萌芽与发展也充实和诠释了安源精神。

首先,义无反顾地追求真理和正义的精神品质,体现了工人的主体自觉和历史担当,而这种主体性价值正是人民调解的基本价值,是对工人人格尊严和主体地位的充分尊重。人民调解并不是劝导当事人放弃自己的权利,实行"和稀泥式"的大事化小,小事化了。相反,人民调解更注重培养工人的权利意识,能够做到依法据理明辨是非。其次,团结奋斗体现了工人通过同心

---

[1] 参见中共萍乡市委《安源路矿工人运动》编纂组编:《安源路矿工人运动》,中共党史出版社2022年版,第137页。
[2] 参见中共萍乡市委《安源路矿工人运动》编纂组编:《安源路矿工人运动》,中共党史出版社2022年版,第274页。
[3] 参见陈永国:《安源精神的多维探索》,载《萍乡学院学报》2021年第1期。

同德积聚的磅礴伟力。[1] 如何才能使广大的工人群体同心合力？这就要求发生矛盾时能够做到换位思考，相互体谅，通过人民调解的方式解决纠纷，营造良好的人际关系和社会氛围。再次，勇于开拓是一种求真务实的实干品质。在裁判委员会的事务处理过程中，通过人民调解的方式解决纠纷并无前例可依，一系列规章制度的完善都是在实践过程中摸索前进的。例如，裁判委员会的调处范围就经历了从包括部员与外人之间的纠纷到仅限于部员之间的纠纷的发展过程。最后，敢为人先是一种勇于突破的创新精神。人民调解根源于传统的和合文化，但又不局限于传统的民间调解，而是对传统的调解方式和先进的现代司法理念进行大胆的融合创新。

（二）弘扬优秀传统文化

人民调解之所以能够实现对传统调解的继承和超越，其根本原因在于两者之间有着共通的理念和价值追求。和谐是我国传统文化的核心理念。基于"天人合一"的观念，和谐不仅包括人与人之间的和谐，还包括人自身的和谐、人与社会的和谐以及人与自然的和谐。[2] 当和谐遭到破坏时，传统做法是通过调和的方式对关系予以修复，这也是传统调解在古代盛行的原因。传统调解强调的是通过双方的妥协和让步，以达成共同的和解，这种方式在一定程度上能够有效地化解矛盾，恢复和谐。然而，我们也必须看到，传统调解在封建等级社会下，有时会因为过分强调"礼"而忽视事情的真相，甚至强行平息纷争。这种弊端并非传统调解的必然结果，而是特定社会环境下的产物。尽管如此，我们也不能因此否定传统调解的价值，而是应该看到其中的积极因素，并在现代人民调解中加以继承和发扬。在一般情形下，调处者会认真了解争端各方的具体情况，明确各方的具体需求，力求寻找符合各方心理预期的平衡点，而不至于出现利益分配严重失衡的情形。同时利益还存在短期和长远之分，调处者应当使争端各方认识到不要只盯着眼前的利益，还要看到长远利益，如人际关系和谐的重要性。和谐的司法价值观暗合了当今世界各国司法制度的发展趋势，代表了人类法治文明的进步方向。

此外，传统文化还强调秩序价值。稳定是发展的前提，人类的一切正常

---

[1] 参见杨勇：《安源精神的生成逻辑、主要内涵和人学意蕴》，载《萍乡学院学报》2022年第5期。

[2] 参见刘军平：《中国传统诉讼之"情判"研究》，中国政法大学出版社2011年版，第142-151页。

活动都离不开秩序的存在。在传统封建社会,统治阶级以政权的稳固为第一要务,希望通过调解的方式化解纠纷,防止矛盾激化。人民调解作为一种形式多样、参与主体广泛的纠纷解决机制,是我国社会稳定的"第一道防线"。在人民调解阶段,争端各方的矛盾往往处于可调和的阶段,这为调解工作提供了良好的契机。因此在纠纷产生的初期如果方法得当,动之以情、晓之以理地加以疏导,便能将可能产生的更大矛盾扼杀在萌芽之中,从而维护社会秩序的稳定。

(三)孕育现代司法基因

我国现代司法从狭义上讲是专属于人民法院和人民检察院的审判执行活动和检察活动,但是在广义上,人民调解委员会作为调处民间纠纷的法律授权组织,具有准司法机关的性质。安源裁判委员会中的人民调解对现代司法的影响主要体现在以下两个方面。

一是司法理念的传承。安源裁判委员会中的人民调解体现了司法的诸多性质,包括人民性、公正性、独立性和效力性等。例如,调解员应当通过居民会议、村民会议、职工大会或者工会组织推选产生,正如裁判委员会中的委员由总代表会议选出,体现出调解的人民性。此外,根据《干事会报告》之决议,对于已经受理的事件,其他主任和裁判委员不得中途受理,[1]以防止他人干涉,体现出调解的独立性。

二是调解制度的发展。人民调解在新民主主义革命早期之后得以进一步发展。在抗日战争和解放战争时期,各抗日根据地的民主政府和解放区政府相继颁布调解条例,使得调解的内容、程序等逐渐规范,人民调解制度初步形成。陕甘宁边区实行的"马锡五审判方式"也强调审判应与调解相结合。1954年《人民调解委员会暂行组织通则》(已失效)标志着人民调解制度基本形成,在往后的司法实践中形成了著名的"枫桥经验",做到"小事不出村大事不出镇"。在新时代,中国共产党提出健全社会矛盾纠纷预防化解机制,人民调解制度势必谱写新的篇章。而这一切都要追溯到新民主主义革命早期的工农运动,其中便包括安源裁判委员会对于人民调解的开拓与探索。

---

[1] 参见中共萍乡市委《安源路矿工人运动》编纂组编:《安源路矿工人运动》,中共党史出版社2022年版,第131页。

四、结语

知史以明鉴,查古以知今。安源裁判委员会中的人民调解制度作为新民主主义革命早期的重要法律实践,不仅开拓了现代司法的新领域,而且塑造了现代法律的新传统,为我国人民司法工作积累了宝贵经验。通过对新民主主义革命早期安源裁判委员会中人民调解制度的研究,可以深化我们对人民调解的认识,明确人民调解的历史定位和前进方向,为多元化纠纷解决机制的健全提供有益助力。在新时代的人民调解工作中,我们要始终坚持人民的主体地位,坚持平等自愿的原则,尊重和维护当事人的合法合理权益。同时不断完善工作机制,为人民调解工作保驾护航,使人民调解制度能够充分发挥好预防和解决社会纠纷的功能。

新疆人民调解员的实践困境与解决对策

梁天阳* 刘伟军**

近年来,新疆的人民调解工作发展迅速,大量矛盾纠纷在基层得到了有效化解。人民调解员已成为推进平安新疆建设、维护社会和谐的重要力量。从表 10-1 可以看出,近五年来,新疆人民调解案件的数量大幅增加,同时调解成功的案件数量也有显著增长。[1] 然而,新疆人民调解仍面临因地域、宗教、民族等因素带来的特殊困境,体现为纠纷较为复杂性和纠纷化解难度较高两个方面。具体而言,新疆人民调解员需面对具有不同宗教信仰的纠纷当事人,在南疆多民族聚居区,他们甚至还需要面对使用不同民族语言的纠纷当事人。为了充分发挥新疆人民调解员在推动调解制度建设和发展中的作用,我们必须积极应对并解决他们所面临的困境,从而完善新疆多元化纠纷解决机制,进一步推进法治新疆、平安新疆建设。

表 10-1 2018—2022 年新疆人民调解案件数量和成功率

年份	人民调解案件数量/件	成功调解案件数量/件	成功率/%
2018	78257	77564	99.1
2019	66278	65785	99.3
2020	134608	133963	99.3
2021	174000	173008	99.4
2022	212000	210516	99.3

---

* 梁天阳,新疆大学法学院硕士研究生、新疆大学新时代依法治疆研究基地助理研究员。
** 刘伟军,新疆大学法学院副教授、新疆大学新时代依法治疆研究基地研究员。
[1] 2018—2022 年的数据来源于新疆维吾尔自治区人民政府网,http://www.xinjiang.gov.cn/xinjiang/xjzfgzbg/zfxxgk_gknrz.shtml。

一、新疆对人民调解员的现实需求

作为新疆基层社会治理的主力军,人民调解员在维护社会秩序和民族团结中发挥着举足轻重的作用。他们不仅减轻了法院的诉讼压力,还能满足广大基层群众的纠纷解决需求。此外,通过培养"调解文化",人民调解员对于铸牢中华民族共同体意识亦具有重要意义。

(一)团结稳疆的需求

团结稳疆是新时代新疆工作的重中之重。为实现真正的团结,需积极采取措施预防和化解民族领域可能出现的风险。其中,化解基层矛盾纠纷是稳疆第一步。一旦基层矛盾得不到及时、妥善解决,很容易演变为影响民族团结、意识形态安全等更大的风险和挑战。正因如此,新疆人民调解员应依法进行调解,认真处理涉及民族因素的案件,通过具体案件的调解,不仅化解了矛盾,还逐步提高了各族群众维护社会稳定的积极性。调解员们以有形、有感、有效的方式促进各民族的广泛交流和交融,筑牢各族人民共同维护祖国统一、民族团结、社会稳定的"钢铁长城"。

(二)文化润疆的需求

文化润疆是做好新时代新疆工作的思想根基。新疆作为多民族聚居地区,多民族文化的交融在丰富中华文化多样性的同时也带来了矛盾和纠纷。为更好地调解不同民族公民之间的纠纷,新疆人民调解员需要具备两个方面的能力:首先,在语言方面,他们需要精通多民族语言,以便与当事人进行面对面沟通;其次,在文化方面,他们需要深刻理解和掌握中华文化,从中华文化的视角来处理因民族文化或宗教信仰冲突产生的纠纷。此外,文化润疆还倡导人民调解员能够潜移默化地运用中华文化,凝聚各族人民群众的共识,逐步形成具有地域特色的"调解文化",进一步推动新疆的文化繁荣和社会的和谐稳定。

(三)社会治理的需求

随着新疆经济的发展,基层群众的行为方式、思想观念、相互关系正在发生变化,此外,传统邻里纠纷、家庭纠纷等民事纠纷也呈现出范围广、数量大、多元化的特点。为应对这些变化,我们需要采取多元化的纠纷解决方式,诉讼作为法律保障的"最后一道防线",固然有其重要性和必要性,但非诉讼解决方式,如仲裁和调解,同样具有不可替代的作用。非诉讼解决方式主要包括仲裁和调解。相比仲裁,人民调解更具有便民、灵活、经济、案结事了等天然优势。通过"早排查、早发现、早介入",可以将纠纷解决在当地、解决在基层、解决在萌芽状态。这样可以减少各族人民群众的奔波劳顿,节省时间和金钱成本,同时也更能维护好他们之间的和谐关系。

(四)司法资源优化的需求

司法资源优化主要指将法院的案件分流,让更多的案件通过非诉的方式解决,从而有助于法院集中精力处理重大疑难案件。"案多人少"现象出现的原因在于,人们普遍认为法官在处理纠纷方面比人民调解员更专业,因此将纠纷提交法院解决成为首选。然而,许多基层群众为了一些并不太大的纠纷而提起诉讼,所付出的成本,如路费、食宿费、律师费、诉讼费等,往往超过他们期望获得的利益。此时,人民调解灵活、成本低的优势便逐渐体现出来。与诉讼不同,人民调解主要通过"讲道理、摆事实"的方式引导纠纷当事人进行有效的互动和交涉,在尽快平息纠纷的同时,还能维持和恢复原有的社会关系。因此,在不损害当事人司法请求权的前提下,法院应鼓励当事人将人民调解作为解决纠纷的途径之一。这不仅可以促进社会关系的修复,还能实现司法资源配置的优化。同时,人民调解还弘扬了中华文化中"和为贵"的价值观,有利于增进民族间的团结和谐。

二、新疆人民调解员在实践中存在的困境

随着新疆经济发展和人口流动性增强,传统"熟人社会"下的调解效果逐渐减弱,而在"陌生人社会"下,调解案件数量逐渐增多,导致人民调解员在调解实践中面临新的困境。这些困境主要源于两个方面:一方面是调解组织内部的信息公开化程度和调解员队伍整体专业化水平较低;另一方面是在社会转型的背景下,基层纠纷的范围逐渐扩大、类型趋于多元,多数纠纷难以得到妥善的调解。

(一)新疆人民调解员缺乏信息公开和反馈监督机制

《新疆维吾尔自治区人民调解条例》(以下简称《新疆调解条例》)第16条规定,人民调解委员会应当公开调解员名单、调解原则和工作纪律等相关信息,以接受群众监督。然而,从目前新疆的实践来看,上述信息的公开十分有限。根据互联网检索和现有调研数据发现,新疆仅有部分地区将这些数据公布在县一级政府网站或相关新媒体平台,而在县级以下地区,相关调解信

息的公开更是几乎为零。

新疆人民调解员缺乏信息公开机制的主要原因有以下三点：第一，难以建立统一的信息公开标准。由于基层纠纷类型繁多，案情复杂程度各异，调解工作的难度也存在显著差异，因此很难确立一个统一的公开标准来量化调解工作的信息公开。第二，信息公开存在损害基层社会和谐稳定的风险。基层调解的对象主要针对"熟人社会"中发生的纠纷，如邻里纠纷、家庭纠纷等。在这种情况下，当事人往往持有"家丑不可外扬"的心态，不愿意公开调解的相关情况。第三，信息公开并非一蹴而就，其需要长期的稳步推进。根据现有数据，目前的信息公开主要以宣传为主，难以让群众充分了解并信任人民调解员。因此，需要通过建立完善的信息公开机制、加强信息平台建设、强化宣传教育力度等多项措施来逐步实现人民调解员信息公开工作的规范化、系统化和科学化。

信息公开是监督反馈机制建立的前提和基础。如果信息公开程度低，将会导致监督反馈机制难以建立。若没有建立监督反馈机制，将会产生以下三点不利影响：第一，难以评估调解效果。如果没有对调解工作标准进行一定量化，就难以客观地评估人民调解员的调解效果，进而难以快速找出影响当前调解效果的问题。第二，调解工作缺乏明确的数据反馈。没有明确的数据反馈就会导致人民调解员在面对调解工作时仅会关注个案的调解效果，而对于整体性的调解工作缺乏系统性认识。如果没有调解工作的数据反馈，部分人民调解员就会不清楚自身情况，从而疲于调解自己不擅长的纠纷类型，打击自身对调解工作的积极性。第三，降低新疆人民调解员的公信度。基层群众对调解员调解能力的信任不是一朝一夕建立的，如果调解工作的相关信息不透明，会导致基层群众对调解工作缺乏了解，从而在一定程度上降低公众对人民调解员的信任感。

（二）新疆人民调解员队伍的专业化程度较低

1. 新疆人民调解员队伍学历水平整体较低

《调解员队伍意见》提出了担任人民调解员的基本标准，并特别强调了基层调解员一般应具有高中以上学历，行业性、专业性人民调解员一般应具有大专以上学历，并具有相关行业、专业知识或工作经验。[1] 学历标准的提高

---

[1] 参见《关于加强人民调解员队伍建设的意见》，载《法治日报》2018年4月28日，第3版。

尽管可能并不能彰显某些个案的调解效果,但却可以提升人民调解员队伍的整体水平。以喀什市司法局2022年度人民调解员等级评定拟推荐名单为例,[1]根据《新疆维吾尔自治区人民调解员等级评定办法(试行)》第2条、第8条、第9条、第10条、第11条,二级及以上的调解员要求具备高中以上学历,而三级和四级调解员的认定仅需具备初中和小学学历。在喀什市调解员队伍中,三级调解员有109人,占总数的32.25%,四级调解员有227人,占总数的67.16%,三级和四级调解员共336人,占总数的99.41%。喀什市二级以上人民调解员仅有2人,占总基层调解员的比重为0.59%。这说明喀什市具有高中以上学历的调解员非常稀缺。尽管学历水平并不能直接决定人民调解员的调解能力,但其确实能间接影响调解效果。在部分地区,由于基层人民调解员学历水平较低,他们在调解结束后甚至可能难以制作出一份符合标准格式的调解协议书。

2. 新疆人民调解员整体专业化水平较低的原因及影响

当前新疆人民调解员仍采用传统的"人工"调解模式,在这种模式下,调解具有一次性、随机性的特点。这种模式对人民调解员的调解技能提出了较高要求,往往要求调解员具备丰富的社会阅历或熟悉当事人。参与调解的当事人往往不愿意公开相关信息,导致在调解过程中,通常只有调解员和纠纷当事人在现场,调解员经验的发挥只能局限于自身,难以发挥"传帮带"的作用。由此可见,这种"传统模式"具有两个主要不利影响:第一,青年调解员成长速度缓慢。在主要依靠"自学成长"的环境中,青年调解员在初期习得调解技能的代价过高,很难从调解工作中获得成就感。第二,"传统模式"会导致调解员队伍呈现两极分化。即调解经验越丰富的调解员会处理更多案件,并在调解过程中不断提升自己的调解技能,形成正向良性循环。然而,青年调解员却会因为缺乏足够的社会阅历和沟通技巧,即使其具备足够的法律专业知识,也很难在调解过程中发挥出专业优势。"传统模式"严重打击了青年调解员的工作积极性,不利于调解员队伍的良性健康发展。

(三)新疆人民调解员的建设难以满足当前多元化纠纷解决的需求

社会经济的发展增强了人口流动性,使得传统的"熟人社会"逐渐转变为

---

[1]《喀什市司法局2022年度人民调解员等级评定推荐名单公示》,载喀什市人民政府网2022年9月14日,http://www.xjks.gov.cn/kss/c107443/202209/31d01b0e6751429a9d564b245d8d14c4.shtml。

"陌生人社会",进而导致社会纠纷的主体、类型以及内容逐渐呈现多元化。例如,目前纠纷主体已经从单一的农民扩大到外来人员、法人、城市居民。这种纠纷主体的扩大进一步导致了纠纷类型和内容的多元化,这对人民调解员的调解能力提出了更高的要求。对于人民调解员队伍的发展方向,有学者主张专业化发展。他们认为,在新时期人民调解员队伍建设的专业化、法治化应是人民调解制度变迁的应有之义。[1] 这种观点的支持者认为,提升人民调解员的法律素养可以更好地调解基层纠纷,将矛盾化解在基层。另外,也有学者主张调解员队伍应当进行多元化发展,其认为应当区分公益性和专业性两类调解员队伍,并明确不同的发展方向。[2] 这种观点的支持者认为,公益性调解员应当着重提高其处理多元化纠纷的能力,而对于专业性调解员,则应当更加注重专业知识和技能的培训。目前,新疆部分地区的基层调解组织对于人民调解员的发展方向这一问题尚未达成清晰的认识,其多采取聘任兼职调解员的方式来增加调解员数量,但这导致现有的人民调解员队伍既想要尝试处理多元化纠纷,却又难以达到理想的调解效果。因此,如何平衡多元化与专业化的发展方向,是当前新疆人民调解员队伍转型需要解决的重要问题。

学界对新疆人民调解员队伍是否应当满足"多元化"的纠纷解决需求仍存在争议。在受案范围上,多元化纠纷涉及多种调解方式,导致人民调解与司法调解的受案范围存在交叉情况。这意味着部分纠纷的调解既可以归属于司法调解,也可以归属于人民调解。此种情况下,如果当事人选择司法调解所承担的成本与选择人民调解相差不大,理性当事人往往更加倾向于选择司法调解,因为公众普遍相信法官的专业性更强。因此部分学者认为,人民调解员应朝着专业化的方向发展。

持相反观点的学者认为,新疆基层人民调解的内容涉及的专业知识并不多,故往往更需要有社会阅历的调解员来调解各种矛盾。在基层调解实践中,很多纠纷反映的仅仅是双方当事人的情绪问题,有经验的调解员只需提供一个平和的沟通环境,让当事人把话说开便能实现最佳的调解效果。这表明,非专业性纠纷的处理往往只需要人民调解员具备更多的实践经验,年龄、

---

[1] 参见吴元元:《人民调解员的制度角色考》,载《中国法学》2021年第4期。
[2] 参见宋朝武、罗曼:《基层治理现代化与人民调解制度的改革路径》,载《暨南学报(哲学社会科学版)》2019年第3期。

阅历、公共声望都是人民调解技艺实践的认同之维。[1] 经验丰富的"老调解员"通常更熟悉当地的情况，更了解纠纷产生的缘由，也更能赢得纠纷当事人的信赖。

相较传统的调解方式，多元化纠纷的调解通常还需要跨部门的联动。但是人民调解员往往没有权限去主动请求相关部门来进行协调配合。在实践中，人民调解员需要先将案件情况上报到调解委员会，随后调解委员会再将相关信息层报到相关司法行政部门。最后再由司法行政部门与其他相关部门取得联系，从而实现多部门的协同配合。然而，这种模式所产生的信息沟通成本过高，对新疆人民调解员来说难度过大。

三、新疆人民调解员面临困境的解决对策

（一）完善新疆人民调解员的信息公开和监督反馈机制

信息的公开，一方面可以降低公众获取信息的负担，提高群众对政务服务质量的主观满意度；另一方面可以缓解信息不对称，增强外部监督的有效性。[2] 在公开的方式上，可以利用互联网平台技术，如拍摄"调解工作指南"等题材的短视频，降低当地群众了解人民调解员工作的信息门槛；通过新媒体平台发布金牌人民调解员故事、典型调解案例等类型的文章，便于群众了解人民调解员的工作。此外，可以在调解组织所在地举办"每月调解日"等活动，加大对人民调解工作的宣传力度，逐步打造人民调解员的"品牌"。通过对人民调解工作进行公开宣传，有利于增强公众对人民调解员的信任程度。[3] 此外，还可以为监督反馈机制的建立打下前期的信息基础。

建立监督反馈机制旨在确保调解工作的顺利进行。根据监督主体的不同，可将监督形式分为三类：自我监督、组织监督和公众监督。其中，自我监督主要依靠调解员自我约束和相互监督，这一形式难以建立明确的监督制度。因此，下文重点讨论组织监督和公众监督。

1. 组织监督

一般情况下，人民调解委员会是人民调解员的直接监督主体，同时，人民

---

[1] 参见吴元元：《人民调解制度的技艺实践考》，载《法学》2022年第9期。
[2] 参见董新宇、鞠逸飞：《政务公开对基层公共服务质量的影响路径研究——以人民调解为例》，载《管理现代化》2022年第2期。
[3] 参见周潇：《人民调解机制在电视节目中的功能与实践》，载《传媒》2022年第11期。

调解委员会自身还接受其设立单位、特定行业或专业领域的主管部门以及同级司法行政部门的监督。这些主体都可以被称为人民调解员的监督主体。根据《新疆调解条例》第14条的规定，基层调解组织应当进行信息报备，将其所管理的人民调解员的相关信息公开。人民调解委员会则主要依据《新疆调解条例》第22条规定的调解员禁止性行为类型来监督调解员的履职情况。

根据监督主体类型可将组织对人民调解员的监督反馈机制分为三类：第一，人民调解委员会的监督反馈机制。调解委员会在管理人民调解员方面具有直接性和高效性。他们需要对人民调解员的工作反馈数据进行定期分析，总结工作成果，并对表现突出的调解员予以表扬和奖励，对于表现欠佳的调解员进行有针对性的沟通，及时发现并解决他们在调解过程中存在的问题。第二，县级以上政府或相关的司法行政部门的监督反馈机制。这些部门要制定更为完善的调解员监督检查工作方案。具体检查内容包括基层调解委员会的组织架构、调解员配备、调解工作规范、调解工作流程、调解工作档案管理情况、调解服务质量、调解工作信息公开等相关情况。此外，还需要全面掌握人民调解员的培训情况、履职情况、调解满意度、调解效率等信息。最后，这些部门需要实事求是地给出监督反馈的指导建议，并跟踪建议的执行情况。第三，设立单位、特定行业或专业领域的主管部门的监督反馈机制。对于专业性或者行业性基层调解委员会的监督反馈应由其设立单位、特定行业或专业领域的主管部门负责。相关单位可以在参考同级司法行政部门的监督反馈机制的基础上，再结合本专业领域或行业特性对专业性人民调解员的监督反馈标准进行优化。这样的机制可以更好地满足不同领域的实际需求，确保人民调解员的工作质量和效率。

2. 公众监督

为制定一个较为全面、系统的信息公开考核标准，需要从多个维度来评估人民调解员的调解效果。公众对人民调解员的监督反馈主要集中在两个方面：一是当事人监督层面，当事人对调解效果的反馈是最直接、准确的，建立当事人的评价反馈机制，一方面可以帮助人民调解员对自身调解水平进行自我衡量，另一方面也可以对调解员的工作进行约束，督促他们更好地履行职责；二是公共监督层面，应通过互联网、新媒体平台等渠道适度公开人民调解员的调解成果，以便于人民群众对调解员的工作进行监督，同时也可增强人民群众对人民调解员的信任感。

(二) 完善新疆人民调解员的培训体系

《新疆调解条例》第35条和第36条明确规定司法行政部门是对人民调解员进行免费培训的责任主体。为完善新疆人民调解员培训体系,需要从以下三个方面入手:

首先,要明确人民调解员培训体系的责任主体。在确定培训责任范围时,应当遵循分级负责的原则,根据司法行政部门的级别和所在辖区来确定其具体的培训责任。根据《调解员队伍意见》,县级司法行政部门主要负责辖区内人民调解委员会主任、骨干调解员的岗前培训和年度培训,并指导和组织司法所培训辖区内的人民调解员;市级司法行政部门主要负责辖区内大中型企业、乡镇(街道)和行业性、专业性人民调解委员会主任、骨干调解员的岗前培训和年度培训。[1]

其次,要完善人民调解员的培训课程体系。应因地制宜、因时制宜,针对民族文化冲突、宗教信仰差异,以及语言交流不便等因素设置相应的培训课程。培训内容应涵盖社会形势、法律政策、职业道德、专业知识和调解技能等方面,并将中华文化融入其中,以进一步铸牢中华民族共同体意识。为确保培训效果,相关司法行政部门可以逐步建立培训师资库,聘请高校或科研院所老师进行理论授课,同时吸纳律师、公证员、司法鉴定人、专职调解员等实务专家开展实务培训,从多角度为人民调解员提供经验和思路的借鉴。

最后,要建立人民调解员培训质量评估体系。这一体系是对人民调解员培训效果的系统化监督反馈机制,旨在确保培训不流于形式,能产生实际效果。在评估培训质量时,需要充分了解培训的目标、内容、方式和师资等方面的情况,并结合学员反馈和培训后人民调解员在实际工作中的表现来进行检验。为最大限度地保证评估的客观性和中立性,建议由高校或科研院所等第三方主体担任评估工作的实施主体。这样不仅可以建立高校或科研院所与新疆人民调解组织的长期合作机制,还有助于前者及时发现基层人民调解面临的最新困境,及时更新与之相适应的培训方案。

(三) 建立满足新疆多元化纠纷调解需求的专业化人民调解员队伍

人民调解员队伍的专业化强调的是整体的专业化,而非针对某一行业或专业的专业化,这一过程是法律专业知识、社会阅历、生活经验和处理问题的

---

[1] 参见周潇:《人民调解机制在电视节目中的功能与实践》,载《传媒》2022年第11期。

智慧结晶。[1] 故应围绕解决当地多元化纠纷的目标建立专业化的人民调解员队伍,适当拓宽调解员擅长的领域,规范调解工作的专业性,以实现更好的调解效果。推动调解员职业化、专业化发展是人民调解制度现代化发展的重要环节,是完善基层调解委员会组织建设的重点内容。[2]

专业化调解员队伍的建立应主要从两个方面努力:

首先,在管理方面,应主要采取以下三种方法:第一,拓宽调解员的来源渠道。通过多种途径招募人民调解员,注重招募多元化的人员,包括不同性别、年龄、职业、文化背景的人员,以尽可能满足不同群体的调解需求。第二,将中华文化融入调解员培训体系。完善的调解员培训体系可以基本保证调解员队伍整体水平的提升,但是多元化调解员队伍的培训应当在传统的培训模式上融入更多的中华文化元素。由于人民调解员面对的纠纷来源复杂,专业性的法律知识在实际调解过程中往往很难满足调解员所面对纠纷的需求,即"以法调解"的比重要相对低于"以德调解",利用好中华传统文化去帮助人民调解员解决矛盾纠纷,往往能够起到更好的社会效果。第三,加强人民调解员队伍的监督管理。建立健全的监督管理机制,包括定期考核、督导检查和纪律处分等。人民调解委员会定期对人民调解员进行考核评估,可以及时发现问题并进行纠正。

其次,在保障方面,应主要采取以下三种措施:第一,建立健全合理有效的人民调解员激励机制。由于人民调解属于政府提供的公益性服务,不允许向当事人收费,甚至部分调解案件还需要人民调解员自己垫付一定的成本,导致经费问题在实践中往往成为制约调解效果的重要因素。由此看出,落实经费保障不仅可以提升人民调解员工作的积极性,还有助于实现良好的调解效果。第二,运用信息技术赋能调解工作。《新疆调解条例》第 43 条规定,司法行政部门应当加强人民调解工作信息化建设。建立地区人民调解员的信息数据库和调解典型案例数据库,并搭建非涉密信息共享平台,发挥人民调解与司法调解、行政调解的联动作用。第三,加强对人民调解员工作的宣传推广。各级司法行政部门应采用多种方式重点宣传人民调解员的工作成果和社会效益,提高社会对人民调解员工作的认知度和认可度,吸引更多有志

---

[1] 参见张西恒:《人民调解专业化问题探讨》,载《理论探索》2019 年第 4 期。
[2] 参见王璐航:《社会治理视域下人民调解制度的现代化发展研究》,载《社会科学战线》2021 年第 11 期。

于从事调解工作的人员加入。通过上述措施可以更好地建立和发展满足多元化纠纷调解需求的人民调解员队伍,提高调解工作的质量和效果。

四、结语

人民调解员队伍是新疆公共法律服务体系的关键组成部分,其工作具有基层性、补充性、公益性。为了充分发挥调解员维护社会稳定、促进社会和谐的积极作用,必须深入解决他们在实践中所面临的困境,进而不断提升调解服务的价值和水准。为优化基层司法资源配置,更好地满足人民群众的多元化纠纷调解需求,创新发展新时代"枫桥经验",新疆亟须培养扎根基层、服务基层的专业化人民调解员队伍。本文从人民调解员视角出发,分析了新疆调解工作在实践中存在的问题,并提出了相应的对策建议。当然,本文的研究仍有不少未尽之处,如对调解制度运行层面可能存在的问题还需要进一步调查研究和实证检验。在依法治疆的大背景下,新疆人民调解员队伍的建设和发展必将不断取得新的进展和成就。

第二编
法院调解的创新发展

从禁止到规范：案外人执行异议之诉中调解的适用路径与程序构建

艾文博* 吴翔宇**

诉讼调解是我国重要的诉讼制度，是人民法院行使审判权的重要方式。[1] 案外人执行异议之诉作为民事诉讼案件的一种类型，理应服从于民事诉讼鼓励调解的制度框架。然而通过实践发现，案外人执行异议之诉的调解率极低，甚至有法院规定案外人执行异议之诉不得调解。我国诉讼程序不得调解的规定仅存在于行政诉讼法中，[2] 基于行政权的不可处分性，行政诉讼才存在不能调解的规定。但为何案外人执行异议之诉也存在不能进行调解的规定？究其根本，现有规则的含混粗疏及理论研究的不足导致了司法实践陷入困境。本文通过对案外人执行异议之诉的法理、制度、功能三个层面进行分析，力图构建一套符合制度规范的调解规则，从而为解决实践困境找到合理路径。

一、案外人执行异议之诉中适用调解的实然情景

（一）案外人执行异议之诉中适用调解的现状

1.适用调解的占比极低

为考察案外人执行异议之诉中调解的适用状况，笔者以中国裁判文书网为检索对象，以2018年1月1日至2022年12月31日为检索时间区间，共搜

---

* 艾文博，长沙市开福区人民法院专职委员。
** 吴翔宇，长沙市开福区人民法院执行局法官助理。
〔1〕 最高人民法院：《关于进一步发挥诉讼调解在构建社会主义和谐社会中积极作用的若干意见》，载《人民法院报》2007年3月7日，第1版。
〔2〕 《行政诉讼法》第60条第1款规定："人民法院审理行政案件，不适用调解。但是，行政赔偿、补偿以及行政机关行使法律、法规规定的自由裁量权的案件可以调解。"

索到关于案外人执行异议之诉的法律文书 156316 份,其中调解书共 534 份。在总案件中,一审案件有 94647 件,适用调解的案件有 417 件,占比为 0.44%;二审案件有 50500 件,适用调解的案件有 97 件,占比为 0.19%;再审案件有 11169 件,适用调解的案件有 20 件,占比为 0.17%。从上述数据可以发现,案外人执行异议之诉中适用调解的案件数量较少,[1]远低于普通民事案件的平均调解率。

2. 禁止调解的观念普遍存在

笔者从 H 省 C 市及下辖区县[2]数字法院系统收集到 2018 年至 2022 年共 17 份案外人执行异议之诉的调解书,其中一审调解案件 16 件,二审调解案件 1 件,再审调解案件 0 件。为何案外人执行异议之诉的调解率如此之低?笔者以访谈的方式,向 H 省 C 市各法院案外人执行异议之诉审判团队了解到相关情况。首先,大部分法官认为案外人执行异议之诉因涉及执行标的的权利主体的确定,故不得适用调解程序。如当事人表现出调解意愿,法官则会通过劝说当事人撤诉,要求当事人进行执行和解或者私下和解,以实现快速结案的目的。其次,案外人执行异议之诉本身较为复杂,涉及的法律关系较多。案件中既可能包含权利确认,又可能要求对执行行为作出处理,当事人不易对所有的焦点问题达成一致,因而难以调解。如此一来,在禁止调解的倾向之下,法院更加不愿对案外人执行异议之诉适用调解。

3. 适用调解的实践混乱

最高人民法院《关于适用〈中华人民共和国民事诉讼法〉的解释》(以下简称《民诉法解释》)第 310 条第 2 款规定:"案外人同时提出确认其权利的诉讼请求的,人民法院可以在判决中一并作出裁判。"从笔者收集到的调解书来看,案外人主张对执行标的享有所有权的情形占绝大多数。此外,调解书除载明是否继续强制执行争议标的物外,通常还附带了"补偿方案",即申请执行人通过向案外人给付一定金钱来换取执行权益。可见,在实践中,有关权利确认的调解显得较为混乱。

---

[1] 虽然有部分调解案件未录入中国裁判文书网,但浙江省高级人民法院 2023 年公布的 2019—2022 年浙江全省法院案外人执行异议之诉(包含案外人执行异议之诉和申请执行异议之诉)的一审调解率为 0.6%,这一数据与笔者统计的数据非常接近。

[2] H 省 C 市下辖 9 个区县,各法院案外人执行异议之诉均设立了专业审判团队审理此类案件。

类型一：未提出权利确认请求的调解

【案例1】甲公司逾期未偿还乙银行贷款，乙银行向法院起诉，要求甲公司偿还银行贷款。执行过程中，法院欲拍卖甲公司贷款时抵押的办公用房，此时丙公司向法院提出执行异议，主张对该办公用房享有租赁权。法院驳回丙公司的异议后，丙公司提起案外人执行异议之诉，请求法院停止对办公用房的强制执行。经法院调解，甲公司、乙银行、丙公司共同确认丙公司对被执行房屋还享有3年期租赁权，乙银行向丙公司支付15万元后，丙公司同意不再对强制执行行为提出异议并配合搬离房屋，法院从而可继续拍卖该房屋。

类型二：提出权利确认请求的调解

【案例2】甲未按期支付乙公司股权转让款，乙公司向法院起诉，要求甲支付转让款。执行过程中，法院欲拍卖甲名下房屋，此时丙公司提出甲已与其签订该房屋的买卖合同，且已按照合同约定支付了相应款项，主张其拥有对房屋的所有权。法院驳回丙公司的异议后，丙公司提起案外人执行异议之诉，请求法院停止对房屋的强制执行，并确认其对房屋享有所有权。经法院调解，甲、乙、丙三方共同确认案涉房屋归甲所有，从而使得法院可以继续进行执行，但是乙公司需从执行款中支付丙公司60余万元作为补偿。

上述两个案例的相似之处在于，经过调解后，案外人均不再提出执行异议，调解结果亦未影响强制执行的推进。但是区别在于，案例1中的案外人未提出权利确认的请求，但调解结果却确认了案外人对执行标的拥有租赁权。在申请执行人向案外人支付补偿款项后，可继续对执行标的进行强制执行。案例2中的案外人虽然提出了确权的请求，但调解协议却将执行标的确认为被执行人的财产。上述两个例子反映出案外人执行异议之诉的调解结果具有任意性，法院是否作出权利认定无需以案外人提出请求为前提条件，调解结果中认定的权利主体亦不限于案外人本身。

（二）案外人执行异议之诉中适用调解的规则现状

1. 禁止调解与调解优先的规定冲突

黑龙江省高级人民法院2011年11月制定的《黑龙江省高级人民法院关于审理执行异议之诉案件若干问题的解答》（以下简称《审理执行异议之诉的解答》）与江苏省高级人民法院2017年12月公布的《江苏省高级人民法院执行异议及执行异议之诉案件审理指南（一）》（以下简称《执行异议审理指南（一）》）均涉及在案外人执行异议之诉中适用调解的规定。在《审理执行异议之诉的解答》中,黑龙江省高级人民法院对案外人执行异议之诉是否能够调解的答复为"审判人员应当根据'调解优先、调判结合'的原则,与执行人员密切配合,积极组织案外人与申请执行人、被执行人进行调解……",其中"调解优先、调判结合"的规定在黑龙江省高级人民法院于2019年4月公布的《审理执行异议之诉的解答》修订版中得以延续保留。而《执行异议审理指南(一)》规定,"执行异议及执行异议之诉案件涉及到执法法院对被执行主体的确立、执行标的财产的确定及其处置等执行行为的正当性与合法性,执行异议及执行异议之诉案件的裁判结果不受当事人处分权利的约束,因此,执行异议及执行异议之诉案件不得进行调解",可见江苏省高级人民法院对这一问题采禁止调解的观点。

从上述两则规定来看,《执行异议审理指南(一)》与《审理执行异议之诉的解答》关于案外人执行异议之诉能否调解的规定截然不同。江苏省高级人民法院认为,案外人执行异议之诉需要确立被执行主体以及确定执行标的财产的权利,因此不得调解。而黑龙江省高级人民法院并未作此要求,仅规定案外人执行异议之诉案件应在"调解优先、调判结合"的原则下调解。此后,黑龙江省高级人民法院发布了《关于审理执行异议之诉案件若干问题的解答(续一)》,在《审理执行异议之诉的解答》的基础上增加了22条内容,其中增加了案外人执行异议之诉的审理要对标的物权属进行实质审查的原则,重点审查案外人所主张的实体权利是否真实。这一点与《执行异议审理指南(一)》中实质审查的要求一致,但黑龙江省高级人民法院并未作出禁止调解的规定,仍然鼓励案外人执行异议之诉可以优先调解。

2. 调解规则的缺失

《全国法院民商事审判工作会议纪要》(以下简称《九民会议纪要》)第119条规定了人民法院对案外人执行异议之诉的审理应从案外人对执行标的是否享有权利、享有什么样的权利、权利是否足以排除强制执行三个方面进行判断。但对于如何调解,《九民会议纪要》未作出相应规定。各省发布的案外人执行异议之诉审理指南主要对审理程序和认定标准作出规定,均未有调解规则的内容。调解规则的缺失,使得大部分法官仅凭经验来开展调解实践,导致实践中的调解结果混乱不堪,极大地抑制了调解的作用和效果。

二、案外人执行异议之诉中禁止调解观念的反思

从现有规定来看,立法机关以及最高人民法院并未制定有关案外人执行

异议之诉禁止调解的规定,但为何实践中会产生这一观念?笔者对此进行分析后认为存有如下原因。

(一)适用调解无法满足审理规则的要求

引发案外人执行异议之诉的原因在于,案外人认为法院对特定标的物进行强制执行的行为侵害了其合法权益。现有规则下的合法权益应当包括案外人对执行标的享有实体权利,以及该实体权利优先于被执行人、申请执行人的实体权利两个方面。[1] 实践中,法院之所以倾向于不进行调解,乃是因为对案外人主张的合法权益进行调解存在诸多缺陷与不足。

1. 实质审查的不足

"足以排除强制执行的民事权益"种类繁多,包括所有权、用益物权,还有例外情况下的租赁权与债权等权益。[2] 这些实体权益的确定需要法官审查案外人提供的证明其享有实质权利的证据。具体而言,首先,需要审查案外人、被执行人与执行标的的关系,如果被执行人对执行标的不享有实体权益,则不得强制执行。其次,案外人需要证明其对执行标的享有实体权利,并判断这种权利是否足以排除强制执行。但权利存在和变动的形式很多,公示权利与实质权利经常存在不一致,因此法官进行的实质审查不仅需要审查权利是否符合法律规定的形式要件,同时还需要审查该权利涉及的实体法律关系是否合法。[3] 但是若强制执行奉行形式化原则,法官则难以采用上述严苛的审查要求,导致经由当事人合意作成的调解结果容易成为错误的执行依据。

2. 优先效力的认定缺失

在案外人与被执行人对执行标的同时享有实体权益时,何种权利具有优先效力,也是案外人执行异议之诉需要解决的关键问题。与实体权利的审查不同,实体权益的优先效力主要依赖法官的法律判断。当执行标的上存在多个种类和内容不同的权利时,法官需要解决这种既互相排斥又互相重合的矛盾,从而使各个债权人的债权得到合理的满足。《民诉法解释》第142条规定,人民法院应在法律关系明确、事实清楚的基础上进行调解。但在调解中,

---

[1] 参见王聪:《案外人执行异议之诉中异议事由的类型化研究——以"足以排除强制执行的民事权益"为中心》,载《法治研究》2018年第4期。
[2] 参见汤维建、陈爱飞:《"足以排除强制执行民事权益"的类型化分析》,载《苏州大学学报(哲学社会科学版)》2018年第2期。
[3] 参见江必新:《司法审查强度问题研究》,载《法治研究》2012年第10期。

审理法官既不用辨别各种权利的类型,也无须运用法律逻辑判断各个债权的优先效力,执行标的上权利交织的情形可以存在,这与《民诉法解释》第142条的规定存有一定相悖之处。

3. 导致虚假诉讼的滋生

借由调解规则,执行标的上的实体权利可以自由流转。利用这一特点,部分债务人可以在案外人执行异议之诉中实现转移财产、躲避债务的非法目的。例如,债务人与案外人可以通过串通虚构法律关系提起案外人执行异议之诉,并以调解的方式将执行标的确认至案外人名下。事实上,虚假诉讼的出现,并非案外人执行异议之诉本身的固有缺陷,这是因为只要将完备的法庭调查和严格的证据审查程序落实到位,便很难产生虚假诉讼。但一旦将调解嵌入案外人执行异议之诉中,便为被执行人与案外人恶意串通营造了良好的"土壤",此时产生虚假诉讼的可能性便大幅上升。

(二)调解程序与案外人执行异议之诉存在理论分歧

1. 效率性与正当性的博弈

审判程序以追求司法公正为优先目标,并同时兼顾诉讼效率;而执行程序则强调效率优先,同时兼顾公平的价值理念。[1] 案外人执行异议之诉作为兼容执行问题的审判程序,虽然强调执行的效率性价值,但并不代表其可以放弃结果正当性的要求。调解在一定程度缓解了司法资源紧张的情况,但案外人执行异议之诉本身系为纠正执行错误、实现正确执行而设定的程序,若仅考虑通过调解快速地解决纠纷,忽视了诉讼本身的价值追求,便与程序正当性理念不符。在案外人执行异议之诉的利益结构中,存在多种价值考量。如最高人民法院《关于人民法院办理执行异议和复议案件若干问题的规定》(法释〔2015〕10号,已被修改)第29条规定了消费者用于居住的唯一住房可排除债权人的强制执行,体现了对生存利益的保护。规避房地产市场政策的借名买房行为,因为该行为的基础法律关系不合法,基于公序良俗的考量,法律可以减损对案外人利益的保护。因此,效率性与正当性的博弈,成为慎用调解的一项考量因素。

2. 处分原则与职权主义的冲突

处分权是当事人在民事诉讼中的基本权利,具体是指当事人有权按照自

---

[1] 参见唐力:《案外人执行异议之诉的完善》,载《法学》2014年第7期。

己的意志支配自己的民事权利,并有处置自己权利的自由。[1] 这一权利是处分原则的核心内容。而职权主义的基本含义为承认法院在民事诉讼中拥有主导权[2]。当事人请求调解、作出让步以达成调解协议以及对诉讼请求的承认与妥协,均属于当事人行使处分权的表现。而法官在案外人执行异议之诉中的实质审查,在一定程度上需要其主动收集证据、调查案件事实,并对当事人的处分行为进行审查和干预,是职权主义的一种表现形式。在实质审查的要求之下,案外人执行异议之诉中的调解程序不得由当事人自主启动和完成,这表现出对当事人处分权的限制和当事人主体地位的弱化。在上述两个原则发生冲突时,法官往往期冀于优先选择践行职权主义,最终导致限制甚至禁止当事人调解的情况出现。

(三)案外人执行异议之诉的案件性质不适用径行调解

一般而言,调解案件可以分为有可能调解的案件与无可能调解的案件两种类型,有可能调解的案件又可分为不经法庭调查辩论径行调解的案件,以及不能适用径行调解程序的案件。[3]《民诉法解释》第143条规定,无可能调解的案件主要为特别程序、督促程序、公示催告程序、婚姻等身份关系确认案件,以及其他根据案件性质无可能调解的案件。从现有规定来看,特别程序及非诉程序案件因缺乏两造对抗的当事人而无法适用调解;身份关系确认型案件,因涉及确定个人身份的客观情况,同样不能适用调解。与上述情况形成鲜明对比的是,目前没有相关法律规定何种案件不适用径行调解。因此,在实践中需要以价值指引来判断具体的案件是否可以适用径行调解。而在案外人执行异议之诉中,涉及的主体包含申请执行人、被执行人和案外人等,主体间利益冲突大,案件事实较为复杂,在此情况下径直确认当事人的权利不利于发挥诉讼指引的功效,难以为后续纠纷作出示范。

三、案外人执行异议之诉中适用调解的论证进路

从应然层面分析,案外人执行异议之诉中适用调解不违背民事诉讼制度,但调解不当容易导致结果错误,有损司法权威。因此,进一步探讨调解在

---

[1] 参见李浩:《民事程序选择权:法理分析与制度完善》,载《中国法学》2007年第6期。
[2] 参见张卫平:《民事诉讼基本模式:转换与选择之根据》,载《现代法学》1996年第6期。
[3] 参见最高人民法院民法典贯彻实施工作领导小组办公室编著:《最高人民法院新民事诉讼法司法解释理解与适用》,人民法院出版社2022年版,第354页。

案外人执行异议之诉中的适用路径,发挥调解人性化、便捷高效的价值功效,显得尤为重要。

(一)前提:诉讼标的之界定

1. 厘清异议权与确认权是调解的前提

从案外人执行异议之诉的实际构成来看,案外人以执行债权人或执行权利人为被告的诉讼请求是排除对执行标的的强制执行,争议的是案外人是否具有排除强制执行的异议权;而案外人以执行债务人或执行义务人为被告的诉讼请求是要求法院确认案外人对执行标的拥有某种权利,争议的是案外人是否拥有某种实体权利,而不是对执行标的的异议权。[1]

异议权在我国实定法上属于形成权,目的是请求撤销执行机构的错误行为,变更现有的执行法律关系,[2]确认权则产生积极的确认之诉的法律效果。构成异议权基础或原因的实体法律关系只是法院判断的理由,调解并不会产生确认实体权利的效果,因而调解不具有既判力。而异议之诉也不会约束后诉法院对标的物实体权利的判断。因此,论证进路有赖于诉讼标的的妥当界定。

2. 明确异议权可由当事人在调解中处分

明确异议权为案外人执行异议之诉中当事人可自由处分的权利,其内涵包括两个方面。其一,对抗强制执行的异议权,即以实体法为根据的权利,包括在执行标的上的所有权、担保物权甚至例外情况下的债权等。案外人须先主张其拥有对执行标的的实体权利,才具备提出异议权的条件,即依照《民事诉讼法》第238条之规定,案外人需要先对执行标的主张权利,才可提出案外人执行异议之诉。其二,案外人主张其拥有的实体权利在执行中优先于申请执行人的权利,即具有民事实体权利的优先性,这也是异议权的表现形式之一。对异议权进行调解,实质上是案外人与申请执行人对执行依据项下请求权优先效力的处分。易言之,案外人与申请执行人基于各自拥有的实体权利而对强制执行作出约定,调解结果不发生排他性效力,也不会产生权利确认的法律效果。将异议权作为调解中当事人可自由处分的权利,既不违反民事诉讼的制度要求,可以形成理论与制度之间的自洽,也尊重和保障了当事人的诉讼权利,有利于实现不同主体的利益。

---

[1] 参见张卫平:《案外人异议之诉》,载《法学研究》2009年第1期。
[2] 参见张卫平:《案外人异议之诉》,载《法学研究》2009年第1期。

(二)工具:实质审查融入调解程序

1.实质审查应为调解的必要条件

法律关系不明确且需要明确权利义务关系的案件不适用径行调解,但这并不妨碍适用其他形式的调解。案外人执行异议之诉中的法律关系复杂,主要在于执行标的上存在各种权利,这是难以进行调解的根源。要明确这些法律关系,则需要进行实质审查,要求包括法官调查案件事实、核实证据以及听取当事人的辩论和陈述。除此之外,还要求实质审查法律关系是否合法、权利状态是否有效。在法律关系合法、权利状态存续时,当事人针对异议权的调解便具备了正当性基础。反之,法官若通过实质审查发现实质权利人与案外人主张的情形不一致,则不具备调解的条件。

2.实质审查的结果作为调解的依据

诉讼的原因在于产生了利益纠纷,通过实质审查则可以深入了解纠纷产生的根源,让法官深入地了解案件实际情况和背后的利益关系,从而明确纠纷当事人各自拥有的实体权利。在此基础上进行的调解活动,可以让当事人自愿选择纠纷的处理结果,使结果更符合自身利益的需求,增强当事人对案件结果的认同感,最大限度接近其所要求的实体公正,使人民群众能够在每一个司法案件中感受到公平正义。

(三)效果:异议权调解可实现各方利益

异议权的调解结果限定于是否继续对执行标的强制执行,不形成、改变或消灭案外人或申请执行人与执行标的之间的实体权利关系。即便执行标的上还存在其他权利主体,也不会导致执行标的的价值的减损或者消灭。如其他权利人认为执行行为损害其合法权益,依然可以通过执行异议或案外人执行异议之诉的方式寻求救济。据此,针对异议权的调解可满足各方当事人的利益,包括申请执行人的债权实现利益、案外人的受偿利益以及被执行人的财产利益。首先,调解的达成能够及时推动案件的执行,确保申请执行人的债权及时得到清偿。其次,案外人对执行标的享有债权等权益时,可通过与申请执行人达成调解补偿方案来取得相应的经济利益。最后,调解明确了执行标的的处置方式,确定了执行的权利主体,被执行人的财产不会被无故肆意处置。综上,针对异议权的调解全面地保障了各方利益,有效地实现化解纠纷的目的。

四、案外人执行异议之诉中调解的适用路径及规则构建

经过前文论证,案外人执行异议之诉可对案外人基于异议权引发的纠纷进行调解。据此,本文在遵循案外人执行异议之诉基本法理和程序规则的前提下,拟构建案外人执行异议之诉的调解规则,以契合该项诉讼的规则体系。

(一)逻辑起点:适用调解的范围与内容

1. 适用调解的范围

(1)权利确认之诉不得调解。案外人附带提起权利确认的,或需要确认案外人对执行标的是否享有权利的,属于确认权的争议范围,不得进行调解。一方面,案外人请求确认的权利为执行标的的所有权,而所有权的变化应当经过法律规定的物权变动方式,不得通过调解确定或改变。另一方面,案外人需要确定的权利为担保物权、占有权或债权等,上述权利或权益需要经过事实审查和法律判断来确定,亦不属于当事人可自由处分的内容。此外,即便案外人未提起权利确认的请求,但其对执行标的所享有的实质权利是进行调解的先决条件和必要基础的,属于需要确认案外人对执行标的是否享有权利的情形,此时同样也不得调解。

(2)执行权的优先效力争议可以调解。案外人起诉时未附带提起权利确认的请求,或案外人对执行标的享有实体权利不存在争议,仅主张对执行标的享有优先执行权的,属于异议权的争议范围,法院可以组织当事人进行调解。但由于需要先行确定案外人对执行标的享有实体权利,此时的案外人执行异议之诉不属于可径直调解的案件。因此在诉讼过程中,即使被执行人未反对案外人主张的事实,法官也应当进行主动审查。经审查确认案外人对执行标的享有实体权利的,法官可组织双方进行调解,否则只能作出裁判。

2. 调解的内容

最高人民法院《关于人民法院民事调解工作若干问题的规定》第7条规定,调解协议内容超出诉讼请求的,人民法院可以准许。但因案外人执行异议之诉的特性,调解的内容不得超出对执行标的的强制执行的范围,不可对原判决、裁定确定的内容进行调解。调解的内容应确定继续或者停止对执行标的的强制执行,在不违反处分原则的前提下,还可对金钱补偿方案作出约定。达成调解后,申请执行人与案外人之间形成了执行法律关系,双方互负一定的权利义务。但申请执行人与被执行人之间原有的债权债务关系不发生改

变,申请执行人仍依原判决、裁定确定的内容享有权利。调解书履行完毕后,仍不能满足申请执行人的债权的,可继续对被执行人的财产强制执行。

(二)具体规则:调解流程的全面构建

1. 坚持调解优先原则

尽管案外人执行异议之诉存有部分不得调解的情形,但在不涉权利确认的争议部分,通过调解化解纠纷仍是解决此类案件的最优方案。调解尽可能地尊重了当事人的选择,这种选择既可能是祈求执行程序能够快速、高效地推进,也可能是基于自身处境的判断。因此除不得调解的情形外,审理法官应当先组织当事人进行调解,在双方不愿调解或无法达成一致意见时再作出裁判。需要注意的是,调解必须遵循当事人自愿原则,不得因为调解能够减轻审理的负担而久调不决,无法达成调解时,法官应当及时作出判决。此外,案外人执行异议之诉的调解结果很大程度上无需依赖当事人的自觉履行,更多是对执行行为的约定,因此还需注重调解效果与执行效果的统一。

2. 受理阶段

(1)设立专业审判团队。案外人执行异议之诉由执行法院管辖,执行法院在受理案件后,应设立专业化的审判团队负责审理案外人执行异议之诉,保证审判团队具备处理基础法律关系与调解执行异议之诉的能力与经验。因为执行异议之诉的特殊性与复杂性,专业审判团队能够快速识别案件的争议类型,适用统一的调解、审判规则,提升审理效率,避免因经验不足导致错误适用调解。

(2)强化案件的识别。案件受理后,审理法官应当先对案外人的诉讼请求进行审查。若案外人同时提起确权请求,法官则不再组织调解,直接进行审理程序。若案外人在诉讼中未提出确权请求,则法官应要求案外人释明请求权基础,具体指案外人应当针对执行标的提出权利主张,并明确案件争议的权利类型。对符合调解条件的案件,可告知当事人进行调解。

3. 调解阶段

第一,调解主体的确定。被执行人在案外人执行异议之诉中不得单独提出诉讼请求,只能针对原告提出的请求进行抗辩。基于调解的不可分割性以及保证调解结果真实、准确的需要,即便在被执行人不反对案外人或申请执行人主张、案外人与被执行人之间没有形成实质性争议的情况下,无论被执行人是被列为被告还是第三人,其均被包含在调解的主体中。

第二,明确证明责任。《民诉法解释》第309条规定了案外人应当就其对执行标的享有足以排除强制执行的民事权益承担举证责任,而未规定被执行人的举证责任。案外人执行异议之诉的调解必须以当事人实体权利明确、执行标的权属清晰作为前提,但被执行人作为第三人参加诉讼时,时常怠于主张权利,不提交相关证据,使得审理法官在查明执行法律关系时存在很大难度。因此,审理法官应当明确被执行人需对执行标的享有实体权益进行举证。为防止虚假诉讼,即便被执行人对证明案外人享有实体权益的证据表示认可,审理法官亦应对该部分证据的真实性进行主动审查。

第三,强化职权审查。由于案外人执行异议之诉中调解的特殊性,审理法官对案件事实的探知,不应限于当事人主张的事实和提供的证据的范围。与执行形式化审查不同,案外人执行异议之诉的审查标准更高。对于案件的关键事实,所有当事人都应当在法官的主持之下,尽可能地提供证据和信息。在调解的开始和终止阶段,法官可主动调查、收集证据,积极发挥职权主义功能,强化诉讼指引作用。

第四,作出调解指引。当事人提出调解意愿时,审理法官应当对调解的程序和内容作出指引。调解过程中,审理法官应当认真听取双方当事人关于案件事实和理由的陈述,有针对性地释明相关法律,明确双方各自的责任,引导当事人就具体的争议事项进行协商,并可提出建议方案;调解方案应当围绕对执行标的的执行行为展开,引导当事人就是否执行、补偿方案等方面提出意见,对当事人提出的不属于强制执行的调解内容,不予进行调解。

4. 调解书的执行

《民诉法解释》第313条规定了案外人执行异议之诉审理期间,人民法院不得对执行标的进行处分。因此,审理法官除向当事人送达调解书外,还应同时向执行法官告知调解结果,及时推动执行工作的进行。因案外人执行异议之诉的结果不影响原执行依据确定的权利义务,申请执行人或案外人可提交调解书请求执行法官继续或停止对执行标的的强制执行,无须重新申请执行;如果调解书还约定了金钱给付的内容,且对此未及时履行的,申请执行人或案外人应当另行对金钱给付部分申请强制执行。

(三)制度延伸:关联规则的完善

1. 执行和解协议对调解协议的影响

执行和解协议在形式上与调解协议相似,内容均涉及执行依据所确认的债权债务的减少或免除、债务履行的时间、方式、执行财产标的的限定等。[1]但执行和解协议并不完全具有调解协议的效力,被执行人不履行执行和解协议时,申请执行人只能向法院申请恢复执行原执行依据。现行法律并未明确作出执行和解协议的期限,《民事诉讼法》仅规定在执行过程中双方可以自行达成和解。因此在对案外人执行异议之诉进行调解后,尚存以下问题有待解决:当事人是否还能进行和解?和解协议是否会影响调解协议的效力?笔者认为,在申请执行人的债权未得到全部满足之前,强制执行程序并未结束,在达成调解后,当事人当然可以进行执行和解。执行和解协议达成后,会替代原有的执行依据,产生"冻结"原执行力的程序效力。[2]因此,调解书的效力也应当被暂时中止。如被执行人未履行和解协议的内容,债权人申请恢复执行的,调解协议的效力也自然得到恢复。

2. 对恶意串通调解的规制

当在诉讼中出现恶意串通调解、企图规避执行或损害他人权益的行为时,法院应当立即停止调解程序,并依照《民事诉讼法》第114条关于妨害民事诉讼的相关规定,或者最高人民法院《关于依法制裁规避执行行为的若干意见》关于规避执行的相关规定,对相关当事人予以罚款、拘留;具有拒不执行判决、裁定罪嫌疑的,可由人民法院将有关犯罪线索移送公安机关立案侦查。对于已经达成调解的,应当立即停止对调解书的执行,并按照法定程序撤销调解书、裁定驳回起诉。

五、结语

案外人执行异议之诉的核心是对被执行主体的确立、执行标的的确定以及实体权利优先效力的判定。执行主体的确立和执行财产的确定需要依据事实和法律,不允许争议双方相互协商,也就不存在法院调解的空间和余地。当事人处分自己的实体权利和诉讼权利,应当在法律准许的范围内进行。[3]对不涉及实体权利认定的调解,不仅未损害他人权益或公共利益,还能达到快速消灭纠纷的目的,兼顾了调解与执行的效率价值和公正价值。因此,本文对案外人执行异议之诉中调解的范围和规则进行了论述,以期对现有问题的解决有所裨益。

---

[1] 参见张卫平:《执行和解制度的再认识》,载《法学论坛》2016年第4期。
[2] 参见王亚新:《一审判决效力与二审中的诉讼外和解协议——最高人民法院公布的2号指导案例评析》,载《法学研究》2012年第4期。
[3] 参见张卫平:《民事诉讼处分原则重述》,载《现代法学》2001年第6期。

多元化纠纷解决机制下诉前调解的困境与对策研究

许霖林* 刘佳佳**

在当代中国社会变迁与国家转型的背景下，纠纷数量激增、种类日趋复杂，民事司法领域"诉讼爆炸"的景象已是不争事实[1]。但是过多的诉讼不但加剧了社会关系的对抗和紧张，增加了经济生活和市场运行的成本，也破坏了道德诚信、自治协商、家庭温情等重要的价值观念和社会规范。[2] 多年改革实践证明，诉前调解能有效缓解当前矛盾纠纷日益复杂化所引发的困境，提高法院办事效率，节约当事人维权成本。作为多元化纠纷解决机制运行的关键环节，诉前调解对法院分流具有重要意义，其因此成为近年来各地法院实践的重点。[3] 本文采用理论与实践相结合的研究方法，以我国多元化纠纷解决机制中的诉前调解机制为核心课题，试图对该机制在 H 县的实践应用进行分析，发现其存在的不完善之处，并在此基础上提出有针对性的建议，以期对该机制的发展有所裨益。

---

* 许霖林，湖南省衡山县人民法院立案庭副庭长。
** 刘佳佳，湖南省衡山县人民法院政治部法官助理。
[1] 参见左卫民：《"诉讼爆炸"的中国应对：基于 W 区法院近三十年审判实践的实证分析》，载《中国法学》2018 年第 4 期；蒋银华：《司法改革的人权之维——以"诉讼爆炸"为视角的分析》，载《法学评论》2015 年第 6 期；谢可训：《解读"诉讼爆炸"的几个社会学公式》，载《人民法院报》2012 年 11 月 16 日，第 7 版；何兵：《现代社会的纠纷解决》，法律出版社 2003 年版，第 43-46 页。
[2] 参见左文君、张竞匀：《构建矛盾纠纷多元化解机制——新时代"枫桥经验"解析》，载《长江论坛》2019 年第 5 期。
[3] 参见王小莉：《多元解纷下的诉前调解机制研究——以兰州市城关区法院为例》，西北民族大学 2022 年硕士学位论文。

一、多元解纷机制下诉前调解的改革困境

卡尔·马克思指出："人的本质不是单个人所固有的抽象物,在其现实性上,它是一切社会关系的总和。"[1]可见,对任何个人的矛盾的不当处理都可能诱发连锁效应,造成社会关系的不稳定。原有的以诉讼为主、民间协商和行政调解为辅的矛盾纠纷化解机制已经愈显单薄,无法满足经济日益增长背景下人民群众对化解矛盾纠纷的需求。此外,目前诉前调解制度存在的短板也使得基层矛盾纠纷化解机制的改革之路面临诸多困难。接下来,本文以H县法院为例,对法院诉前调解的实践情况进行审思[2]。

(一)运行效果不佳

从H县法院2020—2022年1—6月调解中心收案情况来看(见表12-1),该法院开展诉前调解的效果并没有达到预期。[3]通过以上数据我们可以直观地看到,2020—2022年民商事案件呈现逐年上升的趋势,但实际收案数量反而逐年下降。此外,诉前调解成功率均未超过25%,绝大多数案件最终仍进入了民事诉讼程序。

表12-1　2020—2022年H县法院诉调中心工作情况

年度	民商事收案总数/件	诉前分流/件	调解成功数/件	调解成功数占民商事案件百分比/%
2020年1—6月	738	171	103	14
2021年1—6月	901	382	192	21.31
2022年1—6月	842	502	317	37.65
合计	2481	1055	612	24.67

---

[1] 中共中央马克思恩格斯列宁斯大林著作编译局编:《马克思恩格斯选集》(第1卷),人民出版社1995年版,第56页。

[2] 2019年以来,H县基层法院积极开展多元化纠纷解决机制改革,严格依照最高院、省、市院要求进行诉讼服务体系建设,诉讼服务平台质效得分一直位居全省前列,因而具有很强的代表性。

[3] 参见刘源:《多元解纷+多维解纷　新时代"枫桥经验"升级问题研究》,载《山东法官培训学院学报》2018年第4期。

(二)人民法院调解平台使用率不高

H县法院在2020—2022年共接入调解组织41家,特邀调解员21位,全县在册调解员873位,通过查看人民法院调解平台上该院的相关数据发现,2021年全年化解纠纷793件,该院特邀调解员化解纠纷713件,也就意味着其余800余位调解员共调处了80件纠纷,可见,人民法院调解平台使用率并不高。此外,为推进人民法院调解平台进乡村、进社区、进网格工作,H县法院制定了具体的实施细则:以5个派出法庭为核心,将全县15个社区、村委会作为基层治理单位纳入矛盾纠纷源头治理工作的范围,每个社区、村委会均由1名法庭干警负责,干警多次下到各个社区、村委会推广宣传。可见即便如此,调解平台使用率的增长仍然缓慢(见表12-2)。

表12-2 调解平台应用的调研情况

受众	意见	所占比例/%
a类群众	调解平台要用的时候经常进不去	8
b类群众	无法实现全流程线上办理	22
c类群众	对网络操作不熟悉,希望能电话联系、线下联系	13
d类群众	与立案对接不畅,调解失败转立案花费时间太长,时间成本高	40
e调解员	调解成功申请出具调解书转内网立案延迟	12
f调解员	其他	5

(三)诉前调解和诉讼衔接不畅

诉前调解和诉讼程序虽然同为纠纷化解方式,但在制度设计和实际操作方面却有很大不同。首先,存在强制调解的现象。部分法院在当事人到达立案窗口后即将案件默认转为诉前调解案件,并未征求当事人或代理人的意见,也没有实质审查案件的实际情况。其次,存在送达难的问题。法律关系复杂或人数较多且分布在不同地区的案件,通知当事人全数到场调解已属不易,一旦诉前调解失败,部分当事人在得知了不利后果后往往选择消极躲避,给诉讼文书送达造成了阻碍。更有甚者,当事人拒不配合接收应诉材料,法院只能通过公告方式送达,这无疑加大了司法资源的浪费。最后,存在后期执行难的困境。在实践过程中,法院为追求较高调解率,批量形成的调解协议往往在内容上缺乏执行能力,最终导致调解协议无法执行或者部分执行。[1] 诉前调解与诉讼在解决纠纷时本该形成互补,其所具有的经济性、便利性、灵活性等特征与诉讼本身所具有的规范性、严谨性、权威性特征是有机统一的。然而,现实上看二者却是"貌合神离",单兵作战现象仍然存在,二者未形成一套系统化、标准化的解纷体系。这既浪费了司法资源,也不利于矛盾纠纷的有效调处。[2]

(四)调解员队伍建设不力

在调解员的选任和专业化建设方面,我国法律并无明确规定。因此,目前我国调解员队伍建设还不成熟。一是调解员选任不科学。基层法院的人民调解员多为中老年人和在校大学生,有的年长者虽工作经验丰富但文化水平普遍不高,在处理一些专业性问题时能力不足。有的在校大学生虽然文化水平较高,但社会经验却不足,不能很好地将理论知识运用到实际问题中,且缺乏与群众沟通的能力,处理纠纷时说服力不强。二是调解员队伍不稳定。在一些调解员队伍中,有些是暂时性地从事调解工作;有些调解员并非全职,有自己的本职工作,参与调解工作的时间受到限制。三是专业性调解员欠缺。在矛盾纠纷日益复杂化的趋势下,调解员对很多专业领域的相关知识不了解、不熟悉,导致调解工作开展困难。

(五)调解员工作积极性不高

有些调解员对工作消极怠工,不及时接收委派调解的任务,甚至直接长期处于缺岗状态,严重影响了调解工作的开展。此外,影响调解员工作积极性的更为重要的原因是,未能形成良好的激励机制。目前开展调解工作的资金来源单一,基本以财政拨款为主,而政府对调解经费的支持力度不足,调解员工作的薪资待遇低,仅仅根据调解数量领取低额的补助,甚至实际领取不到补助,直接影响到调解员的工作积极性。虽然目前出台了"以案定补""以奖代补""固定补贴"等多项关于补助的实施细则[3],但经实地调研多家基层调解组织发现,调解行为、调解方式、调解流程不规范,审批流程复杂导致基层调解员难以享受到相应的补贴政策(见表12-3)。

---

[1] 参见李浩:《当下法院调解中一个值得警惕的现象——调解案件大量进入强制执行研究》,载《法学》2012年第1期。
[2] 参见孟婷婷:《诉调对接机制的发展探析》,载《中国司法》2021年第2期。
[3] 激励措施为100—1000元不等。

表 12-3　社区、乡镇调解组织调研结果

受众	意见	所占比例/%
A 社区调解委员会	奖励申请费时费力,流程繁琐	42
B 社区调解委员会	如果从法院申请,得半年才能结算一次	31
C 社区调解委员会	要上传系统录入信息,不知道如何操作	12
D 乡调解委员会	规范程度要求高,去司法所审核几次都没过	11
E 乡调解委员会	没听说过奖励政策	4

(六)社会调解组织协调合作不够

社会组织作为诉前调解的重要力量,在外部不仅没有与相关行业建立协调机制,在内部也没有在各个组织之间建立协同机制。其遇到的困难表现在:第一,横向对接不够。为进一步建立多元化纠纷解决机制,目前全国各地均从当地社会实际出发,结合当地特色,打造亮点。例如,H 县的"1+3+5"解纷模式(人民法院调解平台+人民调解、专业调解、法院调解+五个治理工作站)。但在实际操作过程中,相当一部分基层矛盾未经调解便直接由法院立案,或者通过派出所出警协商处理。由此我们可以得出,诉前调解与报警协调之间的对接还不够完善,没有形成一定的标准或制度,也并未去针对处在不同阶段、不同类型的矛盾纠纷进行分流。[1] 第二,信息获取渠道不畅。在进行调解的过程中,社会组织需要综合与案件相关的信息,以便找寻出最有利的解决方案,特别是在一些复杂的案件中,信息互通的作用愈加凸显,但是目前调解组织获取其他平台的能力却有所欠缺。第三,协调体系未建立。由表 12-4 可知,交通事故类纠纷和金融类纠纷虽均属法律关系简单、权利义务明确的纠纷,但道交一体化平台数据显示调解成功率仅为 21.82%,足可以见道路交通行业调解组织并未与保险行业建立起统一的协调体系。同样,金融行业调解组织也未与人民银行建立高效的协调体系。

---

[1] 参见谭善俊:《基层社会治理视角下人民调解问题与对策研究——以 F 县为例》,山东农业大学 2021 年硕士学位论文。

表 12-4 2022 年不同线上平台调解案件情况

调解平台	调解案件数/件	调解成功数/件	调解成功率/%
道交一体化平台	55	12	21.82
人民银行总对总诉调对接平台	38	17	44.74

二、多元化纠纷解决机制下诉前调解未达预期的原因

(一)制度保障不够完善

一是有关诉前调解的概念、受案范围、启动程序等法律并未有明确规定。虽然各级各地法院根据本地区的经济发展状况和当地风俗习惯下发了各类意见或者通知,但在司法实践过程中,受案范围、调解期限、调解协议格式要件、调解费用等仍处于一种比较混乱的状态,缺乏统一的制度规定。

二是诉前调解的相关流程没有通过立法进行明确。首先,诉前调解的提请主体、相关程序不明确。例如,诉前调解程序是完全依当事人自治启动还是可以由法院依职权启动?在调解程序启动后,对调解人员的选择是依申请还是随机指派?调解过程由哪方进行监督?上述问题均没有明确的结论。其次,诉前调解的流程和期限不明确。诉前调解缺乏立法上的指引,这也就导致了其没有像诉讼程序那般严格的期限要求。时间的相对宽松也可能导致案件在诉前久调不决,拖延当事人的时间,对司法公信力造成负面影响。

(二)调解平台宣传方式单一、效果不佳

尽管人民法院调解平台已正式投入使用三年,平台各项功能已相对成熟,但使用率却未见显著提升,究其原因不外乎以下几点:

一是目前农村人口以中老年人为主,他们主要从事农业生产,文化教育水平低,对电子设备接触少,对智能手机操作不熟练。笔者去未覆盖网络的乡村推广时,实际情况是大部分人连微信都没有,有的人甚至不知道手机如何操作,以致平台的推广效果大打折扣。

二是推广形式过于单一,目前采取的形式是以社区和村委会为点带动其管辖范围内的街道、小组,以向社区、居(村)委会、司法所宣传为主,下沉乡村为辅,再由社区、居(村)委会、司法所向其辖区居民宣传、推广。而此过程中,宣传工作只是浮于表面的政策宣传,空泛而缺乏实际操作性,宣传范围狭窄,未将调解平台的便民优势充分展现。

三是推广体系缺乏活力,推广方式以行政方式为主,形式为村组开会,群众始终处于被动接受的状态。此外,对推广效果没有建立回访机制,忽略了群众的主体地位,故付出了努力却难以起到应有的效果。

(三)相关程序的衔接不到位

一是当前我国民事诉前调解制度尚不完善,导致当事人对调解的成效存在怀疑态度,对于调解程序存在排斥心理,担心调解失败需要重新进入诉讼程序,增加时间成本和经济成本;就另一个角度而言,某些法院强行将案件转入调解程序是迫于绩效考核的压力,减少案件数量的增长,对于不愿意或者不适合的案件进行强制调解。

二是在诉前调解失败的案件中,有些当事人对法院的处理程序存在不满,或是在调解失败后进入诉讼程序时,部分当事人根据在调解过程中获悉的情况恶意逃避诉讼,拒绝接受应诉材料,这对相关文书的送达造成了困难。前期的调解工作不但做了"无用功",也延长了当事人解决纠纷的周期。

三是对于一些调解成功的案件,是部分调解员迫于法院相关绩效考核指标的压力而进行的强行调解,未考虑到后期执行是否可行的问题;抑或对案件进行后期补录,以诉中调解的数据冲抵诉前调解的任务,以达到数据上的美观。

(四)调解员素质不高、思想认识不足

一是在村一级调解委员会和社区一级调解委员会的调解员,一般一人身兼数职(大多数由社区干部或村干部兼任),调解的同时负责所在社区、村组中心的工作和日常事务,工作压力较大。当两个工作相冲突的时候,调解员很难把工作重心集中在矛盾纠纷化解之上。

二是思想认识上,有的调解员会认为多一事不如少一事,导致在开展调解工作时存在被动应对的现象,难以及早发现矛盾并主动解决矛盾。部分调解员常常不愿意将工作做实做细,认为矛盾纠纷化解是法院的事。

三是调解员素质高低不齐,对法律知识和相关政策的掌握不够,有些调解员对调解方面的法律法规知之甚少,调解更多的是讲道理,[1]导致纠纷当事人对调解员不够信服。此外,有些调解协议拟写粗糙,可执行性差,容易导致新矛盾的产生。

---

[1] 参见许鹏航:《法院诉前调解中的衔接机制优化研究》,华东师范大学 2022 年硕士学位论文。

四是人民调解工作缺乏规范性。有些调解员在调解案件时常常注重调解效果而忽视调解档案的建立，对调解规范化建设存在认识偏差。有些调解员认为只要调解成功了就万事大吉，而未使案件建档留痕，一旦一方当事人不按调解协议履行就会让前期所做的大量调解工作付诸东流。

(五)激励机制和奖惩机制不建全

调解员的考核和奖励机制缺乏规定。从最高人民法院的诉讼服务平台上可以看到，调解员的调解质效虽纳入平台得分，但是有关调解员的考评激励机制却一直没有统一规定。此外，在年底的绩效考核中，诉前调解的结案率未计入奖励。因此，对调解员而言就没有形成调解成功的激励措施。同时，诉前调解的案件均是免费调解，调解委员会的工作补助经费、调解员补贴经费绝大部分来自政府财政。而政府补贴的经费一般根据各地的发展水平确定，相较于全县41家调解组织和800余位调解员来说无异于杯水车薪，经费过低，势必会影响调解员调解案件的积极性。而对于拥有专业知识的调解员而言，待遇与名誉的缺乏更加降低了调解工作的吸引力，如此既不利于专业领域纠纷的解决，也对调解队伍的稳定性产生较大的影响。

(六)调解组织运转低效

一是对自身规范的认识不足。不同主体之间的交流和互动需要制定一个符合各方主体特征的系统，否则就无法达到共同的目标。例如，协会管理职能与服务职能界限不清、权利与责任不对应，因而导致组织间推脱责任，注重形式上的留存档案而忽视解纷的效果。

二是具体规范性机制缺乏。尽管"一站式多元化纠纷解决"被大力推崇，但是关于社会调解组织的参与却缺乏相应的规范。《人民调解法》只是人民调解制度的基本法，对调解员选任、社会组织的参与形式及角色、调解实施流程、司法确认等方面缺乏具体规定，如何操作弹性很大，该法对调解工作的具体开展和规范运行几乎不具有参考作用。这也导致在解决复杂、专业程度高的纠纷时，不存在具体的指导性规定，对社会组织调解矛盾纠纷的质量和效率都无法形成正面影响。

三、完善多元解纷机制下诉前调解的对策

当前最高人民法院的顶层设计固然能破解改革难题，但也绝非一劳永逸。为了深化"一站式"多元解纷机制下的诉前调解建设，更好地将矛盾纠纷

化解在源头,根据我国社会实际情况并结合国外立法经验,本文特提出以下六点合理化建议。

(一)加强法治建设,赋予诉前调解强制力

任何一项制度的落实都离不开法律的保驾护航。诉讼与诉前调解的最大区别是诉前调解缺乏法律权威的保障,这也是当事人抵触诉前调解的主要原因。目前诉讼是处理纠纷最正规、最权威的手段,其本质在于诉讼自有的权威性和司法强制力的保障。同时,立法机关对矛盾纠纷多元化解机制的法律联动性不足,无法保障其有效运行[1]。如能从立法层面建立不同纠纷解决方式之间的对接机制,明确不同解纷主体之间的职能界限,赋予诉前调解相应的法律权威,必能为诉前调解乃至整个调解大格局提供有力的法治保障。

国外的矛盾纠纷多元化解机制大多指的是 ADR 机制,大多数国家在推动矛盾多元解纷机制建设时,都伴随相关立法的推进。如美国的《ADR 法》,德国政府于 2017 年 9 月颁布的《促进调解及其他诉讼外冲突解决程序法》,日本的《诉讼外纠纷解决程序利用促进法》等。范愉认为:"在国内司法实践中,委托调解有着非常活跃的表现,但是相关法律规范较为欠缺,且有着一些操作问题与理论争议。"[2]

法治是社会治理的基石,我国的诉前调解还存在立法不足、实践先行、理论难以引导实践等问题。虽然我国在立法上确定了先行调解,最高人民法院也出台了多个规范性文件,但对于先行调解的具体规范仍为空白,由此导致各地法院关于诉前调解的操作各具特色。故应从法治层面出发,在"一站式多元解纷"机制下,为不同行业调解组织参与纠纷调处提供有力的制度保障。首先,可以建立各个行业调解平台的协同联动机制,打通技术壁垒,实现资源数据共享,形成大调解共同体。其次,可以将新形势下的医疗纠纷、知识产权纠纷、劳动争议纠纷、交通事故纠纷等强专业性、偏行业性特点的纠纷通过政府购买服务的方式进行调解,以财政支持加强后勤保障。再次,可以对市场化调解组织、公益性调解组织出具的调解协议的效力、法律效果、撤销事由作出明文规定并予以细化。最后,可以对拒不参与诉前调解的当事人在诉讼过

---

[1] 参见青岛市中级人民法院课题组:《关于完善矛盾纠纷多元化解机制的实践探索》,载《山东审判》2016 年第 6 期。

[2] 范愉:《委托调解比较研究——兼论先行调解》,载《清华法学》2013 年第 3 期。

程中给予一定的惩戒措施,由其负责承担因拒绝调解而产生的对方当事人为审判所支付的相关费用,[1]以保障诉前调解程序规范有序,有法可依。

(二)基于 SIPS 模型[2]开拓多层级宣传渠道

人民调解平台建设作为多元解纷机制的关键环节,重要性不言而喻。就目前来说,各地法院对诉前调解的宣传往往局限于单位的微信公众号视频和文章,对人民调解平台的宣传更是单一,以立案就地宣传为主,以下沉基层宣传为辅。本文引入 SIPS 模型理念,以用户的心理转变为思路,将宣传工作分为四个阶段:Sympathize、Identify、Participate、Share。第一,以自有优势结合优质内容,引发受众的共情。一方面,充分利用微博、贴吧、抖音、快手、小红书等平台,根据不同平台的特点采用不同的风格对诉前调解机制进行宣传。通过制作调解磋商视频、宣传文案以及诉前调解发展趋势分析报告,对调解工作的成功经验和所形成的良好社会效果进行宣传报道,积极引导人民群众形成调解是化解矛盾纠纷的好途径。另一方面,以当下时代热点和群众感兴趣的事件为突破口,找到群众的情感痛点,挖掘触点,制作优质的调解案件动画短片,引发群众的文化共鸣。第二,多措并举带动群众价值认同。首先,通过法院、司法行政机关等权威性官网进行线上宣传,将调解组织分门别类,为当事人提供纠纷解决规则以及调解员的相关信息,同时还可以通过政务中心、各机关单位进行线下操作规程引导;其次,加大对平台优秀调解员的宣传力度,向行业内表现突出的授予"十佳调解员"等类似荣誉称号。第三,多点互联实现公众参与。以公众需求为导向,以信息咨询为重点,根据搜索引擎算法,添加权威网站友情链接和锚文本链接,搭建互动平台。设置大数据智能问答助手解决公众初步问题,引入法官在线接口和调解员在线接口解决复杂问题,并安排工作人员及时回复评论区问题。根据不同纠纷类型建设讨论圈,加强信息共享互通。发布类似于最高人民法院指导案例的典型调解案例,运用新兴 VR 技术对其进行情景再现,线下通过组织圈内成员,以当事人视角进行 360 度全景调解交互,增强其代入感,使其有合理的心理预期。第四,情感分享与活动策划,助力二次分享。通过以征文或者拍摄小视频的形

---

[1] 参见郭玉军、孙敏洁:《美国诉讼和解与中国法院调解之比较研究》,载《法学评论》2006 年第 2 期。

[2] SIPS 模型:互联网时代行为分析理论,2011 年由日本でんつう公司提出,包括四个方面:sympathize(共鸣)、identify(确认)、participate(参与)、share & spread(共享和扩散)。

式举办"我的调解故事"评选活动,为群众喜欢的作品的作者颁发一定的奖励,以真情实意达到广泛传播的目的。举办各类与调解相关的活动,提供免费的法律继续教育计划,让参与者受益,促进公众自主分享,真正提高人民群众对于诉前调解机制化解矛盾纠纷的认同感。

(三)建立诉前调解转立案的配套衔接机制

肖建国教授指出:"当前法院最重要的任务是探索符合司法规律的、司法性的诉前调解制度。"[1]

首先,在纠纷进入法院时,积极引导当事人选择诉前调解程序。倘若当事人明确拒绝调解的,或者根据案件实际情况确实不适合适用调解程序的,直接登记立案,进入诉讼程序。

其次,就目前 H 县法院实际来看,诉前调解和立案之间衔接不畅、工作重复、内外网延迟是群众普遍反映的问题。工作重复有两层意思:其一,在调解程序中调解员所做的大量工作在诉讼中无法得到有效确认;其二,对于调解失败导致一方当事人直接失踪的案件,在转立案程序后,该案的送达工作成为难题。以上问题可以从以下两方面来解决:其一,对当事人在调解平台所提交的案件和经过内网立案后转入调解平台的案件,调解员在联系被告(被申请人)接受调解时,同时通过电子送达或直接送达的方式送达相关诉讼材料(起诉状副本、地址确认书、权利义务告知书、证据复印件等)。若调解不成功,经当事人申请可直接转入诉讼程序,无须再进行额外的立案操作,并且调解过程中所送达的应诉材料在诉讼中应依法确认,从而保证送达工作的有效进行。其二,调解员在调解中所做的诸如当事人身份确认、证据固定、无异议证据认定等程序性事项应在网上留存,在转入诉讼程序后直接作为相应依据,从而可以节约司法资源、提升调解与诉讼的效率。

最后,建立诉前调解协议的生效机制。双方当事人在诉讼前经调解达成协议后有三种途径:一是进行司法确认,二是申请出具调解书,三是靠诉前调解协议自觉履行。出于对法院强制力的信赖,当事人往往都会选择前两种方式,即要求法院出具相关的文书,以作为后期强制执行的依据。本文认为,可以借鉴日本调停制度,对经诉前调解所达成协议的生效条件及产生的法律效果作出规定。同时规定诉前调解协议的缓冲期,在该缓冲期内,双方当事人

---

[1] 肖建国:《司法 ADR 建构中的委托调解制度研究——以中国法院的当代实践为中心》,载《法学评论》2009 年第 3 期。

有反悔的权利;若超过缓冲期,除协议的签订违背自愿、合法原则的,诉前调解协议直接产生与司法确认裁定书、民事调解书相同的效力,即使日后申请执行也有法律保障。针对一方当事人不出庭参加调解的情况,日本的调停法也规定了相应的惩罚制度,在立法上保障当事人对调停制度的尊重。[1] 具体到我国实践来说,可以对无正当理由拒不接受诉前调解的当事人给予一定的诉讼费惩戒措施,以形成良好的诉前调解新格局。

(四)提高调解员素质,设置准入门槛

诉前调解工作的开展,绝大部分是依靠调解员来进行的。由于当事人普遍希望得到一种"法律上的正确解决"[2],故该纠纷在诉讼中的可能判决结果将直接影响调解成功率,经调解员释法明理后,往往能达成双方满意的调解结果。因此,调解员的专业能力、沟通能力、工作水平等极大程度上影响着调解的最终结果,同时也对当事人是否接受调解起着关键性作用,加强对调解员能力的培养就显得迫在眉睫。因而需要优化调解与审判的衔接,实现"调判结合",加强调解员队伍的法制化、专业化建设。[3] 一方面,基层法院可以联合当地的司法行政部门,对各类调解组织和调解员进行常态化培训,提高调解员的协调能力和处理问题的能力。另一方面,可以由法院主导设立独立的调解委员会,对专业性的调解组织进行管理。[4] 其中,对专业要求较高的调解组织实行准入机制,在进入相应的调解组织之前必须通过相关行业的能力等级测试,成绩合格后方能成为正式的调解员。而针对不同的地区,从实际出发,参照国家法律职业资格考试的做法,以 A 证、B 证、C 证的方式根据当地的发展情况将准入条件适当放宽。调解协会和有条件的调解组织以会员活动的方式组织在册成员进行专业能力培训、庭审现场观摩、知识测试、调解技能大赛等活动,对通过资格考试的调解员可参照其他诸如证券类、会计师类资格行业管理办法进行管理,使调解模式专业化[5]。建设涵盖家事纠纷、侵权、金融借款、知识产权、建设工程、劳动纠纷、医疗纠纷、保险纠纷

---

[1] 参见王小莉:《多元解纷下的诉前调解机制研究——以兰州市城关区法院为例》,西北民族大学 2022 年硕士学位论文。
[2] 兰荣杰:《人民调解:复兴还是转型?》,载《清华法学》2018 年第 4 期。
[3] 参见于浩:《人民调解法制化:可能及限度》,载《法学论坛》2020 年第 6 期。
[4] 参见范愉:《委托调解比较研究——兼论先行调解》,载《清华法学》2013 年第 3 期。
[5] 参见左卫民:《通过诉前调解控制"诉讼爆炸"——区域经验的实证研究》,载《清华法学》2020 年第 4 期。

等专业领域的专家库,吸纳离退休公检法司人员、行业协会成员、律师等人员,加强专业化、职业化调解人才队伍建设。

(五)创新工作激励机制和奖惩机制

弗鲁姆的期望理论公式为(M=V×E),简言之,激励力的大小取决于行动结果的价值和期望概率。常见的激励方式往往分为以下三个方面:物质激励、精神激励、增值服务。此处可以参考游戏化管理思路,将调解员看作游戏参与者,调解系统看作一个游戏,游戏可持续进行的原因之一是,它通过对参与者的不断激励让其产生成就感。首先,在物质激励方面,建立积分系统和财富系统。调解员每完成一个调解案件可获得一定的积分,积分可以兑换规定的商品或者享受某种服务,调解员每将一个案件建档扫描至系统,便可由当地司法行政机关作为审核员进行审核,审核通过的可按照"以奖代补"方案增加调解员的财富值,财富值可以按月兑换成等额的金钱。其次,在精神激励方面,建立成就体系。按调解数量及难度以阶梯方式设置不同的成就门槛,调解员达成设定的条件可以领取相应的成就勋章,集齐一定数量的成就勋章可以由政府颁发证书奖励或以其他方式进行表彰,以增强调解员的自我认同感及社会认同感。最后,在增值服务方面,建立荣誉服务体系。通过积分系统所获取的积分可解锁相应的增值服务,诸如个性名片、个人头衔、获得优先培训资格等。

另外,应当建立完善的调解绩效评估机制。关键绩效指标主要有以下类型:质量、数量、时限。将调解员的调解案件数量、案卷卷宗质量、调解时长纳入主考核评估体系,将调解案件参与比、矛盾化解率、群众满意度纳入辅考核体系,形成系统科学、可操作性强的综合考核标准。以多方位评估方法为指导广泛听取群众意见和司法行政机关意见,将必要绩效考核信息(诸如工作中的成绩与不足)纳入调解员个人档案,经案件当事人申请可以对其开放查询。从目前调解工作来看,案件后期跟踪、反馈、问责机制没有有效建立。在调解案件后期跟踪方面,将工作开展情况运用系统留痕的方式进行建档记录,通过大数据进行分类管理;在反馈方面,打通群众反馈渠道,在调解员名下设置仅对本人和当事人可见的留言板,当事人可以将自己需要反映的问题留言;在问责机制方面,参照法官负责制建设调解员负责制。如调解员出现严重违反职业操守或其他违规行为,应当移送公安机关,出现其他的不当行为应采取扣除积分、降低等次等惩罚,并记入个人档案。

(六)以 JAMS 公司[1]为蓝本对调解组织进行公司化管理

调解回归市场,既是纠纷当事人意思自治的结果,也是社会力量对组织成员的自我服务、自我教育和自我管理的体现。为此,可从以下五个方面构建调解组织公司化管理的模式:第一,资金来源方面。除政府主导的非营利性调解组织外,还可以由有调解能力或相关资源的个人或社会组织成立调解组织,并以公司化的模式进行管理,这种形式的调解组织不仅可以积极争取政府财政支持,与司法机关保持密切合作,还可以广泛吸纳基金会、企业和个人的投资。第二,运行机制方面。采用多元股权架构成立有限责任公司,由政府担任创始人和监督者,出资方只享有分红权,决策方由全体调解员和高级管理人员担任。在成立初期,法院或司法行政机关可以给予相应的业务指导、技术和政策支持,其后便可以逐步与该类公司进行对接,畅通调解协议的司法确认、申请执行渠道。第三,收费价格方面。基础收费应该低于诉讼途径,对调解员的报酬采用计时收费方式,对于调解失败的案件应减免调解费用,经过一定的实践运营后由政府主导、调解行业参与出台相关的法规,以明确收费标准和细则。第四,风险承担方面。公司对所属每个调解员负责,不管调解员因故意还是过失给当事人造成损害,均先由公司负责赔偿;公司为每个调解员购买保险,转嫁执业风险,保持调解队伍稳定。第五,监督检查方面。由司法行政机关负责对公司的日常经营管理进行监督,由法院以按月抽检的方式对调解协议进行审核。公益性的调解组织与市场化的调解组织作为诉前调解的主体力量并道而行,共同快速而平稳地发展。市场才是最好的证明,当事人有自由选择最优调解组织的权利。

四、结语

诚然,H 县法院所遇到的困境属于"区域性问题",但正是这些"区域性问题"却映射了"一站式"多元解纷机制下诉前调解存在的普遍性规律,其所面临的困境同样也是我国其他地区法院曾经、正在或者将要经历的。自司法制度诞生的那一刻起,人类对于公平正义的追求就永远不会停止脚步,而这也恰恰是推进司法制度不断改革、不断前进的动力源泉。守望公平正义的方式远远不止诉讼这一单一途径,而调解正是人民群众负担得起的获得正义的最好途径之一。

---

[1] JAMS 公司:1979 年由沃伦创立,是北美最成熟的民间 ADR(替代性纠纷解决)服务机构,全球拥有超过 20 个纠纷解决中心。

环境民事公益诉讼惩罚性赔偿案件的调解适用辨析[*]

徐一扬[**]

《民法典》第 1232 条规定,侵权人违反法律规定故意污染环境、破坏生态造成严重后果的,被侵权人有权请求相应的惩罚性赔偿。由此,环境侵权惩罚性赔偿制度在我国立法上正式确立。尔后,环境侵权惩罚性赔偿制度开始在司法实践中同环境民事公益诉讼相结合,陆续出现检察机关等原告主体对违法者提出惩罚性赔偿的诉请。然而,经笔者在裁判文书网、北大法意网和威科先行等法律检索平台检索后发现,自 2021 年至今的环境民事公益诉讼惩罚性赔偿案件均以判决方式结案,而最高人民法院颁布的《关于审理环境民事公益诉讼案件适用法律若干问题的解释》(以下简称《环境公益诉讼解释》)中所认可的调解结案方式却不见踪影。此外,在湖南省首例适用惩罚性赔偿的环境民事公益诉讼案件(以下简称"茶陵案")中,检察院本欲与被告人通过调解达成"生态环境损害赔偿协议",令对方缴纳惩罚性赔偿金来修复被侵占的林地等生态环境,但是法院认为由于《最高人民法院关于审理生态环境侵权纠纷案件适用惩罚性赔偿的解释》(以下简称《惩罚性赔偿解释》)和《环境公益诉讼解释》等现行规范存在内容模糊等问题,并考虑到当前该类案件作为新型诉讼,在其中适用调解存在实践空白,便拒绝了当事人双方的调解申请,仍旧对案件进行了审理和判决。[1] 可见,这种司法现状将给环境民

---

[*] 本文系 2020 年度湖南省教育厅开放平台项目"纠纷解决资源科学配置与人民内部矛盾有效处理机制研究"(项目批准号:20K128),2022 年度湖南省研究生科研创新项目"惩罚性赔偿在环境民事公益诉讼适用的相关问题研究"(项目批准号:QL20220141)的阶段性成果。

[**] 徐一扬,湘潭大学法学院硕士研究生。

[1] 笔者与茶陵县人民检察院公益诉讼检察官座谈,2022 年 8 月 30 日,茶陵县人民检察院。

事公益诉讼惩罚性赔偿制度的良性发展造成负面影响,故而应从环境民事公益诉讼惩罚性赔偿的正当性出发,厘清对之适用调解所面临的问题,并基于此分析适用调解的价值与优势,最后对之进行完善。

一、环境民事公益诉讼适用惩罚性赔偿的正当性

2021年《民法典》施行至今,全国各地法院就环境民事公益诉讼中引入惩罚性赔偿进行了积极探索,相继审理了"江西浮梁环境污染惩罚性赔偿案"(以下简称"浮梁案")、"青岛崂山非法收购、出售珍贵、濒危野生动物惩罚性赔偿案"(以下简称"崂山案")等一批典型案例。但是,学界对环境侵权惩罚性赔偿的适用范围却产生了激烈争论,不少学者主张其仅能适用于环境侵权私益诉讼。[1] 因此,为回应学界争议,探究环境民事公益诉讼适用惩罚性赔偿的正当性,需从二者相结合的理论证成与制度支撑两方面入手。

(一)理论之证成

惩罚性赔偿制度源于英美法系,是被告人所承担的超出实际损失数额的赔偿责任,其设立之初的目的就是突破普通侵权的补偿性责任原则,以更好地弥补受害人私权益所遭受的侵害。[2] 与此同时,正因惩罚性赔偿是凭借增加赔偿数额来救济被害人,其中也蕴含着对违法行为制裁、威慑的意味,对社会正义和公正秩序也能起到一定的维护作用。所以,从惩罚性赔偿制度设立初衷和运行表现来看,在学界总结的惩罚性赔偿三大功能中,救济功能着眼于弥补人身权、财产权等私益,是对侵权责任法侧重的补偿性赔偿"缺陷"的修复,而惩罚与威慑功能则是在救济这一私法内生功能外的一种衍生,适

---

[1] 相关论述可参见李丹:《环境损害惩罚性赔偿请求权主体的限定》,载《广东社会科学》2020年第3期;陈学敏:《环境侵权损害惩罚性赔偿制度的规制——基于〈民法典〉第1232条的省思》,载《中国政法大学学报》2020年第6期;王利明:《〈民法典〉中环境污染和生态破坏责任的亮点》,载《广东社会科学》2021年第1期;王树义、龚雄艳:《环境侵权惩罚性赔偿争议问题研究》,载《河北法学》2021年第10期;周勇飞:《解释论下环境侵权惩罚性赔偿的适用限制》,载《南京工业大学学报(社会科学版)》2021年第6期;陈广华、崇章:《环境侵权惩罚性赔偿司法适用问题研究》,载《河海大学学报(哲学社会科学版)》2022年第1期;李智卓、刘卫先:《惩罚性赔偿不应适用于环境民事公益诉讼的法理辨析》,载《中州学刊》2022年第3期。

[2] 参见张晓梅:《中国惩罚性赔偿制度的反思与重构》,上海交通大学出版社2015年版,第3-4页。

当地保障公法范围内或者社会视角下的统治秩序及公共利益。[1]

随着社会经济的发展,充满不确定危险因素的现代风险社会已然到来,在公私法二元体制消解、交融的趋势下,具有私法性质的惩罚性赔偿日益与消费者权益、知识产权和生态环境等具有鲜明社会公共利益属性的领域结合,形成诸如环境侵权惩罚性赔偿等新制度。[2] 由于环境侵权中侵犯民事权益与污染环境、破坏生态之间具有联动性,因而通过惩罚性赔偿可以激励受害者起诉,以"私人执法"的形式来惩治恶性侵权人,威慑遏制潜在违法者,维护环境公共利益,实现公法目的。可以说,在私法公法化的大背景下,目前的惩罚性赔偿制度已经冲破了最初的私益性质,愈发转向"公私兼具"的双重属性,甚至向"私法手段,公法目的"倾斜,从而规制刑法、行政法等传统公法难以涉及的损害社会公益的不当行为。

传统学说认为,民事诉讼是国家为保护当事人民事实体权利而设置的,以司法权来保护私权、维护私法秩序,解决民事纠纷的私法程序。[3] 其显著特征便是"私法自治",特定主体(直接利害关系人)依自己的意志自由处分其民事权利。同样是在社会高速发展下,消费、环保领域等关涉不特定多数人而超脱于私权和公权的"社会公共利益"的出现,给传统公法、私法二元法律救济体制带来了挑战。面对权益保护的新形势,国家尝试改造传统民事诉讼规则来处理社会公益问题,使民事诉讼承担起"执行社会政策的角色",实现"民事诉讼的社会化"。[4] 环境民事公益诉讼便是其重要内容之一,它虽以民事诉讼作为程序载体,在原告主体上却突破了直接利害关系的限制,"两造"对诉讼利益并无实体处分权,且该诉的客体不再像普通民事侵权诉讼一般为私法关系或者财产权、人身权等私权利,而是指向生态环境、公众健康等社会公益。换言之,环境民事公益诉讼已经是一种借助私法程序外观,履行公共事务、维护公共利益的"公法诉讼"。[5]

由此观之,环境侵权惩罚性赔偿与环境民事公益诉讼同属"私法公法化"的具体表现,二者在制度性质与价值上能够相互契合。当环境侵权惩罚性赔

---

[1] 参见郑少华、王慧:《环境侵权惩罚性赔偿的司法适用》,载《上海大学学报(社会科学版)》2022年第3期。
[2] 参见王艳分:《〈民法典〉环境侵权惩罚性赔偿的司法适用》,载《江汉学术》2022年第3期。
[3] 参见江伟、肖建国主编:《民事诉讼法》,中国人民大学出版社2018年版,第10—11页。
[4] 王福华:《民事诉讼的社会化》,载《中国法学》2018年第1期。
[5] 巩固:《环境民事公益诉讼性质定位省思》,载《法学研究》2019年第3期。

偿与环境民事公益诉讼相结合时,该惩罚性赔偿将不再间接地达到社会效益,而是通过民事公益诉讼程序由社会组织或者检察机关等适格主体将赔偿金直接落实到受损生态环境及其周边公益损害上,[1]"制裁"与"威慑"也在诉讼活动中经由民事公益诉讼的"公法诉讼"社会属性施加于违法行为人。在充分救济环境公共利益的同时,让违法者真正受到惩罚而悔改,震慑潜在侵权人,起到"防患于未然"的预防价值,实现公益诉讼固有的公正与秩序效益。

(二)制度之支撑

学界关于惩罚性赔偿能否适用于环境民事公益诉讼的歧见,很大程度在于《民法典》第1232条立法用词的原则性,该条并未明确环境侵权惩罚性赔偿的适用范围。而《惩罚性赔偿解释》第12条规定,国家规定的机关或者法律规定的组织作为被侵权人代表可以向法院提请侵权人承担惩罚性赔偿责任,以法定诉讼担当的形式赋予了环境民事公益诉讼原告主体惩罚性赔偿请求权。诉讼担当的实质是实体请求权主体与诉讼实施权主体的分离,由第三人实施诉讼,而裁判的结果则为民事权利或者法律关系的真正主体所承担。[2] 故而,该法定诉讼担当在"被侵权人"一方之上应有实体权利基础。相较环境侵权私益诉讼,环境民事公益诉讼中因没有特定的"侵权人—被侵权人"主体,适用惩罚性赔偿后该赔偿金将不会用于救济个体私益,所以"国家规定的机关或者法律规定的组织"担当的权利并非"被侵权人"的人身权、财产权等传统民事权利。

《民法典》第9条创制的"绿色原则"和"侵权责任编"中规定的"环境污染和生态破坏责任"等"绿色条款"对原《侵权责任法》仅保护私益进行了修正,展现了我国首部《民法典》的绿色特质和社会担当,[3] 摆脱了传统民法仅关注私权保护的桎梏。在这一立法意旨下,《民法典》第1164条概括的"侵害民事权益"相比"民事权利"明显扩大了对民事利益的救济范围,环境权益等

---

[1] 参见张旭东、颜文彩:《环境民事公益诉讼惩罚性赔偿的性质定位与制度构建》,载《中国石油大学学报(社会科学版)》2022年第1期。
[2] 参见朱金高:《民事公益诉讼概念辨析》,载《法学论坛》2017年第3期。
[3] 参见吴勇:《民法典的绿色特质与未来意义》,载《湘潭大学学报(哲学社会科学版)》2020年第4期。

公私益交织的新型权益也能够获得民事实体法的保护。[1]社会组织和检察机关等原告主体依据法定诉讼担当在环境民事公益诉讼中选择诉求惩罚性赔偿，所保护和救济的正是社会公众享有健康、优良生态环境的环境权益。因此，《惩罚性赔偿解释》第12条"法定诉讼担当"的设置兼具实体法上的妥当性和学理上的合理性。

二、环境民事公益诉讼惩罚性赔偿案件面临的问题

相较于一般的环境民事公益诉讼，环境民事公益诉讼惩罚性赔偿案件的突出特征表现为，"两造"会就惩罚性赔偿的事实与理由进行对抗，法院则需要对之作出裁判。然而"适用惩罚性赔偿"这一特性也恰恰成为环境民事公益诉讼惩罚性赔偿审判实践的最大障碍。

（一）要件事实的证明阻隔程序推进

根据《民法典》第1232条和《惩罚性赔偿解释》的规定，环境侵权惩罚性赔偿责任的构成要件包括主观要件、行为要件、结果要件。原告主体欲使侵权人承担惩罚性赔偿责任，则必须完成民事实体法所预置的证明责任，就对方具有"故意""行为违反法律规定""行为造成严重后果"等要件事实进行举证证明。《惩罚性赔偿解释》第5条将"违反法律规定"中的"法律"限定在法律法规及规章，第7条则以穷举加兜底条款的方式列举了"故意"的表现情形。可以说，对上述两个要件事实的证明基本属于法律问题，它并非环境民事公益诉讼惩罚性赔偿案件中起诉一方的证明难点。

结果要件的证明却与此大相径庭。被告的违法行为对生态环境的侵害达到了怎样的损害程度属于"严重后果"是环境科学的范畴，绝非《惩罚性赔偿解释》第8条能够简单地归纳概括，而要借助专业机构或者专业人员的帮助，对该损害事实进行司法鉴定，原告主体再以该鉴定意见作为主要证据来完成对"行为造成严重后果"的证明，并将该鉴定意见中量化的生态环境功能损失金额作为惩罚性赔偿金计算基数。然而，环境污染、生态破坏等损害所具有的潜伏性、广泛性和长期性特点，使得环境损害鉴定需要及时现场采样，并由专业人士操纵精密技术设备进行实验，在涉及多个学科的复杂分析下才能形成结论，这在客观上造成了环境损害司法鉴定成本高、收费贵的现状，以

---

[1] 参见邢鸿飞、曾丽湮：《论公私法分离的"二元"环境侵权惩罚性赔偿》，载《学海》2022年第4期。

至动辄几万元、十几万元甚至几十万元。[1] 无论对于以民间团体为主的环保组织还是检察院,这都是一笔大额经济支出,致使原告方承担了高昂的诉讼成本。以"茶陵案"为例,办案检察官在诉前本想就该案中被告违法破坏林地植被、毁损林地筑路给当地生态环境造成的损害进行鉴定,咨询某环境损害鉴定机构后得知鉴定费用需要4万余元,而目前检察院并没有面向环境民事公益诉讼的专项办案经费,其根本无法承受这笔费用,最终该项鉴定只能作罢。

(二)两造对抗引发环境修复的延宕

环境侵权惩罚性赔偿责任作为最严厉的民事责任之一,《民法典》及《惩罚性赔偿解释》在证明责任的分配上回归了民事诉讼证明责任分配的一般规则,即"谁主张,谁举证",因果关系要件不再像环境侵权私益诉讼一样由被告方来举证证明。这意味着相比环境侵权私益诉讼和普通环境民事公益诉讼,环境民事公益诉讼惩罚性赔偿案件中的"被侵权人"要负担更重的证明责任。而站在诉讼当事人的视角看,承担证明责任的一方当事人最终可能要承受不利的裁判后果,使得证明责任成为高悬在当事人头顶的"达摩克利斯之剑"。[2]

故在诉讼机制和证明规则的主导下,原告方努力举证证明实体规范之构成要件事实,使法官对案件事实的真实性形成相应内心确信,从而能够在法庭审理过程中占据优势地位。原告主体所提供的诸多证据中,环境损害鉴定意见最为关键,其从生态环境科学的角度专业地阐释了损害结果、行为和结果之间的因果关系、修复方案或者赔偿方式等内容,[3] 对原告方所提出的诉讼请求以及需证明的要件事实都是最有力的支持。被告方为避免法院最终支持对方的诉请而承担数倍于损害的惩罚性赔偿责任,对于原告方的举证活动也将积极抗辩,提供己方所掌握的优势证据,力证自己行为的合法性、正当性。但是,原被告双方在诉讼程序框架下的举证质证活动具有强烈对抗性,加之环境损害鉴定周期较长,以及相对自由的民事诉讼期间,导致裁判结果

---

[1] 参见王元凤、王旭、王灿发、郑振玉:《我国环境损害司法鉴定的现状与展望》,载《中国司法鉴定》2017年第4期。
[2] 参见江伟、邵明主编:《民事证据法学》,中国人民大学出版社2015年版,第153页。
[3] 参见朱晋峰:《民事公益诉讼环境损害司法鉴定收费制度研究》,载《中国司法鉴定》2019年第2期。

的作出必然伴随明显的时间损耗。例如,全国首例适用惩罚性赔偿的环境民事公益诉讼"浮梁案",该案从检察院立案到法院一审判决历经近半年时间,其中多数时间花在了鉴定上,起诉后的审理阶段也用时1月有余。[1] 由于水、空气、土壤等自然要素之间的联动性,生态环境损害要求及时得到修复,而该类案件较长的耗时导致救济严重滞后,很可能造成环境被永久性破坏的恶劣结果。若是这样,即便原告方是为了更好地维护公益而请求惩罚性赔偿,也落个得不偿失的局面。

(三)审理的严格程式性与司法资源之间的张力

2021年1月初至11月中旬,全国法院共受理案件3051.7万件,同比2020年新收案件数量增长10.8%。全国共计约12.7万名员额法官,人均受理案件240件。[2] 有学者研究后指出,民事审判约占我国法院审判工作量的90%。[3] 而2021年全年各级法院审结一审民事案件为1574.6万件。同比上升18.3%。[4] 在此形势下,"诉讼爆炸"与"案多人少"已经成为审判一线,尤其是基层法官最直观的体会。为了解决这一难题,2021年第四次《民事诉讼法》的修改重点聚焦于"繁简分流"上,通过调整对民事诉讼案件的审判人力资源投入、程序复杂程度及诉讼期间等来提升诉讼效率。[5] 但是,环境民事公益诉讼并未纳入此次修法的范畴。

环境民事公益诉讼案件因关系到社会公共利益,其诉讼程序非但不能简化,反而要强调审理的细致和公众的参与,如实行合议制度、法庭调查中发挥法官能动性、人民陪审员参与组成合议庭等。而当环境民事公益诉讼与惩罚性赔偿相结合后,该类案件变得更加复杂,具有明显的目的公益性、问题专门性以及较大的自由裁量性等特点。法官要在"两造"的抗辩下,担负起公益诉讼机制所赋予的"保护社会福祉的责任",[6] 积极主动地查明本案中大气、水、土地、矿藏、森林、草原等环境要素遭受损害的专门性问题,并据此适用法

---

[1] 参见江西省浮梁县人民法院民事判决书,(2020)赣0222民初796号。
[2] 参见《最高法相关负责人就全国法院整治年底不立案相关工作情况答记者问》,载最高人民法院网2021年11月23日,https://www.court.gov.cn/zixun/xiangqing/332841.html。
[3] 参见蔡彦敏:《断裂与修正:我国民事审判组织之嬗变》,载《政法论坛》2014年第2期。
[4] 参见周强:《最高人民法院工作报告——2021年3月8日在第十三届全国人民代表大会第四次会议上》,载最高人民法院公报网,http://gongbao.court.gov.cn/Details/342529clld2af722964a6blc961105.html。
[5] 参见张卫平:《"案多人少"困境的程序应对之策》,载《法治研究》2022年第3期。
[6] 参见王福华:《民事诉讼的社会化》,载《中国法学》2018年第1期。

律来"执法",合理地确定惩罚性赔偿金额,追究违法者责任。故而,在本就严格的环境民事公益诉讼程序下,对惩罚性赔偿案件的审理还需要投入大量的审判人力资源和时间成本,在司法资源紧张的当下,这不啻为一种矛盾。

三、环境民事公益诉讼惩罚性赔偿案件适用调解的妥适性

积极适用调解解决纠纷,对解决环境民事公益诉讼惩罚性赔偿案件中因惩罚性赔偿诉请而产生的问题,具有制度价值与制度优势。

(一)调解适用的制度价值

调解是我国多元化民事纠纷解决机制的重要一环,实践中尤以法院调解为主导,其是指在法官的主持下,双方当事人就民事权益争端自愿、平等地进行协商而达成协议。《民事诉讼法》第9条将"自愿、合法调解"规定为我国民事诉讼法基本原则,法院调解贯穿适用于民事审判程序的始终。调解之所以能够成为民事解纷手段或者民事案件审结方式而"大行其道",是因为民事诉讼所涉及的是特定主体的私权利,一般情况下,它与国家利益及社会公益并无直接关联,诉讼当事人当然可以根据自己的意志自由处分其所享有的民事权利,在法院主持下,与对方达成合意解决纠纷。[1] 这也是民事诉讼中处分原则"私权自治"的具体表现。然而,环境民事公益诉讼惩罚性赔偿案件中,社会组织和检察机关等原告主体是作为公民环境权益的代表,基于法定诉讼担当而诉请惩罚性赔偿。故当事人之间绝不能依其意志对案涉非专属于任何个体的公益进行处分。因此,在普通民事诉讼中"处分权"的话语下,无法有效解释为何可以在环境民事公益诉讼中对惩罚性赔偿展开调解。

法律制度所蕴含的秩序、平等、自由、正义等一切美好的价值,所欲达成之治理目的,并不在于规范本身,而需要经过司法运作转化为现实。[2] 环境民事公益诉讼惩罚性赔偿制度着眼于维护环境公共利益,目的在于通过公益诉讼程序运用惩罚性赔偿更好更充分地修复、填补生态环境损害,救济社会公益,加重的赔偿责任则对违法行为人产生惩罚、威慑效果,从而达到公法效能。在国家与社会积极互动,政府、企业、专家等多方参与的生态环境保护新格局下,环境民事公益诉讼惩罚性赔偿案件适用调解就不能被轻率地定义为

---

[1] 参见岳彩领、杜月秋:《从依法审判到案结事了——审视当下中国实用主义司法哲学观》,载《学海》2014年第2期。

[2] 参见田平安主编:《民事诉讼法原理》,厦门大学出版社2015年版,第78-79页。

"处分",而是基于"多元共治"的环保新模式。在法院的主持下,当事人双方就如何落实好该惩罚性赔偿金所进行的司法磋商,[1]以"释法说理"的方式在体现对违法者惩戒、教育的同时,降低其抵触、反抗的心理,共同为个案中严重受损的生态环境之恢复、治理谋求一个最优解。因此,适用调解的程序目标与判决一样,都体现出对环境民事公益诉讼惩罚性赔偿制度自身所蕴含的社会公益价值完满实现的追求。

(二)调解适用的制度优势

调解作为一种合意性解纷机制,在降低环境民事公益诉讼惩罚性赔偿案件的经济成本、减少时间耗损及节约司法资源上具有显著优势。

1. 适用调解免予举证质证,诉讼成本低廉

审判的目的导向是获得判决以解决纠纷,而判决形成的首要前提是案件事实清楚。可是,因人们认识能力、利益偏向和科技水平等主客观因素的限制,对于裁判具有重要意义的实体规范构成要件事实很可能处于真伪不明的境况。这时法官也不得以此拒绝裁判,不能使法律关系或者法律效果长期处于一个"悬而未决"的状态,必须在原被告双方中旗帜鲜明地选择支持一方,分出双方的胜负。[2]为了将这样的裁判正当化,法官引入证明责任进行裁判,将裁判的压力转移至当事人的证明之上,当事人应就自己所主张的事实积极举证证明来促使法官形成内心确信,否则法官就不能适用他要求适用的法律规范。[3] 故而,证明责任是"判决型"程序中伴随着事实认定和法律适用而产生的问题,本质在于指导法官的裁判,是判决程序的正当性原理。[4] 然而,调解与判决非此即彼、黑白分明的特性不同,它的重点是"调和",注重纠纷主体的合意,不会特别在意案情的是非曲直,调解协议的作出也并不像判决一样必然建立在证据确实充分、事实清楚明白的基础之上,[5]所以证明责任在调解中几乎无足轻重。具体到环境民事公益诉讼惩罚性赔偿案件中,

---

[1] 参见曲昇霞:《论环境民事公益诉讼调解之适用》,载《政法论丛》2016年第3期。

[2] 参见[德]莱奥·罗森贝克:《证明责任论》,庄敬华译,中国法制出版社2002年版,第1—2页。

[3] 参见李浩:《民事证明责任本质的再认识——以〈民事诉讼法〉第112条为分析对象》,载《法律科学(西北政法大学学报)》2018年第4期。

[4] 参见邵明:《论我国和谐社会中的民事调解》,载《学术界》2008年第2期。

[5] 参见李浩:《调解归调解,审判归审判:民事审判中的调审分离》,载《中国法学》2013年第3期。

一旦适用调解,曾经在审判程序中环保组织或者检察机关为证明事实主张,避免承担不利后果而不可或缺的环境损害鉴定便可基本免除,原告方为此可以减少一大笔资金开销,降低本就高昂的诉讼成本。负责"茶陵案"的检察官坦言,当时检察机关考虑与被告方进行调解的重要原因之一,是尽可能回避环境损害"鉴定贵"所造成的办案困扰。[1]

2. 适用调解程序快捷灵活,及时救济公益

民事审判是利用国家公权力(司法权)来解决私权利纠纷的公力救济,这意味着当事人之间的争讼过程要受到诉讼法的严格规制——原被告双方需要在不同的期间内完成证明、辩论等诉讼活动,法官据此发现案件真实,并严谨地按照"三段论公式"推理出本案的法律适用,从而作出正确的判决。所以,由裁决的"法条主义"所决定,民事审判是对于当事人民事权利义务关系的法律调整,犹如自动贩售机一般,一边输入事实和法条,另一边输入判决,因而该纠纷解决模式十分固定甚至机械。[2] 此外,加之"两造"在对席审判中"面对面"你来我往式的对抗,有时更拖延了纠纷的解决。而调解则属于温和的社会救济,纠纷主体基于"意思自治"在平等协商下达成调解协议,并非让"第三方"法官代表国家司法权介人来认定事实、适用法律,故调解的形式及方法可以经当事人及调解人员自主选择,不需要像裁判一样遵循统一的规范。此外,调解的正当性基础也在于当事人在自主意志下达成的合意,所以调解的过程就是当事人从对抗走向合作,由破裂走向和谐的过程,[3] 通常相比裁判程序更能够迅速地化解矛盾纠纷。就环境民事公益诉讼惩罚性赔偿案件而言,调解在解决纠纷上快捷灵活的特质有利于避免在程序上花费过多的时间,更早更快地修复严重受损的生态环境,防止自然资源因污染破坏的扩散蔓延而遭受二次损害,从而更好地达成维护社会公共利益的制度目的。

3. 适用调解自主自由协商,节约司法资源

20 世纪 90 年代,随着计划经济体制的终结和社会主义市场经济体制的建立,我国民事诉讼模式也逐步由超职权主义模式向当事人主义模式过渡。[4] 但相比以解决财产权、人身权等私权纠纷为主要内容、倾向当事人主

---

[1] 笔者与茶陵县人民检察院公益诉讼检察官座谈,2022 年 8 月 30 日,茶陵县人民检察院。
[2] 参见张立平:《为什么调解优先——以纠纷解决的思维模式为视角》,载《法商研究》2014 年第 4 期。
[3] 参见廖永安主编:《调解学教程》,中国人民大学出版社 2019 年版,第 33 页。
[4] 参见张卫平:《中国民事诉讼法立法四十年》,载《法学》2018 年第 7 期。

义的普通民事诉讼,民事公益诉讼具有鲜明的公益价值性,故强化法官对诉讼过程的职权控制以防贬损乃至牺牲公益,法官实质上也就成为具有"准行政化"身份的公共利益处分者,这相应地对法官的裁判能力提出了更高的要求。环境民事公益诉讼惩罚性赔偿案件中,法官不仅直面社会公益,需查清生态环境被严重破坏的专门性事实,同时《惩罚性赔偿解释》还在惩罚性赔偿金的计算上赋予了法官较大的自由裁判权,相应倍率的适用取决于法官对该案事实的主观评定,由此得出的赔偿金数额是否合理很难被外人判断。调解是纠纷主体间基于平等地位和自主意愿下的自由协商,法官不再以一个裁决者的角色介入其中,仅是主持、引导该纠纷解决的进程。[1] 在环境民事公益诉讼惩罚性赔偿案件中适用调解,意味着法官既在一定程度上减少了审判中依职权亲自收集证据、调查专业技术性事实的繁琐程序,又摆脱了单方面确定合适惩罚性赔偿金数额的踯躅,悬而未决的纠纷基本交由代表公共利益的原告方与侵害环境利益的被告方进行磋商处理。在人民群众解纷司法需求持续高涨的今天,这无疑可以在提升诉讼效率的同时节约当下极其宝贵的司法资源。

四、环境民事公益诉讼惩罚性赔偿调解机制的完善进路

将调解引入环境民事公益诉讼惩罚性赔偿案件绝非"和稀泥",而是在保证诉讼公正和维护公益的前提下,增添一种与判决平行的,却相比判决更为经济、便捷、灵活的法定结案方式,以此破解惩罚性赔偿诉请所导致的审判困境。然而,目前调解机制的适用还需进一步"衔接"环境民事公益诉讼惩罚性赔偿的特质,即完善专业性与公益性要求。

(一)建立环境民事公益诉讼惩罚性赔偿调解环资专家库

涉及生态环境保护的司法案件的突出特征是,诉讼过程都围绕技术性事实和技术性方案展开,[2] 环境民事公益诉讼惩罚性赔偿案件也不例外。如"浮梁案"和"茶陵案"等实践案例所表现的实质性问题,追本溯源均落脚于从科学技术或者专业事实上可否确定是侵权人的违法行为致使生态环境被严

---

[1] 参见李喜莲:《我国民事审判中调审关系的再思考》,载《法律科学(西北政法大学学报)》2019年第6期。

[2] 参见吴满昌、王立:《生物多样性的司法保护路径研究——以预防性环境公益诉讼为视角》,载《学术探索》2021年第5期。

重破坏,对此后果应采取怎样的惩罚性赔偿金额方案才能够修复好受损的自然资源、弥补好环境功能损失以及充分救济社会公共利益,并达成对违法者的制裁、威慑效果。而裁判中关于环境专业知识及环境技术手段的问题,法官和当事人往往爱莫能助。故法官为明晰判决违法行为人承担惩罚性赔偿责任的事实基础,当事人一方则为形成己方的证据优势而避免承担证明不利的后果,不得不寻求法庭之外环境专业与技术方面的智力支持,即环境损害鉴定,以此来解决面对专门性问题的疑难困惑。调解纠纷的正当性尽管不是建立于"事实清楚,证据确实、充分"之上,可环境民事公益诉讼惩罚性赔偿是通过对被告方施加超出损失额度、具有"公法色彩"的赔偿责任来维护公众的生命健康及环境权益。因此在生态环境损害所牵涉的专业技术事实基本清楚明白的前提下,能够使当事人在调解中也感受到与判决等同的公平正义,更有助于消解双方的对立和疑虑,从而尽快达成调解协议,令违法者心悦诚服地接受社会公众对他的惩罚、制裁。

有道是,术业有专攻。环境民事公益诉讼惩罚性赔偿案件的审判程序中,法官是凭借以证据形式出现的环境损害鉴定意见来查明专业性技术性事实。而如果适用调解,在当事人免予举证质证、回避高价鉴定的前提下,邀请具备相应专门知识的环境资源专家参加调解,就案中生态环境损害程度、致害因果关系、恢复原状所需费用等专业问题给出建议意见,不失为一种替代环境损害鉴定来厘清案件所涉专业性技术性事实的高性价比方式。然而,在我国现有制度框架下,专家参与环境民事公益诉讼惩罚性赔偿调解具有以下问题:第一,该"专家"缺乏具体的界定标准,在专业性和公信力上存在短板;第二,专家对法院并无优先职责,具有偏袒一方当事人的可能,中立性堪忧;[1]第三,专家在调解中所享有的权利及应履行的义务不明确,影响其专业技术活动的开展。故有必要建立适合我国环境民事公益诉讼惩罚性赔偿调解实践所需的权威、中立的环资调解专家库,让环资专家以特邀调解员的身份参与调解过程,发挥其专业"智囊团"的作用,提升环境民事公益诉讼惩罚性赔偿调解活动的司法公正性及社会公益性。

我国幅员辽阔,不同区域的生态环境禀赋、自然资源条件丰富多样,故可以省级行政区划为单位结合本省(市)环境司法现状,尝试创立一个第三方环

---

[1] 参见张旭东、彭源:《环境民事公益诉讼智力支持研究》,载《山西农业大学学报(社会科学版)》2016年第10期。

境资源调解专家库。该专家库不仅能够在环境民事公益诉讼惩罚性赔偿案件的调解中发挥作用,而且可以适用于普通环境民事公益诉讼,具有普适性和公益性特征。就环境资源调解专家库的具体建设途径而言,可由各省司法厅及生态环境厅共同牵头组织,在专家人员的选拔上以环境科学方面的专家自愿报名与机构推荐相结合。

首先,应当明确"专家"的定位。专家,是指经过专业训练或者具有实际经验,对某种工作具备专业技能或专业知识的人,具体应指各省(市)内高校与科研院所内任职的环境科学研究方面的正副教授、研究员。

其次,遴选专家要注重权威性和专业性。专家在其相关专业领域应拥有强大的业务能力和丰富的工作经验,具备良好的职业道德,能够秉持公平公正原则,客观中立地进行评估或者发表意见。并且,候选专家需覆盖环境四大学科,即:环境地理、环境生物、环境物理、环境化学。经过遴选确定的专家名单应当向社会公示,接受公众监督。

再次,调解中充分保障专家的权利。环境民事公益诉讼惩罚性赔偿案件启动调解程序后,专家库名单所列专家可由当事人双方一致申请或者由法院主动邀请参与调解,专家享有对专业领域的问题采取技术手段判别、给出意见建议的权利。如就案中生态环境受损至恢复期间服务功能损失、生态环境功能永久性损害等惩罚性赔偿计算基数进行评估量化,对事实上能够完全修复环境损害、救济公益所需的惩罚性赔偿金计算倍率提出建议,抑或在违法者无法承担高额赔偿金时对劳务代偿等金钱惩罚替代性方案发表意见等。以上情形,专家有权依法获取经济报酬。

最后,调解中严格规范专家的义务。接受当事人申请或应法院邀请参加调解的专家应当严谨、理性地进行损害评估和发表专业性意见。当事人和法院就生态环境专业领域的问题咨询时,专家应从专业角度如实解答。对于借助专家库专家身份在调解中偏袒纠纷主体某一方、故意虚假评估、发表不实意见、徇私舞弊的,应于专家库中将其公开除名,严重违法构成犯罪的,追究刑事责任。

(二)健全环境民事公益诉讼惩罚性赔偿调解特殊性规则

较之普通民事诉讼,环境民事公益诉讼惩罚性赔偿的调解在遵循正义、经济、平等、高效等基本价值时,还需全面地维护公共利益,因而也塑造了其特殊的程序品质。但是,就司法实践和制度规定现状来看,环境民事公益诉讼惩罚性赔偿调解中保障社会公益的特殊性规则供给不足,因此,应从当事人、法院及社会参与三个维度予以健全。

1. 当事人实体自主性应受限于公益维护

环境民事公益诉讼原告主体要求被告方承担惩罚性赔偿责任的请求权基础在于《惩罚性赔偿解释》第12条的法定诉讼担当。当生态环境被违法行为严重损害以致《民法典》规定公民所享有的环境权益大规模地受到侵害时,符合法定起诉条件的社会组织及检察机关就可以行使《惩罚性赔偿解释》第12条赋予的环境侵权惩罚性赔偿诉讼实施权,通过环境民事公益诉讼程序,代表社会公众这一真正的民事权利主体来追究违法者的法律责任。在此情形下,既判力由诉讼实施人扩展到被担当人,起诉所得之惩罚性赔偿金将全部用于修复受损的自然环境资源、恢复生态服务功能等,以此救济公民被侵害的环境权益。也就是说,环境民事公益诉讼惩罚性赔偿的诉讼结果由社会公众承担,实体权利基础仍在"被侵权"的公民处,原告方不得自作主张地进行"处分"。因此在调解中,当事人在实体上的自主性应受到更多的拘束,与普通民事诉讼的调解不同,环境民事公益诉讼惩罚性赔偿可供调解的范围限于社会公益的维护。

司法实务中,环境民事公益诉讼惩罚性赔偿案件最核心的诉讼请求是原告方请求被告赔偿多少数额的惩罚性赔偿金,如"浮梁案"和"茶陵案"中,检察院分别诉请违法行为人支付环境侵权惩罚性赔偿金171406.35元和16680元。由于环境民事公益诉讼中的惩罚性赔偿金并非归于原告。所以,对于惩罚性赔偿的调解范围来说,应包含赔偿金的计算倍率(赔多少)和赔偿金怎样落实(怎样赔)两方面,而与是否需要赔偿无涉。在调解程序中,惩罚性赔偿金的计算倍率及实现方式不得由原被告双方来随意给出,应让法院、当事人及环境资源调解专家库专家等多方主体综合考虑生态环境受损程度、自然资源的稀缺性、恢复原状的可能性大小、被告金钱获利数额和被告悔改态度及其是否还要另行承担公法责任等事实因素,依据现有环保科学水准和修复技术条件充分协商以确定本案赔偿金的惩罚倍率。此外,被告原则上应一次性支付惩罚性赔偿金,如若被告经济条件相对困难,提出分批支付赔偿金甚至用技术代偿、劳务代偿等方式折抵相应赔偿金的,法院和原告方可以参考专家的建议意见并结合实际情况决定是否许可。

2. 法院保持对调解程序的适度干预

民事公益诉讼法律关系客体在当事人之间表现为双方诉讼权利义务所

指向的对象,即诉讼理由和诉讼请求,但并非特定主体间具体的私利所涉,而是社会化的,是"针对某种公共政策的不服或者公共事业的增进"。[1] 故而,在环境民事公益诉讼程序中,原告可能自觉麻烦进而以隐瞒、掩盖公益实际损害的方式与被告"和解"来"息事宁人"。尤其当惩罚性赔偿因素加入后,因其加重责任的特性,当事人诉累陡增,上述情形出现的概率也随之增加。鉴于此,法律规定法院(法官)需要在司法裁判中处于主导地位,以偏向职权主义的审判法律关系因应当事人之间特殊的争讼法律关系,通过法官职权干涉当事人的争讼活动,力图全面、彻底地发现环境资源受损的真实情况。考虑到环境民事公益诉讼惩罚性赔偿调解结案的关键在于当事人自愿达成的合意基础,因而需要留给纠纷主体一定的自由协商空间,但是无论裁判还是调解程序,当事人处理的都是"事不关己"的社会化的公益纠纷,故二者均存在放弃公益的道德风险。因此职权主义模式在调解程序中仍需有所保留,即应保持法院的适度干预:赋予法院调解启动权,法院对调解协议实施实质审查。

在传统民事诉讼中,法院调解一般经当事人的申请而启动,此为对当事人私法处分权的尊重。而在环境民事公益诉讼中,对于惩罚性赔偿的调解,可由法院依职权启动。具体而言,当生态环境被严重破坏的结果已经形成,而证据收集复杂、当事人双方证明活动处于相持局面以致审判程序受阻之时,法院依职权进行调解便不必征得当事人的同意。其原因在于,一方面,在繁复的裁判过程下,当事人可能会为减少诉讼成本开销,而促成某种"非公益"交易;另一方面,裁判程序的复杂和诉讼时间的延长使本就严重受损的自然环境资源危害加剧,适时转换纠纷解决机制,由法院"强制"启动调解促使当事人转对抗为协商,尽快达成惩罚性赔偿调解协议,及时止损并恢复自然原状,从而维护社会公益。另外,在传统民事诉讼中,法院大多数情况下只对调解协议做程序意义上的形式审查。环境民事公益诉讼惩罚性赔偿调解协议则是针对生态环境被违法行为所侵害并造成严峻后果后所拿出的修复、赔偿方案,其经法院司法确认后即产生与生效判决同等的法律效力,可以实现对公益的充分救济。由此,为预防调解过程中无直接利害关系当事人对调解结果进行自由处分而损害社会公共利益,法院应当对调解协议的内容进行严谨

---

[1] [意]莫诺·卡佩莱蒂编:《福利国家与接近正义》,刘俊祥等译,法律出版社2000年版,第66页。

而详细的实质审查,对其中的环保专业性问题,法官可以咨询专家来确定。只有当法院基本确认调解协议的内容能够真正修复受损环境、不违背社会公益后,才可以考虑出具调解书。

3. 强化社会力量在调解中的参与和监督

正如前文所述,环境民事公益诉讼惩罚性赔偿适用调解的实质是"多元共治",即环保新格局下由法院、当事人和专家等多方参加,共同讨论、协商如何修复被违法行为严重破坏的生态环境、救济被侵害的公共利益,共同拿出一个切实可行的损害赔偿方案,在此过程中一道完成对被告的教育,使之主观心理受到惩戒、制裁,遏制潜在的违法者。加之调解的形式比较自由、灵活,不像审判一样有严格的程序约束。因此,作为公益享有者的公众以及由公民构成的环保社会组织等社会力量当然可以行使《环境保护法》所赋予的环境保护知情权、参与权、监督权等环境权利,参与、监督环境民事公益诉讼惩罚性赔偿调解。这样既可以规避调解中原被告之间"暗箱操作"的风险,亦通过民众和民间团体的程序加入,令违法行为人感受到社会层面对其侵损公益行为的反感与谴责,使调解结果能够在更大程度上弥补公益损失、惠及社会公众,这也是"多元共治"的应有之义。

《环境公益诉讼解释》第 25 条第 1 款规定,环境民事公益诉讼案件选择以调解方式结案形成调解协议后,法院应当将协议内容予以公告。公开固然是群众行使监督权的基础,但是实践中该公告程序却易流于形式,况且该公告对公众而言属于被动接受的信息,缺乏一种主动而切身的参与感、认同感。由此观之,社会主体参与及监督环境民事公益诉讼惩罚性赔偿调解的具体形式应有所创新:第一,调解开始前,构建社会意见提前参与机制。[1] 环境民事公益诉讼惩罚性赔偿调解协议终将落实于恢复生态环境之原状,故该协议所载明的赔偿金用途、修复方案等内容自然与案发地群众的利益息息相关。为此,法院可委托兼具非营利性、社会性与专业性特征的适格环保组织,由其赴损害发生区域通过问卷、访谈等多样化方式,调查了解环境被污染、生态被破坏对当地民众的影响,引导他们对该损害修复提出相应的意见,环保组织完成该意见收集后便可将信息汇总提供给法院及各调解参加主体,以便作为

---

[1] 在已有的环境民事公益诉讼司法实践中,有法院就诉讼中初步形成的生态环境修复方案提前进行公示,并以调查问卷的形式听取群众的反馈意见,以公众支持度较高的方案作为合议庭审理案件的重要参考,取得了良好的社会反响和公益效果。如常州市环境公益协会诉储卫清及常州博世尔物资再生利用有限公司等单位环境污染责任纠纷案等。

调解中判定公益损失、确定赔偿金额、制定修复方案的重要参考。第二,调解过程中,借鉴消费民事公益诉讼案件"调解听证会"[1]的模式,引入听证程序。当事人双方达成调解协议后,法院即面向社会发布听证公告,组织召开调解听证会。听证参加人包括双方当事人、参与本调解的专家以及公民。公民以自愿报名为主、随机选取为辅的方式参加听证,获准参加听证的公民可依序陈述自己关于该调解协议的观点、主张,还可就生态环境损害程度、惩罚性赔偿金确定过程、赔偿资金归属及如何使用等案件相关事实问题质询当事人和专家等其他听证参加方。同时,该调解听证会设现场旁听和线上直播两种公开方式,以保证社会公众的广泛参与。

五、结语

正如前文所述,单一的争讼审判模式不适应于我国环境民事公益诉讼惩罚性赔偿争议的司法实践,亟需解纷机制的补充和更新。调解制度作为一种集合"低成本和高效率"的解纷方式,其在环境民事公益诉讼惩罚性赔偿案件中的适用具有较好的制度价值和现实优势,成为突破该类案件"判决型"程序困境的一剂良药。另外,在调解与环境民事公益诉讼惩罚性赔偿相衔接的过程中,还需根据环境民事公益诉讼惩罚性赔偿案件的专业性、公益性特质进一步健全调解的适用:开拓出以公益维护为核心,以切实修复受损环境为底线,环资专业性问题专家办,高度社会参与、社会监督的新型制度样态。通过程序制度的不断建构和完善,提升我国环境法治建设水平,更好地服务于我国生态文明建设事业。

---

[1] 参见蒋云龙:《重庆召开首例消费民事公益诉讼案件诉前调解听证会》,载百家号"人民资讯"2022年9月26日,https://baijiahao.baidu.com/s?id=1745026617858125508。

第三编
商事调解的实践探索

商事纠纷先行调解和司法确认的衔接与优化

朱 川* 王蓓蓓** 魏佳敏***

近年来,国内商事案件数量持续性增长,矛盾纠纷日渐复杂化,利益需求日益多元化,案件类型日趋新型化,司法审判工作正面临前所未有的挑战。人民法院立足于新形势,深入贯彻习近平总书记关于"将非诉讼纠纷解决机制挺在前面,从源头上减少诉讼增量"的重要指示精神,积极践行最高人民法院《关于深化人民法院一站式多元解纷机制建设推动矛盾纠纷源头化解的实施意见》,不断探索推进建立先行调解和司法确认机制,努力稳固人民法院源头化解纠纷工作格局,推动法院工作从以判止争向源头化解转变。

基于当前中国的国情和社会治理需求,先行调解与司法确认机制应运而生,使法院可以对案源进行分流,强化矛盾纠纷源头化解。与此同时,针对国际商事纠纷,国际社会一直都在致力于发展能够涵盖诉讼、仲裁和调解的多元化纠纷解决体系。[1] 在此背景下,厘清先行调解和司法确认的具体运作模式和实际衔接情况尤为必要。由此,本文通过总结经验,挖掘"先行调解+司法确认"机制背后的创新价值和保障功能,进一步探究该机制的未来发展路径。

一、"双轨模式"的动力运行:先行调解的创新价值

(一)先行调解机制的创设

1.先行调解机制的背景由来

在国内纠纷日趋复杂化和新型化、国际社会倡导多元化解决国际商事纠

---

* 朱川,上海市第二中级人民法院商事审判庭庭长,三级高级法官。
** 王蓓蓓,上海市第二中级人民法院商事审判庭团队长,三级高级法官。
*** 魏佳敏,上海市第二中级人民法院商事审判庭四级法官助理。
[1] 参见蔡伟:《〈新加坡调解公约〉的困境和应对》,载《清华法学》2022年第2期。

纷的大背景下，人民法院应当发挥好化解矛盾、定纷止争的重要功能，承担好引领、推动并深化纠纷解决机制建设的职责，带头推行商事纠纷先行调解机制，研究制定完备详细的配套制度措施，进一步妥善处理纠纷。[1] 商事纠纷先行调解机制的创设体现了"调解优先"的原则，将部分纠纷分流在诉讼之外，有效整合了司法资源，有机结合调解、仲裁、诉讼多方力量，提供更新型便捷的纠纷解决渠道。尤其在我国于2019年8月7日与其他46个国家地区共同签署了《联合国关于调解所产生的国际和解协议公约》(即《新加坡调解公约》)后，学术界和实务界都大力呼吁加快中国商事调解法律制度的完善步伐，坚持立法先行，做好顶层设计，以法律制度建设为牵引，设计好明确统一的适用模式。

在中央层面，最高人民法院先后出台多项配套司法改革举措，包括《关于深化人民法院一站式多元解纷机制建设推动矛盾纠纷源头化解的实施意见》等文件。在地方层面，各地结合自身实际不断推出相应举措，以上海为例，上海市人大会常委会于2021年2月通过并发布《上海市促进多元化解矛盾纠纷条例》，其中第50条第1款明确规定，人民法院在登记立案前应当引导当事人优先通过非诉讼争议解决中心或者多元化解矛盾纠纷信息化平台选择调解组织先行调解。上海市第二中级人民法院(以下简称上海二中院)牵头，与上海市国有资产监督管理委员会、上海市工商业联合会、上海市国际贸易促进委员会三家合作单位达成《关于将非诉讼纠纷解决机制挺在前面 合力做好商事纠纷先行调解工作的合作备忘录》，不断探索创新先行调解机制。

先行调解机制明确规定在2021年修正的《民事诉讼法》第125条，"当事人起诉到人民法院的民事纠纷，适宜调解的，先行调解，但当事人拒绝调解的除外"。可见，先行调解是诉讼立案程序前的一类调解，即当事人将纠纷起诉至法院，在法院正式立案受理之前开展的调解工作。[2] 具体而言，针对当事人起诉到法院的纠纷，法院通过向当事人释明调解特点、优势及法律效力，在当事人进行诉讼风险评估后，由法院引导其选择先行调解。

---

[1] 参见李浩：《先行调解性质的理解与认识》，载《人民法院报》2012年10月17日，第7版。
[2] 参见卢腾达：《民事纠纷调解前置程序的法律规制研究——以上海法院诉调对接的"先行调解"模式为样板参考》，载《时代法学》2018年第2期。

2. 先行调解机制的特色功能

在对现行诉调对接机制进行甄别时，可从时间节点、解纷主体、处置结果和体系构建等方面切入。

从时间节点来看，诉前调解是法院立案受理前暂缓立案，在案件正式进入诉讼程序之前按照一定标准分流后采取的调解；[1]诉中调解是在法院正式立案后，案件审理过程中组织的调解；先行调解意指将调解的时间前移至法院立案受理案件之前，即当事人向法院提起诉讼后法院尚未立案时的调解，此时纠纷不进入法院流程，直接引导至社会调解组织。

从解纷主体来看，诉前调解和诉中调解是以法院为主导，由法院诉调对接中心、立案庭或审判庭开展调解工作；商事纠纷先行调解是以社会专业化商事调解机构为主导，引导当事人可选择调解（仲裁）等解纷方式，先行着手解决争议，使案件在司法审判体系之外先行得到解决，真正地做到繁简分流、快慢分道。

从处置结果来看，当事人在诉前调解、诉中调解中达成调解方案后，还需经历法院的审核环节，即由法院对案件的基础事实和法律适用以及调解协议作一定程度的合法性、合理性判定，之后按照规定减半收取诉讼费用，再行出具民事调解书。先行调解，本质上属于诉讼外纠纷化解手段，双方当事人达成的调解协议经当事人、调解员共同签字确认即可发生效力，后续可通过司法确认、仲裁裁决以及赋强公证等多种途径来获得强制执行力。

从体系构建来看，商事纠纷先行调解机制属于一种新机制，是化解纠纷的重要手段之一，其打造了集"调（仲）诉"为一体的多元解纷新格局。作为一种高效率、低成本的商事纠纷解决机制，先行调解具有较大的现实意义。法院从争议解决平台向解纷协作平台演进，通过社会化参与的方式，让调解格局的"朋友圈"不断扩大。

(二) 先行调解机制的时代价值

1. 全面提升纠纷化解效能

基于当前中国的国情和社会治理需求，民众对法院的期待日益多元化。先行调解机制具有不同于刚性判决的柔性特点，其不仅可以减轻社会治理中纠纷处理的重压，还能极大地满足商事主体的期待，为当事人提供更为多元、

---

[1] 参见左卫民：《通过诉前调解控制"诉讼爆炸"——区域经验的实证研究》，载《清华法学》2020年第4期。

更能凸显商事领域权益特质的保护通道,减少繁琐程序环节,有利于当事人提高维权效率,节约诉讼成本,减少当事人之间不必要的对抗,真正实现减少诉累。同时,先行调解还可以更好地平衡与兼顾商事纠纷化解中的公平与效率,进而全面提升社会综合治理能力。

2. 重塑社会治理新格局

先行调解机制着眼于纠纷调处的专业化,法院可以充分发挥司法能动性,将诉前调解职能进一步向前延伸,真正实现了"调审分离"。先行调解机制让法院的身份属性从审判者向组织者转变,让法官从调解者的角色中剥离开来,引入专业的商事调解组织参与其中,使得调解结果更贴近商业主体意愿与期望。在充分保障当事人诉权的基础上,将纠纷引导分流至由主管部门或行业组织指导的、具有化解商事纠纷专业能力和素养的相关调解组织,激活商事纠纷调解组织和调解人员的资源、力量,塑造中国特色纠纷解决和诉讼服务发展新优势,构建适应社会、贴合社会治理体系的纠纷化解新格局。

3. 打造国际纠纷化解新优势

当前国际社会在民商事领域的纠纷解决中,逐步呈现优选调解来解决争端的趋势,法院推进先行调解机制,有利于架构出与国际接轨的具有中国特色的商事调解制度。同时,先行调解机制的精神与《新加坡调解公约》合作共赢的宗旨一致,深化先行调解工作有望加快我国民商事调解国际化脚步,进而增强我国在全球民商事调解领域的知名度和竞争力,提升我国对国际规则制定的话语权和影响力,对于涉外法治化建设及将我国建设成为国际民商事争议解决中心大有裨益。[1]

(三)先行调解机制的实证运行

在探索创新商事纠纷先行调解机制的过程中,上海二中院于2021年5月审结了上海首例司法确认先行调解协议效力的案件,通过将高达2.4亿余元涉七方当事人的货款纠纷引导至调解组织进行先行调解,当事人在2个月内即达成了调解协议,并向上海二中院申请司法确认,商事庭在与立案庭沟通协调后,对调解组织资质、调解的自愿性与合法性、案件基本事实的真实性等方面进行了审查,认定本案符合司法确认的情形,并在2周内通过出具民事

---

[1] 参见漆彤:《论〈新加坡调解公约〉对投资争端和解协议的适用》,载《南大法学》2022年第2期。

裁定书的方式确认当事人达成的调解协议合法有效。该案开创了司法确认先行调解协议效力的先河,真正将两项机制做到有效衔接和紧密协调,具有畅通先行调解与司法确认衔接渠道的示范性意义,进一步彰显了"共建共治共享"的现代化社会治理理念。

1. 专业调解组织的确立

先行调解队伍建设突出专业性,强调构建专业处理民商事纠纷的调解员队伍,大力提升调解员化解民商事纠纷的专业素养。在充分保障当事人诉权的基础上,将纠纷引导分流至由主管部门或行业组织指导的具有专业解纷能力的调解组织。同时力求规范化,实行调解员名册的公示动态管理,明确任职条件、等级评定、职业道德标准,通过日常考核和年度考核,对调解员实施奖励惩处机制,落实"能进能出"淘汰机制。

法院加强对商事调解组织的业务指导,开展定向专项培训,定期交流研讨,以专家讲授、案例评析、现场观摩、旁听庭审、实训演练等活动形式,切实提高调解员的专业素养和调解技能。相关合作单位组织调解人员入驻法院,在调解窗口定期值班,在法院开展先行调解案件甄别、分流工作的过程中,适时进行现场调解。

2. 先行调解的流程管理

法院收到立案材料时,通过立案窗口的人工服务或智能设备对当事人线上或者线下申请登记立案的案件进行审核甄别,向当事人释明调解优势及法律效力,进行诉讼风险评估,并联动合作单位共同做好对当事人的调解引导工作。

在当事人选择先行调解后,根据其工作单位的性质,将案件材料及时移交到对应合作单位或者其他被指定、接受委托的调解组织,由调解组织根据法律规定及调解规则,开展具体调解工作。若当事人不同意以非诉讼方式解决纠纷,则严格落实立案登记制要求,对依法应当受理的案件,有案必立,有诉必理,切实保障当事人的诉权。

经调解达成调解协议的,由调解组织制作调解协议书,全部当事人签名或者盖章,经调解员签名并加盖调解组织印章后生效,生效的调解协议对案件当事人具有约束力;经过先行调解仍然调解不成功的,及时转入诉讼或仲裁程序,为当事人解决纠纷提供有力保障(见图14-1)。

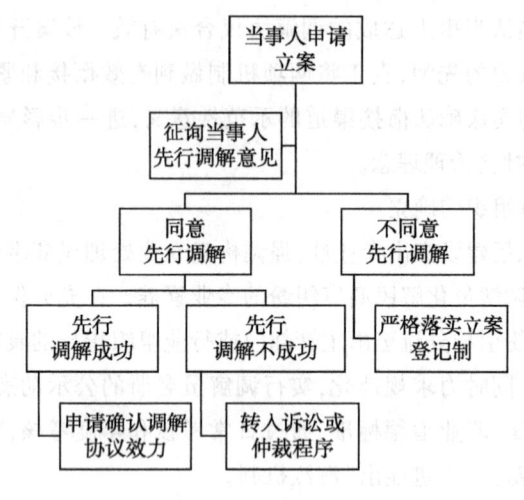

```
         当事人申请
            立案
             │
     征询当事人
     先行调解意见
      ┌──────┴──────┐
   同意          不同意
  先行调解      先行调解
   ┌──┴──┐         │
  先行   先行    严格落实立案
调解成功 调解不成功  登记制
   │      │
申请确认调解 转入诉讼或
 协议效力   仲裁程序
```

图 14-1　先行调解流程

3. 先行调解的配套措施

经当事人申请,调解组织可以在先行调解阶段开展委托审计、评估、鉴定工作。此外,当事人是否选择将案件递入先行调解程序,经常取决于法院能否及时采取财产保全等举措来确保对方当事人有债务清偿能力。故为保障先行调解的顺利开展,法院应在当事人提出诉前保全的申请后,积极配合实施诉前保全工作。同时对于先行调解成功后当事人向法院申请强制执行的,法院应畅通执行绿色通道,及时保障先行调解的成果。

4. 先行调解的功能拓展

在先行调解过程中,强化流程管理,在纠纷调解、仲裁选择、协议审查、文书出具、案件收结等流程节点中,统一规范案件信息输入与流转、案卷材料交接与管理等工作,实现"一次录入、自动抓取、多处共用"的处理模式,以使前期工作成效在案件转入诉讼程序后可以继续辅助后续审理。此外,经各方当事人同意,调解员可以以书面形式固定各方纸质送达或电子送达地址,同时将案件基本程序事项、无争议的事实部分以及具体的争议焦点等先行固定下来,确保调解、仲裁、诉讼各环节有序且有效对接。

5. 先行调解的协调激励

为了推进和优化先行调解的常态协调机制,法院与各合作单位可建立例会制度,对工作中遇到的问题进行研究,对疑难复杂案件进行共同研判,提炼总结经验做法,从而推动先行调解机制不断优化完善。此外,法院与各合作单位探索建立先行调解激励机制,对于积极参加先行调解、诚信履行调解协议的企业、个人,向相关主管部门、行业组织通报,给予表扬鼓励。

二、"双轨模式"的辅助运行:司法确认的保障功能

(一)司法确认机制的实施要点

司法确认,系指对于当事人在诉讼外达成的调解协议,法院在审查认定符合法律规定后,以民事裁定书的形式赋予其强制执行力。当事人通过先行调解达成的调解协议仅具有民事合同的效力,只能约束当事人。此时可以通过向法院、仲裁机构、公证机构申请确认调解协议效力,或通过申请支付令等其他法律规定的方式,依法赋予调解协议强制执行效力。

司法确认因其特有的高效便捷优势,成为当事人赋予调解协议强制执行效力的首选。当事人仅需通过向法院提交调解协议、调解组织或调解员主持调解的证明、当事人身份信息以及其他相关财产证明材料,法院经初步认定符合受理情形后即开启司法确认程序。经审核调解协议是否符合司法确认条件后,法院即可作出确认调解协议有效或驳回申请的民事裁定。

(二)司法确认机制的功能价值

司法确认机制与先行调解机制之间形成了一种相辅相成、互相成就的运作关系。司法确认机制联结了社会组织、政府部门与司法机关三种治理主体,构建出一种社会参与、权利共享和合作治理的结构,形成社会主体共治、合力化解纠纷的局面。[1] 不仅可以满足当事人的多元解纷需求,更能实现司法效率,推动司法体制改革纵深发展。

1. 构建社会共治、权利共享新模式

司法确认机制有效运用非诉程序保障当事人的权益。具体是指,首先通过先行调解在诉讼外达成调解协议,再向法院申请司法确认,对调解协议的效力予以确认,使其获得与生效判决同等的执行力。同时,司法确认制度以高效经济、柔性和谐的方式化解矛盾,减少主体间不必要的对抗,通过整合社会资源以实现国家、社会、个人共同参与现代化治理的目标。

2. 推进司法体制改革纵深发展

在全面提升司法质量、效率和公信力的司法体制改革背景下,优化司法

---

[1] 参见黄东东:《治理如何现代化:组织、信息与司法确认——以 W 区与 Z 区的调研为基础》,载《河北法学》2018 年第 11 期。

资源显得尤为重要。司法确认机制的设立初衷就是为了实现司法资源和社会资源的有力融通，通过这一机制可以使纠纷止于诉前，并将部分纠纷从法院处剥离，交由社会组织以便捷、高效、多元的方式来解决。这样不仅可以提高社会自治能力，还能提升矛盾纠纷化解的整体效能，实现司法资源的优化配置，推动司法体制改革纵深发展。

3. 助力城市法治化发展大局

司法确认机制通过落实先行调解的成果，促使纠纷得以公正高效地解决，可以增强城市的法治核心竞争力。司法确认机制有机结合法院、调解组织、社会主体的多方力量，进一步将矛盾化解在诉讼前，融合在柔性确认中，促进纠纷"一揽子调处、全链条整合"。为市场经济主体（包括企业和个体）提供更加广阔的舞台，维护和谐公正的市场秩序，充分迸发市场经济的活力，更好地服务城市经济社会发展大局，不断提升国家国际竞争力和影响力。

三、"双轨模式"的联动运行：先行调解与司法确认的衔接

在先行调解与司法确认的联动过程中，法院应做好先行调解和司法确认机制的完善工作，畅通衔接渠道，更好地保障先行调解的成果。

（一）程序上的紧密衔接

在经过先行调解后达成调解协议的，双方当事人可以自调解协议生效之日起30日内共同向法院申请司法确认。共同提出申请是现行司法确认机制的启动方式，以保证程序运行的自愿性和合法性。司法确认案件一般是由调解组织所在地的基层人民法院管辖，若案件符合级别管辖或者专门管辖标准，则由对应的中级人民法院或者专门人民法院管辖。当事人需要根据先行调解的具体情况，明确管辖法院。

当事人申请司法确认调解协议的，法院立案部门或业务部门应当做好联络对接工作。当事人需向法院提交双方当事人身份、住所、联系方式等基本信息、调解协议、调解组织或调解员主持调解的证明，以及与调解协议相关的财产权利证明等材料。同时需向法院出具承诺书，必要时法院可以要求双方当事人亲自到法院签署承诺书。其中，承诺书需明确载明当事人签订调解协议系自愿合法，未损害国家利益、社会公共利益及他人合法权益，并愿意承担相应的法律责任。法院在收到司法确认申请后，在材料齐全的情况下应当在3个工作日内决定是否受理。

此外，为了高效地化解矛盾纠纷，对于当事人积极参加先行调解但调解失败的案件，在转入诉讼程序或者仲裁程序后，建议法院、仲裁机构经综合考虑当事人已经参加调解、已交纳调解费用等因素，对后续程序的费用予以酌情减免。

（二）实体上的严密配合

自愿性与合法性是调解协议具有强制执行力的正当性基础。法院在受理司法确认申请后，发现不属于法院受理、管辖范围的，涉及确认身份关系的，涉及适用其他特别程序、公示催告程序、破产程序审理的，或者根据纠纷性质依法不能进行调解或强制执行等情形，应依法裁定不予受理或者驳回当事人的申请。

法院经初步审查，符合法定受理情形的，应根据案情复杂程度，依法独任审判或由审判员组成合议庭进行审查。同时可以通过案件信息查询系统，核查申请人是否存在关联诉讼等事项，避免司法确认调解协议影响关联案件的审判、执行。

因司法确认以非诉方式进行，法院一般对调解协议采取形式审查。当调解协议存在瑕疵或歧义，法院可以通过指导调解组织和当事人修改或重新签订调解协议，经过补正后可重新进入司法确认程序。若该瑕疵足以导致协议内容实质性变更的，法院应当驳回申请。若审查发现调解协议存在违反法律、公序良俗，损害国家利益、社会公共利益或他人合法权益情形的，应当驳回申请，并及时告知主持先行调解的调解组织，可以视情况将相关当事人列入先行调解的"黑名单"。再有，2021年9月27日，最高人民法院下发《关于诉前调解申请司法确认和出具调解书案件不纳入民事案件司法统计的通知》，明确了经诉调对接机制中的诉前调解程序成功达成调解的，申请司法确认案件编立"诉前调确"案号，不再使用"民特"案号，出具民事调解书的案件编立"诉前调书"案号，不再使用"民初"案号。但对于先行调解机制中形成的调解协议，尚无相应编立案号规定。实务中，法院仍立"民特"案号，以裁定书形式作出确认与否处理，这一情形有待立法明确。

法院在审查认定经先行调解达成的调解协议符合法律规定并作出司法确认裁定的，应当及时告知主持先行调解的调解组织或调解员，后者应督促当事人及时履行调解协议。若当事人拒绝履行，对方当事人可以向作出确认裁定的法院申请强制执行。

四、"双轨模式"的优化运行：问题与对策

立法对先行调解和司法确认的规定较为简单和滞后，导致各地在推行两项制度的过程中受到多重因素掣肘，有待进一步对之进行优化完善。

（一）困境透视：机制落地运行中的多重掣肘因素

1. 社会普及度不高，市场主体接受意愿不强

先行调解和司法确认机制虽然有推行实施的法律依据，但仍然不足以达到对社会公众尤其是各类商事主体的有效普及并使之欣然接受的效果。一方面，对先行调解机制的理论研究和司法实践较为匮乏和浅显，机制运行受到桎梏的同时，宣传素材亦不充分，导致争议双方不了解先行调解机制的优势。另一方面，群众对司法公权力的依赖也促使其不愿选择立案前的调解，当事人担心在诉讼程序之外达成的调解协议不足以保障其权利，导致当事人参与先行调解的积极性不高。此外，先行调解的工作成果需固定，但司法确认制度的宣传力度、广度仍旧不足，使得当事人不了解确认调解协议效力的流程，最终影响了以司法确认机制赋予调解协议以强制执行效力的实践效果。

2. 调解组织的架构运营模式有待调整

先行调解组织的功能建设力度不足，且亦缺乏规范化的程序模式，限制了其专业性优势的发挥[1]。对于部分基础性问题，不同调解组织或对不同纠纷的处理方式过于单一，或对同类纠纷的处理尺度尚不统一。对于调解员设置的准入门槛，部分调解组织的标准较低，未能综合考核调解员资质，未存在配套奖惩制度。且关于调解组织收费标准问题，也缺乏统一合理的规制，调解收费较高且调解不成后的费用减免制度运行效果欠佳，导致当事人选择先行调解的积极性不高。此外，调解组织缺乏对调解员专业细致的指导培训，对于调解员忽视案件实体审查等情形缺乏管理，以致影响先行调解实际效果。

3. 先行调解与司法确认衔接不明晰

在先行调解阶段，调解组织、调解员应当注重发挥对送达、身份授权信息审查、证据审查、评估鉴定、事实固定等方面的辅助作用，但其往往对此重视

---

[1] 参见龙飞：《论多元化纠纷解决机制的衔接问题》，载《中国应用法学》2019年第6期。

不够,未做好配套的流程工作。由此,在当事人达成调解进入司法确认程序或因调解不成转入诉讼程序之时,法院还需再次确认程序性事项、固定无争议事实以及核实证据材料等,极大地增加了诉争成本,影响办案效率。

民事诉讼程序繁简分流改革推进过程中,司法确认管辖规则有所优化,但仍未明确规定司法确认案件的受理部门或团队,即由立案庭还是业务庭受理该类案件,实务中做法不一。同时,司法确认程序的启动方式门槛较高,需要当事人共同提出申请,这或将大量的无意思瑕疵的调解协议拒之门外,也使得不愿诚信履行调解协议的当事人逃脱了强制执行力的约束,很容易造成先行调解与司法确认两机制衔接不顺畅、对接不清晰,当事人权利难以及时兑现。[1]

4. 虚假调解的甄别审查能力待提高

囿于社会诚信体系的不完善和先行调解机制的不健全,在大额商事纠纷中,部分当事人往往通过虚假调解谋取不正当利益。在调解工作的开展过程中,调解员有时重结果轻过程,对案件实质审查的重视程度不足,缺少对案件事实的挖掘能力和对细节线索的捕捉能力,对虚假诉争警惕不足,对案件的甄别能力和案件走向评析能力有待提高,未能及时发现当事人恶意串通虚构事实、伪造证据或故意隐瞒事实的行为,从而导致实践中虚假调解情形多发。

5. 案外人救济不及时、不完善

法院开启司法确认程序,主要完成调解协议的真实性、合法性和自愿性的形式审查工作。这种审查方式对于标的额较大、法律关系较复杂的案件,难以对基础事实作有效审核,很可能导致存在瑕疵的调解协议甚至内容虚假的调解协议得到司法确认,在损害司法公信力的同时,也侵害第三方主体的合法权益。加之司法确认程序相对隐秘,不具有公开性,司法确认文书不发布在裁判文书网上,相关权利人难以在第一时间发现权益受损,甚至在财产被执行完毕后,才提出权利救济主张。

(二) 对策纾难:完善相关制度

1. 多方推广宣传,提高社会认知

社会各方要充分宣传先行调解和司法确认机制的功能和优势,通过完善机制的运行模式并充分发挥其良好效果来吸引当事人选择。应广泛发动社

---

[1] 参见马丁:《论司法确认程序的结构性优化》,载《苏州大学学报(法学版)》2021年第4期。

会力量,坚持自愿原则,多渠道多形式宣传先行调解机制的对话、协商、保障的功能特质,多措并举加大宣传司法确认机制的高效便捷、成本低廉、保密性强的优势,还可以选择相关优秀案例加以宣传,提高社会认知度和接受度。

同时,要充分保障当事人的选择权,无论是当事人主动选择还是经法院释明后选择先行调解的,均将先行调解工作纳入法院的流程管理,维护当事人的时限利益,无法达成调解的及时转入立案程序或仲裁程序,确保不能因争端解决回归诉讼途径而额外增加当事人的诉讼成本,打造诉(仲)调一体化格局,充分保障当事人的诉讼权利。

2. 转变身份角色,深化市场培育

应以社会需求为导向,鼓励商事调解组织从事市场化调解。一是要融入市场化运作的理念,吸收并引导市场元素的加入,调解组织应合理设置调解费用和报酬,减少政府补贴,为调解市场带来根本性动力。二是对于根本性、基础性的问题,调解组织应设置统一规范的解决方式,以提升调解工作效果和公信力。三是要优化商事调解组织的市场培育模式,针对商事案件、知产案件、海事案件等专业性较强的领域,有的放矢地明确调解员的业务素养与选任标准,推动商事调解的专业化建设和市场化探索,才能不断深化并落实先行调解的成果。四是调解组织要明确制定调解员准则,要始终强调调解员的公正性和专业性,并通过执业许可、资格认证、等级考试等方式加强管理培训,不断优化调解员的职业培训体系,有效提升队伍建设的职业化水平。[1]并建立相关管理考核制度和薪酬体系,采取选任或指定调解员的方式优化培养模式,不断充实并壮大调解员队伍。五是调解组织与人民法院应当积极构建长效沟通联系机制,法院应从主导者转变为引导者、协作者,发挥引导当事人、指导调解组织和保障调解效果的作用,开展法院与辖区内调解组织的"点对点"对接机制,推动调解组织建设,促进调解组织的功能建设和实践能力进步。

3. 明晰对接部门,细化审查内容

第一,法院与调解组织应建立"一站式调解+确认"的工作机制,在先行调解的过程中,调解组织可以充分告知当事人司法确认的作用和优势,在达成调解协议后,调解组织可直接征求当事人申请司法确认的意见,经当事人同

---

[1] 参见杨安琪、杨署东:《我国商事调解机制与〈新加坡调解公约〉对接的现实困境及其破解路径》,载《河南财经政法大学学报》2022年第2期。

意后收集当事人的身份材料、资格材料、申请材料和调解协议等,提前完成司法确认程序的前期准备工作,便于第一时间对接法院开启司法确认程序,及时保障当事人的权益。[1] 此外,要对司法确认程序进行结构性优化,在一方当事人提出申请而对方当事人表示同意或未予拒绝的情况下,只要申请方当事人能提供双方签字的调解协议和调解组织出具的证明材料等,也应当启动司法确认程序,从而更好更有效率地解决纠纷。

第二,法院应明确司法确认案件的受理部门,并对当前司法实务中的不同做法予以规范统一。可以确立由立案庭协调、业务庭主导的工作机制,将司法确认案件与诉前调解等共同纳入解纷效果的统计范围,使之单独作为业绩考核指标。当法院收到申请司法确认的相关材料时,立案庭可参照要素式审判规则,根据要素和案由对相关材料进行分类整理,根据不同类别分别递交至相应业务部门,通知承办法官及时审查。

第三,要不断强化制度建设,赋予先行调解机制更多的功能作用,探索调解中确认部分程序事项、启动审计评估鉴定、固定无争议事实、界定争议焦点、进行中立评估和结论预判等辅助审判的功能,即使矛盾纠纷因未能先行解决而进入司法程序中,也能迅速与法院打好配合战,以便法院可在诉讼中第一时间直面案件的重点、难点及疑点,进一步提高审判效率、节约司法资源。

4. 加强甄别惩戒,完善信息共享

第一,加强防范工作,建立严密的监督体系,审慎甄别虚假调解的情形。提高法院审查的主动性,扩大并细化审查范围和审查事项。第二,加大震慑力度。法院受理司法确认案件时,应再次告知当事人对虚假调解协议申请司法确认的法律后果,并要求当事人出具承诺书,必要时可以要求当事人亲自到法院签署承诺书。第三,加强实质审查。随着受案范围扩大,部分调解协议涉及的标的额较大、案情较为复杂,有必要做一定程度的实质审查。在涉及财产分配的情况下,应注意是否遗漏其他权利人、是否侵犯他人合法权益。第四,完善审判信息共享。在现有的智慧法院建设成果基础上进一步完善信息共享功能,筛查当事人征信状况,建立虚假诉讼失信人名单,以便及时提示法官。第五,建立健全并严格执行虚假先行调解的惩戒措施,最大化遏制虚

---

[1] 参见刘国承:《人民调解协议"一站式"司法确认机制的实践与思考》,载《中国司法》2018年第12期。

假调解行为,将虚假调解行为纳入社会征信体系,进行信用评级和信用约束。[1] 对虚假参与主体采取罚款等处罚措施,构成犯罪的,予以刑事处罚。

5. 畅通救济途径,平衡各方权益

一方面,要畅通救济途径,对虚假调解受害人提起的申诉、再审申请、第三人撤销之诉、执行异议之诉等,法院应当第一时间立案。若司法确认案件仍在执行过程中,在案外人提交证据材料或提供担保后,应当立即中止执行并设置适当中止期,法院审查确系虚假调解的,应当终止执行程序;若司法确认案件已经生效的,应立即予以纠正,依法撤销原裁定。另一方面,在调解、司法确认、执行等各环节中,对审查中发现可能牵涉利害关系第三方的,为保障第三方知情权,法院有必要及时告知。

人民法院打造"先行调解+司法确认"双擎服务机制,高度契合习近平法治思想的根本要求,通过对商事经济纠纷的前端治理、经营矛盾的实质化解、当事人合法权益的有效保障、交易秩序的及时修复,不仅能塑造中国特色纠纷解决和诉讼服务发展新优势,还能有效整合司法资源,为当事人提供更为多元的权益保护通道,不断提升市场主体的法治获得感。这不仅是人民法院优化法治化营商环境的生动实践,也是人民法院实现社会治理体系和治理能力现代化的探索创新。

五、结语

人民法院应实现从重视审判功能到构建指导平台的转变,以制度建设为牵引,广泛发挥社会力量扩大宣传,提高商事纠纷先行调解和司法确认的认知度和接受度;融合市场化运作模式,深化对调解组织的市场培育,提高调解组织和人员的工作质量;畅通并优化先行调解和司法确认的衔接,全力保障先行调解的成果;严密防范虚假调解行为,健全监督和惩戒机制;加强司法确认实质审查,完善信息共享。充分发挥"先行调解+司法确认"的合力解纷作用,丰富并完善多元高效纠纷化解"中国方案",用以构建更加和谐稳定的社会关系,增强城市的法治核心竞争力,更好地服务国家经济社会发展大局。

---

[1] 参见刘敬东、孙巍、傅攀峰、孙南翔:《批准〈新加坡调解公约〉对我国的挑战及应对研究》,载《商事仲裁与调解》2020年第1期。

横琴粤澳深度合作区建设背景下横琴和澳门调解规则衔接研究[*]

横琴珠港澳(涉外)公共法律服务中心课题组[**]

党的二十大报告提出,"'一国两制'是中国特色社会主义的伟大创举,是香港、澳门回归后保持长期繁荣稳定的最佳制度安排,必须长期坚持""支持香港、澳门发展经济、改善民生、破解经济社会发展中的深层次矛盾和问题""推进粤港澳大湾区建设,支持香港、澳门更好融入国家发展大局,为实现中华民族伟大复兴更好发挥作用"。2021年9月,中共中央、国务院印发《横琴粤澳深度合作区建设总体方案》,在"强化法治保障"方面指出,要"充分发挥'一国两制'制度优势,在遵循宪法和澳门特别行政区基本法前提下,逐步构建民商事规则衔接澳门、接轨国际的制度体系""建立完善国际商事审判、仲裁、调解等多元化商事纠纷解决机制"。加快推进横琴和澳门法律规则有效衔接,是深入推进新时代中国特色社会主义现代化国际化横琴粤澳深度合作区(以下简称合作区)建设的基础工程,将为琴澳一体化发展提供有力的法治保障。

自合作区成立以来,越来越多的澳门居民来到合作区生活和发展,横琴和澳门融合发展水平稳步提升,但由于生活习惯及社会文化存在诸多差异,横琴和澳门居民之间的商事、劳动、家事、知识产权、物业等领域的民商事纠纷日益增多,构建一套高效便捷的纠纷解决机制便成为合作区建设的当务之急。调解以其高度的包容性、灵活性和便利性,成为合作区内最具合作基础和发展前景的纠纷解决方式。然而,由于内地与澳门在社会制度、经济体制、

---

[*] 本文中香港均指中国香港特别行政区,澳门均指中国澳门特别行政区。——编者注
[**] 课题组负责人:吴振,横琴珠港澳(涉外)公共法律服务中心执行理事兼主任,珠海市调解协会党组书记。课题组成员:廖永安、段明、何仕平、冯朗、巫文辉、唐莹。

法律体系、产业发展等方面的差异,横琴和澳门的调解模式、体制和需求等方面也各有差异,给合作区调解机制的发展完善带来一定挑战。

在推动琴澳一体化发展的背景下,加快推进横琴和澳门调解规则衔接,是推动合作区与澳门经济高度协同、规则深度衔接的重要任务。鉴于此,本文以习近平新时代中国特色社会主义思想为指导,深入贯彻习近平法治思想,在系统阐释深化横琴和澳门调解规则衔接重要意义的基础上,通过比较研究和实证研究,深入剖析当前横琴和澳门调解规则衔接的主要问题,进而提出推进横琴和澳门调解规则衔接的基本对策。

一、深化横琴和澳门调解规则衔接的重要意义

(一)完善合作区解纷机制的基本要求

《粤港澳大湾区发展规划纲要》提出,要"加强粤港澳司法交流与协作,推动建立共商、共建、共享的多元化纠纷解决机制"。《横琴粤澳深度合作区建设总体方案》强调,要"建立完善国际商事审判、仲裁、调解等多元化商事纠纷解决机制"。加快构建多元化纠纷解决机制是深入推进合作区建设的重要内容。自合作区成立以来,诉讼和仲裁等纠纷解决机制在合作区获得了较好发展,以合作区人民法院、横琴国际仲裁中心等为代表的纠纷解决机构发挥了重要作用。推动横琴和澳门调解规则衔接,有利于激发合作区调解发展的新动能,有利于构建诉讼、仲裁与调解协同发展的多元化纠纷解决机制,助力将合作区打造成国际商事争端解决的优选地。

(二)优化合作区营商环境的现实要求

党的二十大报告提出,要"依法保护外商投资权益,营造市场化、法治化、国际化一流营商环境"。营商环境是评价一个地区经济竞争力的重要指标,良好营商环境的打造离不开一套高效便捷的纠纷解决机制。在各类纠纷解决机制中,调解的程序最为简便,更能体现当事人合意,也更有利于构建和谐社会。根据世界银行发布的营商环境报告,"纠纷调解指数"是评价营商环境的基本指标。深化横琴和澳门调解规则衔接,将从两个方面优化合作区的营商环境:一方面,加强调解规则衔接,能够凸显调解的纠纷解决优势,吸引更多的商事主体选择和运用调解方式解决纠纷,由此可以直接提高合作区的"纠纷调解指数";另一方面,作为一种友好型的纠纷解决方式,调解不仅能够及时解决商事争端,还能够维持商事主体之间的合作关系,从而构建"和气生

财"的营商环境。

(三)推动琴澳一体化发展的根本要求

着力推动琴澳一体化发展,促进澳门经济适度多元发展,是建设合作区的基本目标。推动横琴和澳门规则衔接与机制对接,尤其是法律规则和司法机制衔接,是实现琴澳一体化发展的基本前提,是加强合作区商业贸易和提高居民生活水平的重要保障。调解制度与民众经济生活关系最为密切,是规则衔接较为容易的场域,深化横琴和澳门调解规则衔接,将为其他法律规则的有效衔接提供引领示范,从而为横琴和澳门一体化发展提供有力的法治保障。

二、横琴(珠海)和澳门调解规则衔接的现状与主要问题

(一)横琴与港澳在调解领域合作的主要成果

近年来,粤港澳大湾区在调解规则衔接方面取得良好进展。2019年,香港特区律政司、广东省司法厅及澳门特区行政法务司在香港召开第一次粤港澳大湾区法律部门联席会议,围绕粤港澳司法及法律交流协作进行沟通协商,协调推进大湾区法制建设。通过三年合作努力,粤港澳三地政府已于2021年共同设立粤港澳大湾区调解平台,联合制定了《粤港澳大湾区调解工作委员会工作规则》《粤港澳大湾区调解工作委员会组成人员名单》《粤港澳大湾区调解员专业操守最佳准则》《粤港澳大湾区调解员资格资历评审标准》等规范性文件。横琴积极与港澳地区开展调解领域的合作,并取得良好成效,为横琴和澳门调解规则的衔接奠定了良好基础。

1. 巩固人民调解治理优势

一是加强婚姻家庭纠纷人民调解工作,建设覆盖市、区两级的婚姻家庭纠纷人民调解委员会网络,积极开展法治宣传和家事纠纷化解工作。二是充分发挥市医疗纠纷人民调解委员会作用,为医患双方提供纠纷咨询、受理、调解、理赔等"一站式"独立第三方调解服务,推动设立医疗纠纷人民调解工作室。2022年珠海市实现县一级医疗纠纷人民调解组织全覆盖,妥善化解医疗服务能力不足、医疗保障水平不高所引发的矛盾纠纷,进一步增强医疗纠纷调解工作的实效性。三是打造横琴"橙子工作室"、香洲区"涂叔工作室"、斗门区"郭青文工作室"、高新区"唐仁议事"等品牌调解工作室,积极探索人民调解、说事评理、社区自治、村居法律服务等工作的有机融合。

2. 积极推动商事调解发展

一是成立横琴粤澳深度合作区粤港澳工程争议国际调解中心,调解中心由粤港澳三地工程及国际调解领域的资深专业人士联合发起创办,为省政府横琴办社会事务局准予登记设立的民办非企业,是国内第一家探索运用国际调解的先进方法调解粤港澳大湾区乃至国内工程争议的组织。调解中心将加强区域调解行业的协同互动,同时加快融入珠海市大调解行业建设,为区域工程领域商事主体提供高质量、便利化的工程争议调解服务。二是积极推动珠海仲裁委和横琴国际商事调解中心完善"调裁对接"机制,进一步丰富商事纠纷解决的调解方法和渠道,助力当事人降低成本、高效率化解矛盾纠纷。

3. 加强行政调解工作

揭牌成立珠海市行政争议协调化解中心,坚持"以调为先",推动全程调解。加大调解及和解力度,将调解、和解贯穿行政复议、行政诉讼案件全过程,争取将行政争议化解在诉前、诉中、诉后各环节。对于涉及交通运输、道路违章、工伤认定的简单案件,珠海和横琴在实践中探索在复议、诉讼立案前提前介入,组织当事人和行政机关先行调解,力争将行政纠纷化解在复议、诉讼前端。对于进入复议、诉讼程序且有调解可能的案件,行政复议机关和法院将案件移送行政争议协调化解中心,化解员采取电话、视频、现场调查、召开听证会等多种形式,与当事人充分沟通协商化解争议。对于复议、诉讼已审结的案件,化解员及时向当事人做好释法析理工作,引导当事人服判息诉。

4. 创新推动在线调解发展

一是推广上线"矛盾纠纷多元化解平台",群众可利用手机、电脑等载体实现在线申请调解、在线接受调处、在线签订协议书。调解员和调解机构可实现调解案件处理的数据分析和协作流转,进一步提高区域调解效率,有效化解矛盾纠纷。二是发布国内首批调解员电子证照,实时在线辅助横琴、珠海调解员开展调解文书的有效签署、存证收发,调解员可随时在线将电子证照流转给第三方,随时在线验证,即时采信办事。三是投放涉外公共法律服务自助终端机,当事人可通过自助终端机在线申请纠纷调解等法律服务。

5. 率先成立跨区域大调解协会

2022年10月,由珠海市总商会等珠海、横琴粤澳深度合作区8家单位共同发起的国内首家跨区域"大调解"协会——珠海市调解协会正式成立。该协会整合横琴和珠海的人民调解、行政调解、行业性专业性调解、商事调解等资源,构建跨区域的大调解格局,在全国尚属首例。该协会的成立,将进一步推动整合合作区和珠海的区域调解资源,统筹调解行业发展,对全力服务保障粤港澳大湾区建设和横琴粤澳深度合作区建设,推进区域治理体系和治理能力现代化,营造全国最优法治化国际化营商环境具有十分重要的现实意义。

6. 积极探索民商事规则衔接

一是出台《关于港澳籍调解员在珠海市调解协会备案管理的规定》,创新探索区域内对外提供调解服务的港澳籍调解员备案和规范化管理,符合资格并经珠海市调解协会备案的港澳籍调解员,可以处理珠海市调解协会委托调解的案件,或经协会推荐,可以受聘于珠海市包括横琴粤澳深度合作区内的调解组织或有调解事务的相关组织。二是设立粤澳两地民商事规则衔接研究中心。中心的成立是粤澳两地促进跨境法治环境融合和法律服务衔接的重要举措,将立足粤港澳大湾区和横琴粤澳深度合作区民商事法律服务需求实际,坚持以人为本,推动建立包容、融合的民商事规则衔接机制,为服务新时代中国特色社会主义现代化国际化经济特区和横琴粤澳深度合作区建设提供优质法律保障。三是设立"珠港澳知识产权调解中心涉外公共法律服务站",搭建知识产权交流合作平台,推动知识产权协同保护。

(二)横琴(珠海)与澳门调解规则衔接面临的主要问题

与诉讼和仲裁相比,调解可以说是内地与澳门规则差异最少、衔接难度最小、衔接成本最低的纠纷解决方式。但从实际来看,内地与澳门在调解法制、调解体系和调解发展阶段等方面,仍然存在诸多差异,给调解规则的衔接带来了一定困难和挑战。

1. 调解发展差异较大,调解体系各不相同

从传统的人民调解、司法调解、行政调解,再到新兴的商事调解、律师调解、行业调解、仲裁调解,内地的调解类型已经相当丰富和多元,可以为民事主体的纠纷解决提供多样化的选择。然而,从实际发展情况来看,各种类型的调解方式依然面临各自的发展困境。比如,人民调解组织面临的行政化倾向,行政调解面临如何从衰落走向复兴的问题,商事调解面临专业化、市场化、国际化的困境,律师调解面临代理人与调解员的角色冲突问题,行业调解面临行业组织自治性和调解能力不足的问题。由此可见,如何促进传统调解与新兴调解合作互动,实现调解体系内部的有机融合,也是当前内地调解发展面临的重要议题。

与此相对,澳门的调解体系目前主要有社团调解、行政调解、司法调解等类型。在社团调解方面,澳门的社团组织极为发达,社区团体、行会团体、专业协会、公益团体、同乡会等社会团体在社会治理和纠纷化解中扮演着非常重要的角色。澳门市民的矛盾纠纷主要由市民所属的社会团体先行调处,较少进入司法程序,由此形成了别具一格的社团调解模式。在行政调解方面,主要有澳门医疗争议调解中心负责的医疗纠纷调解,该类调解由政府出资运行,向澳门市民免费开放;澳门消费者委员会(公法人)下设的澳门消费议事调解及仲裁中心,负责调解消费者与经营者因提供商品或服务而产生的民商事争议。在司法调解方面,主要体现为法院附设调解,但在澳门民事司法实践中,受传统大陆法系理论的影响,法官调解表现得更为被动,法院附设调解的实践效果并不明显。

从微观调解制度方面看,首先,两地调解的概念存在差异。在内地,当事人双方围绕争议解决自主达成的协议称为"和解协议",而由第三方调解人员主持调解达成的协议则称为"调解协议"。与此不同,在澳门通过第三方调解人员调解所达成的协议称为"经调解的和解协议",而"调解协议"则是指当事人同意将他们之间的争议交付调解而订立的协议。其次,两地调解协议的效力存在差异。根据《民事诉讼法》的规定,诉讼外调解协议具有合同效力,可在法院进行司法确认后获得强制执行效力。而在澳门,调解协议在法律上被认定为私文书,仅具有"合同效力",但根据澳门《民事诉讼法典》第677条的规定,经债务人签名,导致设定或确认按第689条确定或按该条可确定其金额之金钱债务之私文书,又或导致设定或确认属交付动产之债或作出事实之债之私文书,可以作为执行依据。调解体系的发展差异将直接影响横琴和澳门调解规则的衔接,特别是在新兴的调解类型上,调解规则的衔接难度较大。

2. 制度设计均有不足,区域调解资源统筹缺乏立法依据

从珠海的情况来看,2009年珠海市在全国地级市中率先就人民调解工作立法,出台《珠海经济特区人民调解条例》(已被修改),但目前该调解立法与发展不相适应。《珠海经济特区人民调解条例》仅就人民调解这一形态进行立法,明显不适应党的十九届四中全会提出的"完善人民调解、行政调解、司法调解联动工作体系""完善社会矛盾纠纷多元预防调处化解综合机制"的要求,具体调解机制也缺乏法规和规范性文件指导,理论界对于调解缺乏明确统一的共识,多数调解组织还缺乏正式的调解规则。此外,行政调解、商事调解、仲裁调解没有出台统一的专门性规定,具体指导性文件也较少,容易引起

公众对调解规范性和公信力的质疑。

从澳门的情况来看,迄今为止澳门尚缺乏有关调解的专门立法,调解的相关法律规定主要散见于《民事诉讼法典》《劳动诉讼法典》《消费者权益保护法》《预防及打击家庭暴力法》等诸多部门法中。除此之外,目前只存在关于医疗争议调解、消费争议调解的调解规则,如《医疗争议调解中心内部规章》《医疗争议调解员道德守则》《消费争议调解及仲裁中心规章》等。不过,近年来澳门也在着手制定专门的民商事调解法,加强调解的法制保障,但目前该法尚未正式颁布,这在一定程度上影响了调解在澳门的运行和发展。

3. 具体调解机制亟待进一步完善,两地衔接基础有待加强

总体而言,内地近十年来调解立法取得长足进步,已经形成完备的调解法律体系,为调解机制的运行提供明确的指引,但调解组织准入和调解员资格资历评审等具体机制仍有较大完善空间,人民调解与司法调解、仲裁调解等其他非诉讼纠纷解决机制的衔接联动工作有待加强。从珠海的情况来看,珠海近年来为推动调解工作的发展做出了积极探索,如市司法局与中级人民法院制定的《关于加强人民调解与诉讼调解衔接工作的实施意见》《关于人民调解与司法调解衔接工作的联席会议制度》,市医调委等行业性专业性调解组织与香洲区法院、市信访局等建立的对接和案件转介制度,但与推动形成优势互补、有机衔接、协调联动的大调解工作格局,加强行政复议、行政裁决、公证、调解、仲裁、信访等非诉讼纠纷解决机制的联动等总体目标仍存在较大差距。

相较而言,澳门调解类型较为单一、缺少规范化的调解组织和专业化的调解队伍。近年来,澳门政府加大调解服务的推广力度,设立医疗争议调解中心、澳门消费争议调解及仲裁中心,与大湾区多个内地城市签署跨域调解及仲裁合作协议,推出"金融消费纠纷调解计划",调解越来越成为澳门市民及社会组织解决纠纷的优先选择。在此情形下,推进横琴和澳门调解规则衔接必然存在一定障碍。

4. 调解合作的广度和调解规则衔接的深度有待拓展

近年来,合作区和珠海积极构建涉外调解服务格局,成立"粤港澳大湾区劳动争议联合调解中心暨珠海(横琴)速调快裁服务站",成立全国首个由珠海、横琴和港澳籍调解员共同组成的地市级涉港澳纠纷人民调解委员会,积极参与粤港澳大湾区示范调解规则、调解员资格、资历评审标准和专业操守准则的制定完善。引入两地妇联家事调解专家团队,成立"珠澳家事调解服

务中心",深化珠澳两地金融消费纠纷调解衔接机制,在家事调解、商事调解、金融纠纷调解等方面搭建了多个合作框架协议。但这些探索措施多以宏观合作为主,合作的广度和深度还有待拓展。

三、推进横琴(珠海)和澳门调解规则衔接的基本对策

党的二十大报告提出,要"健全共建共治共享的社会治理制度,提升社会治理效能。在社会基层坚持和发展新时代'枫桥经验',完善正确处理新形势下人民内部矛盾机制"。这为合作区多元化纠纷解决机制建设指明了方向,提供了根本遵循。完善调解等商事纠纷解决机制,对全力服务保障粤港澳大湾区和合作区建设,推进区域治理体系和治理能力现代化,营造法治化国际化营商环境具有现实意义。根据横琴(珠海)和澳门当前的调解发展现状和主要差异,建议今后从以下方面进一步推进横琴(珠海)和澳门调解规则衔接。

(一)加快横琴(珠海)和澳门调解协同立法

完备的调解法制是横琴和澳门调解规则衔接的重要保障。正如前文所述,调解法制差异是横琴和澳门调解规则衔接面临的主要挑战,加快横琴和澳门调解协同立法,融合调解法制差异尤为迫切。因此,有必要用足用好珠海经济特区立法权,允许珠海立足合作区纠纷解决机制改革创新实践,在全国率先开展调解协同立法,让内地与澳门的调解规则在珠海及合作区深度融合。

经过12年的发展,《珠海经济特区人民调解条例》已难以适应调解领域的新趋势和新挑战,珠海可以大调解立法理念及时启动《珠海经济特区人民调解条例》的修改,及时汇聚珠海、横琴和澳门智慧,加强与澳门民商事调解法立法的沟通与协同。以融合横琴和澳门调解规则为目标,在国内率先专门就大调解中的人民调解、行政调解、行业性专业性调解、商事调解等调解类型进行整合规范,着力统一调解机构的设立标准、调解员的资格认定标准、调解程序的规范、调解协议的执行机制、调解的发展问题、涉外调解的发展保障以及相关法律责任问题。同时,以立法形式创新港澳籍调解员备案管理,具体落实大湾区调解员资格评审标准和跨境争议调解规则等,进一步完善横琴和澳门民商事纠纷解决机制,大力推动横琴成为粤港澳调解规则衔接和调解工作融合的示范地。

党的二十大报告提出,要"发挥香港、澳门优势和特点,巩固提升香港、澳门在国际金融、贸易、航运航空、创新科技、文化旅游等领域的地位,深化香港、澳门同各国各地区更加开放、更加密切的交往合作"。国际商事争议与国际商业交易相伴而生。商事调解凭借高效率、低成本、促友好的解纷优势,已经成为国际商事争议解决的主流方式。发展商事调解对于促进粤港澳大湾区商业贸易,推动香港、澳门更加开放具有重要意义。目前商事调解立法在国内仍为空白,合作区应联合珠海,以商事调解地方立法为切入点,加快制定《横琴粤澳深度合作区商事调解条例》,推动《新加坡调解公约》在合作区先行先试,力争将合作区打造为国际商事争端解决的优选地。

(二)积极设立横琴(珠海)和澳门联合调解组织

调解组织是推进横琴(珠海)和澳门调解规则衔接的重要平台。横琴(珠海)和澳门可以汇聚各自的调解资源,联合设立调解组织,共同推动区域内大调解工作发展。

一是联合设立民间纠纷调解组织。以市调解协会为依托,融合内地人民调解的制度优势和澳门社团调解的实践优势,联合成立"粤澳矛盾纠纷调解中心",加强两地的联合调解、法律培训,共同推进国际交流。在完善"内地调解员+澳门调解员"联合调解模式的基础上,继续探索调解协议的粤澳互认机制,加强与法院的衔接,增强调解的矛盾纠纷化解实效。二是联合设立国际商事调解中心。联动内地、港澳和国外的商事调解资源,以"横琴国际商事调解中心""'一带一路'国际商事调解中心(珠海工作室)"为基础,学习借鉴新加坡国际调解中心(SIMC)等国际知名商事调解机构的发展经验,依托粤港澳大湾区的区位优势,打造专业化、国际化的商事调解队伍,制定灵活的市场化商事调解规则,力争用5—10年时间建成国际知名的商事调解中心。

(三)联合打造纠纷在线调解平台

党的二十大报告提出,要完善信息化支撑的基层治理平台。为贯彻落实习近平总书记关于"坚持把非诉讼纠纷解决机制挺在前面""推动大数据、人工智能等科技创新成果同司法工作深度融合"等重要指示批示精神,横琴(珠海)和澳门应加快在线调解发展,构建"多元参与、全程在线、开放融合、一体解纷"的在线调解平台。

珠海市司法局已于2022年启动珠海矛盾纠纷在线多元化解平台,通过该平台,群众可利用手机、电脑等载体实现调解的在线申请、在线接受调处、在线签署协议书;调解员和调解机构可实现调解案件处理的数据分析和协作流转,将进一步提高区域调解效率,有效化解矛盾纠纷。因此,建议在珠海矛盾纠纷多元化解平台建设的基础上,遵循共建共享共治共管的工作理念,不断加强横琴和澳门调解组织、调解人员的合作,联合打造共同运营的在线调解平台。完善在线调解程序规则,科学设置调解的流程、期限、组织等规则,为打造世界领先、中国特色的在线调解模式提供智力支持。

(四)完善两地调解员互认机制

党的二十大报告强调,要"建设人人有责、人人尽责、人人享有的社会治理共同体"。高素质调解员是推进横琴和澳门调解规则衔接的核心力量,要加快构建横琴和澳门的调解共同体。横琴和澳门可以在《粤港澳大湾区调解员资格资历评审标准》《粤港澳大湾区调解员专业操守最佳准则》的基础上,依托珠海市调解协会联合成立珠海、横琴和澳门调解员资历评审机构,制订更为详细的调解员资历评审标准。在横琴或澳门接受调解培训的调解人员,在获得调解员资历评审机构的认证以后,可以在横琴和澳门担任调解员,同时结合市调解协会调解员电子证照使用,实现两地调解员资格互认,还可实时在线辅助琴珠澳三地调解员开展调解文书的有效签署、存证收发、在线验证、采信办事,提高矛盾纠纷的调解效率。

(五)实现琴(珠)澳调解协议的跨境执行

高效的执行机制是推进横琴(珠海)和澳门调解规则衔接的重要内容。横琴(珠海)和澳门的调解协议的跨境执行是深化两地调解规则衔接的重中之重。为保障调解协议的顺利执行,可从以下方面着手。

一是进一步优化调解协议的司法确认通道。推动《珠海经济特区人民调解条例》与澳门民商事调解法协同立法,为两地互认的调解组织和调解员(特别是两地共同成立的调解组织)促成签订的协议书快速完成司法确认建立机制。同时推动优化合作区和珠海法院的特邀调解工作机制,促进市调解协会备案管理的澳门调解组织和调解员可以顺畅申请司法确认。

二是在合作区内率先开展《新加坡调解公约》试点。党的二十大报告提出,要"统筹推进国内法治和涉外法治"。作为国际商事调解发展的里程碑,《新加坡调解公约》旨在构建一项国际商事和解协议的跨境执行机制,从而促进国际经济贸易和谐发展。中国是《新加坡调解公约》的创约国和首批签署国,为公约的最终形成贡献了"中国智慧"。在合作区内开展《新加坡调解公约》试点,将对合作区商事调解发展、营商环境优化以及提升合作区的国际商事争端解决领域话语权具有积极意义。虽然目前《新加坡调解公约》已经生效,但全国人大常委会尚未批准适用,在我国相关领域尚无法律效力。因此,珠海市人大可以根据合作区需求,向全国人大常委会申请授权在合作区开展适用《新加坡调解公约》的试点改革:经调解组织达成的国际商事调解协议,可以在合作区人民法院直接申请执行。合作区法院根据《新加坡调解公约》对国际商事调解协议进行司法审查后即可付诸强制执行,无须经过司法确认程序。与此同时,澳门也可以同步开展试点,允许国际商事调解协议在澳门法院申请执行和澳门率先适用《新加坡调解公约》,能够进一步推动两地形成共同的商事调解规则,将合作区打造成为国际商事争端解决的优选地。

三是依托仲裁机构便利调解协议的跨境执行。近年来,在全球范围内掀起"调仲结合"的实践浪潮,其主要目的在于破解调解协议无法跨境执行的困境,通过仲裁为调解协议的跨境执行提供效力保障。调解协议达成后经由仲裁机构确认,即可转化为具有执行效力的仲裁裁决,并依据《纽约公约》获得有效执行。近年来,粤港澳大湾区的调仲合作取得良好进展,发起设立粤港澳仲裁调解联盟、粤港澳大湾区仲裁联盟、珠澳跨境仲裁的合作平台,构建粤港澳大湾区"调解+仲裁"紧密对接制度,这为"调解+仲裁"实践创造了良好基础。珠海国际仲裁院应加强与横琴国际商事调解中心的联动与合作,鼓励当事人选择"调解+仲裁"方案,保障调解协议的顺利执行。

四是推动最高人民法院与澳门终审法院签署横琴和澳门调解协议执行司法互助协议。根据协议,经依法成立的调解组织及其调解员调解达成的调解协议,可以在横琴和澳门互认和执行,在合作区达成的调解协议可以在澳门法院进行审查和执行,在澳门达成的调解协议也可以在合作区法院获得确认和执行。

(六)发挥调解社团组织的融合优势

鉴于社团组织在澳门社会治理中的重要作用,横琴和澳门可以依托两地的调解社团组织,积极推进两地调解交流,加快形成调解共同体,共同探寻调解规则衔接之道。近年来,横琴(珠海)和澳门高度重视调解社团组织建设,为促进两地调解交流和规则衔接奠定良好基础。2022年10月,珠海与合作区共同发起成立跨区域的调解协会,推动构建横琴、珠海和澳门的大调解工作格局。与此相应,澳门近年来成立澳门调解员学会、澳门调解促进协会、澳门国际谈判调解学会、澳门调解协会、澳门家事调解协会、澳门劳动关系调解协会、澳门职场调解协会、澳门中葡商事调解协会、澳门法律查明和商事调解协会、澳门"一带一路"国际商事调解协会等与调解相关的社团组织。

我国商事调解职业化的现状分析及对策

江和平*

近年来,随着经济的快速发展,商事纠纷数量激增。与纠纷类型变化相适应的是,商事调解越来越受到各方的关注和重视,特别是在《联合国关于调解所产生的国际和解协议公约》(以下简称《新加坡公约》)赋予国际商事调解协议执行力后,商事调解发展迅猛。各种商事调解组织如雨后春笋般涌现,无论是数量还是规模,与之前相比均具有明显增长。商事调解需求的扩大促进了商事调解队伍的壮大,同时对商事调解的专业化提出了更高要求,推动商事调解向职业化的方向迈进。

从全球范围看,调解员职业化是调解领域呈现的发展趋势之一,[1]我国在2022年发布的《职业分类大典》中也明确规定调解员是一项独立的职业。商事调解作为调解领域中最符合职业化发展要求和最具备职业化发展条件的类型,应走在调解职业化的前列。本文对当前商事调解职业化的现状进行考察,分析存在的问题,并在此基础上提出相应对策,以期为未来商事调解职业化乃至调解职业化的健康有序发展提供参考。

一、商事调解职业化的现状考察

所谓"职业化",在社会学的原意是指一个行业通过控制教育、行业准入、职业团体、伦理规范等方式形成自治性的职业共同体并获得市场垄断地位的社会过程。[2]这个过程的核心特征在于对行业准入的控制和对服务产出的控制,主要包括三个方面:职业准入门槛的建立、职业训练的规范化、职业保

---

* 江和平,湘潭大学法学院博士研究生。
〔1〕 参见[新加坡]娜嘉·亚历山大:《国际调解十大发展趋势》,赵蕾等译,载《商事仲裁与调解》2021年第3期。
〔2〕 参见刘思达:《中国法律的形状》,载《中外法学》2014年第4期。

障措施的完善。[1] 其中职业准入是从职业的专业性出发,依靠许可或认证制度来实现,强调符合准入条件的人员才能从事某项职业;职业训练是从职业的技能和思维出发,通过系统的理论学习和专项技能训练,形成拥有共同知识结构、独特思维方式的职业共同体;职业保障是从职业的服务质量出发,通过建立职业内部的伦理规范,实行职业人员的自我管理,避免外界干预对业务质量的影响,同时职业保障还能确保职业人员享有较高的经济收入和社会地位,保障职业的吸引力和人员的稳定性。

"我国商事调解在发展之初就意识到商事调解的组织形式和运作方式超出了现有调解法律所能涵盖的制度范畴",[2]因此注重吸收国际上的先进做法,强调调解人员的专业性和调解的市场化运作,在调解组织的设立、调解员的资格、调解队伍的培训、调解员的职业操守、调解的收费等方面进行了有益的探索,并取得了一定的进展,但总体而言,商事调解的职业化尚处于初步阶段。

(一) 商事调解组织、人员概况

商事调解组织有广义和狭义之分,广义上的商事调解组织既包括依法成立,具有独立主体资格,以商事调解为主要业务的组织,也包括不具有独立地位,隶属于具有调解职能的机构,比如商会、行业协会、仲裁委的调解组织。狭义上的商事调解组织仅指具有独立资格的调解组织。为了对商事调解职业化状况进行全面的分析,本文采用广义的概念,将商事调解组织分为三种类型:一是商会、行业协会设立的调解组织;二是商事仲裁机构设立的调解组织;三是社会力量设立的调解组织。相应地,在上述组织中从事调解工作的人员为商事调解员。具体情况详见表16-1。

表16-1 我国商事调解组织基本情况

组织类型	典型代表	调解员数量/名
商会、行业协会设立的调解组织	中国国际贸易促进委员会/中国国际商会调解中心(共66家)	459①
	全国工商联调解组织(共3792家)	7940②
	中国证券业协会调解中心	279③

---

[1] 参见吴洪淇:《法律人的职业化及其实现状况——以九省市实证调查数据为基础》,载《证据科学》2015年第1期。
[2] 赵毅宇:《中国商事调解立法模式选择及其展开》,载《法学杂志》2023年第3期。

续表

组织类型	典型代表	调解员数量/名
商事仲裁机构设立的调解组织	中国国际经济贸易仲裁委员会调解中心	299④
	北京仲裁委员会设立的调解中心	136⑤
	深圳国际仲裁院设立的调解中心	141⑥
社会力量设立的调解组织	上海经贸商事调解中心	94⑦
	"一带一路"国际商事调解中心	628⑧
	蓝海法律查明和商事调解中心	119⑨

数据来源：
①中国国际贸易促进委员会官网，https://adr.ccpit.org/，2023年9月10日最后访问。
②工商联商会调解服务平台官网，http://tiaojie.acfic.org.cn/，2023年9月10日最后访问。
③https://www.sac.net.cn/hyfw/zqjftj/tjymc/201904/P020230911594941093546.pdf，2023年9月10日最后访问。
④中国国际经济贸易仲裁委员会官网，http://www.cietac.org/index.php?g=User&m=Arbitrator&a=indexMecn&searchType=1&searchStationLanguage=1&p=1，2023年9月10日最后访问。
⑤北京仲裁委员会官网，https://www.bjac.org.cn/mediator/list，2023年9月10日最后访问。
⑥http://www.scia.com.cn/bd_editor/php/upload/file/20221102/1667379078470434.pdf，2023年9月10日最后访问。
⑦上海经贸商事调解中心官网，http://www.scmc.org.cn/page141.html，2023年9月10日最后访问。
⑧北京融商"一带一路"法律与商事服务中心官网，http://www.bnrmediation.com/，2023年9月10日最后访问。
⑨深圳市蓝海法律查明和商事调解中心官网，http://www.bcisz.org/html/tjyml/，2023年9月10日最后访问。

1. 商会、行业协会设立的调解组织

商会是商人依法组建的，以维护会员合法权益、促进工商业繁荣为宗旨的社会团体。行业协会是同一行业的商事主体为增进共同利益，维护行业合法权益，在自愿的基础上依法成立的社会团体。商会和行业协会作为商人自治组织，天然地具有调解的职能和优势。在商会和行业协会中建立调解组织，一方面能为会员提供方便快捷的纠纷解决渠道，另一方面能发挥商会、行业协会自律的作用。[1] 我国具有代表性的商会是中国国际贸易促进委员

---

[1] 参见李少平主编：《最高人民法院多元化纠纷解决机制改革意见和特邀调解规定的理解与适用》，人民法院出版社2017年版，第82页。

会/中国国际商会(以下简称贸促会)和全国工商联系统(以下简称工商联),两者都非常重视商事调解组织的建设,在全国各省市级分会均有设立调解中心,形成覆盖主要城市的商事调解网络。贸促会设立的调解中心共66家,在形式上大部分属于其内设机构,且其中具有独立法人资格的分布在深圳、东莞、上海、重庆等少数地区,此外调解员共459名;工商联设立的调解中心共3792家,调解员共7940名。在行业协会中,证券、金融、保险等行业协会设立了比较完善的调解中心,其中中国证券业协会调解中心在全国范围内聘任了279名调解员。

2. 商事仲裁机构设立的调解组织

根据我国《仲裁法》的相关规定,仲裁庭在作出裁决前,可以先行调解。调仲结合是我国仲裁程序的特点,在实践中得到了广泛应用,但这种机制下的调解属于仲裁程序的一部分,不具有独立的程序地位。为了扩大业务范围,满足市场需求,更好地为当事人提供多元化争议解决服务,仲裁机构专门设立调解中心,建立调解员名册,制定调解规则,借助其丰富的争议解决经验和资源,在仲裁程序之外或之前,开展独立的调解服务,当事人无论是否订有仲裁条款都可以申请调解中心调解。调解中心也可接受仲裁庭或法院等机构的委托进行调解。例如,中国国际经济贸易仲裁委员会、北京仲裁委员会、深圳国际仲裁院先后成立调解中心,聘任的调解员均超过100名。

3. 社会力量设立的调解组织

根据全国社会组织信用信息公示平台显示,全国带有"商事调解"字样的社会组织共162家,其中民办非企业单位类型158家,社会团体类型4家。社会团体类型的社会组织主要是商事调解协会。从地理位置分布来看,广东、山东、江苏、四川、内蒙古等地设立的商事调解组织较多,均在10家以上;吉林、福建、河南、贵州、甘肃、宁夏等地设立的商事调解组织较少,只有1家;而北京、天津、安徽、湖南、西藏、青海等地没有设立任何一家商事调解组织。[1]从社会影响力来看,上海经贸商事调解中心、"一带一路"国际商事调解中心、蓝海法律查明和商事调解中心是其中的佼佼者,其通过广泛开展调解业务,积极举办调解培训,深度参与国际交流合作,树立了商事调解机构的良好品牌形象。

---

[1] 数据来源于全国社会组织信用信息公示平台,https://xxgs.chinanpo.mca.gov.cn/gsxt/newList,2023年9月10日最后访问。

(二) 商事调解的职业准入

准入资格的规制是商事调解走向职业化的重要一步,其既可以保护公众利益,同时也可以促进商事调解的发展。我国未对商事调解员的资格实行统一规制,而是实行更为开放和灵活的机制,由各商事调解组织根据其发展理念、业务需要对调解员进行资格认证,颁发资格证书。近年来,在粤港澳大湾区出现了区域性统一认证机制的尝试,粤港澳三地法律部门成立调解工作委员会,对各地评审认可的调解员再进行认证,形成调解员名册。

1. 准入方式

由于调解是一种以当事人自愿为基础的程序,调解员对最终结果不具有决定权,对当事人的权益影响较小,故我国与世界大多数国家一样,对于调解职业的准入未进行严格限制,而是采用了比较宽松的认证制,即由有关组织对调解员的职业能力水平进行考核,颁发认证证书。认证证书与职业资格没有关系,从业者没有获得认证证书也可以从业,但获得认证证书的人员会有更多的就业机会。[1] 具体是指,经过认证的调解员会被记录在调解员名册中,当事人一般会被要求优先从名册中选定调解员,而如果当事人需要选定名册外的调解员,则需要经调解组织确认。

2. 准入标准

调解是一种与调解者个人经验、能力、知识乃至人格魅力密切相关的实践活动。[2] 为了评估调解员的职业技能,调解组织主要围绕道德品质、文化水平、专业知识、调解培训等方面制定认证标准,但在具体要求方面,不同的商事调解组织有所不同。有的商事调解组织设定的范围非常广泛,对于调解员的政治素质、道德品质、学历、身体、年龄、专业经验、调解培训、语言等方面均有要求;有的商事调解组织设定的范围比较集中,只注重政治素质、道德品质、专业经验和调解培训等方面,对学历和年龄不作要求。有的商事调解组织对于学历和工作经验的要求非常严格,要求具有大学本科以上学历,具备10年以上工作经验;有的商事调解组织则比较看重调解培训和调解个案的经验,要求完成其所认可的调解员课程和5宗以上调解个案。

3. 准入流程

商事调解员的资格认定一般需要经过提交申请—预先审查—集体讨

---

[1] 参见董志超:《就业两道槛:职业许可与职业认证》,载《人力资源》2008年第11期。
[2] 参见范愉:《纠纷解决的理论与实践》,清华大学出版社2007年版,第482页。

论—颁发证书—对外公示5个环节。以贸促会调解中心为例,第一步是由申请担任调解员的人员填写《调解员申请登记表》,提交至其所在地的贸促会系统调解中心,贸促会系统调解中心作为推荐人填写推荐意见后,将《调解员申请登记表》报送至总会调解中心,或者申请担任调解员的人员在填写《调解员申请登记表》后也可直接报送至总会调解中心;第二步是由总会调解中心秘书处对《调解员申请登记表》进行初步审查;第三步是总会调解中心秘书处将相关申请报调解中心主席会议讨论,对于拟聘任的调解员,调解中心将进行培训;第四步是颁发调解员聘书,列入调解员名册;第五步是在贸促会调解中心网站及相关媒体公布。

(三) 商事调解的职业训练

从商事调解的职业准入门槛可以看出,商事调解员不仅要具备与商事纠纷相关的专业知识和实务经验,还需具备调解技巧与沟通能力,涉外商事争议的调解员还应熟练掌握外语,并对国外的法律制度有一定了解。[1] 职业训练是商事调解职业化的必备内容,已建立调解资格准入门槛的调解组织多将职业培训作为获得资格的先决条件,同时将继续培训作为续职的必要条件。在商事调解资质准入机制的推动下,我国商事调解的职业训练开始受到社会的关注和重视。

1.商事调解职业训练机构

我国能提供商事调解职业训练的机构主要包括三类:第一类是具备调解培训资格的专门机构。该类机构数量较少,其成立条件严格,需要经过主管机构的审批确认。最具代表性的是上海经贸商事调解中心与上海交通大学于2013年年底合作成立的上海凯声商事专业调解资格培训中心,该中心是全国首家专业从事调解员技能培训的市场化运营的非官方机构。迄今为止,该中心共举办了17期培训,为580余名学员提供了培训服务。[2] 第二类是各种商事调解组织。内地的商事调解组织在成立之初,主要通过与我国香港特别行政区,以及国外的调解组织合作的方式举办培训,经过一段时间的经验积累,其逐渐可以独立开展调解培训,但合作培训的方式仍然具有一定的市场,仅2023年香港国际争议解决及专业谈判研究院便与内地不同的调解组织合作举办了三期专业商事调解员培训。第三类是高等院校。高等院校提供

---

[1] 参见王葆莳、李瑶:《我国商事调解培训机制的构建》,载《商事仲裁与调解》2020年第4期。
[2] 参见姚丽萍:《商事调解,且看"东方一枝花"》,载《新民晚报》2023年8月23日,第6版。

调解培训的方式有两种,一种是为在校学生开设谈判和调解等专业课程,另一种是接受相关部门和调解组织的委托,为调解员进行专项培训。目前重视调解教育,开设调解课程的高校不多,仅有湘潭大学、上海政法学院、湖南商学院等几所。其中湘潭大学法学院设有最高人民法院多元化纠纷解决机制研究基地和司法部调解理论研究与人才培训基地,其专注于非诉讼纠纷解决机制的研究,具有雄厚的师资力量,研发了一套完善成熟的调解培训教材。

2. 商事调解职业训练要求

主要商事调解组织将参与培训作为任职和续职的必要条件,一般要求初次被聘任的调解员必须参加调解中心专门组织或认可的初任培训,已任命的调解员每年最低完成一定学时或学分的调解员培训。其中贸促会调解中心对续职培训的要求是每年累计不少于8个学时;上海经贸商事调解中心要求每年不少于16个学时;"一带一路"国际商事调解中心要求初次被聘任的调解员必须参加调解中心专门组织或认可的不少于30个学时的任前培训。对于未完成培训任务的调解员,商事调解组织规定了不同程度的后果。上海经贸商事调解中心将调解员参加培训的情况作为调解员行为考察、是否指派担任调解工作以及调解员续聘、解聘的依据之一。贸促会调解中心规定未完成年度最低培训学时的,调解中心有权在具体案件中不主动指定其担任调解员。任期内从未完成年度最低培训学时的,调解中心有权在调解员任期届满后不予续聘。

3. 商事调解职业训练的内容和方式

商事调解训练的主要内容一般包括:调解员职业操守、商事调解的理论;涉及商事调解的法律法规及办案程序及技能;与商事调解相关的心理学、社会学等专业知识。培训的方式较多,包括讲座、交流会、研讨会等。培训对参与人数没有严格限制,采用大班方式居多,主要以理论讲授、介绍经验为主,较少运用角色扮演、案例学习等教学方式。贸促会调解中心每年在全国各省市举办的国际调解高峰论坛,成为国内规模最大、规格最高的论坛,在国际调解界享有较大的影响力。

(四)商事调解的职业保障

商事调解的质量主要通过商事调解员的自律和自治来进行控制,因此,商事调解职业化的形成需要一系列的职业保障措施来保障队伍的稳定和相对自主性,其中最主要的措施是职业待遇保障和职业伦理保障。

1. 商事调解职业待遇保障

罗斯科·庞德将法律职业定义为在公共服务精神召唤下追求富有知识性的艺术的人群——附带的,这也是一种谋生的手段,当然其地位也同样重要。[1] 这个定义同样适用于调解职业。商事调解职业不以追求利润最大化为目的,但应是从业人员的主要生活来源和在社会上的立足之本。我国传统的人民调解、行政调解、司法调解等均属于公益性质的调解,调解员的收入由财政支持,但商事调解按照市场化运作,调解员的收入来源更加多元化。从目前商事调解的运行情况来看,其收费方式包括以下两种:一种是对于双方当事人在诉讼之外接受的商事调解,实行等价有偿原则,商事调解组织按照其制定的收费标准向当事人收取费用及报酬;另一种是对于依附于诉讼的商事调解,实行低价有偿原则,商事调解组织按照不高于诉讼费的标准向事人收取费用。

由于商事调解组织未对外公布其具体的经营状况,无从对商事调解员的薪资水平进行详细分析,但从有限的报道中可以看到,商事调解在保障职业待遇过程中的进展和艰难。首先,《深圳经济特区矛盾纠纷多元化解条例》《浦东新区促进商事调解若干规定》等地方性立法明确规定,商事调解组织可以依法收取服务费用,交由市场调节收费标准。这些规定为商事调解员进行有偿服务提供了法律依据,有利于吸引更多专业人才投身商事调解领域。其次,贸促会调解中心、上海经贸商事调解中心、"一带一路"商事调解中心、蓝海商事调解中心等主要商事调解组织均制定了详细的收费规则,明确了收费的范围、方式、时间。与诉讼、仲裁等其他商事纠纷解决方式相比,商事调解的收费具有明显的成本优势,这为商事调解职业待遇提供了制度上的保障。最后,商事调解组织、商事调解员积极加入法院特邀调解名册,通过诉调对接机制参与调解市场化改革。杭州法院从2021年开始,引入律师事务所、民非组织等单位参与调解,按照调解不成功不收费,调解成功收取不超过诉讼费一半的调解费的标准,为涉企、涉外纠纷提供调解服务。两年试点,成果初显,调解组织累计收案11.5万余件,调解成功案件超3.9万件。

2. 商事调解职业伦理保障

调解职业伦理规范建设是调解行业实现自我管理、保障质量的重要手

---

[1] See Roscoe Pound, *The Lawyer from Antiquity to Modern Times*, St. Paul, Minn, West Publishing Co., 1953, p. 5.

段。调解职业伦理规范的建设并非一蹴而就,其是随着调解职业化的不断深入而逐步完善的,是一个长期的过程。近年来,随着调解在纠纷解决和社会治理中的地位提升,特别是随着调解职业化进程的加快,社会对调解的价值得以重新认识,开始重视建设调解职业伦理规范。

商事调解组织虽然没有正式以职业伦理或职业道德的名义颁布相关规范,但调解员行为规范、行为规则、考察规定等文件实际上就是关于调解员职业伦理的规范。贸促会调解中心在《调解员行为考察规定》第1条中开宗明义地指出,该规定的目的是正确评价调解员的道德行为和职业操守,这些规定为我国商事调解员的自我管理奠定了初步的基础。从主要商事调解中心制定的职业伦理规范中可以看出,称职、中立、自愿、保密、利益披露等原则已成为商事调解职业伦理规范的核心,但不同的调解组织对这些原则存在不同的理解和表述。

二、商事调解职业化存在的问题

从表面上看,我国商事调解组织持续快速发展,从事商事调解的人群不断扩大,实务界和学术界对商事调解职业化的讨论热烈,呈现一片繁荣的景象。但从商事调解职业化的基本框架分析,我国商事调解在职业准入、职业训练、职业保障三个核心方面仍存在诸多问题,尤其在任职标准的多样性和一致性、教育培训的供给和需求、职业保障的理想与现实之间存在一定的紧张关系。

(一)在职业准入方面存在的问题

1. 对认证主体缺乏统一监管

在我国没有一部统一商事调解专门法的情况下,商事调解员的任职资格是由各商事调解组织自行把握。没有一个主管部门对商事调解组织制定的准入标准进行审查,导致当前商事调解员的任职资格差异悬殊。[1] 有些商事调解组织设立的任职条件宽松,甚至未设准入门槛,将一些不具备商事调解能力的人员认证为商事调解员;而有些商事调解组织设立的任职条件过于严苛,建立一些与调解能力无关的要求,将一些合格的商事调解员排除在外。此外,商事调解组织之间存在一定竞争关系,导致实践中还存在相互设置壁

---

[1] 参见刘沁予:《〈新加坡调解公约〉签署后我国商事调解员的任职资格》,载《商事仲裁与调解》2022年第3期。

垒、不认可对方认证标准的情况,使得调解从业者需要应付不同的认证标准,造成调解资源的浪费。

2. 对认证条件缺乏科学论证

商事调解员的资格认证应根据商事调解的特点,围绕调解员的调解技能和道德品质设定相应的标准。许多商事调解组织对申请者的学历和法律知识提出较高要求,将之等同于调解能力,但大量的研究表明,学历和法律知识与调解能力并无直接关系,并非胜任商事调解工作的必要条件,调解培训和调解经验才是保证调解员核心能力的重要因素。部分商事调解组织虽然认识到调解培训和调解经验的重要性,但对于具体的调解时长和调解个案的数量没有作出具体的要求,仍然无法保证认证的有效性。

3. 对申请资格缺乏全面评估

调解是一项实践性很强的活动,所需的三种核心能力是倾听能力、使用清晰中立语言的能力、处理复杂事务的能力。[1] 上述技能要求意味着,商事调解组织不能仅仅以书面审查的方式审查申请人的学历背景、专业经验,实践中的审查方式显然不能对申请人是否适合担任调解员做出有效评判。我国商事调解组织对于调解员的评估过于简单片面,且主观性较强。

(二)在职业训练方面存在的问题

1. 商事调解培训机构严重不足

商事调解的快速发展带动了商事调解培训需求的快速增长,但国内提供专业性商事调解培训的机构寥寥无几,远远无法满足培训需求。在高等院校中,大多数法学院未开设系统化、专业化的调解学课程。[2] 商事调解组织主要以提供调解服务业务为主,培训能力有限,每年仅能举办为期不多的调解培训。英国、美国、新加坡等地的调解培训机构难以进入内地市场,且培训收费过高,提供的课程不符合我国的国情、文化和传统。当前,商事调解职业培训供给不足与需求旺盛之间的矛盾突出。

2. 商事调解职业培训缺乏层次性

从纠纷的复杂程度来看,商事纠纷有难易之分;从纠纷涉及的领域来看,

---

[1] See Henning S. A., *Framework for Developing Mediator Certification Programs*, Harvard Negotiation Law Review, Vol. 4, p. 189-230(1999).

[2] 参见廖永安:《从边缘到前排,中国调解学体系之构建》,载《上海法治报》2023年8月25日,B07版。

商事纠纷可分为加工、投资、贸易、金融等类型;从纠纷的标的额来看,商事纠纷涉及的金额可分为小额、大额、巨额等类别。不同的商事纠纷对于调解员的要求不同。这种差异性在对商事调解员的需求上应有不同体现,对不同级别的调解员应当规定不同的培训内容,但是我国尚未对调解员的分级制定统一的标准,导致商事调解培训内容千篇一律。

3. 商事调解职业培训质量不高

第一,培训内容不成体系,各部分内容之间缺乏逻辑联系,培训重点不突出,特色不鲜明。第二,教学方法落后,大部分调解培训采取以课堂讲授为主的传统教学方法,师生之间缺少互动,学员缺少积极性、能动性,对调解原理与实务少有深入的思考和分析。第三,师资薄弱。培训师主要是高校学者和实务工作者,高校学者有深厚的理论功底,但缺乏调解实践,讲授的内容不接地气;实务工作者有丰富的调解经验,但缺乏对调解理论的研究,个人色彩浓厚,难以复制和推广。第四,教材质量不高。权威性和系统性的商事调解培训教材严重匮乏,除了湘潭大学编写的调解员培训通识教材外,没有专门针对商事调解的培训教材。

(三) 在职业保障方面存在的问题

1. 商事调解组织制定的收费标准难以实施

我国商事调解组织借鉴国外的经验,在收费内容、计费方式、收取时间等方面与国际接轨,实行市场化运作,但商事主体对于商事调解服务尚未形成付费理念,习惯于使用免费公共调解服务,商事调解组织面临业务竞争。此外,与法院建立诉调对接机制的商事调解组织,按照特邀调解的相关规定,往往只能在调解成功后依靠法院发放的误工交通津贴获得一些补偿,即使在试行市场化解纷机制的法院,商事调解组织的收费也受到严格限制,其收费的标准被要求不得高于诉讼费的50%。无论是独立收案还是法院转介的案件,商事调解组织制定的收费标准都难以实施。

2. 商事调解员的工作量严重不饱和

从各商事调解组织建立的名册来看,调解员数量一般在百名左右,但调解数量却普遍不理想。例如,上海经贸商事调解组织在成立伊始年平均受理案件数量仅为5—6个,之后案件数量才逐年上升,自2011年至2023年上半年,正式受理的案件共计2562件,[1]按94名调解员的人数计算,平均每人每年调解的案件数量不到3件。商事调解资源得不到合理配置和充分利用,严重影响了商事调解员的积极性,不利于商事调解组织的发展壮大。

3. 商事调解职业伦理规范不够严密

从数量上看,规范条文较少。"一带一路"商事调解中心和上海经贸商事调解中心的行为规范条文分别只有8条和10条,贸促会调解中心的行为规范条文稍多,但也只有22条。从内容上看,原则性规范较多,具体性规范较少,对实务的指导意义有限。以中立原则为例,中立在不同的语境下有不同的含义,包括无利害关系的中立、公平的中立、不偏不倚的中立、等距离的中立等。可见中立并不是一个单一内涵的概念,具有高度的复杂性和视情况而变动的特征。[2] 商事调解组织仅仅从一个侧面或一个角度规定中立的标准,调解员会面临消极中立损害公平与积极干预损害合意的两难选择。

4. 商事调解职业伦理规范未真正实施

目前较少看到对商事调解员的失范行为进行惩戒的报道。一方面原因是商事调解组织对调解员的失范行为持宽容态度,另一方面原因是商事调解组织对调解员的惩戒基本上不公开,无法为公众及时了解。商事调解组织除对商事调解员的失范行为未严肃认真处理外,其本身对于职业伦理规范也未严格遵守。以商事调解最重要的保密原则为例,商事调解程序是不公开的程序,尊重当事人的隐私和秘密,但商事调解组织或法院为了扩大商事调解的影响力,将一些具有重大影响的商事调解案件进行公开,甚至定期举办典型调解案例的评比活动,违背了调解保密的基本原则。比如2010年环球唱片有限音乐、华纳唱片有限公司、索尼音乐娱乐香港有限公司、金牌大风娱乐有限公司四家国际唱片公司与北京搜狐互联网信息服务有限公司、北京搜狗信息服务有限公司之间的音乐作品著作权纠纷系列案,不仅未对案件当事人的信息进行隐名处理,而且详细描述了调解过程,公开了具体的调解结果。

三、商事调解职业化的对策

职业与职业化的区别在于,职业是一个静态概念,指具有某种专门知识

---

[1] 参见姚丽萍:《商事调解,且看"东方一枝花"》,载《新民晚报》2023年8月23日,第6版。

[2] 参见范愉、史长青、邱星美:《调解制度与调解人行为规范——比较借鉴》,清华大学出版社2010年版。

的人所占据的工作类别;职业化是一个动态概念,指在历史过程中,某行业的占据者对他们的服务市场实行控制的社会现象。[1] 既然职业化是一个动态概念,意味着需要经过一个长期的过程,才能构建职业蓝图。商事调解在其职业化的过程中,既要与调解领域的其他调解类型,比如人民调解、行政调解、司法调解等竞争,又要与纠纷解决领域的其他解纠方式,比如仲裁、诉讼等竞争。为了确定商事调解的职业管辖权,实现对商事调解服务市场的控制,商事调解需要在职业准入、职业训练、职业伦理方面采取以下一系列的措施。

(一)在职业准入方面的措施

建立商事调解职业准入标准,最重要的是在商事调解多样性和一致性之间做到平衡,既能控制商事调解的质量,提高商事调解的权威信和合法性,融入国际认证体系,同时可以避免扼杀商事调解的创新性,保证商事调解的多样性。[2]

1. 制定最低限度的统一职业准入标准

商事调解员的职业准入标准应根据实际需求和客观条件寻找适合的认证路径,而不必强求相同的模式。我国幅员辽阔,文化多元,不同地区的商事调解发展水平差异较大,全国范围内实施统一的商事调解职业准入标准难以兼顾各地的情况,但完全放任商事调解组织自行制定职业准入标准,势必会影响商事调解的质量,故应制定最低限度的统一职业准入标准。在此基础上,可在不同地区,由不同的调解组织分别设立调解员职业准入标准,这种模式才更符合我国的国情。最低限度的职业准入标准应包括政治素质、道德品行、专业知识、调解技能四方面,具体如下:拥护《中华人民共和国宪法》,拥护"一国两制";未受过刑事处罚,未被列入失信被执行人名单,未有因违反职业道德受惩处的记录;具备至少3年与商事有关的工作经验;参与不少于40小时的调解培训,累计完成不少于2宗的调解个案。

2. 完善商事调解职业资格的评价体系

由资深商事调解员组成评审委员会,综合运用书面审查、推荐、面试、笔

---

[1] See Abel, Rich ard L., *The Rise of Professionalism*, British Journal of Law and Society, Vol. 6:1, p. 82-98(1979).

[2] See Henning S. A., *Framework for Developing Mediator Certification Programs*, Harvard Negotiation Law Review, Vol. 4, p. 189-230(1999).

试等多种方式,从商事调解所需的技能,包括安排调解、管理调解、有效沟通、创造方案、评估方案、草拟协议、审查协议等方面,全面评估商事调解员能力。按照调解员的调解经验、调解案件数量、调解成功率、当事人满意度等综合指标,对调解员职业资格实行不同等级的评价,分为初级调解员、中级调解员和高级调解员三个等级。初级调解员是通过认证,掌握基本的调解技能,但是尚未具有足够调解经验的调解员,初级调解员在工作一段时间,调解了足够的案件,在能够熟练运用各种调解技巧之后,可以申请认证成为中级或高级调解员。

3. 建立商事调解职业资格的互认机制

加强商事调解组织之间的协作和交流,相互承认对方的商事调解员标准;在如粤港澳大湾区、自贸区等具有相同或类似经济和文化环境的区域,可建立统一的认证标准,区域内不同机构的商事调解员认证证书均被认可;积极与国际调解机构合作,鼓励国内的商事调解员申请国际调解机构(如国际调解学会、新加坡国际调解中心)的认证,融入商事调解员国际认证体系。

(二)在职业训练方面的措施

1. 加强商事调解培训教材的研发,形成系统的商事调解培训体系

整合高校、商事调解组织、商事调解协会等专业资源,以调解的基本原理、规则、流程、技巧为基础,结合商事纠纷的特点和实践经验,借鉴国外的培训课程,研发适合我国文化的商事调解培训教材。教材的内容可分为理论基础和操作技巧两部分,理论基础包括商事争议的特点与类型、商事调解的行为准则、程序规则、职业操守、沟通理论、法律规定等方面;操作技巧包括模拟调解、导师评议等。[1] 对应调解员的等级评价体系,将培训教材分为初阶、中阶、高阶三个等级,其中初阶教材针对初级商事调解员的培训,主要学习商事调解的入门技能;中阶教材针对中级商事调解员的培训,主要学习常见商事纠纷的调解技能;高阶教材针对高级商事调解员的培训,主要学习复杂涉外商事纠纷的调解技能。

2. 加大与域外调解机构的合作,加快培养商事调解的培训师资

引入新加坡、英国、美国等地的知名商事调解培训机构在国内开设分支机构,在组织登记、税收优惠等方面为调解培训机构提供政策支持,鼓励域外

---

[1] 参见赵丹:《探索调解员专业队伍建设 完善商事争议解决体系》,载《深圳特区报》2021年10月19日,B04版。

商事调解组织单独举办或与国内的商事调解组织共同举办调解培训,为我国商事调解员进入国际调解市场创造机会,培养国际性的调解人才,同时组织院校学者和资深调解员学习域外调解培训机构运用案例分析、角色扮演等互动式教学方式,为我国商事调解培训培养师资。

(三)加强商事调解职业保障的措施

1.完善商事调解优先机制和收费机制,保障商事调解职业的稳定性

在拓展商事调解案源方面,可以通过加强商事调解的宣传,扩大商事主体对商事调解的认知度和接受度,推动商事主体在合同中事先约定优先采用调解方式解决争议的条款。同时,规定某些类型的商事案件必须先行调解,将调解作为启动诉讼的先决条件。对于无正当理由拒绝先行调解的商事主体,法院应利用诉讼费杠杆机制,判令其先行承担30%以上的诉讼费。在实行市场化收费方面,将收费定价权交由商事调解组织根据市场需求决定,行政机关或司法机关不应对商事调解组织收费标准进行限制。

2.制定和实施统一的商事调解员职业伦理准则,保障商事调解职业的自治性和公信力

首先,商事调解员的职业伦理准则具有普适性,进行统一规定能够提供明确的约束,有利于商事调解员公信力的提升。商事调解职业伦理准则覆盖的范围要广泛和严密,并符合我国的实际,能对商事调解工作发挥规范指导功能。其次,推动商事调解职业伦理准则从制定阶段向实施阶段转变,鼓励各地成立商事调解协会,由协会对调解机构进行指导与监督,专门受理当事人对调解组织或调解员的投诉,对调解组织或调解员的违法或者不当的行为,作出相应的处理,防止出现调解组织或调解员损害当事人合法权益的情况。最后,加强对商事调解职业伦理规范的研究。通过举办调解论坛、资助项目研究、开放相关数据、合作开展研究等方式支持商事职业伦理规范的研究,解决实务中与职业伦理相关的问题,做好与《新加坡公约》中调解员行为准则的衔接。

供给、需求与价格：中国商事调解市场化的要素、阻碍及推动策略

黄艳好* 周君慧**

2019年以来，习近平总书记"把非诉讼纠纷解决机制挺在前面"的要求和《联合国关于调解所产生的国际和解协议公约》（以下简称《新加坡调解公约》）的签署，给我国商事调解的发展提供了强大的动力，[1]商事调解的市场化作为其发展的关键途径也被提上了议程。然而，商事调解的市场化需要具备一些前提条件。从目前的发展状况来看，这些前提条件还未得到充分满足，商事调解的市场化道路还存在许多阻碍。本文将从商事调解市场化的概念及构成要素出发，对其面临的种种阻碍进行梳理和阐释，并在此基础上结合我国实际提出宏观的发展策略和具体的完善举措。

一、商事调解市场化及其要素阐释

深圳、上海等多地的调研情况显示，[2]社会各界对商事调解的了解尚不深入，对商事调解市场化以及如何市场化的认识不明晰，观点存在较大差异，尚未达成统一认识。例如，有人认为商事调解市场化就是允许商事调解组织收费，进行营利性活动，而有人认为商事调解收费，并不一定就是市场化，使用"市场化"这个概念应该谨慎；有人认为商事调解市场化就是放开准入门

---

* 黄艳好，司法部调解理论研究与人才培训基地研究员，湘潭大学法学博士后，讲师。
** 周君慧，河北省唐县人民法院审判委员会专职委员。
[1] 参见范愉：《商事调解的过去、现在和未来》，载《商事仲裁与调解》2020年第1期。
[2] 笔者所在团队利用暑假期间，分别对珠海（2023年6月20—25日）、深圳（2023年7月3—6日）、上海（2023年8月21—25日）以及香港特区、澳门特区（2023年9月13—17日）等地的商事调解组织、司法局、法院，通过座谈、访问、问卷调查等方式进行了商事调解方面的专项调研。

槛,允许各商事调解主体进行公平竞争、优胜劣汰,还有人认为商事调解市场化不能离开监管,前期应该对商事调解组织进行规范和部分限制。事实上,不同的观点背后代表着不同的立场。相关政府主管部门希望对商事调解组织进行规范和限制,以防出现市场混乱;现有民办非企业等非营利性商事调解组织希望对商事调解组织设置一定的门槛,从而避免大量不具有相应资质和能力的组织进入市场引发市场混乱和无序竞争,甚至认为商事调解收费并不一定就是要走市场化之路,尤其是当前我国商事调解尚处于起步阶段,更不应当贸然走市场化的道路;而律师及其他想加入商事调解行列的群体则希望尽量打开目前封闭性的状态,放宽对商事调解组织的限制,促进商事调解进一步市场化。正因为不同立场对商事调解市场化的理解存在较大差异性,因而有必要从理论的视角来对该概念进行正本清源,并结合我国实际对该概念进行全面的阐释和说明,从而寻求达成共识的空间,并以此更好地探索出符合我国国情的市场化道路。

实际上,公众对市场的概念并不陌生,在不同的领域和场合均会适用。通常情况下,它是指各方交易商品的场所或商品交换的领域。在营销学上,市场是指一群具有相同需求的潜在顾客,他们愿意以某种有价值的东西来换取卖主所提供的商品或服务,这样的商品或服务是满足需求的方式。[1]但"市场化"这一概念是从宏观制度建构层面来理解的,它可以被界定为促使各方参与交换的制度、机制和程序形成的过程。当然,与政府的行政命令所具有的强制性不同,"市场化"是在开放的市场中,用引导性的市场机制来实现资源配置。[2]尽管公众对市场的概念已经存在普遍认识,但它却更多被经济学家所关注。"经济学家关注市场,因为市场是最有利于人类合作,能为人类提供最大利益的制度。"[3]而在经济学上,市场的形成一般需要具备三个基本条件:(1)存在可供交换的商品;(2)存在提供商品的卖方和具有购买欲望、购买能力的买方;(3)具备买卖双方都能接受的价格。

根据上述理解,可以将商事调解的市场化界定为:促使商事调解主体以合适的价格提供商事调解服务,并与有调解服务需求和相应购买能力的商事主体进行有偿交换,从而逐渐形成一套制度、机制和程序的过程。其目的是

---

[1] 参见[美]小威廉·D.佩罗特、尤金尼·E.麦卡锡:《基础营销学》,胡修浩译,上海人民出版社2006年版,第59页。
[2] 参见《管理学》编写组编:《管理学》,高等教育出版社2019年版,第39页。
[3] [英]马歇尔:《经济学原理》,章洞易缩译,南海出版公司2010年版,第7页。

引入竞争机制,在商事调解主体与商事主体之间形成有序的有偿交换,并实现供需平衡。"市场化"可以从"供""需求""价格"三个要素来加以理解:对于供给方,它能够提供满足用户需求的商品,即专业化的商事调解服务;对于需求方,它有购买相应服务解决问题的需求及相应的购买能力;而商品价格则影响着供需关系,需要合理的商事调解收费制度。

在此基础上,结合当前商事调解发展的现状,还可以对商事调解市场化作更具体化的解释。

第一,商事调解市场化意味着商事调解服务的供应从主要由政府(公益性)供应到主要由市场(营利性)供应转变,但这并非排斥政府供应,而应是公益性和市场化的结合,市场化的过程就是逐步提高市场供应比重的过程。但由于纠纷解决的特殊性,公益性的商事调解服务不可能完全被市场取代。

第二,商事调解市场化旨在形成供需平衡、交易有序的市场体系,虽然营利是绝大部分市场主体进行经营活动的目的,但在商事调解市场化过程中,政府因提供商事调解服务而收取的费用并不具有营利性,其主要目的是弥补相应成本。换言之,市场主体提供商事调解服务可以具有一定的营利性,但由于调解服务的特殊性,这一营利性应该受到一定的限制。这里容易产生的误解就是,不少人往往认为商事调解市场化就是要大量增加营利性的商事调解组织,大幅提升其市场比重。然而,从当前商事调解组织发展状况来看,这不太契合我国当前的体制与经济环境状况。简而言之,市场上商事调解服务的提供者,由营利性组织和非营利性组织构成,但市场化不一定就是完全以盈利为目的,完全按营利模式运行,由营利性组织占据市场多数。事实上,何者占据多数,这需要综合考量各国各地的政治经济体制、市场环境等诸多因素。而从我国目前的国情状况及商事调解的发展形势来看,由于强调监管的体制逻辑和思维习惯并未改变,公司制商事调解组织的注册端口也未完全打开,据此不难推测:我国在推动商事调解市场化的过程中,市场建立初期乃至未来较长的一段时间内,非营利性商事调解组织仍将作为主要的服务主体并在一定程度上引领市场的发展。当然,这不是否认自由竞争、逐利等市场的一般特征及规律,而是我国尚不具备充分的市场基础和社会条件,因而在市场化的过程中选择从更可控的不以逐利为宗旨的非营利性组织作为重点发展的对象,更具有现实的可能性。

第三,商品的价格影响着供需关系,但也同样受到供需关系的影响,因而商事调解组织收费需要制定一个"合理"的价格。这一价格的制定思路应考虑到商事调解组织提供商事调解服务的成本、质量和商事主体的购买需求、愿意为解决纠纷付出的成本等因素,它不能完全由商事调解组织内部自主决定,而是会受到市场行情的影响,同样也要接受政府的指导和监督。

二、供给:类型、资格与服务品质

(一)供给方的类型

根据经济学的相关原理,商品和服务的供给既可以交给政府也可以交给市场。前者意味着公益、廉价甚至是免费,而后者则是有偿、价高但更为优质。具体到商事调解领域,目前商事调解服务的供给方大概可分为两大类:一是法院和仲裁机构,它们分别在诉讼和仲裁的过程中提供免费的调解服务(因已收取了诉讼费和仲裁费,调解在一定程度上可视为附带性的免费服务)。二是相对独立的专门性商事调解组织(本文主要讨论的对象)和其他调解组织(主要是人民调解组织以及各行各业内部成立的不具有独立资格的调解组织)。独立的专门性商事调解组织根据组织性质的不同,又可以分为非营利性商事调解组织和营利性商事调解组织。非营利性商事调解组织在我国一般以民办非企业的形式出现,而营利性商事调解组织则以公司、合伙企业等形式出现。在经济学意义上,法院、仲裁机构提供的调解服务可视为由政府提供,因其属于向社会提供必要的公共服务而不涉及市场化的问题;人民调解组织因其立法规定的公益性,当前不可能市场化,其性质也不适合市场化,长期以来其资金来源也主要是中央和地方的财政支持,仍属于政府提供的范畴;唯有相对独立的专门性商事调解组织才涉及走市场化道路的问题。

(二)供给方的供给障碍

1.供给方资格障碍

为保障市场的有序运作,一般情况下,进入市场成为供给方需要满足一定的条件。在商事调解领域,对于不同类型的供给方,其设立条件也不尽相同。表面上看,似乎商事调解组织只要满足既定的条件即可成立,实则不然,从全国各省市的实践情况来看,商事调解组织的成立并非易事,存在不小的准入阻碍。

我国目前商事调解组织形式主要有:事业单位、社会团体、民办非企业单位、公司、合伙企业和个人独资企业。其中,事业单位、社会团体、民办非企业单位属于非营利性商事调解组织,公司、合伙企业和个人独资企业属于营利性商事调解组织。就非营利性商事调解组织的成立而言,在我国对社会组织实行严格的管理政策的背景下,无论事业单位、社会团体,还是民办非企业单位,其成立均要受到较为严格的审核。事业单位的成立要求之一是"经审批机关批准设立",而"批准设立"不仅需要经过繁琐的审批程序,而且也意味着能否成立几乎完全取决于审批机关的意见,该组织形式基于其性质和定位不会也不该成为商事调解组织的主流。社会团体和民办非企业单位成立的要求之一是"经业务主管单位审查同意",相对于"批准设立",从字面意思来理解,"审查同意"的要求应该相对宽松,但现有的法律规范体系中并未明确规定商事调解的业务主管单位是哪个部门。一般认为,司法行政部门作为人民调解和行政调解的指导部门,应该由其担任所有调解业务的主管单位。部分地方在推动商事调解发展的过程中,也出台了相应的规定,明确由司法行政部门负责对商事调解组织的成立进行审查或者备案。但这也仅是少数地方的先尝先试,全国大部分地方的"业务主管单位"难以确定,也就无法达到成立的条件。而且,即便是明确了"业务主管单位"的地方,司法行政部门也非常谨慎地控制"审查同意"的组织数量。如深圳市的司法行政部门就有意识控制各区的商事调解组织数量,一般每个区仅允许成立1—2家民办非企业单位性质的商事调解组织。

我国的工商登记采取的是以形式审查为主、实质审查为辅的原则,因而更符合市场运行规律的营利性商事调解组织的成立理应不存在阻碍因素。但从目前的组织数量来看,反而是民办非企业单位性质商事调解组织占多数。出现该现象的原因在于:一是市场尚未完全培育起来,受业务量的影响,完全市场化运作的营利性组织不仅盈利空间有限,甚至还存在较大的生存困难,因而社会资本参与的积极性不高;二是由于调解并没有被录入企业登记的名称范畴,因而多数地方不能成立以"调解"字样命名的公司,只能成立法律服务咨询等类似名称的企业。但调解特别是商事调解是有别于法律服务咨询的一项业务,企业名称上的限制不利于其独立业务的形成,而无独立的业务也就很难形成良性循环的商事调解市场。

2.服务品质和营销障碍

商事调解作为一种特殊的"商品",从目前的供给情况来看,还存在品质不高、知名度较低等问题。一方面,我国商事调解的职业体系尚未初步形成,尽管在向着职业化的方向发展,但其在职业准入、职业训练、职业保障三个方面均存在不少问题。[1] 由于缺乏高素质的人才队伍,商事调解组织提供的商事调解服务整体上质量不高。因此,若商事调解组织提供的调解服务不能形成专业性、创造性和高效性的优势,当事人便自然会更倾向于选择免费或收费较少的传统的公益性调解、诉讼、仲裁等纠纷解决方式。而且,当前的商事调解创造性不足,多数案件更倾向于"法律阴影下"的调解,而不是从双方当事人的实际需求出发形成针对性的解决方案,甚至不少案件的调解结果与法官预判的审判结果几乎一致。而当事人之所以乐于接受这样的结果,既与承办法官的参与指导有关,很大程度上也来自对高额诉讼费用减免的看重。显然,这种同质化的解决结果并不利于商事调解的长远发展,与其旨在成为与诉讼、仲裁相并列的第三驾"马车"的目标相冲突。因为商事调解在这同质化的过程中已失去了自身的特色,也失去了视野开阔、善于挖掘当事人背后利益、可形成带来"双赢"的创造性方案的独特优势。这也从侧面反映出,商事调解尚未走出诉讼思维的囹圄,商事调解的职业化培训和人才培养仍亟待加强。

另一方面,面对公众对商事调解的知悉偏低、信任不足的现状,"营销"作为扩大市场需求、促成供给和需求对接的一种重要手段,很难取得效果。以深圳为例,当地的一些商事调解组织通过搭展台、举办系列宣传讲座甚至发放宣传手册等多种方式对以企业为主的商事主体进行广泛宣传,然而收效甚微。可见,虽然我国历来有调解的传统,但伴随市场经济不断深入发展,在推进法治现代化的过程中,在传统调解权威消解、技术性权威尚未形成、诉讼文化兴起等多种因素促使下,整个社会的调解文化和调解氛围日渐式微。虽然国家近十多年也十分重视调解在非诉讼纠纷解决机制中的基础性作用,但总体上缺少科学的顶层设计和立法政策的大力推进,社会中选择调解解决纠纷的习惯远未形成。

三、需求:案源、限制性机制与消费选择

目前市场的需求尚未真正形成。一方面,公司企业和个人的需求并不凸显,主动寻求商事调解服务的情形很少,商事调解组织的案源严重依赖于法院委托委派。另一方面,本就不旺盛的商事调解需求甚至还受到了很多因素

---

[1] 参见廖永安、刘青:《论我国调解职业化发展的困境与出路》,载《湘潭大学学报(哲学社会科学版)》2016年第6期。

的限制，主要集中于两点：一是现有部分制度限制了商事调解制度的发展，如国企事业单位的领导责任制就很大程度上限制了企业单位利用商事调解解决纠纷；二是由于存在公益性的调解服务，如免费的法院调解、仲裁调解乃至人民调解、商会调解，商事主体付费利用调解的意愿不强，也在一定程度上降低了市场对收费调解服务的需求。

（一）商事调解需求不凸显、案源严重不足

目前几乎所有的商事调解组织均未形成独立的案源，其案源绝大多数来自法院的委托委派。究其原因，其中一个很重要的因素就在于，大众对商事调解的了解不足，尚未形成选择习惯，且更信任诉讼和仲裁机制。

首先，虽然我国的调解文化源远流长，但普通民众对调解的知悉程度不高，且仅对人民调解、电视调解等婚姻家庭纠纷方面的调解机制有所了解，对商事调解知之甚少。其次，相较于诉讼，民众对诉讼外调解机制的信任度不高。在我国近三十多年的发展过程中，伴随社会主义市场经济的高速发展和诉讼文化的兴起，特别是20世纪80年代末至世纪之交，调解受到我国学界主流和法院系统的抵制，由此使得各项调解机制的发展陷入了低谷。在当时的环境下，"拿起法律的武器""上法庭讨说法"等标题充斥于媒体报道之中，与此同时，由于法院经费源于诉讼费，不断扩大案源和案件数量成为很多法院的做法，导致当事人日益选择诉讼作为纠纷解决的首选。尽管进入21世纪后，在多个因素的促进下，调解得到了复兴和发展，但当事人和社会对诉讼仍有很强的依赖性，对非诉讼调解并不十分接受，且由于缺乏明确的律师引导当事人利用非诉机制解决纠纷的义务性规定，多数的商事纠纷经常直接涌入法院。这也是商事调解组织的案源主要来自法院的重要原因。再者，调解机制自身亦存在不少问题，如调解服务的质量不高、专业性不足，调解协议刚性不足，这也在很大程度上影响了当事人的选择，使其对调解特别是商事调解的需求度不高。

（二）商事调解需求受到部分机制的限制

根据《企业国有资产法》《关于深化国有企业改革的指导意见》《关于改革和完善国有资产管理体制的若干意见》《中央企业境外投资监督管理办法》等相关规定，国有企业对资产处置的全过程均受到相关部门的监管，这自然也包括了在利用调解化解商事纠纷时对资产的处置过程。若在调解过程中出现了一些实收账款少于应收账款或向对方作出支付赔偿金等让步情形，易引起相关监管部门对调解协议内容的合法性和合理性的质疑,由此使得国有企业相关负责人面临造成国有资产流失或存在腐败的质疑和指控。而诉讼和仲裁因作出的是有公信力的裁决,则可使国有企业相关负责人免于承担类似的风险。因此,在两相比较之下,国有企业相关负责人自然宁愿选择耗时长、费用高的仲裁程序,也不愿意在调解中主动做出让步以达成调解协议。

(三)商事调解的消费选择度不高

由于我国存在大量的公益性调解(如人民调解)和不收费的附带性调解(如法院调解、仲裁调解),作为理性经济人的当事人,自然对功能相似、需要付费的调解机制选择意愿不强。在对深圳、上海多地法院进行访谈的过程中,受访法官也多次指出,在委托出去的商事案件中,不少当事人对相关商事调解组织收费的行为存在疑问,且会明确提出为什么法院调解不收费、人民调解不收费,商事调解却需要收费等类似的问题。这也从侧面反映出当前商事调解组织提供的有偿调解服务与公益性调解服务的区分度不高,服务品质有待进一步提升。

四、价格:收费标准与障碍

价格作为市场中对供需关系产生重要影响的关键性要素,主要涉及商事调解的收费以及相关费用在当事人之间如何分配的问题。因费用承担属于后续性问题,本部分仅着重讨论商事调解的收费。

(一)商事调解的收费现状

我国目前在商事调解收费方面尚未有全国性的规定出台,但近十年来,各地不断出台的多元矛盾纠纷化解条例作出了一些原则性的规定(见表17-1)。这些规定为当地商事调解组织收费提供了正当性的依据,然而由于各地所规定的原则不同,其表述也不尽相同。其内容大致可分为两类:一类规定实行市场调节价格机制,收费标准由调解组织自行确定,无须经过政府有关部门的审核,如《深圳经济特区矛盾纠纷多元化解条例》第38条规定"……调解服务费用实行市场调节,由商事调解组织按照公平合理、诚实信用的原则,综合考虑调解员报酬、商事调解组织运作费用等制定收费标准并向社会公开"。另一类规定商事调解组织制定的收费标准,必须经有关部门审核后才能作为收费依据,如《厦门经济特区多元化纠纷解决机制促进条例》第64条第2款规定"……具体收费标准经市价格主管部门核准后向社会公开"。

对于收费标准是否要求公开,各地规定也同样不一。大部分地区如深圳、武汉、厦门、上海等地都要求商事调解的收费标准应向社会公开,而部分地区对此并未作出规定。例如,《黑龙江省社会矛盾纠纷多元化解条例》仅规定"应当在受理前征得当事人同意";《海南省多元化解纠纷条例》和《河北省多元化解纠纷条例》仅原则性规定商事调解可以收费,对于收费标准、收费监督等问题则尚未涉及。

表17-1 各地矛盾纠纷化解条例中对商事调解收费的相关规定

规范名称	相关内容
《深圳经济特区矛盾纠纷多元化解条例》	第38条 商事调解组织可以收取调解服务费。调解服务费用实行市场调节,由商事调解组织按照公平合理、诚实信用的原则,综合考虑调解员报酬、商事调解组织运作费用等制定收费标准并向社会公开
《武汉市多元化解纠纷促进条例》	第39条第2款 商事调解组织可以依据服务内容、服务标准等向当事人收取费用。收费标准必须对外公示
《厦门经济特区多元化纠纷解决机制促进条例》	第64条第2款 商事调解组织调解纠纷,可以选择按照争议标的金额或者调解时间收取调解费,在受理案件前应当告知当事人。具体收费标准经市价格主管部门核准后向社会公开
《黑龙江省社会矛盾纠纷多元化解条例》	第49条第3款 民事商事仲裁机构、公证机构、商事调解组织、律师事务所调解纠纷,可以按照争议标的金额或者调解时长收取调解费,但应当在受理前征得当事人同意
《海南省多元化解纠纷条例》	第43条第2款 实行市场化运作的调解需要收取费用的,依照有关规定执行
《河北省多元化解纠纷条例》	第66条第2款 公证机构、商事调解组织、律师事务所等按照市场化方式提供化解纠纷服务的,可以依据有关规定收取费用
《上海市促进多元化解矛盾纠纷条例》	第32条 人民调解、行政调解不收取费用。登记为社会服务机构、公司等的调解组织调解矛盾纠纷,可以收取合理费用,收费标准应当符合价格管理的有关规定,并向社会公开

正因为地方性的条例无法规定统一明确的收费规范和标准,导致各地商事调解组织自行制定的标准差异较大(见表17-2)。商事调解费用分为价格较为固定的案件管理费、登记费以及随案件标的额浮动较大的案件调解费两

个部分。案件管理费的收费较少,除中国国际贸易促进委员会的案件受理费因与国际接轨显得相对较高外,大部分商事调解组织的案件受理费用在200—2000元每方当事人之间。而不同的商事调解组织之间案件调解费收费标准则有较大差距,收费比例较高的如中国国际贸易促进委员会,收费比例为0.75%—6%,较低的如北京融商"一带一路"法律与商事服务中心,标的额50万元以下的案件仅收取8750元,超过50万元的案件,收取超过部分标的额的0.2%—1%。个别调解组织如上海经贸商事调解中心[1]、厦门市经贸商事调解中心等可以由调解双方自由选择根据案件标的额或调解时间缴纳案件调解费。青岛市法润商事调解中心以管辖级别和诉讼费用为参照,收取案件调解费用。大部分商事调解组织的收费包括三部分,即登记费、案件管理费、案件调解费;少部分调解组织将调解员报酬也作为收费部分,如深圳市蓝海法律查明和商事调解中心。对于登记费,我国商事调解组织基本采取按照当事人数量进行收费的模式,均在200—300元每方当事人不等。案件管理费则一般存在两种收费模式:一种是直接按照标的额的大小收取确定的费用,如中国国际贸易促进委员会/中国国际商会调解中心、厦门市经贸商事调解中心;另一种是先确定一个保底收费标准,然后根据标的额大小按比例收取费用,如深圳市蓝海法律查明和商事调解中心、海口国际商事调解中心。对于案件调解费,国内各商事调解组织均有自己的一套收费标准。概括而言,主要存在四种收费方法:第一,按照标的额大小进行阶梯计价,这是我国大部分商事调解组织采用的方法;第二,根据调解案件出庭时间计价,如上海经贸商事调解中心规定:标的额不明确或存在较大争议的案件:每小时5000元,最低计费时间为3小时,开庭时间超出3小时的部分每一小时为一个计费单位,不足一小时的部分不计费;第三,根据调解时间进行收费,以厦门市经贸商事调解中心为例,其费用在1000—10000元/小时不等;第四,根据我国普通程序诉讼费标准的一定比例进行收费,以四川天府商事调解中心为例,其收费标准为普通程序诉讼费标准的50%,调解费用低于1000元的,按照1000元的标准收取费用,青岛市法润商事调解中心也采用此种方法,但收费比例有所差异。

---

[1] 该中心的运作参见张巍:《商事调解领域不一样的"老娘舅"——记上海经贸商事调解中心的创新与创意》,载《中国社会组织》2015年第3期。

表 17-2　各地部分代表性商事调解组织的具体收费标准

商事调解组织	收费标准
中国国际贸易促进委员会/中国国际商会调解中心	管理费:1500—40000 元 调解费:0.75%—6%(最低不少于 2000 元)
上海经贸商事调解中心	管理费:1000 元/每方当事人 调解费:(1)标的额明确的案件:0.5%—1.5%(最低不少于 4500 元);(2)标的额不明确或存在较大争议的案件:每小时 5000 元,最低计费时间为 3 小时,开庭时间超出 3 小时的部分每一小时为一个计费单位,不足一小时的部分不计费
深圳市蓝海法律查明和商事调解中心	管理费:(1)1500 元/件;(2)0.01%—0.75%(调解员是两个及以上的,每增加一名调解员,加收案件管理费 10%;调解案件的工作语言为英文的,加收案件管理费 10%;对蓝海中心主持调解达成和解协议,当事人申请由蓝海中心对执行调解协议出具相关法律文书及提供服务的,加收 10%案件管理费) 调解员报酬(一位):(1)3500 元;(2)0.02%—1.75%(当事人约定由两名或者两名以上调解员调解的,则按照增加的人数加倍计算)
北京融商"一带一路"法律与商事服务中心	登记费:200 元/每方当事人 调解费:(1)50 万元以下:8750 元;(2)50 万元以上:0.2%—1%
四川天府商事调解中心	登记费:300 元/每方当事人 调解费:普通程序诉讼费标准的 50%,调解费用低于 1000 元的,按照 1000 元的标准收取费用,调解不成功的不收取费用
厦门市经贸商事调解中心	管理费:300—2000 元 调解费:(1)0.5%—2%;(2)调解时间收费:1000—10000 元/小时
海口国际商事调解中心	受理费:(1)1000 元;(2)0.21%—2.75%(最低不少于 1500 元) 处理费:(1)500 元;(2)0.105%—0.1375%(最低不少于 1000 元) 管理费:(1)5000 元;(2)0.3%—1.25%(最低不少于 5000 元)(没有争议金额或按照收费标准计收仲裁费用不足 5000 元的,按件收取,每件受理费 3000 元,处理费 2000 元)

续表

商事调解组织	收费标准
广州国际国贸商事调解中心	登记费:300元/每方当事人 调解费:(1)1500元;(2)0.25%—1%;(3)调解时间收费:1000—3000元/小时
青岛市法润商事调解中心	登记费:200元/每方当事人 调解费:(1)由基层人民法院管辖的,按其财产案件普通诉讼程序诉讼费标准的40%以下收取;(2)由中级或高级人民法院管辖的,按其财产案件普通诉讼程序诉讼费标准的25%以下收取;(3)调解费低于500元的,按500元收取

(二)商事调解的收费障碍

1. 与诉讼、仲裁相比,价格优势不明显

与英美等国高昂的诉讼费用相比,我国司法成本较为低廉。从我国的诉讼费用规则来看,多数商事纠纷的诉讼成本并不高,因而对于这部分案件,商事调解并无价格上的优势。对于部分国际商事案件,调解组织的收费甚至还略高于司法机关和仲裁机构。例如,标的额为50万元的国际商事案件,申请中国国际经济贸易仲裁委员会仲裁,仲裁费用为2万元;起诉到法院,需要缴纳8800元的诉讼费;而申请到中国国际商事调解中心调解,调解费用则为24500元。可见,目前商事调解的价格优势并不明显,故而在商事调解的服务品质没有明显提升的情况下,当事人自然更愿意选择诉讼或者仲裁方式解决纠纷。

2. 与公益性商事调解区分度不高,难以收费

如前文所述,我国商事调解目前可分为收费型商事调解和完全公益型商事调解。尽管商事调解服务的品质整体不高,但部分完全公益型商事调解的专业性也得到了一定保证。如深圳龙岗区坪地商会人民调解委员探索出"商会+行政司法+人力资源+司法审判"四位一体全周期纠纷化解模式,就较好地满足了民营经济纠纷多元化解、快速化解和有效化解的实际需求。根据现行的立法规定,人民调解组织也更容易获得当地法院的认可,能够通过委托调解、司法确认等方式获得结果上的强制力。正因如此,在与公益性商事调解服务区分度不高的情况下,商事调解组织很难向当事人收取费用。事实上,相较于国外的收费标准,我国商事调解组织的收费已经偏低,很难再通过降

价手段来赢得"客源"。

五、推动商事调解市场化的策略与建议

从全世界范围来看,商事调解的发展应走市场化的道路已成为基本共识。特别是随着《新加坡调解公约》的签署,我国迎来了发展商事调解的重大契机,要努力把握机遇,大力推动商事调解走向世界前列。为此,可考虑采取以下的策略和建议,全力克服困难,扫清障碍,迅速而又不失稳健地推动商事调解的市场化发展。

(一)采取"分步走"战略,做好商事调解市场化的整体设计

商事调解的市场化发展不可能一蹴而就。在整体战略上,应立足我国实际,采用"分步走"策略,循序渐进地推进商事调解的市场化改革。

第一步,在商事调解市场化的初期,在市场尚未建立、规模小、利润空间有限、"需求"不显的情况下,应明确市场化导向,优先加强服务的供给侧改革,规范商事调解组织的成立、结构以及收费标准。具体而言,应先由司法行政部门出台全国性的规范文件,明确商事调解组织可以收费,规范商事调解组织的基本成立条件、内部治理结构,并联合有关部门制定相应的市场收费价格指引,为商事调解市场化提供必要的政策或规范依据。[1] 结合我国实际情况,这一阶段应着重推进民办非企业性质商事调解组织的发展,对此应出台相关的规范性文件,明确司法行政部门作为商事调解组织的主管部门,民办非企业性质商事调解组织的成立应当经过司法行政部门的"审核同意"。同时,应适当放开市场,司法行政部门可与工商管理部门沟通,将商事调解纳入公司名称目录。该举措属于新增行政许可,因而还需要立法及时跟进。

第二步,在我国商事调解组织形成一定规模且出现一批较为成熟的代表性组织时,可以采取以下两个方面的举措:一方面,引导更多的社会资本进入商事调解市场。因为社会资本的进入,不仅可以带来资金,还能带来技术、经验和人才。同时开始推动民办非商事调解组织的市场化改造,相应地重新构建其内部治理结构,使其以更契合市场化的方式运作。另一方面,允许境外

---

[1] 有学者提出了递进式的立法策略,参见周建华:《商事调解立法体系的递进式构建研究》,载《北京理工大学学报(社会科学版)》2022年第5期。其他立法建议,可参见赵毅宇:《中国商事调解立法模式选择及其展开》,载《法学杂志》2023年第3期;段明:《〈新加坡调解公约〉与中国商事调解的立法选择》,载《商事仲裁与调解》2021年第2期。

商事调解组织与国内的商事调解组织以"合作扩张模式"在国内共同成立商事调解机构。这样不仅可以充分借鉴并吸收境外优秀资本、优秀理念和经验,而且通过竞争机制也必然迫使国内商事调解组织不断改善自身,提供更优质、价优的服务。

第三步,在市场相对成熟且国内外调解组织良性竞争机制形成时,可进一步放开市场的准入条件,鼓励、允许符合相应条件的自然人、法人等各种主体以多样化的形式发起设立商事调解组织,并将商事调解组织的优胜劣汰交给市场。同时也应逐步完善市场退出机制并制定相应的规则,如规定民办非企业性质商事调解组织出现连续亏损数年、资不抵债的情况时,应到司法行政部门报备,并由民政部门予以注销;其他企业性质的商事调解组织若出现因资不抵债而申请破产等情况时,应当到司法行政部门报备,并由工商管理部门予以注销。

(二)坚持内外结合,提升商事调解的服务品质

我国商事争议解决服务事业的发展应当坚持"引进来"与"走出去"相结合的原则。在国内商事调解市场发展处于初级阶段,商事调解组织尚未健全,无法提供专业、优质服务的情形下,从境外引进优质商事调解组织有助于促进国内商事调解组织的发展。[1] 引进境外优质商事调解组织,竞争国内有限的商事调解市场份额,必然会刺激本土商事调解组织的神经。在竞争机制带来的生存压力下,国内的商事调解组织势必将向外来商事调解组织学习更先进的理念、组织框架、管理策略乃至调解技术。但步伐不宜过大,应注意市场开放的有限性。在这点上,可借鉴20世纪我国改革开放初期发展汽车产业中采用的"中外合资"或"合作扩张"模式,即本土的商事调解组织与境外的商事调解组织合作,在国内设立新的商事调解组织。

在将境外优质商事调解组织"引进来"的同时,更要注重进行国内调解市场的供给侧结构性改革,促使国内商事调解组织不断"苦练内功",加强其自身市场竞争力。一方面,要促进商事调解组织的市场化转型,通过减少行政依赖性提高机构管理的独立性。在这点上,上海经贸商事调解中心的经验值得借鉴。另一方面,应当借鉴国际商事调解组织的"成功经验",以调解员为核心提高机构的人才储备能力。应积极推动国内商事调解组织通过相互承

---

[1] 参见黄忠顺:《论商事调解的市场化》,载《人大法律评论》编辑委员会组编:《人大法律评论》总第31辑,法律出版社2020年版。

认调解员资格、机构调解员标准的制定、指定调解员资格认证区域等方式实现国际调解员的跨境流动,增加优秀调解员的储备。

(三)找准突破口,激活商事调解的内在需求

需求是市场形成的关键要素。但正如前文所述,目前国内的商事调解需求并不凸显,且存在不少障碍。为更好地激活商事调解的内在需求,可考虑从以下方面着手:

第一,优先以国有企业为突破口,鼓励各地出台相关文件,消除国有企业在利用调解解决商事纠纷时的顾虑。在这方面上海市提供了较好的借鉴经验。《上海市促进多元化解矛盾纠纷条例》第58条第2款规定,国有企业相关人员在和解、调解过程中勤勉尽责、未牟取私利的,出现结果未达预期效果或者造成一定损失的,不作负面评价。上海市国资委发布的《市国资委监管企业重大法律纠纷案件管理实施意见》(已失效)也明确鼓励监管企业发生法律纠纷时通过第三方调解解决,并规定"企业应当根据案件实际情况,综合评估企业利益,经相关决策程序后通过调解、和解方式依法协调解决重大法律纠纷案件"。

第二,优先在商事调解领域规定律师的非诉引导义务。实际上,我国已经有一些地区制定了相应的规定。如浙江省慈溪市人民法院、司法局联合全市22家律师事务所构建律谐商事调解中心,并通过一系列文件的出台,在商事领域建立起律师诉前告知引导制度,利用律师"第一时间接触当事人、第一时间了解案情"的优势,结合案情及当事人意愿,积极做实诉前释明引导工作。

第三,通过多渠道的宣传,不断培育社会利用调解解决纠纷的习惯。首先,多渠道开展线上多媒体宣传。持续通过网站和微信公众号开展商事调解的线上宣传,充分体现商事调解在化解矛盾纠纷中的重要作用。同时制作多个商事调解宣传标语、宣传海报等,利用宣传橱窗、公共法律服务大厅、法治文化公园、电子宣传屏全天候播放,为商事调解工作营造浓厚的宣传氛围。其次,多形式开展线下宣传日活动。发挥部门联动合力,让各部门纷纷走入社区,走进商业广场,在人群密集地广泛开展宣传。商事调解组织普法专员可以以悬挂横幅、派发法律小册子、普法宣传用品、邀请社区法律顾问现场开展法律咨询等形式开展宣传,同时向来往的居民群众普及商事调解的意义、内容和优势,充分调动现场群众的学法热情,营造出良好的宣传氛围。最后,

举办专题讲座,以案释法强化宣传质效。可以邀请国内比较有名的商事调解组织内的资深商事调解员走进社区开展商事调解系列专题讲座,精编商事调解服务案例进行"以案释法",通过案例的阐释使得商事调解深入人心。

(四)注重费用激励,完善商事调解的收费制度

既然要推动商事调解市场化发展,商事调解的价格自然应当由市场决定。由于目前各地的规定和实践情况较为混乱,可考虑由司法部联合价格监督管理部门制定关于商事调解价格管理的指导性文件,明确商事调解可以收费,实行市场调节价,要求各商事调解组织的收费标准应提请当地价格主管部门核准并向社会公开。[1] 考虑到我国正处于市场化发展初期,各地可结合实际情况,明确一定的收费上限和下限。

具体的收费标准则由商事调解组织在规定之内结合自身实际情况自主决定。收费标准也可以由商事调解组织或调解员与纠纷当事人协商决定,考虑的因素包括但不限于耗费的工作时间、纠纷解决难易程度、当事人的承受能力、调解员的信誉及能力等。[2] 当然,调解组织可根据自己的运作战略在核准范围内适当降低确定的收费标准,暂时以价格优惠作为吸引客户的营销手段。国外仲裁组织目前对调解采取低于仲裁费用的收费模式,以低成本的优势吸引客户的选择。但考虑到我国仲裁费用本身不高,部分优质的商事调解组织也可以结合自身的影响力和服务品质,与国际接轨适当提高当前的收费标准。

---

[1] 参见周建华:《论调解的市场化运作》,载《兰州学刊》2016年第4期。
[2] 参见段明:《〈新加坡调解公约〉的冲击与中国商事调解的回应》,载《商业研究》2020年第8期。

第四编
调解的数字化发展

"多元解纷+数字治理"模式下在线调解机制的完善路径

吕宗澄* 夏培元**

近年来,科技与信息技术的不断发展和更迭,使得当前全球正面临以人工智能和大数据发展为主的"第四次工业革命"。数字技术正在以新理念、新业态、新模式全方位地影响着人类社会、文化以及生态文明建设等各个领域,对人民群众生活产生了深远影响。对此,我国党和国家的顶层战略方针也随之发生变化,习近平总书记提出了总体上的"数字治理"观念。在"十四五"规划之后,加强和发展数字化治理,推进"数字中国"建设的理念被提升到了前所未有的高度。

与此同时,我国正逐步步入"诉讼社会",迫使社会纠纷的解决不再受限于传统的法院模式,调解、仲裁等解纷力量愈发受到重视。多个法律行业对纠纷的"共治"形成了"多元化纠纷解决机制"。

"数字治理"理念的影响显然涵射到了"多元化纠纷解决机制",ODR的出现便是重要例证。我国当前ODR(Online Dispute Resolution)体系可以划分为民间ODR、司法ODR、政务ODR三种类型。[1] 三位一体的ODR模式与二元结构的"多元解纷+数字治理"模式有待更进一步的结合。数字治理模式与多元化纠纷解决机制的耦合,指向了现今的在线调解机制。本文拟结合当前"数字治理"模式与"多元解纷"机制的适用情况,反思当前在线调解机制的不足与缺陷,并提出可行的完善进路以及展望未来发展趋势。

---

* 吕宗澄,湖南省南华大学法学系主任,博士,讲师。
** 夏培元,湖南省南华大学硕士研究生。
〔1〕 参见韩烜尧:《我国线上纠纷解决机制(ODR)研究》,吉林大学2021年博士学位论文。

一、"多元解纷""数字治理"与在线调解机制的协同维度

当前,多元化纠纷解决机制与数字治理模式是一个趋于融合的态势,二者在法律领域相辅相成,相得益彰。"多元解纷+数字治理"模式下的在线调解机制,能够充分发挥解纷效用,体现在:"多元解纷"对在线调解机制的横向广度延展;"数字治理"对在线调解机制的纵向深度延伸。具体而言,一方面,通过在线调解机制的优化,可以以参与调解人员的优化、纠纷治理规则路径的优化等方式提升数字正义实现的上限;另一方面,提升数字治理能力保障了"数字正义"实现的下限,亦即通过互联网、大数据等数字方式助力纠纷治理,相较于传统的纠纷解决方式更具优势(见图18-1)。

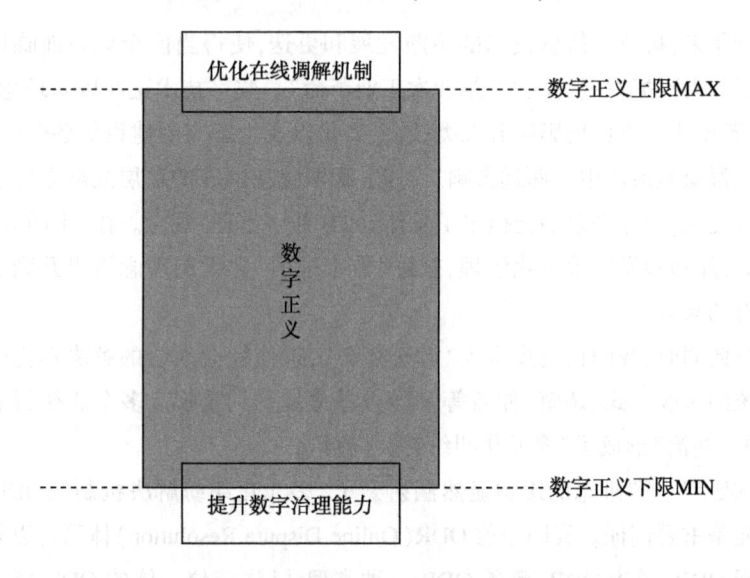

图18-1 "多元解纷+数字治理"模式与"数字正义"关系示意

如图18-1所示,"提升数字治理能力"与实现数字正义在不同的司法维度协同配合,既符合切实解决社会矛盾纠纷、实现社会矛盾源头治理的需求,又优化了智慧司法模式,推进了我国司法现代化进程。

(一)"多元解纷"扩展在线调解机制横向维度

在传统的司法模式中,纠纷解决以法院判决为主导,纠纷的和解、调解次之。而在调解机制中,仍是由法院来主持调解工作的进行。在这种模式下的调解程序囿于传统司法的局限性,表露出广度的不足。而"多元解纷"则对此进行了优化,扩展了在线调解机制的横向维度。

1.扩大调解参与主体的范围

传统的司法调解模式,是指在审判前或审判中,由双方当事人选择是否接受审判法官或人民调解委员会主持的调解,系贯穿于诉讼阶段前中期的一种方式。而当前的"多元调解"模式,主要将调解工作集中于诉前阶段,参与调解的主体范围也由法官、专业调解员扩充至律师、专家学者、"五老人员"(老干部、老战士、老专家、老教师、老模范)、"两代表一委员"(党代表、人大代表、政协委员)等。参与主体由单一走向多元,"多元解纷"参与主体范围的扩大,一方面增加了多元解纷机制的纠纷解决能力;另一方面提升了多元解纷机制的影响范围,不再仅由司法系统负责,而是形成以司法系统为主导,多行业共同发挥作用的解纷机制。从一定意义上削减了司法系统超负荷的司法工作任务,促进了司法系统良性可持续运转。

2.增设纠纷解决方式

"多元解纷"模式将笼统的司法调解模式划分为司法调解、人民调解、行政调解等多个维度,纠纷解决的重心也从传统的司法审判向调解偏移,缓解了司法机关办案压力,提升了纠纷解决效能。从"一元调解"走向"多元调解",尽量避免调解工作机制"大杂烩",不能切实解决矛盾纠纷,最终仍求助于司法裁决的情形。这种转变使得调解工作机制得到进一步细分,增加了纠纷解决可选择的途径,扩展了调解机制作用的广度范围。

(二)"数字治理"提升在线调解机制纵向维度

在2010年后,"互联网+"信息技术的飞速发展将"数字治理"推送于大众的视野前。在"数字治理"理念与法律领域趋于融合之前,我国的法律机制非常明显地受到空间、时间的限制,这一桎梏影响了法律机制的效果发挥。而"数字治理"与"多元解纷"的出现,将法律机制通过互联网、大数据等数字方式剥离出来,打破了空间和时间的限制。"数字治理"主要提升了在线调解机制的深度,主要体现在以下三个方面。

1.减弱调解机制作用的时间限制

在此之前调解机制具有明显的缺陷,线下调解很大程度上受限于时间因素,具体是指,由于需要以双方当事人面对面(Face to Face)的形式开展调解,使得纠纷解决的效率并不会太高。无可否认的是线下调解在调解技巧、语言沟通等方面具有些许优势,但纠纷双方或多方当事人在时间上的不确定性,导致并不能妥善合理地安排调解的时间。通过"数字治理"建构的在线调解机制,则能够在极大程度上修正时间对调解机制的影响。

2. 延展调解机制作用的空间范围

法律具有普遍性,但同时不同区域内的司法制度又具有一定特殊性。中央授予地方立法自治权,一部分的地方规章和地方性法规赋予了地方法律特殊性。普遍性与特殊性的结合形成了地方司法的特色,在"数字治理"模式产生之前,此类地方司法的特色并未产生更进一步的影响,然而在"数字治理"模式产生之后,此类影响通过互联网、信息技术等手段得到了进一步扩大。以析产诉讼为例,按照H省省会法院的相关规定,该类案件可以适用诉前调解,而H省地级市法院则认为不能对此进行诉前调解。该案例说明了地方在司法规定上具有一定的随意性,这种随意性随着"数字治理"产生了进一步延伸影响。由此可见,"数字治理"模式虽进一步扩大了调解机制作用的空间范围,但也产生了其他负面的影响。

3. 提升调解机制作用的精准度

调解正经历大包大揽的粗放型模式向繁简分流的精细化模式的转变,这一转变需要"驱动力"(Driving Force),包括内向驱动力与外向驱动力。内向驱动力(Inward Driving Force)系国家对于社会治理模式(如司法模式)转变的现实需求;外向驱动力(Outward Driving Force)则是现代化信息技术和人工智能技术的高速发展所产生的影响。二者的合力使得当前调解机制向更精细化方向转变。"数字治理"模式主要从如下几个方面提升调解机制作用的精准度。

首先,"数字治理"初步实现了案件种类的繁简分流。案件繁简分流极大提升了调解机制作用的效率,使得复杂的案件由更严谨合规的程序进行处理,法院不能一味同意双方当事人的调解合意,从而避免损害国家利益、社会公共利益或第三人利益。而对于简单的案件则更侧重尊重当事人的意思自治,着重当事人双方矛盾纠纷的解决。同时,运用"数字治理"方式的调解机制为之后纠纷的处理提供了意见,如无法调解成功,将通过何种诉讼程序来维护当事人的合法权益。

其次,"数字治理"根据不同案件的特点采取与案件相匹配的专业人员、调解方式及手段。当前入驻在线调解平台的调解组织和调解人员的类型多样,各调解组织所擅长的调解范围也不尽相同。基于调解员对双方当事人的身份识别(Identity Identification),以及调解员自身社会地位等因素,为案件配备相匹配的调解员,将更有利于纠纷的成功解决。对于相匹配的调解方式及手段,则是"对症下药",其不同于简单地采取何种调解策略,而更倾向于专业调解人员对民事纠纷、商事纠纷、轻微刑事纠纷各专业领域内运用相应的调解方式和手段。由专业对口的调解组织和人员加上相匹配的调解手段、方式共同提升调解机制作用的精确度。

最后,"数字治理"使得调解机制作用于同类调解案件的能力得到进一步强化,实现类案同调,提升在线调解机制的效率和精准性。同类案件相似处理的依据是纠纷的解决需要以相对公平正义为基准线。经过调解机制处理的纠纷基数越大,遇到的同类案件、相似案件的机会也就越多,通过"数字治理"方式处理过此类纠纷之后,便可以在之后更快捷地寻找到相似样本,今后对类似纠纷处理的效率和精确度均会得到有效提升。

二、"多元解纷+数字治理"模式下对在线调解机制的反思

当前的"多元解纷+数字治理"模式,毫无疑问优化了纠纷解决机制,在处理纠纷的效率和解决纠纷的能力上相较于传统纠纷解决模式更胜一筹。但是,从当前在线调解机制运行的状况来看,此种模式也并非完美,在机制不断发展的同时,其弊端和缺点也随之显现。根据当前在线调解机制的结构与发展状况,笔者认为主要存在以下不足之处。

(一)"多元解纷"下的在线调解机制统筹组织程度不足

"多元解纷"下的在线调解机制在总体统筹方面略显不足。主要表现在三处,一是"总对总"的各调解平台之间的统筹组织关系;二是"总对分"的各调解平台与调解组织、调解人员之间的统筹组织关系;三是"分对分"的适用在线调解平台机制的调解组织和调解人员内部的统筹组织关系。上述三对关系统筹组织的不足阻滞了"多元解纷"下在线调解机制的发展。除此之外,当前在线调解机制表现出了政务 ODR 关系与民间 ODR 关系的杂糅,二者边界具有一定的模糊性,主要表现在纠纷解决分配、在线调解平台建构、组织管理机构关系等方面(见图 18-2)。

中国调解现代化的理论与实践

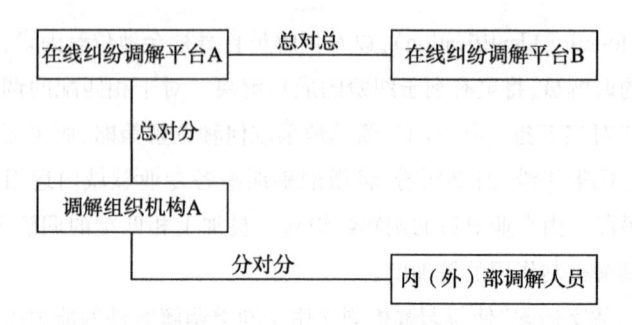

```
┌─────────────────┐   总对总   ┌─────────────────┐
│ 在线纠纷调解平台A │──────────│ 在线纠纷调解平台B │
└─────────────────┘            └─────────────────┘
         │ 总对分
         ▼
┌─────────────────┐
│  调解组织机构A   │
└─────────────────┘
         │ 分对分   ┌─────────────────┐
         └────────│ 内（外）部调解人员│
                   └─────────────────┘
```

图 18-2　"多元解纷+数字治理"模式统筹组织关系示意

首先,"总对总"的统筹组织关系配合不密切,协作不通畅。当前的调解平台包括最高人民法院搭建的"一站式"人民法院调解平台和地方司法机关、行政部门搭建的调解平台,如四川地区的"和合智解"e调解平台和重庆法院纠纷调解平台(人民法院老马工作室)等。相较于地方性调解平台,"一站式"人民法院调解平台的统筹组织关系更为紧密,而前者的组织形式相对独立,较为松散,如遇到管辖权问题导致案件移送等情况,会使得前期调解工作较难开展,并会影响后期诉讼阶段的顺利进行。最终会造成诉调对接不流畅、调裁分流不合理等问题产生。

其次,"总对分"的统筹组织关系管理与被管理关系不明确,权责划分不清晰。根据《人民法院在线调解规则》第 27 条的规定,在线调解组织和人员进行分级管理,践行"谁选任,谁管理"的原则。然而,在"多元解纷"下,调解主体趋于多元化,管理难度有所上升,由原来的一一对应关系演变为一对多的管理对应关系,使得《人民法院在线调解规则》第 27 条规定的统筹组织关系无法适应现实情况。基于此,应当梳理"总对分"的统筹组织关系,按照相应层级的对应关系以及上下级的管理关系,落实权利义务与责任之划分,以良好的统筹组织关系来促进"多元解纷"在线调解机制的发展。

最后,"分对分"的统筹组织关系不紧密。在线调解平台的调解主体中,第三类型特邀调解组织与特邀调解员与第四类型人民法院邀请的其他单位或个人,在组织统筹之中的联系不够紧密。特邀调解组织与调解员虽经法院选拔确认,但在后续的内部组织统筹管理中,法院并不过问,且调解组织多为民间 ODR 机构,其内部自治是否合理、管理制度是否合规,其运作是否能够满足"多元解纷"和"数字治理"的现实需求,需要从更多的方面进行评价与反馈。

(二)"数字治理"下的在线调解机制受技术手段发展的掣肘

"多元解纷"下的在线调解机制,对纠纷的妥善处理属于第一性(Primary)要求,纠纷解决的多元化属于第二性(Secondary)要求。而在"数字治理"模式下,在线调解机制要利用技术满足上述两个方面的要求。但同时,当前信息技术、电子智能化的发展水平对这两个要求的实现造成了阻碍。技术层数字治理体系建设明确了数据资源治理和网络资源治理的制度框架,然而数据资源和网络资源应用环境的不确定,同样可能限制治理绩效的发挥。[1] 机制建构者和使用者应当考虑在线调解机制通过"数字治理"技术手段的方式是否安全、灵活便捷并具有可理解性。

首先,应当考虑在线调解机制"数字治理"模式的安全性。"数字治理"的在线调解机制将纠纷通过信息化的手段披露于第三方进行调解,无疑将矛盾纠纷的解决进一步地扩大化。如若是传统模式下,信息的传递并不会如此的迅速和广泛。数字治理过程中的数据被过度搜集与挖掘、过度解读导致主观偏差、过度信仰与依赖,这些问题将诱发数据信息安全、大数据利维坦、个体选择权利与自由意志被剥夺等问题。[2]

其次,应当审查在线调解机制"数字治理"模式是否灵活便捷。第一,需要审查其是否具有明显的程序上的简化。从调解平台进行立案、当事人提交证据和相关材料,进行到调解中,到最后双方对调解方案的确认,这些线上程序相较于线下的调解程序,是否省略了其中非必要的步骤。第二,调解平台是否能够实现数据互通。其中,最为重要的是将实体化证据材料转化为电子化证据材料后,其能否符合法律证据的要求并不确定。如果当事人不具有转化实体化证据材料的能力,那么在线调解程序可能难以推进。

最后,应当审查在线调解机制"数字治理"模式是否具有可理解性。可理解性是指相较于线下调解机制"面对面"调解程式,线上调解机制是否将法律专业术语通过便宜化的方式使用户能够理解和操作,确认是否符合一般正常用户的操作习惯。"面对面"模式下,调解员针对当事人难以理解之处可以作出合理解释说明,而线上调解机制则无法进行人工的解释、说明,采取一般的

---

[1] 参见鲍静、贾开:《数字治理体系和治理能力现代化研究:原则、框架与要素》,载《政治学研究》2019年第3期。

[2] 参见金华:《国家治理中的过度数据化:风险与因应之道》,载《中共天津市委党校学报》2021年第1期。

问题提示的方式不能回答所有的疑问。即使有人工客服,由于个体素质的差异,仍不能确认当事人是否熟悉了解相关法律程序和调解平台的相应机制。

（三）"多元解纷""数字治理"模式下的在线调解机制修复社会关系的能力缺失

调解比传统的司法裁判更加注重社会关系的修复。为使受到损害的社会关系恢复如初,调解机制便应当具有修复被损害的社会关系的能力。社会关系主要由人身关系与财产关系所组成。对于人身关系而言,由于在传统调解机制下,调解员可以观察到纠纷当事人的矛盾症结,因此能够更好地实现调解纠纷的目的。换言之,调解员介入调解程序的程度越高,其对人身关系的修复力越强。但在"数字治理"的模式下,信息技术的介入程度增加,与之相对应的则是由人所介入的程序减少。可见,在线调解机制对人身关系的修复程度不足。

对于财产关系而言,双方是否达成了一致的调解意见,还需要通过司法确认进一步确认,而这需双方当事人的一致同意,这一要求在"数字治理"模式下实现难度较高。由上述可知,"数字治理+多元解纷"模式下的在线调解机制的运行效果并不尽如人意,修复社会关系的能力有所缺失。由诉讼审判思维到矛盾纠纷源头化解思维,再到无讼思维,机制建构者和使用者应当关注到社会思维范式的转变,将纠纷治理的目标回归到修复社会关系本身。

三、"多元解纷+数字治理"模式下在线调解机制的完善进路

现由"多元解纷+数字治理"引领的在线调解机制存在一定的不确定性和不稳定性。前者体现于"多元解纷"今后的发展进路和发展方向上,而后者则表现在在线调解机制的漏洞和瑕疵上。此外,"多元解纷"和"数字治理"相互配合的程度还有提升空间,并且随着在线调解机制的发展壮大,出现了统筹组织程度不足、受技术手段发展的掣肘、欠缺修复社会关系的能力等问题。针对这些现实问题,笔者提出以下几点看法和建议。

（一）以"多元解纷"需求为导向引领"数字治理"发展

当前机制呈现出不同的发展趋势,如创新纠纷治理工具导向、司法行政要求导向等,但最终仍需以"多元解纷"基本需求为导向引领"数字治理"下在线调解机制的发展。这对"数字治理"作用的方式提出了以下几点要求。

1. 垂直化 VS 集中扩散化

传统的司法解决纠纷模式是垂直化管理,具体是指,纠纷问题如不能在本级机构解决,则应逐级上移。而新型"数字治理"的要求则是将纠纷下移,实现基层治理,这便要求线上调解机制要实现逆向的扩散化发展,而非正向的垂直化发展,属于自上而下的纠纷治理变革。许多地方政府都在尝试明确不同治理主体的职能分工和社会责任,希望在确保有效发挥不同治理主体的作用的同时,真正促进治理责任的高度下沉。[1]

2. 扁平化 VS 立体化

调解机制的扁平化有利于缩减建设成本,并且易于管理,但缺点是并不符合"多元化"的纠纷治理需求,不能适应"数字治理"的现实需要。扁平化可以存在于纠纷解决机制中的一个单独部分,但其并不适用于整个在线纠纷调解机制。而立体化则紧扣"多元化"纠纷治理的命题,能够使纠纷在各个阶段得到妥善的处理和解决。然而,立体化也存在较高的管理难度和建构成本,但这种成本是必要的,不仅是大量基础性的财力、物力投入,更多的是在线调解机制探索发展的机会成本。虽然理想的多元化纠纷解决体系在纵向层面应呈现金字塔结构,但从横向层面来看,金字塔的每一层级都应当保持开放性,确保权利救济渠道畅通。[2]

3. 非网格化 VS 网格化

纠纷治理网格化是一个显著的趋势,系对社会治理现实需求的回应,是"多元解纷"题中应有之义。而实现纠纷治理"网格化"需要两方面的准备。一方面需要司法机关的结构符合"网格化"纠纷治理模式,基础司改和综配司改贯通于一体,高度关注所改革的制度之间的衔接与耦合,[3]但相应的综配司改是否有进行"网格化"纠纷治理的改革趋势,组织架构能否适用"多元解纷"模式仍不明确。另一方面则是当前的信息技术手段能否满足"网格化"纠纷治理需求,以信息技术手段为支撑,通过司法智能化,将信息技术成果转化为纠纷治理成果,实现纠纷治理"网格化",落实纠纷基层治理、源头化解。

---

[1] 参见郭风英:《社会组织参与社会治理的责任与困境》,载《云南行政学院学报》2015年第4期。

[2] 参见廖永安、王聪:《我国多元化纠纷解决机制立法论纲——基于地方立法的观察与思考》,载《法治现代化研究》2021年第4期。

[3] 参见杨力:《从基础司改到综配司改:"内卷化"效应纾解》,载《中国法学》2020年第4期。

（二）以"数字治理"手段增强"多元解纷"能力

当前的"多元解纷"能力以"数字治理"的手段为依托，"多元解纷"的最终实现需要通过"数字治理"的成果予以体现和转化，也就是前者在很大程度上取决于信息技术和司法智能化的发展水平。对此，需要以技术手段的提升完善"多元解纷"下的纠纷解决机制。其中提升"数字治理"的表现形式包括提升技术信息能力、完善技术规范能力和革新技术组织能力。

1. 提升技术信息能力

纠纷解决机制中技术信息能力属于最为基础的技术能力，是"数字治理"的基石。技术信息能力主要包括信息技术的处理能力、信息技术的传递能力。信息技术的发展进步需要经过一系列的"技术训练"，只有处理纠纷的规模达到一定程度时，才能对解纷机制进一步进行优化。再者，信息技术的传递能力提升可以使得纠纷被更加有效率地解决，实现当事人信息电子化、案件卷宗信息化、案件证据电子化，最终实现解纷全流程电子化。以湖南省长沙市为例，在长沙市仅有望城区法院初步实现了解纷全流程的电子化，而其他法院更多的还处于"线上+线下"（Online and Offline）相结合的阶段，这充分反映了当前技术信息能力的不足。

2. 完善技术规范能力

随着信息技术的不断发展，"数字治理"必然需要受到一定的规制。"数字治理"的发展需要遵循一定的规律进行，其必须具有一定的技术规范能力，能够进行自我规制，防范风险产生。比如，个别涉及未成年人强奸的案件于裁判文书网上公开，对未成年当事人造成了二次伤害。而调解平台机制也须借由信息技术规范能力的提升来避免此类事件发生，按照既定的信息技术规则指引"多元解纷"机制发展。

3. 革新技术组织能力

传统的技术组织架构并不适用于新型的"数字治理"模式，这便对信息技术、智慧司法组织架构提出新要求。其应具有清晰的组织架构，解纷层级需要实现一一对应，满足"多元化"要求。同时，组织与组织之间应实现良好的信息传递，畅通纠纷传输机制，使纠纷能够在调解机制中得以解决，满足"解纷"需求。

（三）以在线调解规定优化"多元解纷+数字治理"模式

当前仍处于在线纠纷解决机制发展的前中期阶段，与在线纠纷解决机制的完全形态仍具有一定差距。因此,需以在线调解规定的完善优化"多元解纷"与"数字治理"的纠纷解决模式,主要可以从优化纠纷治理结构和提升纠纷治理绩效两个方面着手。

优化纠纷治理结构首先需要进行观念上的转变,正如前文所述,传统的纠纷解决模式是自下而上的,而新型的"数字治理"纠纷解决机制是自上而下的。下位的现实矛盾纠纷作用于上位的纠纷解决规定,而位于上位的纠纷解决规定反作用于现实矛盾纠纷。因此,需要进一步对其进行更为详细的框架性建构,包括公共法律服务体系与多元解纷机制之间的互动、多元解纷跨行政区划联合协调机制等。

提升纠纷治理绩效并不等同于司法行政化,而是以切实地解决矛盾纠纷为本,是解纷成效的具体体现。第一,量化纠纷治理绩效。"多元解纷"是目的,"数字治理"是手段,在线调解规定应从解纷成效可以量化的角度来评价和衡量纠纷治理绩效。再根据纠纷治理绩效进一步地反馈于在线调解机制的完善。人们试图运用现代信息化技术和人工智能技术提升司法的纠纷处理能力、增强司法程序的公开透明度、优化重组司法物理时空资源和要素、实现"接近正义"向"可视正义"的转变。[1] 第二,纠纷治理绩效去政绩化。在线调解的相关规则中,应进一步完善纠纷治理绩效与地方司法人员的政绩相挂钩的规定,按照实际的数据反映在线调解机制的解纷能力,而非采用美化后的数据来吹捧"数字治理"下的在线调解机制,这样既不利于认识客观实际,也不利于机制的改良和优化。第三,以规定完善在线调解衔接机制。以法律规定或指导性意见的形式对"多元解纷+数字治理"的在线调解机制进行框架性建构,实现该机制与其他平台机制的有效衔接,促进政府部门之间的良性互动,以期提升纠纷治理绩效和能力。

(四)加强"多元解纷"与"数字治理"的协同合作

第一,以二者各自的高水平发展促进协同合作。互联网技术的发展打破了调解的时空限制,线上调解和线下调解的二元区分拓展了当事人程序选择的外在空间。[2] 应当采取二分法看待"多元解纷"机制的线上多元与线下多元,即对于线下多元解纷规则的创新和对于线上多元解纷规则的探索,以规

---

[1] 参见马长山:《司法人工智能的重塑效应及其限度》,载《法学研究》2020年第4期。
[2] 参见谢登科:《论在线诉讼中的当事人程序选择权》,载《南开学报(哲学社会科学版)》2022年第1期。

则的顶层设计创新作用于"多元解纷"机制,实现高水平自上而下的发展变革,带动线上解纷与线下解纷两轨并驱。"数字治理"则不同于"多元解纷",其更多依赖于信息技术手段,而数字治理技术的升级更迭,还可以反作用于解纷机制,使后者更能符合"数字治理"的程序合法性和程序正义性,实现由"实体正义"向"数字正义"的拓展延伸。

第二,二者全方位、各领域的机制融合协同合作。"多元解纷"和"数字治理"二者表面上相互独立,但在深层意义上,二者之间彼此交融。具体而言,"多元解纷"属于"数字治理"全局中的一部分,而"数字治理"成效又由"多元解纷"予以具体体现。现实中政府各部门相互"紧拽数据",产生以各自利益为中心的数据分割问题,往往引发大量数据孤岛现象。[1] 因此,需要在全方位、各领域实现机制之间的融合,才能实现"1+1>2"的现实成效。由司法横向维度和司法纵向维度出发,实现由点及面、以点带面的协同合作发展。

---

[1] 参见沈费伟、诸靖文:《数据赋能:数字政府治理的运作机理与创新路径》,载《政治学研究》2021年第1期。

道交纠纷诉调分流的智能化解决路径[*]

高 帆[**]

一、问题的提出

互联网法院、共享法庭、在线调解等新型司法模式的出现,说明我国现阶段的司法制度改革不再局限于寻求"体制内"的完善,而是着眼于生产工具的革新。智慧司法建设或将推动法律行业实现从"手工业"到"蒸汽时代"的蜕变。如何借助智能化手段破除司法信息化建设过程中的顽瘴痼疾,是推进法院现代化的关键所在。[1] 近年来,各地法院为应对"诉讼爆炸"的实践困境,积极探寻调解前置、特邀调解等契合我国本土的诉前调解制度,并取得了一定成效,2021年法院诉前调解成功案件 610.68 万件,同比增长 43.86%。[2] 民事案件诉前"诉—调"分流(以下简称诉调分流)是指法院在民事案件立案前针对不同案件,正确引导当事人选择诉讼或调解程序,实现案件诉前分流的司法程序环节。法院作为一个"多门纠纷解决中心"[3],需要根据案件特

---

[*] 本文系湖南省研究生科研创新项目"法院诉调分流及人案智能匹配原型系统构建逻辑探究"(项目编号:QL20220140)阶段性成果。

[**] 高帆,湘潭大学法学院硕士研究生。

[1] 参见刘艳红:《大数据驱动审判体系与审判能力现代化的创新逻辑及其展开》,载《东南学术》2020 年第 3 期。

[2] 参见《人民法院一站式多元纠纷解决和诉讼服务体系建设(2019-2021)》,载中国法院网 2022 年 2 月 24 日,https://www.chinacourt.org/article/detail/2022/02/id/6543854.shtml。

[3] Frank E. A. Sander, *Alternative Methods of Dispute Resolution: An Overview*, University of Florida Law Review, Vol. 37:1, p. 1-18(1985).

征,提供各类争端解决程序。在实践探索中,以案由[1]作为单一分流标准的做法略显粗疏。一方面,案由是影响案件诉调分流的重要因素,不仅简明扼要地反映了案件性质,且具有较高可操作性。但"一刀切"的方式导致了分流口径过大的问题,一定程度上对当事人的程序选择权造成了妨碍,也为少数利用调解程序恶意拖延诉讼的当事人提供了可乘之机。[2] 另一方面,盲目推荐当事人选择诉前调解程序,容易造成"诉讼迟延",淡化人们交易行为规则化、规范化的意识,并进一步对法律权威造成威胁。[3] 同时,纠纷解决作为一种"利益期待行为"[4],不同的纠纷解决路径所蕴含的双向成本不尽相同,合理利用数字化技术平衡解纷成本和效益,避免在调解程序中采取强制性方案,仍可能是较为明智的选择。

由此,本文以机动车道路交通事故纠纷(以下简称道交纠纷)为例,在解析纠纷诉调分流智能化内在机理的基础上,对道交纠纷历史案件进行解构,圈定案件诉调分流影响要素,构建案件要素库。以要素库为基础,对调解成功及失败的历史案件采取人工标注和正则抽取的方式,探寻各要素间的关联性,精细化数据标签,进行要素赋值搭建分流规则库。在"两库规则"[5]基础上进行系统集成,向当事人智能推荐纠纷化解方式,从而降低化解纠纷的成本和风险,以期构建一种合法、合理、公正、高效的法院诉调分流模式。

---

[1] 2018年江苏省高级人民法院、司法厅发布的《关于开展调解程序前置试点的工作规则》与2021年上海市高级人民法院、司法局发布的《关于探索实行调解程序前置试点的实施办法》规定的调解前置案由与最高人民法院2016年发布的《关于人民法院进一步深化多元化纠纷解决机制改革的意见》及2017年发布的《关于民商事案件繁简分流和调解速裁操作规程(试行)》规定的探索适用调解前置程序的纠纷范围和案件类型基本一致,涵盖了家事纠纷、相邻关系、小额债务、消费者权益保护、交通事故、医疗纠纷、物业管理等涉民生类纠纷。

[2] See John Lande, *Using Dispute System Design Methods to Promote Good-Faith Participation in Court-Connected Mediation Programs*, UCLA Law Review, Vol. 50:69, p. 69-142(2002).

[3] 参见李喜莲:《法院调解优先的冷思考》,载《法律科学(西北政法大学学报)》2010年第2期;[英]理查德·萨斯坎德:《线上法院与未来司法》,何广越译,北京大学出版社2021年版,第22-23页。

[4] 朱景文:《中国诉讼分流的数据分析》,载《中国社会科学》2008年第3期。

[5] "两库规则"在上海市第一中级人民法院开发的繁简分流系统中发挥了显著功效。其构建了包括案由、诉讼请求、标的金额、证据情况、刑罚程度、原审案件权重系数等80余项要素组成的要素库。由审判业务部门和审判管理部门以要素库为基础,形成120余项案件繁简分类规则,其中繁案规则80项,简案规则30项,普案规则11项,并通过分案平台中"规则配置"模块进行增删和修改操作,使平台能在稳定、客观运行的前提下,保持开放完善的状态。

二、诉调分流的价值与空间

(一)诉调分流中的二元价值均衡

民事纠纷的解决存在双重承认的可能,体现着权威与民主的二元价值均衡。诉讼产生的权利声称与调解产生的利益分配,以两条并行之路平衡价值冲突,维护社会秩序,实现社会整合。[1] 对于纠纷解决而言,诉讼程序产生的判决或裁定具有权威性和强制性。国家通过立法机制,预先制定了调整私权关系的基准——私法规范,民事诉讼需以此作为裁判基准来解决纠纷,通过权利声称维护私法秩序,保障司法权威。相对而言,调解程序产生的调解协议则是当事人民主利益分配的结果,在一定程度上能对静态私法秩序所引发的价值冲突起到修复作用,同时又不触及私法秩序本身的完整性。

1. 调解程序中的自治民主

民事诉讼是当事人利用公权力解决私权纠纷的救济途径,而调解则是当事人解决私权纠纷的自治平台。[2] 相对缺乏具体规范指引、本身具有较高任意性的特点使得调解程序成为一种自律秩序,在调解自愿、表达自由、地位平等的前提下,调解可以被视为一种带有浓郁民主色彩和实效功能的纠纷处理方式。[3] 调解程序的启动、运行、输出都需要在当事人民主协商的基础上达成合意。一般而言,调解作为一种纠纷的"暖处理"[4]方式,调解协议的效力等同于一般合同的效力,因此在权威性上有所欠缺。此外,民主一定程度上体现为一种程序选择上的自由,构建和完善多元化纠纷解决路径能实质扩大当事人的程序选择权。[5] 在立案前为当事人提供科学、准确的决策指引是对当事人程序选择权的重要保障。当事人在法定范围内选择诉讼或调解程序时,往往由于获取的解纷信息不充分,而处于一种法院引导下的被动选择状态。与此同时,由于当事人双方信息不对称,具有法律资源优势的一方能利用对程序的熟悉把握,基于双方合意原则拒绝或同意启动调解程序,从而处于程序上的有利地位。例如,认为开庭时胜诉概率较大的一方当事人通

---

[1] 参见张静:《二元整合秩序:一个财产纠纷案的分析》,载《社会学研究》2005年第3期。
[2] 参见李德恩:《民事调解中的当事人自治原理研究》,上海交通大学2011年博士学位论文。
[3] 参见季卫东:《法制与调解的悖论》,载《法学研究》1989年第5期。
[4] David N. Smith, *A Warmer Way of Disputing: Mediation and Conciliation*, American Journal of Comparative Law Supplement, Vol. 26, p. 205-216(1978).
[5] 参见李浩:《民事程序选择权:法理分析与制度完善》,载《中国法学》2007年第6期。

常不会同意调解。[1] 是以，即便立法确立了"诉—调"程序选择权，当事人仍会感觉到选择受阻，而且立法也止步于"引导"这一限定性的手段，因此为当事人智能推荐纠纷解决的较优路径有存在的必要。

2. 诉讼程序中的司法权威

权威可以理解为以威信为基础的效用要求。[2] 国家通过立法机制，预先制定了调整私权关系的私法规范，司法权威根据法律的标准获得并保持着威信。国家公权力保障私法规范的实效性，并维护私法秩序。同时，基于国家立场的公共利益考量，需以司法权威之价值追求为基础，通过政策法律合理限制当事人的意思自治，并鼓励全体国民积极地支持政策法律。但需要注意的是，民事诉讼制度无论是出于纠纷解决或是维护私法秩序的目的，都应回归当事人立场，即民事诉讼程序的启动、路径选择等都应最大程度尊重当事人的意思自治，体现司法民主价值。二元价值均衡下的司法权威问题可以归纳为程序的正义和程序合理性的问题。[3] 现代社会的司法权威是一种制度性权威[4]，程序合理性要求程序规范能够充分发挥其制度性功效，将当事人从令人苦恼的不确定性中解救出来。同时，程序正义的实现，需把散落于个体意向性中的正义诉求规整为集体意向性，并通过程序的合理设计体现此种集体意向性。[5] 对历史诉讼案件进行大数据分析，探寻纠纷解决的优化路径，以实现司法资源的优化配置，是公众集体意向性的法学诠释。

（二）道交纠纷诉调分流智能化的制度空间

2004年《道路交通安全法》颁布后，行政处理不再作为道交纠纷进入诉讼的前置程序，法院道交纠纷案件数量随即迅速增长，在部分基层法院，道交纠纷案件数量甚至占全年受案量的1/3。[6] 近年来，随着互联网经济的高速发展，网约车、代驾、共享单车等新型交通运输模式的出现，导致交通事故发生

---

[1] 参见吴英姿：《法院调解的"复兴"与未来》，载《法制与社会发展》2007年第3期。
[2] 参见[德]米夏埃尔·施蒂尔纳编：《德国民事诉讼法学文萃》，赵秀举译，中国政法大学出版社2005年版，第9页。
[3] 参见季卫东：《程序比较论》，载《比较法研究》1993年第1期。
[4] 参见汪建成、孙远：《论司法的权威与权威的司法》，载《法学评论》2001年第4期。
[5] 参见向玉乔：《社会制度实现分配正义的基本原则及价值维度》，载《中国社会科学》2013年第3期。
[6] 参见杭州市余杭区人民法院课题组、韦英俏、范愉：《保险行业调解机制的实证探析——以余杭法院道路交通事故纠纷"网上数据一体化处理"综合改革为例》，载《中国应用法学》2017年第2期。

率不断上升,纠纷复杂性日益加剧,部分地区交通事故责任纠纷占纠纷总数的比例高达75.78%。[1] 道交纠纷作为直接关系人民群众生命财产安全和社会稳定的重要民生类案件,对其进行诉调智能分流不仅有必要,在可操作性上也存在一定的制度空间。

1. 道交纠纷案件要素较为固定

道交纠纷案件采用"要素式+无纸化"的审理模式,逐渐成为基层人民法院充分释放速裁快审工作效能的新路径。[2] "要素式+无纸化"审判模式,是指对特定案由案件,通过历史数据对该类案件的固定案情要素进行预先提炼,通过立案端的电子设备进行数据转换,实现电子卷宗随案制作;并在案件的审理过程中,归纳各要素存在的争议,围绕争议要素进行审理,简化裁判文书制作,从而实现"无纸快审"的审判模式。在立案阶段,双方当事人通过法院立案平台扫描提交电子证据材料,填写案件要素,除必要的书证原件及无法进行数据转换的物证外,无须另行提供纸质材料。在审理过程中,道路交通事故纠纷所形成的电子卷宗,根据审理进度及时更新,在保证案件数据资料完整性和实时性的同时,同步录入主审法官、合议庭成员和辅助团队对应账号,便于办案人员协同开展审理工作,实现案件材料的线上流转。结案后,相关电子卷宗直接在数据档案系统形成电子档案,并录入庭审音像卷。道路交通事故纠纷所争议的案件要素相对固定,本文通过对道交纠纷判决书进行人工梳理,固定了包括主体要素、诉求要素、责任要素、保险要素、鉴定要素、损失要素、程序要素7大类共计124项道交纠纷案件要素。

2. 道交纠纷部门间数据壁垒小、分流效率高

2017年,最高人民法院联合多部门共同发布《关于在全国部分地区开展道路交通事故损害赔偿纠纷"网上数据一体化处理"改革试点工作的通知》,在全国范围内首先确定了14个省(自治区、直辖市)开展"网上数据一体化处理"试点工作。在积累、总结5年的试点工作经验的基础上,2020年发布《关于在全国推广道路交通事故损害赔偿纠纷"网上数据一体化处理"改革工作的通知》,进一步强化了人民法院与行业协会、调解组织、监管部门、司法鉴定等部门和机构的联动协同,在全国范围内疏通了道交纠纷在部门间的数据壁

---

[1] 参见张清:《交通事故责任纠纷占比超七成》,载《天津日报》2023年5月26日,第6版。
[2] 参见王宝顶:《滨海法院"要素式+无纸化"高效审理道交案件》,载《法治日报》2022年12月28日,第12版。

垒。道交纠纷网上一体化处理平台由人民法院负责建设维护,其他部门协助完成系统对接。除此之外,人民法院负责对适宜调解的案件,积极开展在线调解,进一步完善诉调对接机制,消除部门间的解纷数据壁垒。同时将在线调解、在线司法确认、诉讼转调解纳入人民法院绩效考核机制,并作为审判绩效指标计入工作量,提高纠纷分流效率。多年的改革实践,使得道交纠纷在实践中进行诉调智能分流具备了更加可行的现实条件。

三、分流模式的选择与展开

(一)分流模式的理论争议

调解是在第三方主持下,以法律法规、政策及社会公德为依据,通过对纠纷双方进行斡旋、劝说,促使他们相互谅解,进行协商,自愿消除纷争的活动。[1] 1991年修订的《民事诉讼法》确立了"人民法院审理民事案件,应当根据自愿和合法的原则进行调解;调解不成的,应当及时判决"的调解原则。2003年最高人民法院《关于适用简易程序审理民事案件的若干规定》第14条曾规定了人民法院在开庭审理时应当先行调解的六类民事案件。2012年修正的《民事诉讼法》就先行调解新增一条作为第122条,规定:"当事人起诉到人民法院的民事纠纷,适宜调解的,先行调解,但当事人拒绝调解的除外。"该条文对先行调解适用的案件范围作出了一般性规定,即"适宜调解"的民事纠纷,可以先行调解。根据该条但书的规定,适宜调解的民事案件仍需受到调解自愿原则的约束和限制,即"当事人拒绝调解的除外"。与此同时,并非所有纠纷均适宜通过诉讼解决。现实社会生活中的一些纠纷常常会涉及法律难以调整的领域,这些问题的发生具有一定社会因素和特殊历史背景,这类纠纷并不适合通过诉讼解决。[2] 对适宜诉讼和适宜调解的案件进行识别的逻辑起点就在于,不同类型的纠纷有着不同的解纷需求。[3] 目前来看,对不同类型纠纷进行"适宜调解"判断的规则有机械性和灵活性两种。[4] 我国《民事诉讼法》并没有详细规定哪类纠纷适宜调解,哪类纠纷不适宜调解,而

---

[1] 参见江伟、杨荣新主编:《人民调解学概论》,法律出版社1990年版,第1页。
[2] 参见范愉:《调解的重构(下)——以法院调解的改革为重点》,载《法制与社会发展》2004年第3期。
[3] 参见许少波:《先行调解析论——兼与"调解优先"比较》,载中国民事诉讼法学研究会编:《民事程序法研究》第8辑,厦门大学出版社2012年版,第108-117页。
[4] 参见宋朝武:《对民诉法修正案中调解制度的若干理解》,载《中国审判》2012年第6期。

是赋予了法官较大的自由裁量权,属于灵活性规定。为了避免调解的"滥用",先行调解的适用范围需要在民事诉讼法司法解释中进一步予以明确。[1] 根据纠纷性质,调解的适用范围可分为适宜先行调解的纠纷、不适宜先行调解的纠纷、可以先行调解的纠纷。[2] 在具体的操作层面,对适宜调解的民事纠纷的识别也产生了正向识别(适宜调解)、反向识别(不适宜调解)两种模式。

1. 正向识别模式

正向识别可以根据案件性质、适宜调解的程度对案件分层划分。类型化处理,对于适用"适宜调解"条款,或许是一个可行的方法。[3] 根据不同的案件性质,可以将案件划分为三种类型:一是应当调解的案件;二是由法官自由裁量决定可以调解的案件;三是当事人自愿协商选择调解案件。[4] 此外,可以调解的案件能进一步细分为分流型纠纷与促进型纠纷。[5] 所谓分流型纠纷,是指能够通过诉前调解实现便捷、高效解纷,突出调解前置程序的效率性原则;促进型纠纷,是指纠纷当事人之间有固定或比较固定的社会关系,通过诉前调解,可以使双方当事人之间的对抗性减弱,促进双方当事人关系的恢复和长远维系,有利于纠纷的彻底解决。换言之,此种分类方法强调对适宜调解标准的考察,可以同时从"调解成功率"和"纠纷解决实效"两方面入手。从案件性质上看,适宜调解的案件包括:民事纠纷主体之间有固定或比较固定的社会关系的纠纷;涉及利益较小或较不重要的纠纷;纠纷所涉及的案件事实复杂、证据不足的纠纷适宜通过调解解决。[6] 从具体的案由上看,适宜调解的案件包括家事类纠纷、相邻关系类纠纷、小额债务类纠纷、消费者权益保护类纠纷、交通事故纠纷、劳务纠纷、物业管理类纠纷等案件。[7]

以"案件性质"为标准的类型化判断,也是各国强制调解中较为常见的做法。德国司法实践中将法院受理的财产争议中案件标的额较小的争议、邻地

---

[1] 参见龙飞:《走出"调解"的认识误区》,载《人民法院报》2013年7月12日,第6版。

[2] 参见李浩:《先行调解制度研究》,载《江海学刊》2013年第3期。

[3] 参见冯俊海:《论"适宜调解"条款之把捉》,载《法律适用》2013年第11期。

[4] 参见赵蕾:《先行调解案件的类型化研究》,载《法律适用》2016年第10期。

[5] 参见徐胜萍、梁蕾:《调解前置程序适用的案件范围研究——基于B市基层法院改革试点的调查分析》,载《新疆大学学报(哲学·人文社会科学版)》2022年第2期。

[6] 参见徐胜萍:《适宜人民调解的民事纠纷范围探究》,载《山西大学学报(哲学社会科学版)》2015年第6期。

[7] 参见龙飞:《论多元化纠纷解决机制的衔接问题》,载《中国应用法学》2019年第6期。

争议、个人名誉损害中没有经过媒体、广播报道的争议纳入强制调解的范围之内。[1] 日本则将当事人双方的权利义务关系明确,仅需要作出轻微调整的纠纷、国家公权力不宜介入或尚未纳入法律调整领域的纠纷、其他更适合采取调解的方法来处理的纠纷纳入了强制调停的范围。[2] 以"案件性质"为标准的类型化判断,在实践中具有较高的可操作性,也有利于使操作较为规范且统一。但缺点在于很难对"适宜调解的案件"类型进行精准和统一的界定,不易形成科学全面的类型化标准。

除此之外,类型化的处理还容易导致分流口径过大的问题。如熟人之间的纠纷相比陌生人之间的纠纷、小额纠纷相比大额纠纷适用调解往往更有必要也更易成功。但这并非绝对,起诉到法院的纠纷是否适合调解或许应该采用个案判断而不是类型划分的方法,这才不至于遗漏"适宜调解"的纠纷。[3] 其优点在于法官可全面综合地考虑实施调解的各项因素。而缺点在于:首先,各个法官对案件的理解和执法尺度存在差异,可能造成"同案不同调",法官对自由裁量权的过度拥有可能造成调解"滥用",出现任意性强制调解的情况;其次,个案化判断要求对众多因素进行综合分析,不仅对法官职业素养提出了更高的要求,也增加了程序分流的时间成本。目前看来,正向识别模式对适宜调解的民事纠纷识别得更加精准,也更加符合法律规范的形式逻辑。但识别过程中需要考虑众多因素,可能会造成识别效率低下、识别成本过高的实践困境。

2. 反向识别模式

反向识别模式采用排除法反向列举,即规定哪些案件不宜调解。[4] 通常来说不宜调解的纠纷包括:适用特别程序、督促程序、公示催告程序、破产还债程序的纠纷;婚姻关系、身份关系确认纠纷;被告无法联系的纠纷;涉及国家利益或者公共利益的纠纷;当事人之间存在恶意串通,企图利用虚假调解达到非法目的的纠纷;当事人假借调解恶意拖延诉讼的纠纷;当事人明确

---

[1] 参见章武生、张大海:《论德国的起诉前强制调解制度》,载《法商研究》2004年第6期。
[2] 参见辛国清:《法院附设替代性纠纷解决机制研究》,四川大学2007年博士学位论文,第113页。
[3] 参见李德恩:《先行调解制度重述:时间限定与适用扩张》,载《法学论坛》2015年第2期。
[4] 参见李政:《关于新修订民事诉讼法"先行调解"的若干探讨——以陕西丹凤县法院"诉调对接"为例》,载《甘肃政法学院学报》2013年第1期。

表示拒绝先行调解的纠纷。[1] 反向识别模式在识别效率方面更具优势,也更符合我国诉调分流的逻辑旨归。具体而言:我国法院调解结案率自1991年开始下滑,至2003年到达历史最低点[2],学界开始在一般认识上对过分强调调解进行反省。但在法院主导的职权主义影响下,我国的民事审判方式仍处于"调解型"程序构造模式向"诉讼型"程序构造模式转型的过渡之中。[3] 在此种情形下,当事人的和解、合意是纠纷解决正当性的重要来源之一。在源头预防为先、非诉机制挺前、法院审判在后的大背景下,调解仍是处理纠纷的最主要方式之一。对通过反向识别调解不能、不宜的案件进行及时判决,正确引导当事人选择调解程序化解纠纷,在当前看来仍为可行。但需要警惕反向识别模式下,"不宜调"标准异化为"不可调"标准的危险。"可调性"判断应是"宜调性"判断的基础,但不能直接取代"宜调性"的判断。"可调性"和"宜调性"的判断应作明确区分,不宜混为一谈。

(二)"反向识别"模式的具体展开

1."不可调"标准

在"反向识别"模式中,"不可调"标准可作为分流判断的前置步骤,将显然不适用调解程序的案件,分流至诉讼程序。广义上的"可调性"是指民事案件有可能通过调解解决,案件当事人之间存在"求同存异"的共同意愿,存在利益冲突相对缓和的客观基础、较为清晰的法律关系和相对清楚的案件事实,同时不为法律法规所强制性禁止的合意处分之可能性。[4] 狭义的"可调性"仅指不为法律法规所强制性禁止的合意处分之可能性。最高人民法院《关于适用〈中华人民共和国民事诉讼法〉的解释》采用反向列举式规定了特别程序、督促程序、公示催告程序、婚姻等身份关系确认案件、其他根据案件性质不能进行调解的三类不得适用调解的案件类型。第一类是因程序性质不能调解,特别程序、督促程序、公示催告程序,在程序设计上不存在"双方"相互谅解,进行协商,自愿消除纷争可能;第二类是特定案件类型不能调解,身份关系确认案件不仅涉及当事人双方的私人利益,而且关系到其他人的个

---

[1] 参见梁蕾:《多元化纠纷解决机制中的先行调解制度》,载《山东法官培训学院学报》2018年第3期。
[2] 参见张嘉军:《民事诉讼调解政策研究》,郑州大学出版社2011年版,第150页。
[3] 参见王亚新:《论民事、经济审判方式的改革》,载《中国社会科学》1994年第1期。
[4] 参见赵钢、王杏飞:《我国法院调解制度的新发展——对〈关于人民法院民事调解工作若干问题的规定〉的初步解读》,载《法学评论》2005年第6期。

人利益,甚至会影响到社会秩序和国家公共利益,已经超出了自律秩序的调整范围;第三类是依案件性质不能调解,例如损害国家、集体、第三人合法利益的案件,民事行为无效应当给予追缴的案件等。

2."不宜调"标准

"不宜调"标准的判断是道交纠纷诉调分流的难点所在。我国现行法律规范将"法律关系明确""事实清楚"作为是否适宜调解的宏观判断标准之一,将判断的重点集中于"简案"的识别。但如前文所述,相较于类型划分的判断方法,个案判断的方法对适合调解的纠纷的识别更加精准。但碍于需要在立案前对全案众多要素进行综合分析,大大增加了程序分流的人力和时间成本。随着司法大数据与人工智能技术已逐渐融入自动化司法统计、审判态势分析、司法指数研究、经济社会发展分析等应用场景之中,通过构建基于历史案件数据的分流模型,有望将程序分流从大刀阔斧转为精雕细刻,最大限度保证程序分流的准确性和及时性。

四、智能分流的设计与实现

道交纠纷诉调分流智能化以道交纠纷"要素式+无纸化"的审理模式为基础,结合法律法规、案件卷宗等历史信息,围绕各类纠纷的争议焦点、当事人信息、案件性质及要件事实等构建道交纠纷案件要素库。利用大数据技术进行数据降维,获取影响案件分流到调解或诉讼程序中的支撑要素,并进行要素赋值,搭建道交纠纷诉调分流模型。识别调解不能、不宜案件及时判决。反之,正确引导当事人选择调解程序化解纠纷,避免以"方便群众"之名行"剥夺人民诉权"之实。

(一)分流要素的选择与分析

本文在前期研究构建的 124 项道交纠纷案件要素库的基础上,通过对历史案件数据进行人工标注和正则抽取的方式,开展特征分析工作,为训练道交纠纷诉调分流模型进行前期数据降维。通过特征分析选取对"不宜调"标准影响重要程度排名前 20 的道交纠纷案件要素。具体包括:原告数量、原告是否委托诉讼代理人、被告数量、被告是否委托诉讼代理人、案件标的额、车辆损失、人员损伤、残疾、死亡、被告全责、平等责任、被告主责、原告主责、责任认定存在争议、交强险、商业险、鉴定、先行赔付、逃逸、财产保全共计 20 项,重要性排名如图 19-1 所示。

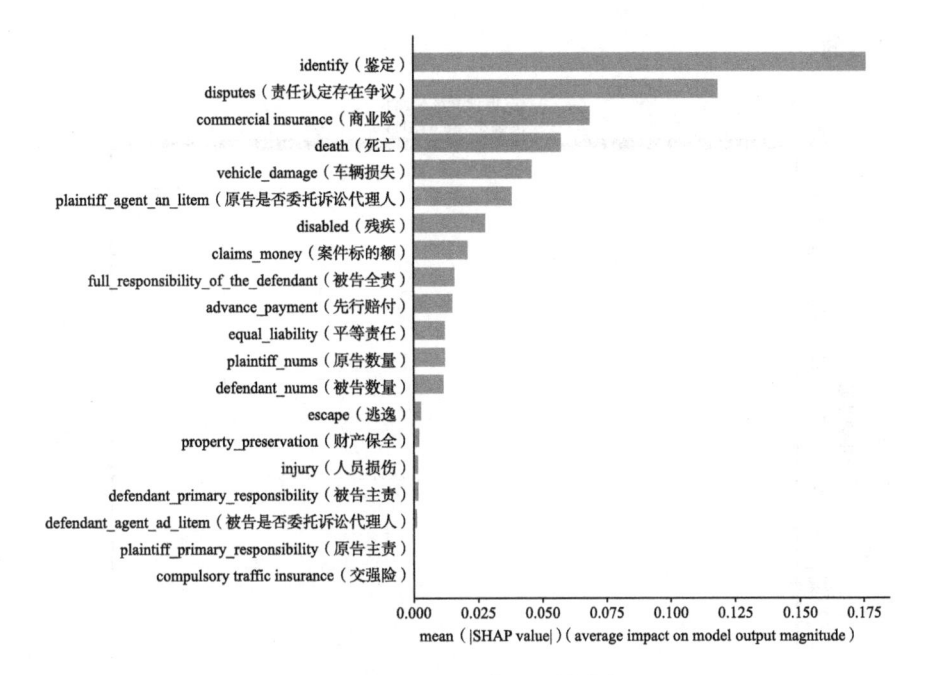

[图表：分流要素重要性排名，横轴为 mean(|SHAP value|)（average impact on model output magnitude），各要素按重要性由高到低排列：]

- identify（鉴定）
- disputes（责任认定存在争议）
- commercial insurance（商业险）
- death（死亡）
- vehicle_damage（车辆损失）
- plaintiff_agent_an_litem（原告是否委托诉讼代理人）
- disabled（残疾）
- claims_money（案件标的额）
- full_responsibility_of_the_defendant（被告全责）
- advance_payment（先行赔付）
- equal_liability（平等责任）
- plaintiff_nums（原告数量）
- defendant_nums（被告数量）
- escape（逃逸）
- property_preservation（财产保全）
- injury（人员损伤）
- defendant_primary_responsibility（被告主责）
- defendant_agent_ad_litem（被告是否委托诉讼代理人）
- plaintiff_primary_responsibility（原告主责）
- compulsory traffic insurance（交强险）

图 19-1　分流要素重要性排名

其中，主体要素 4 项，诉求要素 1 项、责任要素 5 项、保险要素 2 项、鉴定要素 1 项、损失要素 4 项、程序要素 1 项、其他案情要素 2 项。通过特征分析结果大致可知，道交纠纷案件鉴定情况、责任认定情况、损失情况、被告赔付能力对道交纠纷诉调分流产生了重要影响。

（二）分流模型的训练与结果

数据方面，通过设置"调解不成""调解失败"等关键词，本文从 50000 余份道交纠纷判决书中筛选出经历过调解程序并且调解失败的 2000 余份道交纠纷判决书。同时为了保证训练数据的均衡性，本文从公开数据库获取了经过脱敏处理的调解成功的 2000 余份道交纠纷调解书。通过对原始数据进行初步筛选，剔除部分无效数据，最终剩余 1994 份道交纠纷判决书及 1982 份道交纠纷调解书，共计 3976 份研究样本，以 7∶3 的比例划分为分流模型的训练集和测试集。

算法选择方面，本文利用麻雀搜索算法 SSA 优化 LSTM 模型，搭建 SSA-LSTM 神经网络模型，实现多特征输入单特征输出的诉调分流目的。如图 19-2、图 19-3 所示，模型在迭代 30 次后，准确率提高到 85% 以上，虽然模型精准度仍存在较大的提升空间，但已基本实现道交纠纷诉调分流智能化的设计目的。

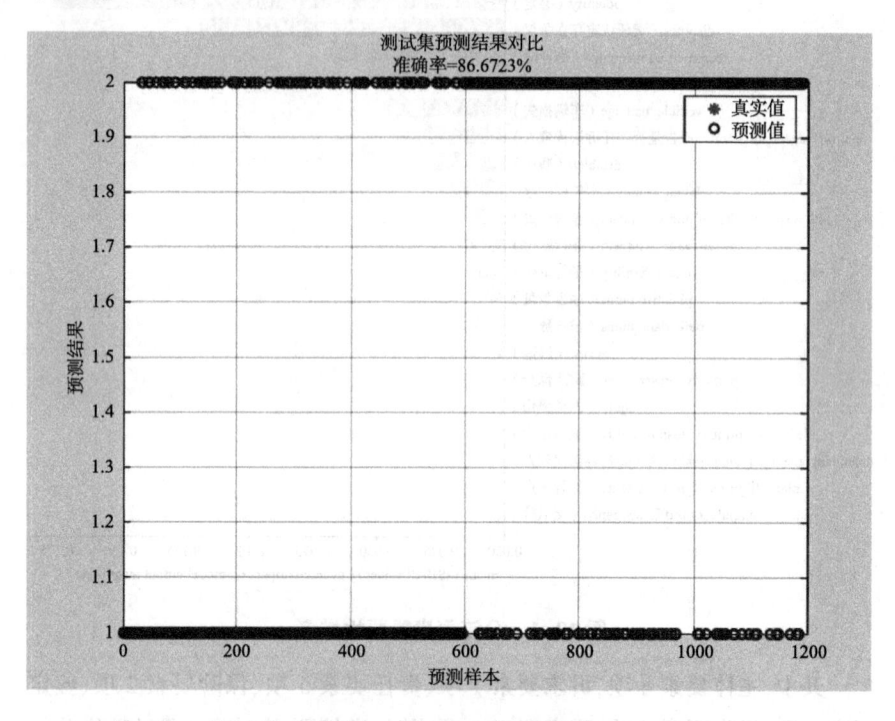

图 19-2 模型测试集准确率

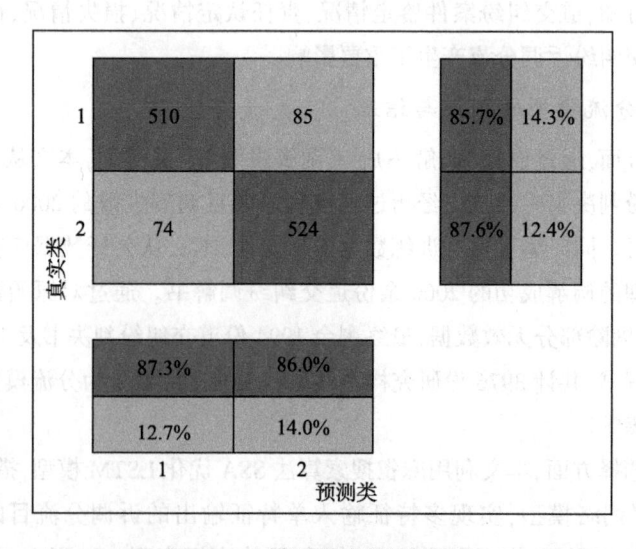

图 19-3 模型测试集混淆矩阵

五、结语

为社会公众提供便捷、高效的"一站式"多元化纠纷解决服务是智慧司法建设的题中应有之义,也是司法为民的重要窗口。道交纠纷诉调分流的智能化是在保障当事人民事程序选择权的前提下,最大限度地优化司法资源配置。当我们鼓励人们勇于拿起法律武器捍卫自己合法权益的同时,也要警惕那些沉溺于索赔、对权利保护过于敏感、过度对抗、冲突和无休止诉讼的不良争讼风气的蔓延。同时,面对当前诉讼爆炸的司法现状,司法改革的进路或许并非只能尽力将纠纷"排除"在法院外解决。或许可利用技术转变法院的工作模式,在纠纷发展的各个阶段,根据纠纷的不同特点,建立相应的纠纷处置措施,既追求"纠纷解决的多元化",也推动法院技术革新。

在线调解的困境分析与对策研究

刘佳欣[*]

随着互联网经济的飞速发展,"数据化、智能化"已经逐渐成为时代标签,司法智能也开始成为"法律搭上时代快车"的重要表现和趋势。为适应时代发展、切实做到提质增效,司法智能进一步延伸至调解领域,在线调解应运而生并蓬勃发展。最高人民法院于2021年12月30日发布《人民法院在线调解规则》(以下简称《规则》),对在线调解活动作出规定,明确了在线调解的范围、组织、程序等内容。《规则》的发布,对于运用司法智能提升调解实效、构建中国特色互联网司法新模式等具有重要意义。之后,最高人民法院及相关部门建立了具有特色的在线多元纠纷解决机制,优化了调解资源的配置,开辟了在线解决多元纠纷的新领域。截至2022年年底,对接人民法院的调解组织达9.6万家、调解员达37.2万名,在线调解纠纷量累计3832万件。[1] 全国在线调解热潮已初步形成,但在线调解作为一种新事物,在运行过程中也开始显现出各类问题。在线调解的智能化实现作为司法建设的重要环节,逐渐被重点关注。

一、在线调解的制度动因

(一)在线调解的应用是提高效率的必要途径

在经济发展日益迅速的今天,纠纷遍布生活的角角落落,作为纠纷化解方式中最为便捷、快速、高效的方式之一,调解的需求量与日俱增。在智能化的时代环境中,调解的在线化也是时代所需,其具备的便捷、高效等特点,使之成为提高司法效率的重要方式。我们应顺应时代发展潮流,抓住全面推进

---

[*] 刘佳欣,山东沂川律师事务所律师,淄博市人民调解专家库成员。
[1] 参见魏哲哲:《人民法院一站式建设成效明显》,载《人民日报》2023年2月16日,第11版。

依法治国的重大战略机遇,运用好信息技术手段释放司法改革活力,提高诉讼效率,维护司法公正。

(二)在线调解的应用是提质增效的应有之义

"迟到的正义非正义",纠纷解决的迟延会产生多种问题,例如当事人对于司法的不信任感、司法丧失权威性等。因此,提质增效成为调解制度建设的重要内容。信息化、网络化提升了信息交流、传递以及存储的路径和方式,极大地节约了调解的时间和经济成本。在线调解作为司法程序与互联网科技深度耦合后的创新产物,既体现了传统调解的原则和价值,又深刻彰显了信息科技高效、便利的特点。换言之,在线调解的运行,在一定程度上极大地提升了我国纠纷解决的质效。例如,身处国外或因其他特殊原因无法出席调解活动的当事人,可以利用互联网络和电子通信设备实现线上提交调解申请、网上审阅资料、委派委托、音视频调解等线上调解行为。

(三)在线调解的应用是优化资源配置的必然要求

在线调解的应用减少了当事人的路程奔波和成本,使纠纷化解更加简易、低廉、迅速,更符合现代社会人们对于经济和效率的追求。当事人能够通过电子化方式参加调解,有利于提高效率,同时也给当事人带来便利。一方面,当事人通过在线的方式参与调解,可以在足不出户的情况下化解纠纷,节省交通费、住宿费和误工费等必要支出。另一方面,现在互联网普及广、价格低廉,实践中许多调解机构已经设立网上申请以及远程调解等平台,当事人可以通过相关电子诉讼平台进行交流,节省往返时间、各类费用等。

综上所述,在线调解已经成为未来纠纷化解的主要模式之一。"一站式"多元解纷的建设作为呼应在线调解发展的重要举措正在不断被完善,2021年《规则》的发布更是对在线调解模式应用的认同和规范,标志着在线调解趋于成熟,网络空间司法治理水平不断提升,中国的在线调解已经迈上了发展的"快车道"。

二、在线调解的制度优势

在线调解是当事人、调解员等主体通过在线平台进行的阶段性或者全流程的调解活动。其之所以开始获得各级单位及大众的关注,首先是因为调解活动的在线化顺应了时代发展。随着科技革命以及公民综合素质的提升,网络开始呈现"人人使用"的爆火情形,大家都在充分享受网络所带来的便利。

据中国互联网络信息中心发布的第49次《中国互联网络发展状况统计报告》显示,截至2021年年底,中国网民规模达10.29亿人。[1] 另外,在线调解本身所具备的顺应时代发展、提质增效、快捷便利、有效避免二次冲突等特征也是其获得关注的重要因素。

(一)符合时代需求

网络及人工智能的快速发展为在线调解夯实了技术基础,网络技术被人们广泛接受并使用。同时,在线调解的适用符合中国特色社会主义法治建设的需求,为司法的透明和公正、促进治理能力和治理水平现代化提供了新的载体。运用在线调解提升纠纷解决实效,是我国社会主义法治进程中提升治理能力和促进治理水平现代化的重要方式。

(二)显著提质增效

从在线调解的效率性来说,目前实践中的在线申请、调解等均提高了调解工作的效率,也为当事人群体节约了极大的时间成本。我们可以通过有效地利用科技资源,满足人们及时、彻底解决纠纷的愿望和需要,从而达到资源的最优配置。资源包括人力、物力、财力、时间等,无论是当事人应该承担的交通等物质成本,还是调解方应该付出的时间等成本,都是调解中不可忽视的因素。而将在线的形式运用进司法活动中,无疑可以节约这些资源。除此之外,在线调解也缓冲了传统调解中调解单位内部在文件管理上所需付出的成本,使得文件的储存和检索都变得更加迅速和精准。不难看出,此种调解模式显著提升了调解活动的效率性。

(三)优化资源配置

一方面,在线调解在申请、查阅材料、调解等方面都可以通过电子设备来进行,让当事人和调解人员减少奔波,缩短案件处理的时间、提高纠纷解决的效率,极大地减轻了基层调解工作者的工作压力,有利于案件的快速办结。另一方面,对于在线调解的内部管理来说,调解全流程的流动和移转有了技术的帮助,大大提高了调解效率,极大地便利了调解员的各项工作操作,这种统一平台的建设节约了办案时间,真正做到"以人民为中心"。另外,对于当事人来说,通过线上能解决一系列的案件问题,不仅减少了诸如交通费用等

---

[1] 参见王灵、杨艳梅:《乡村振兴背景下河南省农村自媒体优化路径研究》,载《河南农业》2022年第33期。

支出,也节约了时间,解决了调解活动所面临的时空难题。

(四)避免二次冲突

传统的线下调解模式中,当事人与调解员共处同一空间内,大多存在激烈的言语争执,有的甚至演化为肢体冲突,容易产生二次矛盾,甚至产生新的纠纷。而在线调解将其中两方甚至三方用网络形式进行"物理隔离",建立当事人的"独处空间",使得当事人可以保持相对平静的情绪,且可以有效避免肢体冲突的产生,更有利于纠纷的实质化解。

三、在线调解的困境分析

任何新事物从诞生到成熟都伴随一定的风险,面临一定的障碍,在线调解也不例外。通过实践考察发现,目前淄博市的在线调解实践,无论是在立法供给方面,还是实际操作方面,均存在亟须解决的问题和亟待克服的难点。

(一)在线调解的实践效果较差

我国地域辽阔,因各地地理位置、气候、经济发展状况等均存在差异,在线调解的发展和应用也呈现出了发展不平衡的局面。在线调解主要依托于智能技术,在我国,东南沿海的经济及技术发展水平远远高于西北部,具备先行发展在线调解的优势。但在线调解目前还未形成全国统一的平台,存在地域范围内共用一个技术团队,甚至个别单位共用一个平台系统的现象。各地技术水平及发展速度无法达到统一,使得当事人难以建立对在线调解平台的信任,不利于在线调解平台的推广及在线调解程序的完善。除经济水平造成的平台发展速度差异外,各地公民的思想认识也存在差异,东南沿海因其地理优势,吸引中青年人才较多,且本身与外界交流便捷,对于新文化、新事物的接受能力也较强,更利于在线调解的推广及使用。

(二)在线调解的立法供给匮乏

现阶段,我国关于在线调解的法律法规并不完善,具体体现在没有关于在线调解的专门法律,仅有地方自行出台了内部工作规定,甚至部分地区没有任何相关规定,涉及在线调解平台中智能化应用部分的规则更是少之又少。《规则》也仅为最高人民法院发布的司法文件,具体规定仍有待细化,在实施方面需要进一步的明确及落实。

(三)在线调解的配套供给不足

第一,在在线纠纷化解的基本要素中,最为核心的就是电子诉讼技术的完善,其不仅是民事电子诉讼运行的物质基础,也是法院与当事人进行信息交流的桥梁。[1] 例如,淄博市各地法院已经着手建立"一站式"多元解纷平台,但不容忽视的是,淄博市各法院在线调解服务平台尚不健全,实践中还存在电子诉讼基础设备配置不完备、软件开发较薄弱、线下调解线上形式化使用等问题。

第二,在线调解的特点决定了其运行需要具备综合素质的人才。目前电子信息技术人才较为匮乏,人才素质达不到在线调解的需求,且人才流失现象较为突出。目前我国的调解队伍偏向老龄化,这意味着其调和能力普遍较强,但计算机应用能力、法学素养等较为欠缺,无法高效使用在线调解平台,无法充分发挥在线调解平台的提质增效作用。另外,对于在线调解的监督一般高度依托于电子技术和信息网络,因此对监督主体的技术性要求极高。如果监督主体技术不足,便难以及时发现并处理在线调解运行中随时出现的问题。尽管目前互联网信息技术高速发展,在线调解也在深入推行过程中,但总的来看,当前熟练掌握互联网信息技术以及专业知识的司法人员以及司法辅助人员还较少,这使得民事电子诉讼的发展囿于人才困境。

第三,目前淄博市各级法院在线调解平台的应用存在形式化的现象。具体是指,在线下完成调解工作后,当事人后续再进入在线调解平台进行视频补录等。以上现象出现的原因除智能化技术仍在探索阶段外,更多的是缺少关于使用在线调解平台的定期培训及推广制度,调解员群体整体年龄偏大,对于智能设备的使用不熟悉,甚至带有抵触情绪,更倾向于采取传统的调解模式。通过定期培训,可以使调解员深度了解在线调解平台,发现其提质增效的作用,增加其使用体验感,让调解员切实感受到在线调解平台对其工作的帮助。另外,还要加强对于在线调解的宣传及推广,让更多的当事人了解在线调解,提高在线调解的大众接受度和参与度。

(四)在线调解的机制衔接不畅

目前在线调解的设计仅为流程性地将传统调解照搬到网络之上,并未建立完善的纠纷调解体系,暂未达到各部门之间的有效衔接。例如,诉前调解

---

[1] 参见王福华:《电子诉讼制度构建的法律基础》,载《法学研究》2016年第6期。

是大多数纠纷都会经历的调解程序,当事人参与诉前调解的意愿不一,产生的结果自然也存在差异,当诉前调解失败时,就需要在诉讼服务平台重新上传案件材料、重新完成立案,而整个流程耗时耗力,缺乏法院内部系统的有效衔接,同时也会降低当事人对司法活动的信任感。

(五)在线调解的宣传推广欠缺

在线调解是互联网构建的虚拟世界与传统调解实践相结合的产物,与生俱来地遗传了互联网"虚拟性"的基因。[1] 如前文所述,在线调解在全国不同地区甚至相同地区的不同单位都有不同的使用平台,对于当事人来说,若在不同地区甚至不同单位存在纠纷,多平台的现象会致使其对于调解活动的真实性及专业性产生不信任感,从而导致司法公信力降低。复杂的操作流程、短信提醒、链接导入等也会激发当事人的排斥心理,从而降低调解员在当事人心中的司法地位,不利于纠纷的解决。

(六)在线调解的情感沟通较难

调解是经过第三方组织或劝导,双方当事人就某些权利义务达成一致的活动,其区别于诉讼的主要特点是更加"温和",甚至可以达到事后仍能维系关系的效果。调解的主要方式为"沟通",传统的调解模式系三方共处于同一时空内,第三方两面劝解,最终达成合意。其中,第三方调解员在传统调解模式下可以通过观察双方当事人情绪、语言表达,确认双方当事人的诉求等,与当事人进行深度沟通,更有利于达到调解所追求的效果。与之相反,在线调解的时空隔绝性可能会起到淡化情感沟通效果的作用,不利于纠纷的实质解决。

四、在线调解困境的对策研究

从宏观层面来看,为充分发挥在线调解制度的功能和效用,一方面,要坚持正确的导向和原则,为在线调解的发展确立正确的方向;另一方面,要从立法层面、实践层面不断丰富我国在线调解的相关法律规范、平台建设,为在线调解的发展提供充足的法律依据及技术支持。除此之外,法律职业共同体也应分工合作、相互配合,共同推动我国在线调解的长远发展。基于在线调解

---

[1] 参见吕宗澄、胡雅丽、郭轩臣:《人工智能背景下在线调解的现状与未来》,载《南华大学学报(社会科学版)》2019年第1期。

实践探索中出现的问题,结合当前最高人民法院发布的《规则》,对于在线调解所面临的困境,提出如下建议。

(一) 完善在线调解的法律规范

在线调解必须落实法律保障,规则之治不仅是中国司法改革和"接近正义"的中国化路径,也是实现纠纷化解能力现代化的进路。[1] 如前文所述,我国关于在线调解的相关立法整体而言尚处于发展阶段,相关法律规范还不够全面。根据目前在线调解的实际需要,需要对之进行专门立法。

1. 制定具有统领作用的高位阶立法

实践考察表明,目前在线调解的诸多环节缺乏明确法律依据。例如,网上申请的当事人真实身份认定问题、调解过程的仪式性和权威性问题,以及调解书的电子送达和执行力的法律缺漏等众多难题,都是目前在线调解发展过程中亟须应对的。对此,可以考虑在《民事诉讼法》中以专章的形式对在线调解相关问题作出明确规定。甚至可以考虑在未来条件成熟时,制定更契合实践需要的在线调解程序法,从而更好地指导在线调解的实践。

2. 细化在线调解的相关规定

目前在线调解的法律规范存在诸多粗陋之处,对于相关规定应当予以细化。

第一,目前最新的《规则》尽管已经规定了在线调解的相关内容,但实践考察表明,很多调解机构对于如何保证当事人的选择权并不清晰,有的法院通过电话询问的方式,有的法院要求当事人作出书面的选择,做法不一,难以保障当事人的程序意思自治真正得以落实。

第二,对于在线调解形成的调解书的送达及执行等问题均缺少相关规定。基于调解的即时性,达成调解意见后不一定当场就可以制作完成调解书,当事人收到调解书的时间可能存在滞后性,因此,调解后送达也是在线调解过程中的重要环节。目前淄博市各级法院在线调解的电子送达主要依托于诉讼送达平台,通过短信等方式进行送达。应在在线调解的相关规范中对其送达方式、执行等问题进行细化,例如明确采取平台送达或者短信送达的送达方式,对于调解书的执行效力在法律规范中予以确认,以保障当事人的相关权益,切实达到化解纠纷的目的。

---

[1] 参见郑维炜:《中国"智慧法院"在线调解机制研究》,载《当代法学》2020 年第 6 期。

因此,目前我国立法对于在线调解的相关规定尚不完善,应对在线调解的相关规定进行细化,如果具备条件,可以进行专门立法以促进民事电子诉讼的发展。

(二)保障当事人的程序选择权

现阶段,在线调解制度较不完善,当事人对于在线调解的认识也较为浅显,无法确保是建立在其理性认知、利弊权衡基础上产生的对于在线调解的自愿选择。在在线调解中,当事人的自愿性可能存在受到侵蚀而不自知的情形,对当事人具有隐性的强制作用。[1] 就当事人程序选择权的自愿性保障而言,应当先向当事人进行情况说明及风险提示,确保其选择使用在线调解是建立在对在线调解进行了全面的风险评估、慎重思考后做出的程序选择,以确保当事人的程序自主选择权。

在线调解所追求和保障的当事人自由选择权不应停留在单流程的初始选择上,而应贯穿于在线调解的全流程。无论是在线申请、委托委派、在线调解、制作调解书等,均应该征求当事人的同意,确保"以人民为中心"贯穿于在线调解的全流程。

在确保当事人全流程的自由选择权的基础上,还应该保障相对应的当事人自由反悔的权利。确保当事人有权在感受到在线调解模式无法达到传统调解模式效果、当事人想要终止调解转为其他救济途径等特殊情况下,可以反悔对在线调解模式的选择,从而确保当事人以更为快速、高效的方式寻求合适的救济途径。

(三)培养专业化、高素质调解人才

网络信息技术带来调解模式的创新和升级,同时也不断影响着法学教育的改革,主要表现之一就是法学教育培养方案的变更。互联网法院及调解一体化平台的建设均离不开技术和法律的双重支撑,因此,法学教育不能只是单一法律专业知识的教育和传承,应当培养法科生的综合素养,包括与法律相关的基本技术能力。从调解队伍来看,在线调解的深入推行,对现有调解工作人员提出了更高的要求和期待。在线调解模式下的调解员不能仅具备调和素养,同时也应当兼备一定互联网络和计算机专业知识,成为综合性的

---

[1] 参见谢登科、张赫:《在线调解的实践困境与未来发展》,载《学术交流》2022年第12期。

调解人才。[1] 由此而言,随着人工智能科技的日益发达,电子信息技术等相关知识应逐渐融入法学教育领域。法学教育应在一定程度上予以调整和改革,即相应增设关于人工智能等领域的系列课程,进而为未来司法智能化建设输入更多的高素质人才。

当前亟须一支技术成熟、实践经验丰富以及数量充足的高素质调解团队。就此而言,应当从如下几个方面入手:首先,提高调解员群体的思想认知,忠于人民、忠于中国共产党,不断贯彻落实习近平新时代中国特色社会主义思想和习近平法治思想;其次,提升调解员群体的技术水平,即强化调解员对互联网络、数字经济、在线调解等新技术、新平台的学习,以此来提升其在互联网调解中的经验和能力;[2]最后,建立培训机制,将互联网等相关知识的培训纳入调解员群体的考核之中,并通过专题讲座、实地调研、异地交流以及建立专门的培训基地等形式不断普及在线调解的知识,从而真正培养一支具有综合技能的专业且正规的在线调解队伍,为在线调解的长远发展奠定充沛的人力基础。

(四)提高在线调解的技术保障

在技术方面,首先,要建立起以全国或者以省为单位的统一在线调解平台,优化调解资源配置,树立起专业化、精细化、高效便捷的良好形象,夯实当事人对于调解制度及在线调解模式的信任。其次,建立较为完善的在线调解平台,注重技术提升与管理。例如调解过程中,要确保网络平台的流畅使用,若出现闪退、卡顿等现象,将不利于当事人的沟通及合意达成。在此情况下,对于在线调解平台的流畅性运行便提出了较高的要求,因此,应注重技术提升与管理,建立完善的应急预案以及技术团队。

除此之外,调解单位内部应当严格贯彻实施专网专用的策略,对平台以及相关数据库进行实时的检验、检测。具体来讲,一方面,应当防止病毒、黑客的入侵,确保在线调解平台的安全;另一方面,对平台和后台数据库不断进行升级和改造,以填补系统漏洞,进而消除安全隐患。调解与一般的诉讼程序不同,调解书一般不会在网上进行公开,同时许多当事人对在线调解平台的私密性有所要求。因此,应尽快建立在线调解平台,并对其技术进行升级

---

[1] 参见王美波:《互联网法院审理电商纠纷的研究》,河北经贸大学2020年硕士学位论文,第27页。
[2] 参见李妍妍:《我国互联网法院运行问题研究》,湖南大学2019年硕士学位论文,第41页。

改造,确保在线调解的正常运行。

(五)增强对在线调解的宣传推广

生活背景不同、受教育程度不同等因素均可能导致社会公众对互联网信息技术的接受程度存在一定的分歧。从年龄来看,年龄较长的公民,囿于知识的局限性,对于新生事物可能具有一定的排斥心理,在接受程度上可能不如年轻一辈;从地域来看,偏远地区的公众对于新技术的理解和接受通常落后于经济发达的地区,同时,硬件设施的落后也会影响新技术的推广;从专业来看,非技术专业的社会公众对于新技术的理解往往是一个长期的、渐进的过程。以上表明,在线调解模式作为新生事物,要想被社会公众广泛接受甚至主动适用,必然是一个非常漫长的过程。因此,应进一步加大普法和推广力度,增强公民的基本法律意识和互联网司法的知识,疏解其对在线活动的排斥心理。

(六)增强在线调解机制的衔接

打破各组织间的沟通壁垒,增强在线调解机制的组织间、程序间的衔接,是真正实现在线调解模式建设目的的重要渠道。可以通过畅通调解部门与法院等各部门间的沟通和联系,真正建立起便捷高效的全流程在线纠纷化解体系。具体来说,可以建立起全部门交流平台,法院等部门接收到当事人的纠纷化解需求后,可以先推荐当事人使用调解的方式解决,若当事人选择使用,可通过交流平台直接转交材料;[1]调解单位也可以将通过调解无法达到纠纷解决效果的案件直接转交给其他有能力解决的部门,以此达到高效处理纠纷、优化资源配置的效果。

五、结语

在这场势不可挡的信息化革命浪潮中,互联网、大数据、云计算等信息通讯技术的迅速崛起对调解活动的渗透和变革已经不可避免。在明确提质增效的工作目标后,应坚持以人民为中心的发展理念,既要不断强化该制度的合法性依据,充分保障当事人的程序选择权,又要以更加积极的态度提升平台建设及调解员队伍建设。同时,还要着眼于在线调解的宣传推广及应用。

---

[1] 参见商鹏俊:《浅议构建在线调解机制——以浙江省淳安县为例》,载《人民调解》2017年第2期。

机动车道路交通事故责任纠纷诉前调解的实践困境与完善路径

——以 H 省 J 市"道交一体化平台"为例

李永春*　邓文浩**

一、背景检视：机动车道路交通事故责任纠纷诉前调解的实践基础

随着经济发展和机动车逐渐普及，机动车道路交通事故责任纠纷数量大大增加。2016 年，全国法院审结一审民事案件 673.8 万件，其中机动车道路交通事故纠纷达 92.2 万件，持续高居第三大类民事案件。[1] 面对法院系统案多人少的困境以及互联网技术的高速发展，2017 年 11 月 28 日最高人民法院联合公安部、司法部、中国银行保险监督管理委员会召开视频工作会议，正式启动在全国 14 个省（自治区、直辖市）开展道交纠纷"网上数据一体化处理"改革试点工作。随后在 2020 年 5 月 6 日，最高人民法院、公安部、司法部、中国银行保险监督管理委员会联合发布《关于在全国推广道路交通事故损害赔偿纠纷"网上数据一体化处理"改革工作的通知》，正式在全国推出了"全国法院道路交通事故纠纷诉前调解平台"（以下简称道交一体化平台）。作为仅针对单一类型纠纷的调解平台，道交一体化平台的设立有其特定的背景。

（一）案件数量较多，占民事案件比例较大

H 省 J 市地处 H 省与 S 省交界，省道与国道交融，交通状况复杂，导致机

---

*　李永春，河南省济源市中级人民法院法官助理。
**　邓文浩，西南政法大学法学院博士研究生。
〔1〕 参见《全国部分地区道路交通事故损害赔偿纠纷"网上数据一体化处理"试点工作新闻发布会》，载最高人民法院网 2017 年 11 月 27 日，https://www.court.gov.cn/zixun/xiangqing/70552.html。

动车道路交通事故责任纠纷数量多。H省J市人民法院2020年一审审结各类民事案件10018件,其中机动车道路交通事故纠纷521件;2021年一审审结各类民事案件10770件,其中机动车道路交通事故纠纷621件;2022年一审审结各类民事案件10349件,其中机动车道路交通事故纠纷491件。根据上述数据能够看出近三年H省J市人民法院审结的机动车道路交通事故纠纷占到当年一审各类民事案件的5%左右。而H省J市人民法院一审民事案件数最多的民间借贷纠纷,近三年的数量占到了当年一审各类民事案件的8%左右。

(二)诉讼主体多样,法律关系复杂

机动车道路交通事故责任纠纷虽然是由侵权引起的纠纷,但实际上并非简单的侵权案件,在实践中会涉及诸多如保险合同、雇佣、挂靠合同、借用、租用合同等多种法律关系。除此之外,在机动车道路交通事故责任纠纷的审理过程中,双方当事人往往会围绕关键的交通事故认定书进行诉辩。特别在《道路安全交通法》实施以后,当事人对公安机关制作的交通事故认定书不能提起行政诉讼,只能要求上一级部门复核。

(三)赔偿责任主体扩张至保险公司

随着交强险制度的实行,保险公司往往会参与机动车道路交通责任纠纷的诉讼中。在2012年最高人民法院《关于审理道路交通事故损害赔偿案件适用法律若干问题的解释》(已被修改)颁布后,涉案车辆商业三者险保险公司也成了机动车道路交通责任纠纷的诉讼主体。[1] 鉴于保险公司拥有较强的风险承担能力与偿付能力,法院多倾向于判决由保险公司承担相应责任。除此之外,在实践中绝大多数保险公司把判决书作为理赔的依据。即使是双方当事人达成了一致意见,也需要以判决的形式确定给付内容。保险公司作为赔偿义务主体,对于参与诉讼后的结果有一定的预判,因此在发生机动车道路交通事故后更倾向于选择调解解决纠纷。

(四)多数案情简单,调解适用率高

大多数机动车道路交通事故经过交警部门的处理,当事人便达成了和解。当然也存在当事人未达成和解而起诉至法院的情况,但是这些案件的案

---

[1] 最高人民法院《关于审理道路交通事故损害赔偿案件适用法律若干问题的解释》第13条规定:"同时投保机动车第三者责任强制保险(以下简称交强险)和第三者责任商业保险(以下简称商业三者险)的机动车发生交通事故造成损害,当事人同时起诉侵权人和保险公司的,人民法院应当依照民法典第一千二百一十三条的规定,确定赔偿责任。被侵权人或者其近亲属请求承保交强险的保险公司优先赔偿精神损害的,人民法院应予支持。"

情相对简单。在机动车道路交通事故责任纠纷案件中,由于诉讼费以及审理周期等因素,当事人往往更倾向于尽快解决纠纷,因而当事人在选择纠纷解决方式时,调解常常成为首选。除此之外,《民法典》的出台及最高人民法院对于道路交通事故责任纠纷出台的相关司法解释,使道路交通事故责任纠纷的赔偿项目和赔偿标准相对统一。当事人在对纠纷进行法律咨询的过程中,对于法院可能的裁判方向已经有了预判,因此在程序选择上并不排斥调解。

二、实证分析:H省J市适用道交一体化平台的现状及价值

(一)H省J市适用道交一体化平台的现状

1.H省J市人民法院适用道交一体化平台诉前调解的现行制度设计

(1)道交一体化平台诉前调解的主体。一方面,H省J市人民法院配置专门调解员驻院调解,提高调解效率。H省J市人民法院通过选聘、引进等多种途径聘用专门调解员,通过规范选聘范围和选聘程序确保调解员的专业性。同时,H省J市人民法院积极探索将部分道交纠纷案件通过道交一体化平台委派给公安交警部门、人民调解委员会等组织进行调解,从而丰富调解人员队伍。另一方面,H省J市人民法院设置专门法官参与诉前调解的协议审核阶段。由于诉前调解并不属于诉讼程序,因此法官并不能够提前参与调解。为此H省J市人民法院配备专门员额法官对双方达成的调解协议进行审核,在审核无误的情况下及时进行司法确认,防止程序再次流转,以最快速度保障当事人的权益。

(2)道交一体化平台的流程。道交一体化平台由最高人民法院建设,设置有六个板块,分别是赔付计算、网上调解、司法确认、网上立案、网上办案和网上理赔。[1] 在发生道路交通事故后,解决纠纷流程遵循"交警定责—信息

---

[1] 道交一体化平台最大优势就是便捷、高效、透明。平台共有6大功能模块:(1)赔付计算。在该模块中,只要输入受害人年龄、户籍、职业、伤情、治疗过程等要素,就可以自动试算出赔偿数额。(2)网上调解。在该模块中,可以申请调解组织进行网上调解,高效快捷,公正专业,并且不需支付任何费用。(3)司法确认。在该模块中,经过网上平台调解成功的案件,可以向人民法院申请司法确认调解协议的效力,若对方不履行协议,则可以直接跳过诉讼阶段申请强制执行。(4)网上立案。在该模块中,对于调解不成功的案件,可以足不出户进行网上立案、缴纳诉讼费、提交证据材料。(5)网上办案。在该模块中,法院可以网上应诉、送达、开庭,免去当事人来回奔波的辛苦。(6)网上理赔。在该模块中,案件处理结束后可以直接在网上一键申请理赔,案款直接打入账户,简易便捷。参见《博爱县法院"道交一体化网络平台"开通啦!》,载澎湃新闻网2020年3月24日,https://www.thepaper.cn/newsDetail_forward_6686868。

机动车道路交通事故责任纠纷诉前调解的实践困境与完善路径

导入平台—在线调解—司法确认—直接起诉"。[1]

(3)H省J市人民法院适用道交一体化平台的规则。虽然H省J市人民法院制定了关于道交一体化平台调解的规则,但是实践中一般还是采用《人民法院在线调解规则》调解案件。

2.H省J市人民法院适用道交一体化平台的诉前调解情况

从数据上看,自道交一体化平台正式上线以来,H省J市人民法院积极对机动车道路交通事故责任纠纷进行案件分流。2020年H省J市人民法院运用道交一体化平台新收以"机动车道路交通事故责任纠纷"为案由的纠纷293件,调解成功84件;2021年H省J市法院运用道交一体化平台新收以"机动车道路交通事故责任纠纷"为案由的纠纷543件,调解成功287件;2022年H省J市人民法院运用道交一体化平台新收以"机动车道路交通事故责任纠纷"为案由的一审诉前调解纠纷数量169件,调解成功100件;2023年1—6月H省J市人民法院运用道交一体化平台新收以"机动车道路交通事故责任纠纷"为案由的一审诉前调解纠纷数量259件,调解成功66件(见图21-1)。

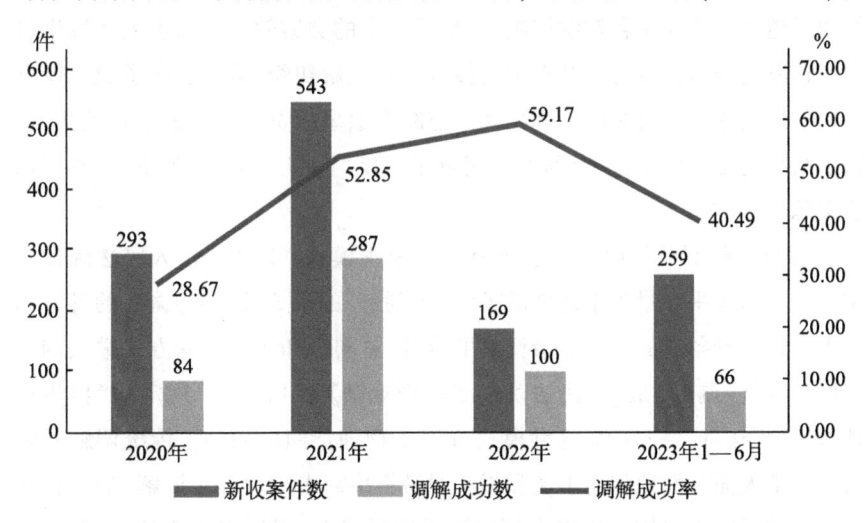

图21-1 道交一体化平台案件情况

(二)H省J市适用道交一体化平台的价值

1.对人民法院的价值

(1)显现人民法院信息化建设成果。人民法院信息化建设在中国司法领

---

[1] 《交通事故纠纷怎么解决?"道交一体化"平台便捷高效还免费!》,载澎湃新闻网,https://m.thepaper.cn/newsDetail_forward_9346919。

313

域的成果显著,特别是道交一体化平台的建设和智慧司法的推进。道交一体化平台为纠纷当事人提供了便捷的服务。当事人可以通过平台查询法律法规,评估案件的胜诉率。对案件的评估不仅能增强当事人的法律意识,而且加深了当事人对案件纠纷的认识。此外,道交一体化平台还能提高法院数据准确性。通过道交一体化平台建设,法院可以更准确地收集和处理数据。以前的数据统计可能依赖于手工报表,容易出现不准确的情况,并且一些重要数据汇总需要很长时间。而现在,大数据应用和信息技术可以提高数据的准确性,为帮助法院更好地了解案件和审判动态,道交一体化平台提供了"立等可取"的便利。[1] 具体是指,可以有助于法院更好地研究案件情况、了解案件纠纷的发展趋势,在此基础上可以帮助其更好地管理资源、优化审判流程,提高效率。

(2)提高平台适用率,节省司法资源。机动车道路交通纠纷案件涉及的不仅仅有法院,还有交警部门,人民法院通过将大量机动车道路交通责任纠纷通过道交一体化平台调解解决,产生了一定的类案效应。当事人在发生机动车道路交通责任纠纷时会自觉选择该平台化解纠纷,从而提高道交一体化平台的适用率。人民法院受理机动车道路交通事故责任纠纷的数量减少,减轻了法官的工作压力,一定程度上缓解了法院"案多人少"的矛盾,节省了司法资源。

(3)创新"异步调解"形式,丰富法院审理模式。H省J市人民法院在适用道交一体化平台过程中还创新了"异步调解"的形式,即参与调解的各方当事人可以根据各自的时间登录调解平台,以非同步和非即时的方式进入调解程序。"异步调解"是《人民法院在线诉讼规则》第14条[2]规定的"异步审理"的拓展延伸。一方面,这种模式打破了物理空间的限制。传统调解通常需要当事人面对面地陈述事实和提出纠纷解决需求,而"异步调解"通过在线平台打破了这种限制。当事人可以远程登录平台,无须亲临法院,从而节省了时间和交通成本。另一方面,这种模式还具备时间上的弹性。允许当事人根据自身的实际情况选择提交解纷需求的时间,这意味着其不再需要按照法院指定的时间进行调解,而是可以根据各方的时间来安排,增加了调解的灵

---

[1] 参见徐隽:《"智慧法院"带来怎样的变革》,载《人民日报》2016年4月9日,第19版。
[2] 《人民法院在线诉讼规则》第14条第1款规定:"人民法院根据当事人选择和案件情况,可以组织当事人开展在线证据交换,通过同步或者非同步方式在线举证、质证。"

活性和便利性。"异步调解"是信息化创新的重要举措,其利用在线平台和技术提高了调解效率和成功率。当事人可以在线提交证据材料和发表质证意见,为那些无法在特定时间出席法庭或者需要更多程序灵活性的当事人提供了一种有效解决争议的方式。

2. 对当事人的价值

适用道交一体化平台解决纠纷可以使得人民法院更加注重人际关系重构,兼顾纠纷解决的实效与效率。随着社会经济的发展,社会结构也发生转型,正在经历由"熟人社会"到"陌生人社会"的转变,但仍保存"熟人社会"的特点。在此背景下,适用道交一体化平台进行诉前调解不仅有利于纠纷的解决,而且有利于营造社会和谐稳定的氛围,更有利于人际关系的重建与治愈。机动车道路交通纠纷案件所产生的后果一般是财产性损失,因此调解程序中当事人之间的对抗性较弱,许多案件在解决时没有试图确定对错或分摊责任,而是专注于重建关系。除此之外,通过道交一体化平台进行调解解决纠纷对当事人而言所产生的成本更低。根据人民法院关于道交一体化平台调解的规定,当事人进行诉前调解的案件不收取费用,调解的期限为30日,与诉讼相比其时间和金钱成本更低。

三、现实困局:机动车道路交通事故责任纠纷诉前调解的实践困境

(一)存在司法引导与司法强制的冲突

调解的适用在我国存在司法引导与司法强制的边界模糊性。一般而言,调解是当事人一致同意才能适用的,属于司法引导的范围。但是离婚案件和在特定情况下人民法院适用简易程序审理的案件,却属于司法强制调解的范围。根据H省J市人民法院的做法,在机动车道路交通事故责任纠纷的分流过程中,几乎将能够适用调解的案件,在进行象征性询问当事人意见后,统一适用道交一体化平台进行调解。

(二)专门调解员及调解组织存在不足

1. 调解人员的经费保障不足

目前H省J市人民法院配置的专门调解员源于第三方公司的劳务派遣,其收入大多源于政府财政核发的固定工资,还有一部分源于司法局的案件补贴。由于专门调解员的薪资较低,且没有绩效考核标准,仅仅靠固定的薪资

并不能够激发其积极性。

2.调解人员专业能力素质不足

H省J市人民法院配置的有的调解人员的素质不高。从人员构成来看，大多源于保险业调解中心，其对于我国现行法律并不熟悉。除此之外，H省J市人民法院所设置的调解人员的准入门槛较低，相关调解人员不需要资格证书以及通过统一的招聘考试。在人员配备上多由了解机动车道路交通事故纠纷的理赔人员且生活经验较为丰富的人担任，法律素养难以保证。因此调解人员在机动车道路交通事故纠纷的调解过程中难免会采取"和稀泥"的方式，使纠纷没有得到彻底解决，最终还得依靠诉讼。

3.人员结构比例存在断层

调解人员是需要办案经验的，从事调解的工作时间越长，处理的调解案件越多，调解经验越丰富，调解纠纷的能力便越强。然而调解员的工资待遇普遍不高，工作内容也十分不稳定，使得部分调解人员从事调解工作的流动性较大。就H省J市而言，参与道交一体化平台的调解人员的年龄处于断层结构，几乎没有新加入的调解人员。即使有新加入的调解人员，由于没有专门培养调解队伍的政策，其往往也会因缺乏调解经验，而无法参与机动车道路交通事故纠纷的调解。由于缺乏专业业务培训，因此在老调解员离职后，往往会在一段时间内出现调解成功率下降等现象。

（三）调解平台的流程规范和标准尚不完善

虽然我国通过《民事诉讼法》和《人民法院在线调解规则》等对调解的流程进行了规范，但是仍有不足。就H省J市人民法院运用道交一体化平台进行调解的现状来看，调解程序存在以下不足：一是送达难。专业调解员在调解机动车道路交通事故责任纠纷时，向当事人送达传票的行为因未进入诉讼阶段，所以当事人拒绝签收或者不按约定前来调解并不产生任何不利的法律后果，因此送达的效果不理想。二是立案衔接不畅。道交一体化平台与诉讼立案之间并没有对接接口，经过调解的案件也不需要形成独立的卷宗，因此机动车道路交通事故责任纠纷在经历诉前调解但没有达成调解协议后，其是否应当进入诉讼程序仍取决于当事人的意思表示，并没有任何规定调解不成功的案件必须在一定时间内转为立案，正式立案前这段时间实际上是法律规定的"真空期"，难免会影响当事人的诉权。三是证据流转不畅。当事人在道交一体化平台进行调解的过程中会上传部分证据，但是这些证据并不能在立案阶段直接被采用。因此,当事人在参与调解过程中并不是很情愿上传证据,致使调解员在认定事实过程中存在认识偏差,可能造成调解失败。

(四)诉前调解与诉前鉴定不兼容

与其他纠纷不同,机动车道路交通事故责任纠纷往往需要进行鉴定,但是道交一体化平台仅具有进行调解的基本功能,而不具有司法鉴定的功能。并且在实践中,如果一方当事人在机动车道路交通事故责任纠纷中提出诉前鉴定的请求,H省S市人民法院将会直接终止诉前调解程序并转为诉讼程序,而这在一定程度上剥夺了当事人的处分权。除此之外,诉前调解也应具有基本的事实认定和法律认定能力,如果没有办法在诉前调解中提出诉前鉴定申请,那么一定程度上会架空我国关于无争议事项记载的规定。同时在调解过程中,双方当事人可能难以对事实认定作出让步,而法律部分又欠缺规范的认定程序,从而形成双方当事人各执一词、久调不决的情况。

(五)数据交换存在壁垒

近年来,最高人民法院动用自身资源参与调解平台的建设,但信息共享的程度不足以支撑调解平台形成良好的生态。一是道交一体化平台在建设上并没有与公安交警实现数据有效对接。公安部门的数据如车辆信息、事故责任认定书等并不能在平台上共享,增加了重复性的事实认定工作,提升了诉前调解的难度。二是法院建设的调解平台间的数据未能实现有效对接。道交一体化平台与人民调解在线平台一样均由人民法院建立,但是两个平台并没有对接渠道,致使两个平台的案件流转步骤繁琐,调解效率出现下滑。

四、路径探寻:机动车道路交通事故责任纠纷诉前调解的完善建议

(一)以调解合意诱导机制探索"强制调解"程序

诉前调解以尊重当事人处分权为本质,人民法院在适用调解过程中往往需要征得当事人的同意。但是当前"调审合一"程序不仅无助于促进调解合意的生成,反而会弱化了当事人生成调解的合意,导致出现调解"诉讼化"的倾向。[1] 在以作出判决为程序基本目的的审判程序中,当事人合意解决纠纷的行为选择存在不确定性。但是由于机动车道路交通事故责任纠纷往往

---

[1] 参见唐力:《诉讼调解合意诱导机制研究》,载《法商研究》2016年第4期。

案情较为简单,事实认定清楚,十分适合适用调解解决纠纷。那么为促使当事人达成合意选择,人民法院可以探索建立基于案件类型化的"强制调解程序",可以仿照离婚案件,将机动车道路交通事故责任纠纷也纳入强制调解的范畴。

(二)完善道交一体化平台的流程和制度建设

1. 规范诉前调解流程管理

应当总结和分析道交纠纷诉前调解机制运行过程中存在的问题和已经取得的成效,不断地丰富道交纠纷诉前调解的规则体系,实现从确认调解、调解期限、鉴定前置、诉调对接、档案管理等全流程操作有法可依。同时,要强化流程管理,尤其加强诉前调解及诉调对接的节点管理,使得调解程序的每一环节环环相扣,紧密衔接,维护当事人的合法权益。

2. 发挥无争议事项记载机制效用

人民法院在使用道交一体化平台进行诉前调解时,应当首先核实当事人的身份信息和诉讼地位,其次按照程序对当事人提交的证据材料进行核查、质证,并将这些证据准确无误地录入道交一体化平台或记录在的调解笔录上。如果该纠纷未能达成调解协议并进入诉讼程序,调解人员可以将查明的事实内容以及双方无争议的证据材料以书面方式记载,并经双方当事人签名盖章后,在法庭上作为证据使用。

(三)激发调解人员和调解组织活力

1. 优化调解人员配置

目前在道交一体化平台进行调解的人员主要是熟知当地保险公司理赔业务的人员和人民调解员。随着我国参与调解的主体数量增加并逐渐多元化,越来越多的调解组织、律师等群体参与诉前调解中。有数据显示,2021年全国法院对接的调解组织和调解员数量分别是2018年的48.27倍和18.46倍。截至2022年年底,全国对接法院的调解组织已达到9.6万家,调解员共37.2万人。[1] 因此,人民法院在处理机动车道路事故责任纠纷时可以尝试增加可选择调解人员的范围。值得特别关注的是律师群体,由于其同时具有法律知识和生活常识,并具有中立化的立场,由其主持调解可以令当事人更

---

[1] 关于2022年全国诉前调解纠纷数量的统计,可参见齐琪、罗沙:《人民法院2022年诉前调解成功案件895万件》,载新华网,http://www.news.cn/legal/2023-02/15/c_1129368156.htm。

为信服,可以起到增加调解适用率的效果。除此之外,可以探索返聘退休法官成为道交一体化平台的调解人员,因退休法官的专业程度更高以及拥有类案裁判经验,其作为调解人员一方面能够让当事人更愿意通过调解解决纠纷以及更加信任道交一体化平台的调解结果,另一方面也能够丰富退休法官的退休选择。

2. 建立健全人员考核机制

对于调解人员应当分别建立专业调解员和兼职调解员的日常考评、年终考评机制,并严格规范考评制度,确保考评的公平公正。对于考评结果为"优秀"的调解员,可以在发放奖金的同时进行表彰,通过提高调解员的收入和调解人员的地位来激发调解人员的积极性。同时由于可能存在调解人员在调解过程中收受当事人财物的情况,故法院应当建立诉前调解的督查制度,对出现相关情况的调解员进行处分,特别严重的应当予以开除。

3. 提高调解员的专业素质和技能

加强公安交警部门与人民法院沟通配合,定期和不定期组织调解员进行业务学习和交流活动,促进机动车道路交通事故责任纠纷调解与司法审判的良性互动。以公安交警部门为业务理论培训的主阵地,同时让调解员担任涉机动车道路交通事故责任的人民陪审员,增强调解员的法律专业性。通过理论学习具体民事案件的审判经验,强化调解员自身的业务水平,提高调解满意度。

(四)探索完善诉前调解中的诉前鉴定程序

机动车道路交通事故责任纠纷可能会涉及财产损失、人员伤残,这些均需鉴定予以确认。目前关于诉前调解过程中进行鉴定的规定仅见于最高人民法院出台的《关于诉前调解中委托鉴定工作规程(试行)》,在鉴定的具体规则上并不明晰。具体而言,选取鉴定机构对接时,法院应当严格审查鉴定机构的资质、专业性、中立性,并在平台建设上预留窗口,便于后续与鉴定机构的对接。当事人通过道交一体化平台进行调解过程中,应当基于共同意思表示选取鉴定机构,由法院直接通过对接窗口向鉴定机构传递材料。此外,应当明确诉前调解中进行鉴定的法律效力。如果当事人通过诉前调解并未化解道交纠纷,经过诉前鉴定产生的鉴定意见在后续诉讼程序中人民法院应当予以认可,当然如果存在重新鉴定的法定情形或者有足以反驳该鉴定意见的情形的除外。

(五)实现数据共享

加强人民法院与各部门间、法院诉讼平台与道交一体化平台间、法院构建的各调解平台间的沟通合作。一方面,要实现"公法对接",即人民法院的道交一体化平台要与公安交警部门的"六合一系统"对接,从而完整获取交通事故的信息、第一时间调取事故责任认定书。另一方面,要实现"内外衔接",即人民法院审判管理系统与道交一体化平台对接,从而实现数据的融合、网上立案、证据材料审查、送达文书信息等全流程、一体化操作。另外,要实现"平台连通",即人民法院建立的道交一体化平台、人民调解平台等各调解平台之间要实现连通,方便人民法院委托调解,更好地让当事人的纠纷化解在诉前。

(六)构建有效评价反馈机制

平台的构建是一个不断反复循环到臻于完善的过程,从解纷效能和创新治理体系出发,到更好地满足人民群众的解纷需求。道交一体化平台刚刚推出,还有诸多问题亟待解决,而这些问题是平台制作者看不到的,只有使用者才能够发现。因此要想使道交一体化平台的功能性、科学性得到切实的保障,则必须构建有效评价反馈机制。[1] 一方面需要注重道交一体化平台使用者评价反馈。使用者不仅包括调解的当事人还包括调解人员,应当将他们的意见作为调解平台机制反馈的主要内容,并将结果及时、不加以处理地反馈给道交一体化平台构建机构,其中可以包括形成性评价、过程性评价、终结性评价。通过这种方式可以更好地使平台建设方了解平台建设过程中的缺陷与不足,并可以针对不足之处采取更加具有针对性的措施。另一方面要引入竞争机制对道交一体化平台进行整体评价。与同类市场上的App的评分一样,我国可以构建一个相对科学的评价体系,对目前建成的各个调解平台进行评价,有助于各平台建设方了解各个调解平台的优点与不足。与此同时,还有利于各调解平台进行横向的比较,从整体上提升调解平台的建设质量。

---

[1] 参见吕宗澄、夏培元:《新时代法院在线调解平台建设现状及优化策略研究》,载《南华大学学报(社会科学版)》2022年第4期。

论"ADR→ODR→ODP"趋势下公证调解的新发展

詹爱萍* 徐德臣**

社会转型发展不可避免地触及利益格局的变化,从而引发矛盾纠纷的高发,且呈现出多层次、复杂化、多样化的特点,故需要多元化的纠纷应对机制。在我国,多元化纠纷解决机制(Alternative Dspute Resolution,ADR)的研究已有 20 年左右的时间。最初,公证并未吸引研究者的目光,只是近年来公证参与司法辅助事务的创新实践取得了显著成效,公证作为纠纷预防和化解的"第一道防线"的价值方才受到应有的注意。而多元化纠纷解决机制本身并非固定、僵化的模式,而是包容、开放的体系,可以根据应对新情况、新问题的需要进行动态调整。近年来,随着互联网技术的极速发展,纠纷也向网络空间延伸,网络纠纷呈现爆发式增长,而传统的 ADR 因面临管辖权争议、判决难以执行、纠纷解决收益与成本冲突等难题而对网络纠纷的解决明显力不从心。为应对网络纠纷爆炸所带来的现实挑战,在线纠纷解决机制(Online Dispute Resolution,ODR)应运而生,"依托于互联网信息技术的普及和成熟,通过中立第三方在虚拟的场所运用电子邮件、社交网络、聊天室、视频会议、网站系统软件等信息技术工具协助当事人解决纠纷,ODR 制度为互联网时代跨国界、跨地区纠纷的处置提供了可能性,让纠纷的处置更具可操作性"。[1]当下,我国正不断强调"法治建设既要抓末端、治已病,更要抓前端、治未病""把非诉讼纠纷解决机制挺在前面",以"事前预防"为核心、以资料记录和数

---

* 詹爱萍,法学博士,一级公证员,深圳市罗湖公证处公证员,深圳市公证协会业务创新与指导委员会主任。
** 徐德臣,法学博士,山东理工大学法学院副教授,硕士研究生导师。
[1] 吴蓉:《从 ADR 到 ODP 看公证在社会治理创新中的作用发挥及自我完善》,载《中国公证》2020 年第 9 期。

据研究为技术手段的在线纠纷预防机制(Online Dispute Prevention, ODP)便聚集了研究者的目光,ODP 的理念就是将纠纷应对的关口前移,"销恶于未萌,弭祸于未形",因此其对纠纷的处置更具有前瞻性、更注重事前预防性。从 ADR 到 ODR 再到 ODP 的发展,已然标志着现代纠纷应对理念已从过去侧重于对既有纠纷的后端消解,转变为现在更加重视对未发争议的源头预防和前端疏导;从依赖传统线下的调解、和解、谈判、行政裁决、行政复议、公证、仲裁等非诉纠纷解决方式,转变为运用现代科技赋能,对各种已发纠纷进行智能化的大数据分析,为现时的纠纷提供可资参考的解决思路,并对未发纠纷进行预测、预防的在线管控模式[1]。纠纷处置理念的时代变迁启示我们,需要在既有的法治体系框架内寻求与此最相契合的制度作为抓手,而公证恰是事前预防性的司法制度,在我国法治体系中居于最前端,是纠纷预防和化解的首要环节,正好与 ODP 的内在要求有着天然的契合性,理当责无旁贷自觉适应 ODP 的需要,发挥过滤风险、预防纠纷的作用,而"与传统公证服务相比,公证调解具备更完整的结构,对矛盾纠纷源头有更优的识别、诊断、治疗手法"[2],其运作机理既有别于传统公证服务,又兼具纠纷预防和化解双重功能,更能全面展示公证的本来价值。因此,公证参与矛盾纠纷多元化解,公证调解乃是最好的发力点。

一、制度概况:公证调解之发展历程

长期以来,公证调解被社会各界所误读,游离于大调解体系的边缘。事实上,公证调解在我国由来已久,并非近年来为适应多元化纠纷解决机制之构建而新生的法律名词,早在 20 世纪 80 年代公证制度恢复重建之初,关于公证调解的理论论证与实践探索便从未停止过,"实践证明,公证机关调解解决合同公证后出现的纠纷的做法是行之有效的。公证机关正是通过这一手段把大量的合同纠纷消灭在萌芽状态,保证了合同的正常履行"[3]。

关于公证调解的正式规定,最早见于 1990 年司法部颁布的《公证程序规

---

[1] See Ethan Katsh, Orna Rabinovich‑Einy, *Digital Justice: Technology and the Internet of Disputes*, 1st edition, Oxford University Press, 2017, p. 51‑52.
[2] 龙飞:《论多元化纠纷解决机制的衔接问题》,载《中国应用法学》2019 年第 6 期。
[3] 张旭生:《试论经济合同公证后出现纠纷的调解解决》,载《政治与法律》1987 年第 3 期。

则(试行)》(已失效)第54条[1],2002年颁布的《公证程序规则》(已失效)也并未修改这一条文;2006年颁布的《公证程序规则》(已被修改)第56条对公证调解的表述则稍有调整[2],对于经调解后当事人达成新协议的情况,将原规定"公证处应给予公证"改成了当事人对于所达成的新协议一并"申请公证的","公证机构可以办理公证",显然更能体现对"当事人意思自治"的尊重,也更加契合"公证调解"之本旨。2020年10月20日修正后的《公证程序规则》仍然保留了该规定。

尽管公证调解有上述依据,但实践中开展却很少。由以上规定可见,"公证调解"从一开始就是被严格界定的,适用的时空维度及事项范围均十分狭隘。这与惯常的认知有关,因为,公证向来以"预防纠纷、减少诉讼"为己任,由《公证法》明确将"当事人之间对申请公证的事项有争议的"列为公证机构不予办理公证的法定情形可知,公证事项"无争议"乃是公证活动遵循的基本原则之一。故在通常情况下,公证不宜介入对业已存在争议的公证事项,只有在满足法定的条件下,公证方可通过调解方式推进纠纷的化解。根据《公证程序规则》,公证调解的条件是:(1)必须是发生纠纷前已经办理过公证的事项,对于此前未经公证的事项所发生的纠纷,公证不宜进行调解;(2)必须是公证事项在履行过程中发生纠纷,继续履行存在困难的;(3)必须经当事人请求而启动公证调解程序,公证机构不得依职权主动介入调解;(4)必须由原先出具公证书的公证机构进行调解。鉴于原出具公证书的公证机构对公证事项的来龙去脉最为了解,所存留的原始证据材料最为完整,分析产生纠纷的症结也更具优势,因此更容易也更有把握进行调解,调解的成功概率也较高[3]。

正是存在上述概念限缩,导致公证调解实践应用的场景极少,亦未能引起社会关注,各界对公证调解的认知与实践均十分欠缺。不论是学术界关于

---

[1]《公证程序规则(试行)》(已失效)第54条规定:"经过公证的事项在履行过程中发生纠纷的,原公证处可应当事人的请求进行调解。经调解后当事人达成新协议的,公证处应给予公证;新达成的协议符合本规则第三十五条规定条件的,公证处应依法赋予强制执行效力。调解不成的,公证处应告知当事人向人民法院起诉或申请仲裁。"

[2] 2006年颁布的《公证程序规则》(已被修改)第56条规定:"经公证的事项在履行过程中发生争议的,出具公证书的公证机构可以应当事人的请求进行调解。经调解后当事人达成新的协议并申请公证的,公证机构可以办理公证;调解不成的,公证机构应当告知当事人就该争议依法向人民法院提起民事诉讼或者向仲裁机构申请仲裁。"

[3] 参见李祖军等:《民事调解规范化研究》,厦门大学出版社2015年版,第189页。

ADR 的研究还是相关政策文件，不论是相关司法解释还是公证业界自身实践，一直未能注意利用"公证调解"独有的兼具多重职能的制度优势，明确将其置于大调解体系之视域范围理解并发挥其纠纷预防和化解方面的突出价值。自 2008 年中央部署"建立诉讼与非诉讼相衔接的矛盾纠纷解决机制改革"以来，多元解纷机制的构建工作在各地逐渐铺开，但无论 2009 年最高人民法院印发的《关于建立健全诉讼与非诉讼相衔接的矛盾纠纷解决机制的若干意见》（以下简称《若干意见》）还是 2014 年党的十八届四中全会决定[1]，抑或是 2015 年 12 月中共中央办公厅、国务院办公厅联合印发的《关于完善矛盾纠纷多元化解机制的意见》[2]，均未明确涉及公证，并未将公证调解明文纳入纠纷解决类型中。这期间，昆明、厦门、成都等地陆续开展司法辅助工作，探索在调解、送达、调查、保全、执行等环节嵌入公证，极大地缓解了法院案多人少的矛盾，构建了诉讼与公证合作对接、协同创新模式。

实践先行，取得了良好成效，也引发了极大的社会反响。学术界开始渐渐将公证调解纳入研究视野，2015 年 6 月出版的由西南政法大学李祖军教授撰写的《民事调解规范化研究》一书，首次在大调解体系框架内对公证调解作了专章论述；接着，2016 年 6 月，最高人民法院印发《关于人民法院进一步深化多元化纠纷解决机制改革的意见》（法发[2016]14 号）（以下简称《多元解纷意见》），在完善诉调对接平台建设方面提出"引入相关调解、仲裁、公证等机构或者组织在诉讼服务中心等部门设立调解工作室、服务窗口"，同时明确"加强与公证机构的对接"[3]并规定了若干对接的路径，公证调解自此正式在司法层面得到了认同与支持，并与诉讼有了对接的渠道。

此后，2017 年 6 月 29 日最高人民法院、司法部联合发布《关于开展公证参与人民法院司法辅助事务试点工作的通知》（司发通[2017]68 号）（以下简

---

[1] 2014 年党的十八届四中全会决定提出，"健全社会矛盾纠纷预防化解机制，完善调解、仲裁、行政裁决、行政复议、诉讼等有机衔接、相互协调的多元化纠纷解决机制"。
[2] 该意见明确纠纷解决类型包括：人民调解、行政调解、司法调解、行业调解、商事调解、仲裁、行政复议与行政裁决、协商、中立评估、第三方调处等多元化的纠纷解决类型。
[3] 《多元解纷意见》第 11 条规定："加强与公证机构的对接。支持公证机构对法律行为、事实和文书依法进行核实和证明，支持公证机构对当事人达成的债权债务合同以及具有给付内容的和解协议、调解协议办理债权文书公证，支持公证机构在送达、取证、保全、执行等环节提供公证法律服务，在家事、商事等领域开展公证活动或者调解服务。依法执行公证债权文书。"

称《司辅试点通知》),推动北京、上海、福建、广东、四川、云南等共12个省(自治区、直辖市)开展试点工作,成效显著,切实缓解了法院"立案难""送达难""执行难"等问题。为进一步推广试点工作的经验做法,在更大范围、更深程度、更高层次上实现公证的非诉职能与法院的诉讼工作有机衔接,最高人民法院、司法部于2019年6月25日联合下发《关于扩大公证参与人民法院司法辅助事务试点工作的通知》,明确将试点工作扩大至全国范围,要求首批试点的12个省(自治区、直辖市)要深入总结试点经验,创造更多新鲜经验,其余省份则明确时间表,在2019年7月底前启动试点工作。据悉,目前全国各地公证参与司法辅助事务试点工作基本上已全面铺开,各地公证参与司法辅助事务的具体项目、服务流程、对接模式等各有不同、各具特色,但大体而言,通过公证调解进行前端疏导、分流案件、化解纠纷几乎都成为司法辅助事务的主导或核心工作。

2019年2月,《人民法院第五个五年改革纲要(2019—2023)》再次强调要深化多元化纠纷解决机制改革,坚持把非诉讼纠纷解决机制挺在前面,推动从源头上减少诉讼增量。之后,司法部于2021年6月印发《关于深化公证体制机制改革促进公证事业健康发展的意见》(司发〔2021〕3号),要求"充分利用公证的预防性司法制度职能作用,积极参与矛盾纠纷多元化解"。为此,各地公证队伍积极响应,多措并举,综合运用公证证明、保全证据、文书送达、清点财产、现场监督、公证提存(资金监管)、公证调解、赋予强制执行效力等制度特色和职能优势,在借鉴参与司法辅助事务的成功经验的基础上,尝试向行政辅助事务、基层社会治理等方面的需求延伸,不断拓展创新服务领域和项目,努力满足新时代对公证服务提出的新需求。

二、纵向分析:公证调解的新变化

自公证参与司法辅助事务试点工作启动,公证调解不断被发掘被刷新,如今已不仅限于司法领域,逐渐涉入行政辅助事务、基层社会治理等领域,服务模式不断被复制被推广,制度价值越来越被认同。在这一过程中,无论在法理论证、制度完善还是在实践创新层面,公证调解都在接受审视、拷问与重塑,学术界、司法界、公证界的认知也都在悄然发生改变。毋庸置疑,经过近年来各地公证机构不拘一格的创新探索发展,公证调解早已脱胎换骨、华丽转身,在调解的职责主体、时空维度、程序规范、案件范围、调解模式、法律效力等各方面都有了新的突破,与最初《公证程序规则(试行)》的规定相去甚远,有着本质不同。

(一)公证调解的职责主体

按照《公证程序规则》的规定,既然被纳入公证调解的事项范围是"经公证的事项",那么,原出具公证书的公证机构即成了当然的调解职责主体,除非当事人心存顾虑要求原承办公证员回避,公证机构需考虑另行指派公证员予以调解外,一般情况下由原承办公证员介入对争议进行调解更加妥适,因为,原承办公证员对于公证事项的争议情况有更加全面的了解,更能精准地抓住争议关键点采取应对之策,也更有助于顺利推进调解进程、提升调解成功概率。

而目前从各地司法辅助事务的公证参与实践来看,基于成本与效益的平衡考虑,公证机构极少指派执业公证员入驻法院专门负责公证调解,基本上都是由公证机构采取签署劳动合同或劳务派遣方式,外聘司法辅助人员,专职专岗负责案件的调解工作。也有部分公证机构与专业的商事调解中心合作,由双方指派工作人员共同对案件进行联动调解。当然,也有的执业公证员,因符合《关于人民法院特邀调解的规定》(以下简称《特邀调解规定》)条件被人民法院吸纳成为特邀调解员,接受委派或者委托进行案件的调解,此时,尽管开展的是特邀调解工作,但因身份、专业与职责特点,很难与公证调解完全割裂。

(二)公证调解的时空维度

《公证程序规则》对于公证调解事项有时空的限制规定,但近年来的公证调解创新实践,早已超越原有的时空维度局限,发展成为全时空、全业务、全覆盖的公证服务新生态。

就时间维度而言,如同前文所述,由于公证调解的事项范围是"经公证的事项在履行过程中发生争议的",也就是说,公证调解仅限于"证后"调解,对于"证前""证中"发生的争议事项,则不属于公证调解范畴。囿于2006年修订《公证程序规则》之时,社会上对于"多元化纠纷解决机制"(ADR)的认知仅限于学术界的有限探讨,实务界尚未普遍关注,公证业界对这一问题认知尚浅,故而延续了过往对于"公证调解"的惯常理解和概念限定,这在当时而言并无不妥,亦无可厚非,只是,以现今发展的视角去回溯,这一规定恰恰成了公证调解自我束缚发展空间、无法释放制度价值的症结所在。

实际上,基于公证参与司法辅助事务的顶层部署与政策支持,近年来各地公证调解以各种方式开展得如火如荼,早已打破最初的框定范围,公证调解事项范围几乎不受时序限制,与争议前是否属于"经公证的事项"无关,业界似乎也不再有"证前""证中""证后"调解的认知分歧。起诉到法院的案件,只要法院认为属于公证调解事项范畴且适宜进行公证调解的,无论此前是否办理过公证,均可交由公证进行调解,公证机构也不可能再以"不符合《公证程序规则》第 56 条规定"为由拒绝受理。

就空间维度而言,传统公证调解的物理空间仅限于现实的实体空间,包括在公证机构进行的现场调解和为便民服务而进行的上门调解,而现今公证调解不仅包括现实的实体空间,而且包括虚拟的网络空间。一方面,现实的实体空间相较过去已大大拓展,除了以往的公证机构现场调解、上门调解外,还包括因参与司法辅助事务入驻人民法院而设置的公证调解室、调解窗口等,因参与行政辅助事务而与公安派出所、街道、社区联动共建的调解中心等;另一方面,得益于现代信息技术的加持,各地公证机构积极开展"互联网+公证"服务,打造在线公证服务平台,公证调解也同样逐步从线下转到线上,被搬到了虚拟的网络空间,基于网络空间的"跨域性""无界性",公证调解的空间维度也得以无限延伸。

(三)公证调解的程序规范

传统公证调解从"申请与受理—审查与核实—审批与出证"到已办理的公证事项在履行中"发生纠纷—申请调解—受理调解—达成调解协议—对调解协议重新申办公证、赋予强制执行效力",整个流程的推进需要遵循《公证程序规则》的规定。现今的公证调解除了原先的"证后"调解业务仍然遵循上述规定外,绝大多数的公证调解业务并无明确的程序规范,调解程序以结果为导向,直接指向"分流案件""化解争议"之目的,侧重实用性、实效性,兼顾"当事人意思自治""不违反公序良俗"等。相比之下,对于调解程序是否严谨、是否严格遵守规范似乎并不那么苛求了,加上现代信息技术在公证调解领域的运用,使之更加呈现出灵活多样、包容开放的特点。

在调解程序的启动方面,既可以延续传统的做法,因当事人"申请"而启动;也可以因人民法院立案前委派或者立案后委托调解而启动;还可以因相关行政职能部门的"授权"或"邀请"而介入调解等。

在调解程序的推进方面,既要遵守诉讼程序,又要遵循公证程序;同时,充分利用现有政策支持带来的行业发展契机,重点围绕公证与诉讼程序如何衔接，公证程序如何科学合理嵌入审判、执行等流程进行探讨研究，明确更加便捷、通畅、有序、高效的工作模式，并细化对接流程环节，做到环环相扣、工作留痕、责任到人。

在调解程序的终结方面，公证调解根据不同的调解结果有不同的程序终结方式：第一，对于传统的因当事人申请而启动的公证调解，依照《公证程序规则》规定的方式结束调解程序，即经调解后当事人达成新的协议但不申请公证的，调解程序自新协议达成即告终结，新协议内容交由当事人自觉履行；经调解达成新的协议并就新协议申请公证的，公证机构可以办理公证，自出具公证书之日，公证调解程序即告终结；公证调解不成的，公证机构应当告知当事人就该争议依法通过诉讼或者仲裁途径解决，公证调解程序即行终结。第二，对于委派公证调解，经调解达成协议当事人未申办公证的，公证机构应当将调解协议送达当事人，并提交人民法院备案，公证调解程序终结，当事人可依《民事诉讼法》《人民调解法》等规定申请司法确认；经调解达成协议当事人申办公证的，公证机构可以办理协议公证，对具有给付内容、债权债务关系明确的调解协议，公证机构还可一并依法赋予强制执行效力，出具公证书之日调解程序终结；委派调解未达成调解协议的，公证机构应当将起诉状等材料移送人民法院，移送之时公证调解程序终结，当事人坚持诉讼的，人民法院应当依法登记立案。第三，对于委托公证调解，经调解达成协议的，公证机构应当将调解协议及相关材料移交人民法院，由人民法院依法制作民事调解书或作相应处理（达成协议后当事人申请撤诉的，人民法院应依法作出裁定），移交之时公证调解程序终结；委托调解未达成调解协议的，公证机构可以经当事人同意后，书面记载调解中各方无争议的事实，并由当事人签字确认，公证调解程序终结，随后转入审判程序审理。

在线上调解程序方面，可以根据公证机构信息化建设程度进行相应选择：既可以"线下调解，线下公证"，部分符合条件的案件也可以"线下调解，线上公证"。

（四）公证调解的案件范围

传统的公证调解，一般以家事类公证事项为主，因为实践中"经公证的事项"能在履行中发生争议的，基本上都是涉及婚姻、继承、析产等事项。《多元解纷意见》中明确"支持公证机构对当事人达成的债权债务合同以及具有给付内容的和解协议、调解协议办理债权文书公证""在家事、商事等领域开展公证活动或者调解服务"。《司辅试点通知》中也指明,进入特邀调解组织名册的"公证机构可以接受人民法院委派或委托在家事、商事等领域开展调解,发挥诉前引导程序性作用、开展调解前置程序改革"。

事实上,就理论而言,公证调解的案件只要属于《公证法》规定的公证事项或公证事务的范畴,均可列入调解的受案范围,不管是已经公证还是未经公证而发生的纠纷。"这主要看纠纷涉及事项或事务是否属于可公证的范围,或者说是否涉及公证机构的业务范围,如果纠纷涉及事项或事务本身是不可公证的,就不宜列入公证调解范围;纠纷事项或事务是可以公证的,则可以列入调解范围。"[1]

各地公证机构在开展公证参与司法辅助事务试点工作中,不断根据实际需求推陈出新,拓展公证调解的领域,丰富公证调解的案件类型,并通过地方性规范文件将公证调解的案件范围具体化、明确化。例如,在安徽,宿迁市中级人民法院、宿迁市司法局、宿迁市律师协会、宿迁市公证员协会、宿迁市破产管理人协会于2020年8月25日联合发布的《公证参与司法辅助事务工作的实施方案》(宿司〔2020〕21号)明确规定:建立公证机构参与诉前(诉中)调解工作机制,在保障当事人诉权的前提下,人民法院可以将离婚析产、子女抚养、老人赡养、遗产继承等家庭纠纷及合同纠纷、知识产权纠纷、交通事故、财物损坏等侵权纠纷通过非诉讼服务平台分流至公证机构进行调解;在山东,威海市中级人民法院、威海市司法局于2020年11月30日联合印发的《关于开展公证参与人民法院司法辅助事务试点工作的实施意见(试行)》(威司发〔2020〕39号)中同样列明了公证调解的案件范围,即征得当事人同意,人民法院可以将家事纠纷、劳动争议纠纷等十三类民商事纠纷案件委派或委托公证机构进行调解。[2]

同时,由于公证是各国普遍承认和通行的法律制度,具有跨境跨域的法律效力,公证文书具有"国际通行证"之誉,是打通不同法域制度壁垒、促进我

---

[1] 陈梅英:《论公证调解的模式、类型及其受案范围》,载《中国公证》2017年第4期。
[2] 《关于开展公证参与人民法院司法辅助事务试点工作的实施意见(试行)》规定:"征得当事人同意,人民法院可以将下列案件委派或委托公证机构进行调解。(1)家事纠纷;(2)劳动争议纠纷;(3)交通事故损害赔偿纠纷;(4)医疗损害赔偿纠纷;(5)消费者权益保护纠纷;(6)宅基地和相邻关系纠纷;(7)土地承包经营权纠纷;(8)建筑物区分所有权纠纷;(9)商品房买卖合同纠纷;(10)数额较小的民间借贷、买卖、借用纠纷;(11)物业、电信服务合同纠纷;(12)水、电、气供用合同纠纷;(13)其他适宜由公证机构调解的民商事纠纷。"

国对外经济文化交流、参与全球治理的重要信用媒介和法治桥梁。故而，公证调解在涉外民商事纠纷领域的作用不可小觑。事实上，早有部分公证机构在参与司法辅助事务中先行试水，开始探索尝试介入涉外民商事案件的公证调解，助力化解涉外婚姻家事纠纷[1]。此外，由于《刑事诉讼法》规定人民法院审理刑事附带民事诉讼案件可以进行调解[2]，实务中有的公证机构也参与了这类案件的辅助调解工作；也有公证机构参与检察院的检察辅助事务，推动"检察+公证"深度融合，涵盖了刑事、民事、行政、公益诉讼四大检察的各项业务，贯穿了线索调查、诉前调解、案件办理、事后处置整个办案流程[3]；亦有公证机构对个案附带民事赔偿所涉及的相关纠纷进行调解的案例。

（五）公证调解的运作模式

传统公证调解的案件源于"经公证的事项"，按规定也是由原"出具公证书的公证机构"应申请进行调解，不允许公证机构依职权主动介入调解。同时，整个调解的运作过程仅得在公证机构内部进行，采取"谁办证、谁调解"的自我循环、自我消化模式，本质上是一种封闭式、内向型的独立调解，基本排除了外部力量的参与和介入。而自公证参与司法辅助事务试点工作开展以来，公证调解由原来单一的"内向型"转变成"内向型"与"外向型"结合并行，除了传统的依然由原出具公证书的公证机构所进行的独立调解外，各地公证机构根据实际需要进行灵活运作，既可以指派本处执业公证员进行调解，也可以外聘辅助人员开展调解，还可以与专业调解机构合作调解，为促成调解成功甚或可以邀请对达成调解协议有帮助的人员参与，调解活动的开展显得开放、多元、包容，没有固定模式。而且，参与调解的领域不同，介入的方式也有差异：在参与司法辅助事务方面，通过接受立案前委派或者立案后委托而介入调解；在参与检察辅助事务方面，对于刑事附带民事诉讼案件，根据个案需要辅助进行调解或跟进监督调解协议的执行；在参与行政辅助事务方面，与公安派出所、街道、社区、其他政府职能部门（如人力资源、教育部门、住建

---

[1]《公证参与跨国离婚案远程视频调解——东阿县公证处创新司法辅助事务新形式》，载澎湃新闻网 2023 年 5 月 30 日，https://www.thepaper.cn/newsDetail_forward_23286692。

[2]《刑事诉讼法》第 103 条规定："人民法院审理附带民事诉讼案件，可以进行调解，或者根据物质损失情况作出判决、裁定。"

[3]《前海检察院与前海公证处举行推进"检察+公证"现代化法律监督模式合作》，载深圳商报/读创，https://baijiahao.baidu.com/s? id = 1759497550771528400&wfr = spider&for = pc，2023 年 9 月 8 日最后访问。

部门等)联动,助力各行业、各领域纠纷争议的调解与执行。

(六)公证调解的效力确认

传统公证调解的法律效力是法定的,根据《公证程序规则》可以看出,经公证调解达成的协议存在三重效力之别:第一,当事人不对调解达成的协议申请公证的,该协议仅具有"民事合同性质"的法律约束力,不具有当然的公证效力,当事人应当依约履行义务,不得擅自变更或者解除调解协议;第二,当事人对调解达成的协议申请办理公证的,经公证机构制作公证书后,当然具备立法赋予公证书的法定效力;第三,经公证调解达成的协议,符合规定的赋强条件的,公证机构可依法赋予强制执行效力。

而基于参与司法辅助事务试点工作而开展的公证调解,其法律效力不仅可以继续由上述"法定"来体现,还可以另行通过"司法确认"来彰显。根据《司辅试点通知》并结合《特邀调解规定》,人民法院通过吸纳公证机构进入特邀调解组织名册,接受委派或委托开展调解工作,其中对于委派调解达成的协议,当事人不申办公证的,亦可依《民事诉讼法》《人民调解法》等规定申请司法确认;对于委托调解达成的调解协议,公证机构应向人民法院提交,由后者审查并制作调解书结案,若协议达成后当事人申请撤诉的,人民法院应依法作出裁定;经调解未达成协议的,公证机构可以经当事人同意书面记载调解中各方不存在争议的事实,并由当事人签字确认,在此后转入的诉讼程序中,当事人就该无争议事实无须再行举证。

三、横向比较:公证调解的突出优势

大调解体系内,相较于司法调解、行政调解、人民调解、行业调解、商事调解及其他具有调解职能的组织所进行的调解而言,公证调解独具多重优势。

(一)公证介入调解的全程化

上述所有调解方式中,唯有"公证调解可以通过动态调整,置于司法诉讼的前、中、后位,与司法制度的运行和司法改革的动作全方位对应"[1]。因为,公证调解与其他调解截然有别,其他调解均为事后介入,只有公证调解可以进行"事前—事中—事后"的全程式介入。也就是说,公证调解事实上是

---

[1]《公证参与调解,矛盾止于诉前》,载微信公众号"天津市渤海公证处"2022年4月29日,https://mp.weixin.qq.com/s/VqpMQchNVqHXrKU3G87Cqw。

一个集事前预防、事中监控和事后解纷于一体,覆盖全业务、全时空、全链条服务在内的综合性的整体概念:事前,通过风险的识别、评估、过滤,排除纠纷隐患;事中,通过实时跟进监督、即时提醒警示的方式,对合同协议的履行进度、履行情况进行同步管控,避免因违约引发争议;事后,通过公证多元职能优势打出"组合拳"贯通权利救济的"第一道防线"和"最后一道防线",助力纠纷解决并落实执行。

(二)公证调解人员的专业化

目前,在众多的调解方式中,唯有公证员和法官职业存在专业方面的要求,必须通过国家统一法律职业资格考试,执业门槛当属最高。而正由于公证员执业门槛较高,属于法律专家,其在调解过程中就能够运用自己的专业知识帮助当事人分析利弊、答疑解惑、提供建议,兼顾"法、理、情",从而更加有助于顺利推进调解进程,增加当事人调解的理性,使之真正做到"心服口服",而不仅限于初层次和浅表性的"情感"劝服。

(三)公证调解空间的无界性

正如前文所述,公证是国际通行的法律制度,具有跨境跨域的法律效力,公证调解也同样凸显出"跨域性""无界性"的优势:一方面,公证调解的事项可以涵盖涉外涉港澳民商事纠纷;另一方面,公证调解可以适应"互联网+"的时代需求拓展到网络空间,打破传统的实体"面对面"调解模式的桎梏,转而采取"背靠背"或在线"面对面"的新型方式进行调解;还有一方面,经公证的调解协议与其他调解协议不同,在效力空间范围上几乎不受限制,它能够打破法域之间的效力界限,不仅在我国领域内普遍有效,而且能够直接在国际上畅通无阻。而通过其他调解方式达成的调解协议,一般情况下只能在我国发生效力,欲在其他国家发生法律效力,则面临效力方面的法域障碍,须借助公证或司法协助或依据国与国之间签订的双边或多边协议或国际条约所规定的对等方式来得到承认和执行。

(四)公证调解手段的多元化

公证独具"证明、沟通、监督、服务"多元职能,公证调解中,可以根据个案综合运用公证证明、尽职调查、保全证据、文书送达、公证提存(资金监管)、公证保管、清点财产、赋予强制执行效力等方式作为特殊的调解辅助手段,不仅能够固定证据事实厘清争议点助力调解顺利进行,而且能够巩固阶段性的调解成果,为其增信强效,防止当事人轻率反悔。

(五)公证调解效力的法定性

根据《特邀调解规定》《民事诉讼法》《人民调解法》等规定,其他调解达成的调解协议,仅具有相当于"民事合同性质"的法律约束力,倚赖当事人自觉履行,调解协议只有经司法确认方才具有强制执行效力。但经公证调解达成的调解协议,不论是因当事人"申请"而启动的公证调解还是受法院委派或委托而进行的公证调解,调解协议的效力大有不同,这在前文已有述及,此处不再赘述。需要强调的是,经公证依法赋予强制执行效力的调解协议,效力被视为等同于"准判决书",可以径直成为人民法院的执行依据,减少诉讼成本,提升司法质效。债务人不履行调解协议的,债权人可以绕过诉讼直接向有管辖权的人民法院申请强制执行,避免费时费力的"讼累"。

另外,在调解未达成协议的情况下,对于"在调解过程中,当事人为达成调解协议作出妥协而认可的事实",根据《特邀调解规定》,不得在诉讼程序中作为对其不利的根据,除非当事人均同意。而根据《司辅试点通知》,公证机构可以经当事人同意书面记载调解过程中各方无争议的事实,由当事人签字确认,并在后续的诉讼程序中作为免于举证的事实。从一定意义上说,这无疑为公证调解的效力加了码,是公证的法定证据效力优势在公证调解中的再体现、再落实。

(六)过错公证调解责任化

在众多的调解形式中,唯有公证在立法上设置了过错赔偿责任制度。也就是说,在公证调解过程中,如因公证员的过错给当事人造成损失的,公证机构应按照《公证法》和《公证程序规则》的规定承担相应的赔偿责任,这也是其他调解方式所没有的。

(七)为其他调解提质增效

公证可以通过接受邀请参与其他调解、综合运用多元职能辅助其他调解等方式为其他调解活动助益增效,成为衔接其他调解制度、固化调解成果、协助调解协议内容落实和执行的有效手段。

首先,公证可以助力其他调解顺利进行。第一,其他调解可以邀请公证机构共同参与,如根据《民事诉讼法》《特邀调解规定》,人民法院进行调解,可以视个案需要邀请公证机构协助[1];特邀调解中亦可根据个案实际需要邀

---

[1]《民事诉讼法》第98条规定:"人民法院进行调解,可以邀请有关单位和个人协助。被邀请的单位和个人,应当协助人民法院进行调解。"

请公证人员参与调解[1];第二,其他调解进行过程中,涉及需要固定证据、保全现状、调查取证、送达文书、信用加持等事务,可以申请公证,由公证机构综合运用公证证明、尽职调查、保全证据、清点财产、公证送达、公证提存(资金监管)等多元职能提供辅助性服务,固定争议当事人在调解前和调解中的法律事实及证据状态,为调解的顺利推进提供切实依据;第三,其他调解达成调解协议的,可以办理公证,符合法定条件的,还可以依法赋予其强制执行效力,为调解协议增加信用、强化效力,提升威慑力和履约率。

其次,其他调解未达成协议而转入诉讼程序的,公证机构可以在诉讼中的调解、取证、送达、保全、执行等环节提供司法辅助工作,推动诉讼活动依法高效顺利进行。"从解决纠纷的角度看,公证书提供的强大证明力无疑可以省去很多纷繁复杂的事实认定程序,使事实认定变得更加精确和快捷,从而大大提高诉讼程序解决纠纷的效率和成功率。"[2]第一,在法院进行的调解中,公证机构可以随时根据纠纷的发展变化需要在诉讼中的任何阶段协助调解,并在协助调解中利用公证的多元职能优势为调解的顺利进展提供证据支持和事实依据。第二,在取证方面,公证机构可以接受委托,就当事人婚姻家庭状况、亲属关系、未成年子女抚养情况、财产状况、相关书面凭证等进行核实和调查取证,并向法院出具取证报告。第三,在送达方面,公证机构可以接受人民法院委托,通过信息技术手段的加持进行电子化集约化送达,参与案件各个阶段各个流程的司法送达事务。第四,在保全方面,公证机构可以协助人民法院核实被保全财产的相关信息和线索;财产保全需要提供担保的,可以协助审查申请保全人或第三人提交的财产保全担保书、保证书等文书资料,对其中的担保内容及证据材料进行核实。第五,在执行方面,公证机构可以参与人民法院执行中的和解、调查、送达工作,协助人民法院收集核实执行线索、查控执行标的,协助清点和保管查封、扣押财物;可以综合运用文书送达、保全证据、清点财产、现场监督(司法拍卖)、代办登记、代为保管、公证提存(资金监管)等辅助手段推进顺利执行。

---

[1] 最高人民法院《特邀调解规定》第17条规定:"特邀调解员应当根据案件具体情况采用适当的方法进行调解,可以提出解决争议的方案建议。特邀调解员为促成当事人达成调解协议,可以邀请对达成调解协议有帮助的人员参与调解。"

[2] 麻荣鸿、庞云龙:《论公证预防及解决纠纷的功能》,载张卫平、齐树洁主编:《司法改革论评:公证制度专辑》第6期,厦门大学出版社2007年版。

四、问题及应对：公证调解之完善路径

诚然，面对多元化纠纷解决机制从"ADR→ODR→ODP"的发展新趋势，公证行业有必要从前端疏导的角度出发，在大调解体系内重新检视公证调解的天然优势，重新定义公证调解的重大价值。近年来的创新实践表明，公证调解的多重制度优势在多元化纠纷解决机制中越来越凸显，也越来越成为"加强矛盾纠纷源头预防、前端化解、关口把控"不可或缺的首要环节，但不得不面对的是，现实存在的一系列问题局限了公证调解优势的进一步发挥，需要寻求较稳妥的应对之策为公证调解的未来发展留足空间。

（一）立法支持

"公证调解"从曾经的无人问津到如今的备受关注，实际上得益于多元纠纷解决路径从后端向前端的重心转移，得益于"ODP"的理念革新。然而，纵观"公证调解"近年来的不断创新与拓展，早已全方位脱离了《公证程序规则》的规定，完全不再是原初的样貌。诚如前文述及，如今的公证调解已完成变身，演化成一个"集事前预防、事中监控和事后解纷于一体""覆盖全业务、全时空、全链条的综合服务"在内的整体性概念，各地公证机构在参与司法辅助事务中也都在不断致力于丰富和延展这一整体性概念的"内涵"，比如，为实现公证对司法辅助事务的全面参与，昆明市明信公证处专门成立司法辅助团队以"全业务"方式承接，并围绕公证调解这一中心工作构建起一整套的综合服务体系，涵盖法律文书送达、纠纷调解、调查取证、财产保全、参与执行等一揽子服务项目。

然而，面对这样的认知扩张和创新突破，立法却未能与时俱进，2020年修正《公证程序规则》时，业界未对"公证调解"给予必要关照。尽管改革政策对此是宽容的、支持的，但仅靠"坚持问题导向，大胆探索创新"的精神引领是不够的。立法规定和现实情况的错位可能会导致公证调解在先行探索实践中的成果遭到质疑，而公证机构却无法自圆其说，仅以"当事人意思自治"作为解释其"野蛮"生长的逻辑，长此以往，可能会损害公证调解自身的制度尊严和信服力。

诚然，根植于现代法治土壤中的多元化纠纷解决机制，本身是包容、开放、可以动态调适的体系，公证调解以其天然的制度优势本应获取更加有利发挥其功能和价值的空间和平台，但目前立法对于公证调解职能主体、事项

范围、程序规范、时空维度、法律效力等方面的不当限制,暴露出视野狭隘的缺憾,这与公证调解应有的价值定位不相匹配。因此,有必要在实践已经先行、理论逐步跟上的情况下,尽快启动相关规章制度的修订完善工作,夯实立法之基,弥合规范与现实之间的"逻辑不自洽"的矛盾,使得公证调解的正当存续和价值发挥获得充分的立法支持。

(二)制度对接

为更好地满足社会多层次多样化的司法需求,近年来的司法供给侧改革不断致力于构建非诉挺前、多元化解、繁简分流的分层递进、衔接配套的一站式解纷路径,以利于充分释放多元解纷与诉讼服务"1+1>2"的体系化效应。

"一站式解纷路径"最核心的问题莫过于多元解纷方式如何与诉讼有效贯通、顺畅衔接。《多元解纷意见》明确提出"加强与公证机构的对接"[1]。2019年7月31日最高人民法院发布的《关于建设一站式多元解纷机制 一站式诉讼服务中心的意见》从"完善诉前多元解纷联动衔接机制""建设类型化专业化调解平台""完善诉调一体对接机制"等方面提出了十多项工作措施。最高人民法院《关于深化人民法院一站式多元解纷机制建设推动矛盾纠纷源头化解的实施意见》(法发〔2021〕25号)也提出"拓宽与政府部门对接途径,加大与人民调解、行业专业调解、行政调解、律师调解、仲裁、公证等衔接""完善诉讼与非诉讼实质性对接机制"等,强调依托法院调解平台强化非诉与诉讼之间在平台、机制、人员和保障等方面的具体对接。就公证调解而言,衔接机制主要包括主体、程序、效力确认以及执行等方面。由于缺乏统一规范的操作流程和衔接机制,各地操作五花八门,不一而足。

第一,主体衔接。主要是公证机构参与的调解中,如果一个案件存在两个以上的调解职能主体,不同职能主体有不同的职责内容、受不同的职责规范限制,相互之间即存在一种协调、顺承关系,需要彼此协同配合、互助互促。例如,在公安机关、检察机关和人民法院等依法调解相关纠纷案件过程中,邀请公证机构及公证员共同参与调解、化解矛盾纠纷,就存在互联互动、共融共

---

[1]《多元解纷意见》第11条规定:"加强与公证机构的对接。支持公证机构对法律行为、事实和文书依法进行核实和证明,支持公证机构对当事人达成的债权债务合同以及具有给付内容的和解协议、调解协议办理债权文书公证,支持公证机构在送达、取证、保全、执行等环节提供公证法律服务,在家事、商事等领域开展公证活动或者调解服务。依法执行公证债权文书。"

促的问题。

第二,程序衔接。主要是指从一种解纷方式向另一种解纷方式过渡、转接所需要的程序衔接,既包括非诉途径之间的衔接,也包括诉讼与非诉途径之间的衔接。而作为正在处理纠纷的职能主体,需要在制度或法律依据上告知当事人救济路径[1],才能有利于不同解纷方式之间更好更顺地对接。

第三,效力衔接。关于调解协议的效力衔接的规定具体体现在:《人民调解法》规定了人民调解协议的司法确认程序;同时,根据《公证法》《多元解纷意见》等规定,对于具有给付内容的符合法定条件的和解协议、调解协议,当事人可以向公证机构申请办理债权文书公证,由公证机构办理协议公证并赋予强制执行效力。但是,需要注意的是,根据《特邀调解规定》,委派调解达成的协议,当事人可依《民事诉讼法》《人民调解法》等规定申请司法确认。而《民事诉讼法》《人民调解法》仅规定了人民调解协议可以申请司法确认。换言之,司法确认范围仅限于人民调解协议,而事实上,多元解纷改革的丰富实践早已经突破了现行法律的字面理解,倘若仍将司法确认范围严格限定于人民调解协议,势必影响当事人对多元化调解方式的自主选择,限缩立案登记与多元解纷的衔接渠道,制约多元调解功能,削弱纠纷分流实效。[2] 最高人民法院也已在《若干意见》中对此作了延展性解读,明确将其他调解达成的协议纳入可以申请司法确认的范畴。[3]

另外,在调解协议效力的跨境跨域衔接方面,对于涉外及涉港澳台的纠纷,经调解达成调解协议的,可通过公证或司法协助或根据所签署的双边条约、多边条约规定的对等条件进行互认与执行。但实践中,这方面的衔接工作仍显薄弱、难以推进,不利于法治化营商环境的营造,故各地政府也开始关注这一问题并不断寻求有效、可行的应对举措。如2023年8月发布的《深圳市优化法治化营商环境工作方案(2023—2025年)》即强调"推进域内外规则衔接和机制对接""完善矛盾纠纷调处机制"等,并明确要求"推进深港澳规则

---

[1] 如《人民调解法》第18条规定:"基层人民法院、公安机关对适宜通过人民调解方式解决的纠纷,可以在受理前告知当事人向人民调解委员会申请调解。"《人民调解法》第32条规定:"经人民调解委员会调解达成调解协议后,当事人之间就调解协议的履行或者调解协议的内容发生争议的,一方当事人可以向人民法院提起诉讼。"
[2] 参见龙飞:《论多元化纠纷解决机制的衔接问题》,载《中国应用法学》2019年第6期。
[3] 《若干意见》第20条第1句明确规定:"经行政机关、人民调解组织、商事调解组织、行业调解组织或者其他具有调解职能的组织调解达成的具有民事合同性质的协议,经调解组织和调解员签字盖章后,当事人可以申请有管辖权的人民法院确认其效力。"

衔接,完善内地与港澳诉讼调解对接、调解协议互认执行机制"。

第四,执行衔接。《司辅试点通知》中关于公证参与执行的范围规定略显偏窄,实务中,许多公证机构在司法辅助事务中,都已综合运用保全证据、清点财产、现场监督(司法拍卖)、代办登记、代为保管、公证提存(资金监管)等手段助力推进执行程序;也有公证机构在参与行政辅助事务中,协助行政执法,参与查封扣押财产、强制拆除等直接涉及生命健康、重大财产权益的现场执法活动,参与留置送达、公告送达以及实施国有土地、房屋征收等容易引发争议的行政执法活动等。[1]

(三)技术赋能

从目前各地公证参与司法辅助事务试点工作来看,其涉足的领域有宽有窄,有的是借助信息技术的加持全面参与,有的依然是传统的线下作业;同时,各地为此进行的信息化建设程度也参差不齐,技术手段支持也有强有弱,发展极不平衡。

尽管如此,不可阻挡的是"互联网+"的时代发展和"ODP"的理念革新,都要求推广现代信息技术在多元化纠纷解决中的运用。通过技术赋能,创新在线纠纷解决方式,推动建立融合在线分案、在线调解、在线立案、在线司法确认、在线审判、电子督促程序、电子送达等全流程的集约化、一体化的信息管理平台;第一,对诉至法院的案件进行在线导流,对适宜调解的案件引导当事人选择非诉方式解决纠纷;第二,开展在线委派或委托调解,在线推送各类调解组织或者调解员,并跟进追踪调解进展情况,提供"菜单式"调解服务;第三,开展在线"面对面"或"背靠背"式远程视频调解;第四,办理司法确认案件或推送办理调解协议公证并依法赋予债权文书强制执行效力;第五,对特邀调解组织、特邀调解员名册进行在线管理,对在线诉调对接调解资源库进行资源优化整合,进一步充实特邀调解资源库,吸纳更多优秀的、符合条件的人

---

[1]《广东省公证协会关于公证参与行政执法事务的办证指引》第4条规定:"行政执法主体可以就以下执法活动申请公证:(1)查封扣押财产、强制拆除等直接涉及生命健康、重大财产权益的现场执法活动。(2)留置送达、公告送达等容易引发争议的行政执法活动。(3)实施国有土地、房屋征收的执法全过程或者部分过程。其中,国有土地、房屋征收前,可以申请对国有土地、房屋的现状,国有土地、房屋的测绘行为,物品清点行为等办理证据保全公证。(4)其他现场检查、调查取证、证据保全、举行听证、强制执行等行政执法活动,行政执法主体认为存在执法风险的。(5)其他公证机构认为符合保全证据公证条件的行政执法现场和活动。"

民调解员、法学专家、退休法律工作者、行业性专业性调解组织、律师、公证员等进入特邀调解名册,扩大调解队伍的涵盖范围,尤其邀请具有涉外资格、经验丰富的公证员参与涉外及涉港澳台民商事案件的调解,指引并对接相关调解协议的公证、认证手续;第六,加强对调解工作的在线指导和协调,推动诉讼与非诉解纷方式在路径切换、程序安排、效力确认、救济指引等方面的有机衔接;第七,健全人民调解、司法调解、行政调解、商事调解、行业调解、公证调解等调解类型的联动工作体系和信息共享机制;第八,加快与其他相关平台的数据共享和系统对接,创新全时空、全流程、全链条在线源头治理模式,实现"一站式"预防化解纠纷。

简言之,在"ODP"理念指引下构建的大调解体系,需要各方调解力量积极运用大数据、人工智能等信息化手段,实现纠纷预防及化解工作数据化、类型化、可视化,并确保每一流程信息数据安全合规,打造全程可留痕、可核查、可管控、可追溯的闭环工作机制,由此实现纠纷争议的案件预判、疏导分流、信息共享、资源整合、数据分析等全方位功能,促进多元化纠纷解决机制的信息化发展。

(四)经费保障

就各地公证机构参与司法辅助工作的现状而言,基本上体现了"公益性""非营利"。为加强司法辅助事务的工作保障,各地公证机构积极投入,收效显著但收益甚微,除个别公证机构略有盈余外,大多公证机构是亏本运作或处于收支平衡点,处于难以为继的窘境。从人才培养、设备更新以及社会宣传等多角度来看,各公证机构在纠纷源头预防和多元化解的工作中投入了诸多人、财、物,但其能争取到的财政经费支持极其有限,无法保障该项工作的可持续推进,也在一定程度上挫伤了公证机构的积极性。

事实上,在公证参与司法辅助事务的经费保障方面,《多元解纷意见》早已明确各级人民法院要主动争取支持,"将纠纷解决经费纳入财政专项预算,积极探索以购买服务等方式将纠纷解决委托给社会力量承担"。《司辅试点通知》也要求试点地方各级人民法院、司法行政机关争取党委政法委、财政等部门的支持配合,"采取政府购买服务等方式"引入公证参与司法辅助试点工作,为公证机构提供必要的经费、场地、设施等保障。

在公证参与行政辅助事务方面,司法部、财政部共同发布的《关于建立健全政府购买法律服务机制的意见》(司发通〔2020〕72号)也同样已经明确将

"政府向社会公众提供的公共法律服务""政府履职所需辅助性法律服务"等依法纳入政府购买服务指导性目录,其中列举了"公益性公证""为行政活动办理合同证明、权利确认、保全证据、现场监督等公证"。

总之,在参与司法辅助事务、行政辅助事务方面,各公证机构需要通盘考虑"ADR→ODR→ODP"的时代发展趋势,立足长远视角,厚植发展根基,主动采取有效措施走出目前的发展"瓶颈"。不仅要用好用足公证自身的制度优势大胆开拓创新,拓宽业务领域、深挖业务资源并做精做强,同时也要用活用实上述经费政策,加快内外双向沟通协调工作,研究解决有关政策如何更好落地实施的问题,在获得充足的经费保障支持后可通过招才引智汇聚优质资源,撬动行业整体的高质量发展,为多元解纷贡献更强大的公证力量。

第五编
调解的国际化发展

《新加坡调解公约》下我国商事调解制度的完善

李 娟[*]

意思自治原则是纠纷解决中的一项基本原则,可以体现在纠纷解决方式的选择上。在选择国际商事纠纷的解决方式时,国际社会一直想在尊重当事人意思自治的基础上协调各国的制度差异,以此构建一套成熟的跨境执行体系。2018年联合国大会决议通过了《联合国关于调解所产生的国际和解协议公约》,亦被称为《新加坡调解公约》。截至2024年3月24日,共有56个国家签署了该公约。我国作为《新加坡调解公约》的首批签署国,在《新加坡调解公约》起草和谈判的全过程中都贡献出了中国的智慧与力量。至今,《新加坡调解公约》已经正式生效,我国批准《新加坡调解公约》也指日可待。然而,在司法实践中,在实现《新加坡调解公约》与我国商事调解制度的衔接过程中,我国仍旧存在许多需要解决的现实问题。

一、《新加坡调解公约》概况

在国际社会中,通过调解程序作出的和解协议,存在执行难的司法难题。这一问题严重阻碍了国际商事调解制度的发展。而《新加坡调解公约》的颁布为解决这一难题提供了依据,可以在促进国际商业贸易发展的同时,提高调解在国际商事纠纷解决制度中的地位。

(一)《新加坡调解公约》的适用范围

根据《新加坡调解公约》第1条和第2条的规定,适用《新加坡调解公约》需要满足如下四个条件:第一,争议须为国际商事纠纷;第二,和解协议的产生须有第三方调解员的介入;第三,和解协议的作出主体并非法院或者仲裁

---

[*] 李娟,湘潭大学法学院博士研究生。

机构;第四,和解协议必须为书面形式。

首先,在具体适用范围上,虽然《新加坡调解公约》明确将因个人或家庭消费产生的争议,或者因家庭法、继承法、劳动法而产生的和解协议排除在了适用范围之外,但其却并未对"商事争议"进行精确定义。故笔者认为,除了上述排除事由,一般性的国际商事争议均可适用《新加坡调解公约》。国际社会上存在利用"虚假调解"损害其他商事主体利益的行为,该行为不仅违反了诚实信用原则,在实质意义上不属于纠纷或者争议,同时该行为也违反了《新加坡调解公约》的相关规定,不属于《新加坡调解公约》的适用范围。所谓"国际性"是指和解协议至少有两方当事人在不同国家设有营业地,或者和解协议各方当事人设有营业地的国家不是和解协议所规定的"相当一部分义务履行地所在国"或"与和解协议所设事项关系最密切的国家"。[1]《新加坡调解公约》把"营业""义务履行地"等作为判断和解协议是否符合"国际性"的标准,以之来判断和解协议是否具有"国际性",这一规定扩大了《新加坡调解公约》的适用范围,有利于和解协议的顺利执行。

其次,《新加坡调解公约》规定,调解必须由第三方调解员进行调解。此规定将和解协议与一般的商业合同进行了区分,双方当事人自行达成的和解协议,在性质上只能属于一般的商业合同,并不属于《新加坡调解公约》规定的和解协议。那么调解机构是否属于国际商事调解的主体呢?笔者认为《新加坡调解公约》适用的主体既包括个人亦包括机构,因为调解员在国际商事调解中处于中心地位,机构亦是由调解员组成,所以《新加坡调解公约》没有将相关机构排除在适用主体之外。同时,《新加坡调解公约》将法院和仲裁机构在司法程序或者仲裁程序中作出的和解协议排除在适用范围外,此规定有利于对诉讼、仲裁以及调解进行区分,以免出现和解协议在三个程序中适用混淆不清的情形。

最后,《新加坡调解公约》规定,和解协议须为书面形式。在国际商事交流中,不少和解协议是通过口头方式订立的,《新加坡调解公约》明确否定了这一形式的和解协议的效力。此外《新加坡调解公约》还规定,运用电子或者其他任何可被固定、记录下来的形式也可被视为书面形式,这一规定在《承认及执行外国仲裁裁决公约》(也称《纽约公约》)的基础上作出符合时代发展

---

[1] 赵平:《论多元化纠纷解决机制下的〈新加坡调解公约〉》,载《经贸法律评论》2019年第6期。

趋势的变化。

(二)《新加坡调解公约》的创新

国际商事调解并非完全没有法律基础。《国际商事调解示范法》即为国际商事调解提供了法律依据。但随着经济全球化的发展,零星的国际商事调解已远远无法满足实际发展需要。《新加坡调解公约》的颁布对于国际商事调解的法律空白部分进行了填补与创新。主要表现在以下两个方面。

第一,《新加坡调解公约》赋予了和解协议强制执行力。《新加坡调解公约》第3条规定了和解协议直接执行机制,即不以和解协议作出地主管机关的审查作为和解协议获得执行力的前置程序。[1] 取而代之的是,《新加坡调解公约》以双方当事人签字确认作为协议执行的前提条件。之所以作出如此规定,是因为商事主体作出和解协议的来源国难以确定。如果设立审查前置程序,会加大确认执行的难度。《新加坡调解公约》赋予和解协议强制执行力,并设立一定的门槛。通过此种方式可以简化执行程序,进一步提高和解协议的执行效率。

第二,《新加坡调解公约》充分尊重当事人意思自治原则,创设了保留条款。在国际经济贸易中,政府作为商事主体在国际商事交流中是存在的。但由于政府身份较为特殊,国家间可能存在对政府财产或身份豁免的制度。这一制度可能会让另一方当事人产生畏惧心理,在一定程度上可能影响和解协议的执行。[2] 故《新加坡调解公约》规定,在涉及政府成为纠纷主体的情形时,当事人可选择是否适用保留条款。这一规定充分体现了意思自治原则,表现出了《新加坡调解公约》的灵活性与适应性。

二、我国批准《新加坡调解公约》的必要性与可行性分析

目前《新加坡调解公约》已正式生效。对国际社会而言,《新加坡调解公约》的颁布有利于国际商事调解制度的构建。就我国而言,《新加坡调解公约》的颁布有利于优化我国营商环境、促进我国商事调解制度的发展。在《新加坡调解公约》生效后,我国就《新加坡调解公约》能否获得批准进行了深入

---

[1] 参见曹思骐:《〈新加坡调解公约〉框架下国际商事调解协议在我国执行问题研究》,兰州大学2023年硕士学位论文。

[2] 参见黄子淋:《〈新加坡调解公约〉政府保留条款的适用问题及中国因应》,载《商事仲裁与调解》2022年第2期。

探讨。基于我国多元化纠纷解决机制和商事调解制度的发展现状,我国最终批准了《新加坡调解公约》在我国生效。

(一)我国批准《新加坡调解公约》的必要性分析

我国政府在《新加坡调解公约》起草的过程中积极建言献策,为强化《新加坡调解公约》的科学性贡献了中国力量。《新加坡调解公约》的颁布是国际商事调解制度的一座里程碑,我国一直奉行多边主义,坚持合作共赢的发展理念,《新加坡调解公约》的内容与我国的发展理念不谋而合。

批准《新加坡调解公约》有利于促进我国商事调解制度的发展。近年来,我国调解员与调解组织的数量逐年递增,商事调解有着较好的发展前景。我国涉外民商事案件的审结率也在逐年提升,外国当事人对中国司法的信任度增强。我国作为全球第二大经济体,国际贸易十分频繁,商事纠纷也随处可见,商事调解制度发挥着举足轻重的作用。但由于我国并未颁布一套系统的商事调解法,故《新加坡调解公约》中有关和解协议执行的规定在我国无法直接适用。批准《新加坡调解公约》在我国生效,加强与《新加坡调解公约》之间的衔接,可与国际接轨。同时我国也正在计划推进涉外专门立法与商事调解的相关立法工作,旨在建立一套完备的国际商事调解制度。

我国批准《新加坡调解公约》在一定程度上为"一带一路"建设提供了司法保障。从我国提出"一带一路"倡议到现在已有十年之久。这十年以来,"一带一路"沿线国家经济迅速发展,与他国贸易交流频繁,这一路的建设硕果累累。与诉讼、仲裁相比,商事调解更适合解决"一带一路"沿线国家的贸易纠纷。沿线国家存在法系差异,商事调解可以在纠纷解决中避免法系差异导致的不公平现象,平等地保障各国商事主体的利益。[1] 积极地解决沿线国家在商事纠纷中遇到的问题,是我国作为"一带一路"倡议国的职责。我国也应顺应时代发展的潮流,推进商事调解的适用,为"一带一路"的发展提供司法保障。

(二)我国批准《新加坡调解公约》的可行性分析

前文简要分析了我国批准《新加坡调解公约》的必要性,还有一个现实问题:我国批准《新加坡调解公约》是否具有现实可行性?笔者认为是有的。一

---

[1] 参见刘茸:《论中国国际商事法庭附设调解制度的发展》,载《商事仲裁与调解》2023年第2期。

方面,我国有着调解的历史基础。自古以来,"以和为贵"是我国固有的观念,在诉讼中就体现为"无讼"。我国从西周开始就设有专门的调解员,以调解作为纠纷解决的方式是我国的一大特色,调解制度如今的发展也备受关注。《新加坡调解公约》在我国批准后,我国可利用"息讼"理念推进商事调解制度的发展,推广效率高、成本低、方式友好的调解制度的适用,以平和的方式解决国际商事纠纷,维护稳定和谐的商事关系。[1] 另一方面,我国具有批准《新加坡调解公约》生效的实践基础。我国先后确立了商事调解的独立法律地位,提出了要"完善调解、诉讼、仲裁的有效衔接"以及支持用多元化纠纷解决机制处理"一带一路"相关的商业纠纷。且在相应的专题研讨会中,有专家透露,我国正在积极推进《新加坡调解公约》在我国适用的相关事宜。综合分析我国的历史条件与实践条件,《新加坡调解公约》在我国批准具有可行性,是符合时代发展规律的。

三、中国商事调解制度与《新加坡调解公约》的衔接困境

虽然《新加坡调解公约》有利于我国商事调解制度的发展,能够体现我国运用调解解决商事纠纷的理念,符合国际经济发展趋势。但由于我国商事调解制度发展缓慢,该制度在运行过程中还存在较多不足与法律空白,制度建设不够完善。所以,为了促成我国商事调解制度与《新加坡调解公约》顺利衔接,保障《新加坡调解公约》各项条款在我国的完全适用,应切实根据我国商事调解制度的发展,发现在《新加坡调解公约》大背景下我国商事调解制度的不足。

(一) 司法审查规定的缺失

如前文所述,《新加坡调解公约》的一大创新点在于赋予和解协议强制执行力,也就意味着不需要对和解协议进行承认,但这并不意味着《新加坡调解公约》对和解协议的执行未作任何规定,在和解协议执行前须对之进行审查。但从我国目前的司法实践来看,存在审查主体机关不明、审查形式无法确定等问题。为了更好地保障《新加坡调解公约》在我国的顺利落地,应对《新加坡调解公约》在我国实行后的挑战,应关注我国在对和解协议进行司法审查方面的缺失,思考如何建立和解协议的审查制度。

---

[1] 参见许志华:《我国批准〈新加坡调解公约〉的问题与对策》,载《中国法律评论》2023年第2期。

首先，目前我国司法调解的管理主体为法院，行政部门则对行政调解进行管理。但国际商事调解与普通调解不同，对法院和行政部门会提出更高要求，主要体现在案件的复杂程度以及语言表达等方面，普通法院和行政部门在这方面存在人才缺失的情况。其次，审查法院的级别也存在规定不明的情形。关于仲裁裁决执行，我国要求当事人向被执行人住所地或者财产所在地的中级人民法院申请执行，我国在确定审查法院级别时可以考虑案件标的、各级法院办案压力，综合确定审查法院的级别。[1] 最后，审查的方式是以形式审查还是实质审查为标准，是否需要采取"双轨制"，目前还无法完全确定。我国《民事诉讼法》第248条规定，我国国内仲裁的审查方式为实质审查和形式审查相结合。但《纽约公约》规定，仲裁裁决执行的审查方式为形式审查，且《新加坡调解公约》亦更注重形式审查。如果采取"双轨制"可能造成国内外执行审查标准不一致的局面，国内当事人可能会倾向于选择国外的形式审查方式，进而造成我国商事调解制度的混乱。但如果采用"统一制"的话，审查方式的选择是我国商事调解制度面临的一个难题。

（二）执行过程中保全制度的缺失

《新加坡调解公约》在第6条中规定了并行申请，即当事人可以在并行申请或请求时适当具保。《纽约公约》第6条关于仲裁保全的规定与此规定是相类似的，但无论是《新加坡调解公约》还是《纽约公约》，都未对当事人申请保全的问题作出规定。《新加坡调解公约》之所以未对保全进行规定，是因为每个国家对于保全的态度不同，国内相关法律的规定亦不同，如果直接作出规定，可能导致国内外法律产生冲突。

我国《民事诉讼法》第103条涉及了保全的相关内容，但是该条的适用对象为国内的和解协议，我国并未对国际和解协议的保全制度作出相应规定。在我国司法实践中，各地法院对于外国和解协议执行过程中提出的保全申请处理不同。大部分法院将其视为国际司法协助，但我国国际司法协助需要以互惠或者此国缔结的国际条约为基础，这也就意味着在没有该基础的情形下，我国可以拒绝当事人的保全申请。这种做法不利于保护国际和解协议中双方当事人的合法权益，也不利于推动"一带一路"沿线国家经济的交流与发展。[2]

---

[1] 参见费秀艳：《国际商事调解的法律性质及其制度构建》，载《江汉论坛》2022年第11期。
[2] 参见韩云昱：《论〈新加坡调解公约〉下国际商事和解协议在中国的执行》，甘肃政法大学2021年硕士学位论文。

《新加坡调解公约》没有对执行过程中的保全作出规定,我国国内法亦未对国际商事和解协议的保全作出规定。所以,当《新加坡调解公约》在我国批准后,亦会面临同样的困境,我国会以司法协助来认定保全从而拒绝执行。因此,为了实现我国法律制度与《新加坡调解公约》的衔接,我国应对保全问题作出规定。

(三)调解员调解准则的缺位

我国没有独立统一的商事调解法,导致我国商事调解制度缺乏调解员调解准则。我国《人民调解法》中关于调解员行为准则的相关规定较为笼统,且在司法实践中缺乏可操作性。但是《新加坡调解公约》对于调解员职业规范的规定比较严格。

首先,《新加坡调解公约》认为,调解员在国际商事调解中扮演着重要的角色,调解员的职业操守与职业能力能够对调解结果产生重大影响,但是往往由于调解员缺乏国家工作人员的公权力身份而被人们忽视。[1]《新加坡调解公约》中存在由于调解员严重违反调解员准则而导致和解协议不被执行的相关规定,此规定的设置意在提高调解员的地位,从侧面突出调解员的重要性。但在我国相关的调解制度中,并未对调解员的行为准则进行规定。

其次,我国未对调解员披露义务作出详细规定。《新加坡调解公约》第5条规定了披露义务,此规定虽然在司法实践中很难实现,但《新加坡调解公约》作为指导性商事调解公约,对其他批准国能够提供一定的指导意义,也表明了《新加坡调解公约》对调解员披露义务的重视。我国只有《人民调解法》对调解员职业操守作出了一般规定,且并没有详细规定调解员的披露义务,故在《新加坡调解公约》批准后,可能出现司法实践缺乏具体标准的困境。

(四)专门商事调解立法的缺失

我国一直没有制定一部统一的商事调解法律,该方面的立法一直处于缺位状态,使得商事调解具有不稳定性。法律未对商事调解的内涵以及适用范围作出明确规定,导致商事调解只能以《人民调解法》为依据,在实践中出现了"表面上有法可依,实际上无法可依"的情形。商事调解与人民调解二者是

---

[1] 参见王琪璇:《〈新加坡调解公约〉下我国商事调解制度的完善》,沈阳师范大学2021年硕士学位论文。

并列关系而非包含与被包含关系,二者实际上也存在较大差异,二者规则的混用导致在司法实践中出现了较多问题,严重阻碍我国商事调解制度的发展。[1] 对商事调解进行专门立法有助于全面规范商事调解的内容,更好地与国际商事调解衔接。我国也应借助《新加坡调解公约》在我国批准这一国际事件,推动我国商事调解立法的进程。作为"一带一路"的倡议国,我国更应制定"商事调解法",这是我国作为大国的责任与担当。出台一部系统化的商事调解法律,需要多个部门以及社会的共同合作,一起发力,制定出一部符合国际发展趋势,顺应我国国情的商事调解法律。

四、我国商事调解制度的完善路径

(一) 制定独立的"商事调解法"

我国的司法实践体现了商事调解与《人民调解法》不适配的问题,因此我国批准《新加坡调解公约》后,必须建立一部系统的"商事调解法"。笔者认为,学术界和实务界都应更加关注商事调解立法,在商事调解立法的制定上投入更多精力。在这一过程中,我国必须以《人民调解法》与《仲裁法》为基础,深入分析我国目前的基本国情,站在国际视角上参考《新加坡调解公约》,制定有中国特色的"商事调解法"。

制定"商事调解法"应明确制定原则,保障规范性。笔者认为,自愿原则、保密原则、合法原则以及诚实信用原则是"商事调解法"的重要原则。自愿原则,顾名思义,是指在商事调解中要充分尊重当事人的意思自治。自愿原则在商事活动中是最重要的原则,在商事调解中也是最核心的原则。自愿原则既包括程序自愿,即当事人自己选择调解程序的启动、自己选择调解员,除此之外自愿原则还包括实体自愿,要求当事人发自内心地信任调解程序,提升对和解协议执行的自信心。自愿原则还要求调解员在调解过程中保持中立地位,不得强加解决办法,使得最终处理方案能被双方当事人所接受。[2] 保密原则是调解与其他纠纷解决方式的一大不同之处,在商事纠纷中存在较多商业秘密,选择商事调解制度作为纠纷解决方式具有较大优势。但遵守保密

---

[1] 参见赵燕飞:《论我国商事调解制度与〈新加坡调解公约〉的衔接》,西南政法大学2021年硕士学位论文。

[2] 参见熊浩:《语境论视野下的〈新加坡调解公约〉与中国商事调解立法:以调解模式为中心》,载《法学家》2022年第6期。

原则的同时不得侵犯社会公共利益,当保密原则与社会公共利益相冲突时应选择社会公共利益。合法原则要求不得违反法律、行政法规的规定,不能违背公序良俗。诚实信用原则则是商事交往中的基础原则,也是商事交往得以长久维持的基本要求。

(二)完善和解协议审查和保全机制

《新加坡调解公约》赋予了和解协议强制执行力,准予了救济审查制度,但是对准予救济中的保全制度未作出规定,为了更好地实现与《新加坡调解公约》的衔接,我国应尽快修改和解协议审查规则,确定审查主体与审查要件,为了切实保障和解协议当事人的利益,我国还应确定保全制度。

我国在构建和解协议司法确认制度时可以参考两种方式:第一种方式为参考我国加入《纽约公约》的路径,即对于国外仲裁裁决或者临时仲裁裁决进行形式审查,而对于我国国内仲裁裁决进行实质审查的双轨制审查模式。和解协议的执行也可以参考这个模式,依据主体的不同而采取不同的审查模式。第二种方式为实行统一的审查方式,不以主体不同而采取不同的审查方式。可以统一规定和解协议或者调解协议只要满足某种实质要件或者形式要件都可以特定的方式获得强制执行力。此种审查方式不区分和解协议的类型,通过统一的司法确认程序赋予和解协议强制执行力。笔者认为,第二种方式更有利于维护司法制度的统一性,防止当事人故意制造涉外因素而选择适用更有利于自己的确认程序。选择适用第二种方式能扩大调解在商事纠纷中的适用范围,可以打消当事人对于和解协议是否能够执行的疑虑,从而提升调解在多元化纠纷解决机制中的地位。

和解协议与我国仲裁裁决以及法院判决这些法律文书不同,商事调解协议仅对当事人具有直接法律效力,所以我国和解协议不能通过申请进行保全。笔者认为,为了保护双方当事人的权利,降低和解协议执行过程中的风险,应该出台相应司法解释对和解协议的保全作出明确规定,允许商事和解协议中当事人提出保全申请,这既体现我国对于商事调解协议执行的认可,也表明我国将调解与诉讼置于同等地位。当然,当事人申请保全必须符合严格的要求,更应注意在情况紧急的时候,尽量避免当事人的利益保护和财产所在地的司法主权之间的冲突。[1]

---

[1] 参见武晴晴:《〈新加坡调解公约〉视角下中国商事调解制度的完善研究》,广西师范大学2023年硕士学位论文。

(三)完善调解员职业制度

首先,《新加坡调解公约》鼓励各缔约国建立和完善调解员的相关规则,笔者认为中国商事调解制度可以通过对调解员的公正性、专业性和独立性进行规定。调解员在调解过程中所起的作用十分重大,须统一调解员的行为规范准则。调解员要时刻保持中立与公正,耐心倾听双方当事人的诉求,不得强加调解结果。调解员需要具备相应的学历以及工作能力,有一定的调解谈判技巧与文书写作能力,能够熟练地开展调解工作。且调解员在工作中要遵守职业规范,在存在利益冲突时须进行回避。我国目前对于调解员的准则规范大多是道德层面的约束,故笔者认为可以通过完善调解员的处罚机制促使调解员遵守调解守则。

其次,我国还需建立调解员资格认证机制。纵观世界各国,对于调解员的资格认证模式分为准入制和认证制。准入制要求调解员获得相关部门的认可才可具有调解员资格,但认证制并不影响其是否能够成为调解员。商事调解与普通调解不同,对调解员的能力要求更高,故笔者认为我国对于商事调解员的认证机制采用准入制,会更符合《新加坡调解公约》在我国批准后的现实要求。采用准入制不仅可以保障国际商事和解协议的审查,也可以减轻和解协议强制执行对于国内调解秩序的冲突。

最后,我国还需建立市场化调解机制。商事调解与人民调解不同,人民调解致力于解决日常生活中人们产生的纠纷,而商事调解则主要针对商事交流,故调解员对商事调解收取一定的费用具有合理性,可以促进商事调解的市场化,推进商事调解市场化将会赋予商事调解生命力,促进我国商事调解的进一步发展。

五、结语

《新加坡调解公约》是顺应经济全球化时代发展的产物,《新加坡调解公约》的诞生标志着国际商事纠纷解决机制的重大变化,为国际商事和解协议的执行提供了保障。《新加坡调解公约》不仅赋予了和解协议强制执行力,更是提高了调解员在商事调解中的地位。

《新加坡调解公约》的生效将促进我国商事调解制度的完善与发展,保障"一带一路"沿线商事主体的权益。但我国仍应清醒地认识到《新加坡调解公约》落地后与我国目前司法实践产生的冲突,并须结合我国国情积极应对挑战,借助《新加坡调解公约》助推国际商事调解制度的发展。

粤港澳大湾区专利侵权纠纷调解机制困境与展望

范雪珂* 葛莹莹**

一、问题的提出

随着知识产权纠纷案件类型多样化、纠纷解决机制多元化,专利纠纷案件的结案率及调解成功率却远远不如同类型其他案件。与日俱增的专利纠纷亟需大湾区通过协调立法解决。[1]

根据广州知识产权法院统计,2022年诉前调解导入案件126000件,其中调解成功率为25.6%。依据《广东法院知识产权司法保护状况白皮书(2022年度)》,广东省知识产权案件诉前调解率为70.3%,诉中又有一半案件以调解结案。实践中,广东知识产权调解中心更是入驻了24个调解组织,调解方式也呈现多元化趋势。如凝聚"行政调解""司法调解""人民调解"的多元化调解方式。尽管广东知识产权调解中心已经积累了丰富的知识产权调解经验,并与香港国际调解中心等24家调解机构合作,但粤港澳大湾区知识产权调解的统筹及制度衔接尚未做到统一。鉴于仲裁及仲裁调解尚处在发展初期,专利权人在寻求救济时主要会选择诉讼调解或行政调解,专利仲裁调解的案例则少之又少。

依据世界五大知识产权局主要统计指标,截至2022年4月,中国发明专利申请数量已经连续五年大幅递增。依据《知识产权统计简表》,2023年1—2月我国发明专利授权量为8.6万件,实用新型专利授权量为36.7万件,外

---

* 范雪珂,澳门城市大学助理教授,澳门濠江法律学社副理事长,法学博士、博士后。
** 葛莹莹,澳门城市大学硕士研究生。
[1] 参见朱最新:《粤港澳大湾区区域立法的理论建构》,载《地方立法研究》2018年第4期。

观设计专利授权量为 11.7 万件[1]。同时，专利纠纷案件也逐年递增，依据 2023 年 3 月《各省专利侵权行政案件数据统计》，广东省专利行政案件 1—3 月立案数量达到 1160 件，结案数量却只有 740 件，其结案率只占立案量的一半左右[2]。而涉粤港澳案件中的跨境纠纷因素对结案率更是产生了消极影响。

这与专利纠纷案件自身特点有直接关联。首先，取证过程复杂增加了专利侵权纠纷的判定时间。从取证、质证到专利产品技术对比，这个过程至少需要 4 个月。因其自身复杂性带来的另一特点是经济成本高，我国专利纠纷解决方式主要包括行政处理与司法诉讼[3]，其中行政处理的成本就包括执法经费成本、执法平台成本、执法资源成本等。其次，专利权人维权时间成本高也是专利纠纷案件的主要特点。当事人如遇到对行政处理决定不服的情形，可以向人民法院提起诉讼，而走完这一流程所需耗费的时间较为漫长。再次，当事人对专利纠纷有着极高的保密要求，这一保密性要求的实现往往伴随高效、极简、专业的处理效率。而行政处理及司法诉讼都无法回避处理流程冗长、接手人员复杂等问题，保密性要求的实现可谓难上加难。最后，因粤港澳所涉规定不同，专利纠纷解决的难度进一步提升。双方当事人提出申请及案件的送达等期间都比大陆长，取证程序框架不同也会是纠纷解决的难点。综上，基于专利纠纷取证复杂、经济成本高、耗费时间长、保密性要求高的特点，行政决定虽然是目前较为普遍的处理方式，但仍然不是高效、有效的处理方式，较难有效实现当事人的主张。

二、粤港澳专利纠纷调解的现状

（一）专利纠纷调解的现行法律基础

在解决粤港澳专利纠纷的问题上，应持有"先行先试"的态度。粤港澳大

---

[1] 参见《知识产权统计简报（2023 年第 3 期）》，载国家知识产权局网，https://www.cnipa.gov.cn/module/download/down.jsp?i_ID=183179&colID=88，2024 年 5 月 18 日最后访问。

[2] 参见《2023 年 3 月各省（区、市）专利侵权纠纷行政案件数据统计》，载国家知识产权局网，https://www.cnipa.gov.cn/art/2023/4/20/art_2435_184448.html。

[3] 参见刘银良：《论专利侵权纠纷行政处理的弊端：历史的选择与再选择》，载《知识产权》2016 年第 3 期。

湾区在知识产权纠纷领域积累了丰富的经验,其中仲裁经验尤为突出[1]。例如,香港特区立法会承认知识产权纠纷的可仲裁性。近年来,广州仲裁委在知识产权纠纷案件处理方面也积累了丰富的经验。此外由深圳前海法院牵头设立的粤港澳调解联盟为跨境专利纠纷调解解决提供了平台。以下将从国际公约及国家政策层面、广东省的知识产权保护制度、调解的原则性规定、调解的主要分类、大湾区制度衔接的基础等角度,分析目前大湾区对专利纠纷的调解情况。

1. 国家层面推进知识产权保护及调解制度发展

2019年中共中央办公厅、国务院办公厅印发《关于强化知识产权保护的意见》,明确要建立多元纠纷解决机制,其中仲裁、调解明确被包含在内。在向国际条约接轨进程中,中国仍欠缺与国际知识产权纠纷调解有效对接的司法审查机制。2019年8月,中国、美国、韩国等46个国家签署了《新加坡调解公约》,该公约为国际商事纠纷提供了国际商事调解的解决途径。但是,中国目前尚未形成与该公约相衔接的有效机制。有学者指出,为了能够更好地发展我国的商事调解制度,顺利落实《新加坡调解公约》,我国宜采取逐步推进的战略。首先,最高人民法院需积极出台相关司法解释,做好《新加坡调解公约》的适配工作。充分发挥制度优势,做好公约项下的和解协议的审查、公约的明示保留和利用"一带一路"典型案例制度。通过最高人民法院的司法解释,达成公约在我国的初步适用。其次,通过加入《新加坡调解公约》,助推我国商事调解制度的建设,并依靠第一步所积累的经验教训,最终制定出既符合我国国情又紧跟世界潮流的中国商事调解制度。虽然《新加坡调解公约》会带来某些新的挑战,但是加入公约可以发展我国的商事调解制度,最终为我国多元化纠纷解决机制的建设增添助力。[2]

《新加坡调解公约》作为国际统一的调解规范,对我国尤其是粤港澳大湾区具有指导意义。

2. 广东省现有专利保护制度框架有待完善

广东知识产权保护中心为大湾区专利权人提供粤港澳大湾区知识产权

---

[1] 参见张慧彬、何易平:《大湾区知识产权仲裁实践及其对成渝地区的启示》,载《成都理工大学学报(社会科学版)》2023年第1期。

[2] 参见刘晓红、徐梓文:《〈新加坡公约〉与我国商事调解制度的对接》,载《法治社会》2020年第3期。

数据资源共享平台,该平台详尽汇集了大湾区各地的知识产权各权利的规定及保护制度。《专利法》(2020年)明确了专利权的保护范围,但是专利法中并未对调解内容作出规定,《广东省知识产权保护条例》(以下简称《知识产权保护条例》)于2022年5月1日起施行,强调对广东省内的知识产权进行行政保护,行政执法与司法诉讼衔接机制中关于建立调解机制的精神得到支持。但机制建立的具体内容尚未在《知识产权保护条例》中得到明确。2022年国家知识产权局公布了《知识产权纠纷调解工作手册》,结合各省知识产权纠纷现状,指导知识产权纠纷调解规范方式,并提供了专利纠纷调解的规范性案例。

3. 调解原则是一切调解的前提

知识产权纠纷调解依旧没有脱离调解原则性适用范围。尽管本文主要针对专利纠纷的调解,但是调解的一般性原则依旧适用,在专利纠纷的调解方法中依旧坚持自愿原则及保密性要求。我国法律体系对自愿原则作出了具体规定。《民法典》第5条规定了民商事活动中当事人的自愿原则,《民事诉讼法》第9条也支持当事人在法院主持调解下的自愿原则,《人民调解法》第3条也强调人民调解委员会在当事人自愿的前提下进行调解。此外,《贸易法委员会国际商事调解和调解所产生的国际和解协议示范法》(2018年)(以下简称《示范法》)第10条规定了调解人员的保密义务。因此,专利纠纷在案件处理各个阶段的调解过程中都应当坚持自愿原则和保密性要求。

4. 仲裁调解尚未得到普遍应用

目前国内调解类型以司法调解、行政调解为主,人民调解、商事调解次之。此外,仲裁调解目前并未得到广泛应用。仲裁调解由仲裁庭组织调解工作。《仲裁法》第51条规定了调解先行及当事人自愿原则。目前,由于宣传力度不够、当事人对仲裁了解不足等原因,我国仲裁调解处于发展起步阶段。根据实践经验,商事贸易,尤其是在国际贸易中,双方当事人更愿意选择国际仲裁裁决。因为仲裁具有终局性,且国际仲裁的仲裁员相较于法院的工作人员而言,具备更多有关国际贸易相关的经验知识。以上这些因素都使得纠纷双方当事人更加信任仲裁。仲裁调解一旦成功,就可以免去裁决,也可以省去后续仲裁受理费、律师费等费用,更可以免去后续仲裁程序。仲裁调解真正实现了灵活与高效的结合,充分为当事人利益考虑,而不是任由当事人惶惶未知等待数月。

5.粤港澳大湾区知识产权制度衔接法律基础

粤港澳大湾区专利纠纷的解决目前仍然以诉讼为主,调解成功案例尚属少数。但在大湾区知识产权领域,尤其是在当前追求高效定纷止争的环境下,该模式难以发挥其在其他领域所具有的优势。自《内地与香港关于建立更紧密经贸关系的安排》、《内地与澳门关于建立更紧密经贸关系的安排》(CEPA)实施以来,粤港澳一直将知识产权保护作为三地间实现贸易便利化、自由化过程中的一项重要任务。[1]

大湾区知识产权纠纷案例数量占比上升,随着粤港澳经贸往来日渐密切,知识产权领域内的纠纷频发,尤其近年来随着国家政策的推进,纠纷数量呈现爆发式增长的态势。CEPA补充协议(三)将知识产权保护纳入其中,旨在促进粤港澳三地在知识产权法律制度方面进行合作,如设立保护知识产权协调中心、交换关于知识产权保护法律法规制定和执行方面的信息等,推动三地在知识产权保护方面的交流与沟通。近年来,粤港澳在CEPA框架下签署了一系列知识产权保护协议,但其内容更多的只是对跨区域知识产权保护作出了原则性规定。

内地与香港特别行政区于2019年年初通过《关于内地与香港特别行政区法院相互认可和执行民商事案件判决的安排》,其中双方相互承认与执行的判决范围首次涵盖著作权、商标权等知识产权案件[2]。该协议的签署,意味着粤港澳大湾区的知识产权有关判决在三地都有效力,并能够分别在三地得到执行。

(二)当前内地与粤港澳大湾区仲裁调解规则探析

我国仲裁调解规则分布在《仲裁法》第51条至第52条,粤港澳大湾区调解规则分布在仲裁中心及仲裁委员会的仲裁规则中。以《粤港澳大湾区仲裁调解联盟争议解决规则》(以下简称《大湾区规则》)为例,该调解规则由粤港澳大湾区仲裁调解联盟制定,并明确规定了受理仲裁调解申请的情形及调解处理的具体办法。该规则吸收大湾区包括香港和解中心(HKMC)、深圳国际仲裁员调解中心在内的数个代表仲裁机构。这些机构可以向联盟请求调解,

---

[1] 参见梅傲:《粤港澳大湾区知识产权法律冲突及解决路径探析》,载《中国流通经济》2020年第1期。

[2] 参见易在成:《粤港澳合作机制中突破知识产权地域性的探讨》,载《暨南学报(哲学社会科学版)》2015年第1期。

或者由联盟自身受理调解案件。

另一方面,我国是世界知识产权组织(WIPO)成员国,WIPO 仲裁调解中心亦倡导调解作为纠纷解决的可替代手段。依据其案件统计数据,专利纠纷占纠纷总数的 25%;双方当事人类型覆盖范围广,从大型企业、小型创业公司至大学、艺术家等;已结案件中,调解结案率占 70%[1],从 WIPO 调解案例来看,专利纠纷当事人就合约内容长达两年时间没有达成一致时,通过递交调解请求可以帮助其快速签订调解协议,仅需 2—3 月即可完成调解。

本文认为,大湾区仲裁调解联盟充分调动了大湾区各地的积极性。促进了湾区各地调解效率,可以在当事人自愿前提下快速统筹大湾区调解资源,提高仲裁调解的效率。另外,WIPO 仲裁调解中心作为全球最有影响力的知识产权仲裁调解中心,其调解机制值得参考及借鉴。

三、专利侵权纠纷仲裁调解的现实困境

因当事人保密性要求,在仲裁调解下结案的专利纠纷少有公开,粤港澳大湾区的仲裁机构包括广州仲裁委、香港国际仲裁中心、深圳国际仲裁中心及横琴国际仲裁中心等,这些机构之间的调解流程框架各有不同,缺少与《新加坡调解公约》的规则衔接。此外,在主要调解方式中,诉讼调解与行政调解在专利纠纷领域的弊端日益显现,此时仲裁调解的优势便有所突显。

(一)《仲裁法》尚未实现与《新加坡调解公约》衔接

《仲裁法》对调解规定尚停留在原则性规定阶段,缺少具体的调解规范。此外,尽管中国已经加入《新加坡调解公约》,但尚未实现国内法律与该公约的衔接。"大调解"环境下,调解的规范仍然处于空白。多数调解方法都是各地法院通过先试先行的方式进行尝试,此种方式虽然可以大胆试错,但可能在一定程度上将降低当事人对司法公正的信任。

(二)行政调解及诉讼调解无法满足专利相关贸易发展

本文认为,专利纠纷一般涉及商业贸易,通过向法院起诉、向行政机关投诉等方式维护专利权利将增加维权时间及经济成本。然而,知识产权纠纷调解机制拥有如此多的优势,但由于其在机制设置、信息衔接等方面,存在渠道

---

[1] WIPO case summary:file:///Users/geyingying/Zotero/storage/8YNN9LV3/caseload.html.

闭塞、沟通不畅、信任危机等问题,这也是调解的弊端所在。[1]

尽管司法实践鼓励诉讼调解及行政调解的结合运用,专利权人依旧需要花费大约半年时间维权。2022年2—4月,在广州开发区知识产权局的主持调解下,美捷威通生物科技公司成功与广州某生物科技公司达成行政和解,并签订行政调解协议。此外,双方当事人在广州开发区知识产权局的指引下向广州知识产权法院申请司法确认[2]。在该案中,相关主体采用了"行政处理"与"诉讼调解"相结合的方法展开调解工作,属于极少数专利调解成功案例。笔者认为,该种调解方式虽然提高了调解的效率,但是过程中接手案件人数过多。除了行政执法部门工作人员,法院负责调解工作的团队也将接触案件。专利权人期待的排他性及保密性或许无法高质量实现,一旦专利细节泄露,将为权利人带来无可估量的经济损失。

另外,尽管部门联合调解受到肯定,行政调解功能依旧正在受到诉讼调解的挤压,当事人在向行政机关提出对纠纷进行调解时,可以同时向人民法院提起民事诉讼。在该种情形下,行政调解结果将不具备法律约束力[3]。如果当事人拒绝履行行政调解协议,另一方当事人只能向人民法院请求履行诉讼结果。

本文认为,尽管行政处理是专利纠纷当事人偏向的第一选择,但这一方式所需花费的时间却为专利权人增加了维权成本。当事人不愿履行行政调解结果时,对方当事人最终依旧要选择通过诉讼方式维护自身专利权。因此在这一方面,行政调解并不是调解方案中最有效、公正的选择。

(三)诉讼调解及商事调解结合立法处于空白状态

以诉讼调解与商事调解结合的照明专利侵权典型案例为例,2016年,A公司认为B公司所生产的照明灯落入了A公司灯泡专利权利要求的范围内,遂据此向法院提诉讼。法院于2016年10月受理本案后,历经两年时间,才由法官向当事人提出委托第三方进行商事调解。至2018年调解中心才正式受理本案,由专家担任特别调解员。[4]

---

[1] 参见费艳颖、赵亮:《枫桥经验视域下我国知识产权纠纷人民调解制度及其完善》,载《东北大学学报(社会科学版)》2019年第4期。
[2] 参见吁青、侯洁、吴卫:《为湾区创新发展赋能添智——广州知识产权法院成立八周年工作掠影》,载《人民法院报》2023年1月18日,第4版。
[3] 参见姜芳蕊:《专利纠纷行政调解之困境与完善》,载《求索》2018年第6期。
[4] 国家知识产权局:《知识产权纠纷调解工作手册》,第113-114页。

尽管商事调解具备效率高、时间短、处理方式灵活等特点,但是我国国内商事调解制度目前尚未成熟。《新加坡调解公约》签订后尚未有系统的制度衔接。比如,公约中明确规定了可调解与不可调解的范围,但是在国内制度中,法律尚未将调解的范围进行明确区分;调解员统一的资质要求也被规定在《新加坡调解公约》中,但是国内并不要求调解员具备统一的资质[1]。我国商事调解制度现阶段尚不成熟,不足以满足专利纠纷解决高效、便捷的要求。在上述典型案例中,商事调解经历了多次沟通,反复确认涉案产品是否符合创新性要求。

广东省专利纠纷通过诉讼调解结案的案件数量屈指可数,主要原因为司法诉讼走程序流程耗时很长。以 2022 年广州知识产权法院成功调解的一起"车灯调光螺钉及其制造方法"发明专利纠纷案件为例,虽然最终双方当事人重新实现了商务合作,但是却经历了三次审判,过程耗时至少半年甚至更长,对当事人的日常经营造成了一定影响。[2]

综上,无论是行政调解、诉讼调解还是商事调解,专利纠纷都无法在短期内实现效率与公正的兼容,仲裁调解的优势在专利案件中便显现出来了。

四、粤港澳专利侵权纠纷仲裁调解机制的探索

(一)域外专利侵权纠纷仲裁调解规制的介绍

美国 Lamnet Act 制定了关于专利注册及纠纷解决方法。[3] 但是基于专利秘密性特征,很多人还是会放弃可替代性纠纷解决机制,而采用诉讼纠纷解决机制。朱丽叶·马汀(Julia Martin)认为当事方应先诉诸 ADR 而不是诉讼来解决他们的国际知识产权纠纷。如果管理机构具备国际化特征,且在知识产权纠纷解决方面具有丰富的经验,ADR 可能会克服当事方在法庭上就其国际知识产权争议提起诉讼时所面临的许多困难。朱丽叶·马汀女士认为,

---

[1] 参见唐琼琼:《〈新加坡调解公约〉背景下我国商事调解制度的完善》,载《上海大学学报(社会科学版)》2019 年第 4 期。

[2] 姜旭:《广东法院成功调解一起发明专利》,载《中国知识产权报》2022 年 3 月 4 日。本案中,起诉人东莞禾盈通用零部件有限公司为"一种车灯调光螺钉及其制造方法"的专利权人,被起诉人为广州某塑料制品有限公司。

[3] Martin J. A., *Arbitrating in the Alps Rather Than Litigating in Los Angeles: The Advantages of International Intellectual Property - Specific Alternative Dispute Resolution*, Stanford Law Review, Vol. 49:4, p. 917-970(1997).

WIPO 仲裁与调解中心符合这些标准，从业者应该考虑利用它来解决他们的国际知识产权纠纷。

美国专利法允许对专利有效性、损害索赔进行仲裁，这些规定已被广泛解释为包括可能不属于侵权、有效性和干扰的其他问题。有关专利的裁决通知必须提交给美国专利商标局。提交后，获奖通知将包含在专利文件中，并向公众开放。[1] 在美国进行的专利仲裁受联邦仲裁法（以下简称 FAA）的约束。大多数美国州都有自己的仲裁法，这些法律仅适用于不涉及实体专利法问题且仲裁协议不影响州际贸易的诉讼程序。与许多其他国家、地区的仲裁法不同，FAA 不受联合国国际贸易法委员会（UNCITRAL）国际商事仲裁示范法（UNCITRAL 示范法）的影响，该法早于大约 60 年[2]。

在诉请或反诉请超过 100000 美元的所有情况下，在 FAA 管理仲裁时或在仲裁未决期间的任何时间，双方应根据 FAA 商业调解程序的适用规定或另有约定调解争议。除非当事人有相反的约定，调解应与仲裁同时进行，不得拖延仲裁程序。但是，仲裁的任何一方均可在通知 FAA 和仲裁的其他各方后单方面选择退出本规则。双方应向 FAA 确认任何调解的完成或任何选择退出本规则的决定。除非当事人和调解员同意，调解员不得被指定为案件的仲裁员[3]。

但是，即使是仲裁中心，也难保证保密性。申请盖章的一方必须证明需要保密，例如，商业秘密的存在，从而克服提交给司法记录的文件受到公众监督的假设。如果文件提交给上诉法院，保密性更难维护[4]。

美国 FAA 仲裁调解处理专利纠纷等知识产权纠纷案件将帮助维护专利权人保密性要求，并且 FAA 作为联邦仲裁中心可以高效处理来自不同州的民

---

[1] Smith, M., Couste, M. M., Hield, T. T., & Jarvis, R. R., *Arbitration of Patent Infringement and Validity Issues Worldwide*, Harvard Journal of Law & Technology, Vol. 19, p. 299-358(2005-2006).

[2] Smith, M., Couste, M. M., Hield, T. T., & Jarvis, R. R., *Arbitration of Patent Infringement and Validity Issues Worldwide*, Harvard Journal of Law & Technology, Vol. 19, p. 299-358(2005-2006).

[3] Commercial Rules and Arbitration. extension://elhekieabhbkpmcefcoobjddigjcaadp/https://www.adr.org/sites/default/files/CommercialRules_Web_0.pdf. Last viewed date: 01/06/2023.

[4] Smith, M., Couste, M. M., Hield, T. T., & Jarvis, R. R., *Arbitration of Patent Infringement and Validity Issues Worldwide*, Harvard Journal of Law & Technology, Vol. 19, p. 299-358(2005-2006).

商事纠纷案件,对粤港澳大湾区专利纠纷案件的仲裁及其调解有借鉴意义。

(二)粤港澳仲裁调解机制建立的探索

1. 以仲裁调解应对粤港澳间知产纠纷的特点与优势

仲裁调解依自愿进行,仲裁员在调解开始时受当事人意思自治制约,需由双方当事人自由选定。因此仲裁调解具有较强的人身信赖关系,这种信赖关系保证了仲裁调解的顺利进行。即使仲裁员在调解中的行为不能让双方当事人满意,当事人也可停止调解[1]。深圳国际仲裁院牵头设立粤港澳仲裁调解联盟。该联盟坚持独立断案,并对涉外、涉港澳仲裁案件进行仲裁及调解。

仲裁调解,是指双方当事人在仲裁庭的组织下,基于自愿而达成和解协议。该调解过程的优越之处在于可以不受仲裁程序的规制,当事人对仲裁调解的接受度也比较高。此外,达成调解后,亦可节省后续仲裁手续费、律师费、其他额外的受理费用,这在很大程度上既提高了效率,又节省了费用[2]。

以美国 FAA 仲裁及调解费用为例,调解 50,000 美元;78,000 美元用于联合调解和仲裁;具有约束力的仲裁费用为 151,000 美元。大多数专利纠纷仲裁的费用不到同一案件诉讼费用的 85%,而仲裁费用通常不到同一案件诉讼费用的 1/3。凭借良好的案件管理和经验丰富的仲裁员,成本可以进一步降低。一项研究报告称,使用替代性争议解决方案的 61 家公司总共节省了近 50,000,000 美元,平均每家公司节省了超过 800,000 美元[3]。本文认为,调解费用通常只具体包含申请费用、调解阶段手续费用,仲裁阶段的受理费用及律师答辩阶段成本则被很好地节约下来,而专利纠纷当事人大多数为已投入大量研发及运营成本的公司,减少纠纷处理时间对这些当事人而言,意味着减少经济成本的损失,维护专利带来的经济效益。因此国际商事贸易中,调解作为纠纷可替代解决方式必然成为纠纷解决趋势。

本文认为,仲裁调解相较于其他调解方式、救济方式,经济成本及时间成

---

[1] 参见林义全、唐太飞:《仲裁调解功能之探析》,载《西南民族大学学报(人文社科版)》2003年第11期。

[2] 参见林义全、唐太飞:《仲裁调解功能之探析》,载《西南民族大学学报(人文社科版)》2003年第11期。

[3] Martin, Julia A., *Arbitrating in the Alps Rather Than Litigating in Los Angeles: The Advantages of International Intellectual Property-Specific Alternative Dispute Resolution*, Stanford Law Review, Vol. 4, p. 925 (1997).

本更低,且效率更加灵活与高效,可以充分照顾到当事人的利益及专利权维护成本。

以仲裁调解应对粤港澳大湾区专利侵权纠纷具备更大的优势。粤港澳大湾区专利案件大幅增多,广东省案例不断增加,广东省新增多家国际仲裁中心,如横琴国际仲裁中心、深圳仲裁中心、广州仲裁院等,仲裁规则制定较为成熟。以 2023 年 4 月 28 日揭牌的横琴国际仲裁中心为例,其调解规则便是参考《新加坡调解公约》及其他国际规则而制定。

大湾区专利纠纷随着粤港澳大湾区的进一步发展而增多,相较于诉讼调解、行政调解,仲裁解决机制具有灵活性、便捷性的优势,其规则也更为完善。仲裁调解可以为专利权人,尤其是依赖专利效益的公司减少因维权而暂停使用专利的时间,且仲裁调解过程中,经手证明流程及调解过程的专业人员数量较诉讼调解及行政调解更加有限,因此当事人对保密性的要求的实现更具备可行性。

2. 建立粤港澳大湾区专利侵权纠纷仲裁调解的路径探索

第一,粤港澳大湾区需要制定统一的仲裁调解规则。尽管大湾区各地仲裁中心都有较为完善、成熟的仲裁规则,但是仲裁调解规定尚处在原则性规定阶段。仲裁调解的主体资格、仲裁及调解对象的范围、调解方法及相关手段限制等内容都未被细化。仲裁规则暂未将仲裁调解的规范予以明确,该领域的立法空白亟需填补,以便能够对专利侵权纠纷调解制定更加高效的调解流程及规则。粤港澳仲裁调解联盟已经成立近 10 年,其功能及优越性目前尚未完全发挥出来。联盟有其自身的调解规则,既便于统筹成员机构的纠纷调解,又便于其自身受理调解申请。且联盟本身立足于大湾区,可以有效针对大湾区"一国两制"背景下所产生的纠纷进行调解。此外联盟自身吸引的成员机构足够多,涵盖香港、澳门、广东等地的仲裁机构。

第二,处理专利纠纷的仲裁调解员需要符合一定的标准,参考《新加坡调解公约》及香港 HKMAAL 调解员的认证标准制定大湾区调解员资质标准,同时按照一定比例吸纳香港特区、澳门特区及广东省的符合资质的调解员。在统一的资质标准下,由具备调解能力及调解资质的仲裁调解员进行仲裁调解,有利于提高专利侵权纠纷当事人对仲裁员及调解员的信任度,从而提高仲裁调解的效率。HKMC 及 HKMAAL 严格、具体定制的仲裁调解程序既能够帮助调解员依照程序框架开展调解工作,又能够以可视化的方式缓解双方当事人因对仲裁及调解的未知而产生的不信任感。在明确、透明的行为框架下,中立调解人及双方被调解人都可以在短期内实现互相信任,促进高效和解。

第三,合理参考美国 FAA 及 WIPO 仲裁与调解中心调解规范,推动粤港澳大湾区专利纠纷 ADR 解决机制的完善,促进国际商事仲裁及调解的制度衔接。WIPO 仲裁与调解中心公开专利纠纷典型案例,使申请人对大概的专利纠纷解决有了认知预期。同时,专利纠纷本身在 WIPO 纠纷解决体系中。WIPO 仲裁与调解中心目前处理的知识产权纠纷主要包括合同纠纷(如专利和软件许可、商标共存协议、药品分销协议和研发协议)和非合同纠纷(如专利侵权、商标侵权、著作权侵权)。WIPO 仲裁与调解中心为当事人和解创造了有利条件,2021 年有 33%的仲裁案件在当事人之间达成和解[1]。此外,2022 年有大约 70%的仲裁案件在当事人之间达成和解。由此可见,现如今,知识产权纠纷当事人更倾向于在仲裁过程中实现和解。[2]

---

[1] WIPO Caseload Summary, WIPO, https://www.wipo.int/amc/en/center/caseload.Html.
[2] 参见孙子涵:《我国知识产权效力争议仲裁的理论基础与实现路径》,载《现代法学》2023年第1期。

国际民商事争议调解第三人制度之可行性初探

吴书凯[*]

一、《新加坡调解公约》概述

国际社会一直都致力于努力调和各个法系诸国之间的立法差异,对于诉讼、仲裁和调解这三种国际民商事争议解决方式,力求构建统一、协调的国际民商事争议解决秩序。对于规范国际民商事诉讼程序所作的国际上的努力,以海牙国际私法会议为代表,通过的国际公约就有《选择法院公约》《外国民商事判决承认和执行公约》《民商事管辖权及判决公约草案》《选择法院协议公约》[1]《承认与执行外国民商事判决公约》。其中最具有决定性意义的当属 2019 年通过的《承认与执行外国民商事判决公约》。它为国际民商事管辖权和判决承认与执行之问题扫清了多处障碍,划定了统一可行的规则。而在国际民商事仲裁领域,从最早适用于南美国家间区域性的《国际民事诉讼程序法条约》,到后来国际联盟时期的《日内瓦议定书》(也称《和平解决国际争端议定书》),最后再到具有跨世纪影响力的《纽约公约》(也称《承认及执行外国仲裁裁决公约》),国际仲裁裁决的跨国承认与执行问题终于得到了规范妥善的解决。如果说《选择法院协议公约》和《纽约公约》分别代表着国际民商事诉讼和仲裁领域争议解决的两大支柱,那么在 2020 年正式生效的《新加坡调解公约》则是国际民商事调解领域争议解决的关键机制,三者成为国际民商事判决承认与执行的"三驾马车"[2]。

---

[*] 吴书凯,中南财经政法大学国际法学硕士研究生。
[1] 参见刘仁山:《我国批准〈选择法院协议公约〉的问题与对策》,载《法学研究》2018 年第 4 期。
[2] 参见《合力构建调解仲裁诉讼多元化纠纷解决机制拥抱国际商事纠纷解决新时代》,载澎湃新闻网 2019 年 10 月 28 日,https://www.thepaper.cn/newsDetail_forward_4811346。

《新加坡调解公约》是在美国于2014年联合国国际贸易法委员会上提出的一个建议的基础上所推动促成的,即在已经颁布的联合国国际贸易法委员会《国际商事调解示范法》的基础上制定新约,以赋予国际民商事调解协议可执行性。该建议一经提出便得到了国际社会的普遍响应,在短短几年的时间内,国际社会积极交流共克难关,46个国家最终于2019年8月7日在新加坡正式签署了《新加坡调解公约》。该公约的最大意义在于赋予了国际民商事调解协议以"一事不再理"的约束力和可执行性[1],使得国际民商事调解协议可以与国际民商事法院判决和仲裁裁决一样被法院直接承认和执行,而无须再另行起诉或转化仲裁,极大地提高了国际民商事调解作为"非诉讼纠纷解决程序"(Alternative Dispute Resolution, ADR)的可信赖性、可预测性和独立性。如有学者所说的那样,《新加坡调解公约》推广和宣传使用调解来解决国际民商事争端,提高了调解在争议解决方式中的地位[2]。

二、《新加坡调解公约》背景下案外第三人权利保护之必要性

在过去的实践中,调解并不是解决国际民商事争议的常用手段,这是由于在《新加坡调解公约》通过之前,国际调解协议在当事人之间达成之后,并没有全面有效的法律框架和执行机制来进行执行,其结果是当事人试图执行这类协议时,通常会被当作因普通的合同违约引起的诉请,所以当一方当事人拒绝遵守调解协议时,另一方必须通过仲裁或在法院起诉,开始一套新的单独的程序以执行调解协议,这无形中增加了当事人时间成本和经济成本[3]。而《新加坡调解公约》的通过赋予了国际调解协议直接的可执行性,大大提高了通过调解来解决国际民商事纠纷的效率。但是这也意味着当事人通过恶意串通营造调解条件并执行调解协议的成本大大减少,而这种情况的最终受害者是与调解事项有利害关系的案外第三人。这种双方当事人出于获得非法利益的目的,互相或者与调解员共同恶意串通,虚构调解事实、最

---

[1] 参见孙南翔:《〈新加坡调解公约〉在中国的批准与实施》,载《法学研究》2021年第2期。
[2] See Christina G. Hioureas, *The Singapore Convention on International Settlement Agreements Resulting from Mediation: A New Way Forward*, Berkeley Journal of International Law, Vol. 37: 215, p. 215-224(2019).
[3] See Christina G. Hioureas, *The Singapore Convention on International Settlement Agreements Resulting from Mediation: A New Way Forward*, Berkeley Journal of International Law, Vol. 37: 215, p. 215-224(2019).

终达成调解协议,损害与调解事项具有利害关系的案外第三人合法权益的行为,被称为虚假调解。在当前的立法框架和制度构建层面,国际民商事调解因其自身的性质和《新加坡调解公约》在配套制度未完善的情况下被通过而产生的一些副作用,可能会使国际民商事调解滋生出虚假调解,对案外第三人的合法权益造成影响。

(一)调解自身性质特征的另一面

调解以其经济灵活、快捷便利的特点越来越成为国际民商事关系参与者所青睐的纠纷解决方式,调解和仲裁一样,相较于诉讼而言都具有更显著的程序灵活性、高效性和自治性,当事人能够自主选择程序性事项,并脱离公权力对私关系的支配和影响,在国际民商事争端解决中更契合当事人私权自治和契约自由的"无讼"价值观。调解是通过当事人之间相互推进而实现争议解决的过程。在这个过程中,当事人对彼此之间的纠纷享有高度的保密性与意思自治的权利,更重要的是调解的成果是当事人双方自行达成的协议。学界普遍认为,相比于强加于他们的决定,比如由仲裁庭作出的仲裁裁决和法院作出的判决,当事人更愿意去遵守他们自行达成的协议。[1]

在调解具有高度保密性的背景下,对程序推进和实体选择可以进行意思自治的当事人很有可能会因为缺乏外部力量的制约,为追求非法目的而实行一些恶意串通虚构法律事实的行为,最终使案外第三人蒙受权益受损的后果。此外,《新加坡调解公约》赋予国际民商事调解协议可执行性的另一重后果是使调解协议脱离仲裁机构或法院的核查,这也使得当事人进行虚假调解被发现的风险成本降低。再者,在国际民商事调解中,无论是当事人还是法律事实都具有复杂性,有利害关系的第三人本就难以发现自身的权益受损,一旦虚假调解协议得到执行,将会直接损害案外第三人的权益,导致其不得不寻求其他救济措施。

(二)《新加坡调解公约》下配套制度尚缺

通过诉讼程序解决纠纷,法院需要严格遵循一系列法定程序。与此同时,法律也设定了一系列对司法人员违法失职行为进行处理的详细规范,使诉讼的结果与司法人员的责任紧密相连。相对诉讼而言,仲裁在各方面受到

---

[1] See CHUA. E, *The Singapore Mediation Convention on Mediation—A Brighter Future for Asian Dispute Resolution*, Asian Journal of International Law, Vol. 9:195, p. 195-205(2019).

的限制显然没有诉讼那么多,但是无论仲裁在程序上如何自治宽松,由仲裁庭作出的具有法律约束力的仲裁裁决仍然与其责任相关联,仲裁庭须为裁决的合法性承担责任。而调解既没有像诉讼那样受到程序上的种种限制,也没有像仲裁那样会出现来自保证结果合法性的负担。调解的事实完全源于当事人的陈述,其真实性难以保障,当事人虚假调解或其他损害案外第三人的情况也就难以被发现。

《新加坡调解公约》显然并没有为规避这种风险做好配套制度上的准备,最显著的问题在于对调解地规定的缺失,而这将导致无法将调解地所在国的监管作用到调解之上[1]。该公约第1条[2]关于"国际性"的定义并没有强调调解地的界定问题,第4条尽管提到了当事人应当出具调解管理机构的证明[3],但调解机构开展调解具有灵活性,并不局限于某个地点,因此第4条也没有对调解地作出任何确定性的要求,第5条关于拒绝准予救济的情形中[4],提到的只是在事后对调解协议拒绝救济的情况,例如违反被寻求救济的公约当事国的公共政策,但并没有对调解过程中可能出现的违反调解地国法律或公共政策的情况进行规制。在这样的背景下,调解地要求的缺失将导致调解地的规则监管作用缺位,使得"即使调解员不遵守当地的调解法律规则,也不必然导致调解协议被拒绝承认"。[5]

另外,《新加坡调解公约》也没有对一个重要问题设计出合理的处理方

---

[1] 参见蔡伟:《〈新加坡调解公约〉的困境和应对》,载《清华法学》2022年第2期。
[2] 《新加坡调解公约》第1条第1款规定:"本公约适用于调解所产生的、当事人为解决商务争议而以书面形式订立的协议('和解协议'),该协议在订立时由于以下原因而具有国际性:(a)和解协议至少有两方当事人在不同国家设有营业地;或者(b)和解协议各方当事人设有营业地的国家不是:(一)和解协议所规定的相当一部分义务履行地所在国;或者(二)与和解协议所涉事项关系最密切的国家。"
[3] 《新加坡调解公约》第4条第1款规定:"1.当事人根据本公约依赖于和解协议,应向寻求救济所在公约当事方主管机关出具:(a)由各方当事人签署的和解协议;(b)显示和解协议产生于调解的证据,例如:(一)调解员在和解协议上的签名;(二)调解员签署的表明进行了调解的文件;(三)调解过程管理机构的证明;或者(四)在没有第(一)目、第(二)目或者第(三)目的情况下,可为主管机关接受的其他任何证据。"
[4] 《新加坡调解公约》第5条第2款规定:"根据第4条寻求救济所在公约当事方主管机关如果作出以下认定,也可拒绝准予救济:(a)准予救济将违反公约该当事方的公共政策;或者(b)根据公约该当事方的法律,争议事项无法以调解方式解决。"
[5] See Timothy Schnabel, *The Singapore Convention on Mediation: A Framework for the Cross-Border Recognition and Enforcement of Mediated Settlements*, Pepperdine Dispute Resolution Law Journal, Vol. 19:1, p. 1-60(2019).

式,即当一缔约国拒绝执行调解协议后,若当事人又将调解协议向其他缔约国寻求救济,其他缔约国该如何处理的问题。美国代表在公约制定过程中曾提议设计一套撤销被其他缔约国拒绝救济的调解协议的程序[1],但公约最后并没有采纳此提议,这使得一国对违法调解协议的拒绝救济没有任何域外作用,当事人仍能够向其他缔约国申请执行违法利己的调解协议。

(三)调解机构和调解员多样性带来的次生影响

目前在全球范围内存在各式各样的调解机构,而调解员更是在专业资质上参差不齐。在《新加坡调解公约》中,与规制调解员违反职业操守准则行为有关的条款只有第5条的(e)项和(f)项[2],其中提及在调解员出现何种情形时当事人可申请拒绝救济调解协议。但是,各国或各个调解机构对于调解员行为准则的规定五花八门,也没有相对统一客观的调解员资质认定标准,甚至对于调解员的准入标准并没有十分严格的立法规定。一位美国律师曾在2006年出具报告表明建立统一的调解员合格制度并不现实[3],美国国内各州已经无法统一对调解员资格的要求,对调解员的职业操守也没有进行规定;欧盟内部各成员国也存在同样的问题,普适性的调解员规则缺失[4];国内也有学者认为过于严厉的准入标准会阻碍调解行业的发展[5],最终会违背当事人对调解契约性和民间性的期望。

最终,这种来自调解机构和调解员自身的多样性导致未能得到统一的立法约束,进而引发一种源自多样性的不确定性和风险性,为当事人进行虚假调解创造了宽松的条件。资质存在问题的调解机构或调解员可能无法觉察当事人之间进行的违法操作而间接促成当事人之间的虚假调解,甚至可能会出现一些调解员在缺乏准入和过程监管的情况下故意帮助和促成当事人的

---

[1] See Timothy Schnabel, *The Singapore Convention on Mediation: A Framework for the Cross-Border Recognition and Enforcement of Mediated Settlements*, Pepperdine Dispute Resolution Law Journal, Vol. 19:1, p. 1-60(2019).

[2] 《新加坡调解公约》第5条第1款节选:"……(e)调解员严重违反适用于调解员或者调解的准则,若非此种违反,该当事人本不会订立和解协议;或者(f)调解员未向各方当事人披露可能对调解员公正性或者独立性产生正当怀疑的情形,并且此种未予披露对一方当事人有实质性影响或者不当影响,若非此种未予披露,该当事人本不会订立和解协议。"

[3] See R. Wayne Thorpe, *Final Report of the ABA Section of Dispute Resolution Task Force on Improving Mediation Quality*, American Journal of Mediation, Vol. 2:1, p. 1-32(2018).

[4] 参见蔡伟:《〈新加坡调解公约〉的困境和应对》,载《清华法学》2022年第2期。

[5] 参见黄子頔:《〈新加坡调解公约〉下国际商事调解制度问题研究》,华东政法大学2020年硕士学位论文。

违法行为。这样一来,案外第三人的权益将随着寄望于调解主持方的保障作用溃堤后彻底暴露在风险之中,甚至有被他人掌控的危险。

三、国际民商事仲裁第三人制度的借鉴与启示

自 1958 年《纽约公约》颁布以来,仲裁已经成为国际民商事争议解决的一种重要方式,其因保密、灵活和契约自治的私权色彩浓厚特色越来越受到当事人欢迎。然而,在国际民商事仲裁中,由当事人恶意串通、虚构事实引起的虚假仲裁事件也层出不穷,传统仲裁理论的局限性也越来越与第三人权利保护的公正价值相冲突,从而引发了国际范围内对案外第三人救济途径的思考和构建。尽管当前很多国家都通过立法赋予案外第三人申请不予执行或申请撤销仲裁裁决的救济权利,2018 年最高人民法院颁布的《关于人民法院办理仲裁裁决执行案件若干问题的规定》也首次对此予以规定。但显然,这些救济途径都侧重于给予第三人事后补救的权利,而且往往需要当事人承担较重的证明责任。国际民商事仲裁的跨国性也使得有利害关系的第三人寻求救济的努力犹如大海捞针。也正因为这种事后救济规则在实施效果上并不令人满意,各国也开始探索让案外第三人参与仲裁程序的制度,此即仲裁第三人制度。

对于为解决虚假仲裁而引入仲裁第三人制度的必要性,有学者业已围绕仲裁协议的相对性例外和意思自治原则的有限性来为仲裁第三人制度寻求理论基础[1],在此不必赘述。

(一)关于仲裁协议的相对性例外

传统仲裁理论认为,仲裁协议因为其载有关于当事人双方在平等自愿基础上合意选择争议解决方式的事项而自始具有契约性,其效力只及于当事人双方。但是随着法学理论和实践的不断发展,一些国家开始认识到仲裁协议可能因为某些情形而具有扩张的法律效力,并逐渐承认仲裁协议对未签字的利害关系第三人也具有法律约束力,我国学者赵健用"长臂的仲裁协议"来形容这种情况[2]。我国立法与司法实践也承认了仲裁协议的扩张效力,如针

---

[1] 参见黄明举:《国际商事仲裁第三人制度研究——兼论我国国际商事仲裁第三人制度完善》,西南财经大学 2007 年硕士学位论文。
[2] 参见赵健:《长臂的仲裁协议:论仲裁协议对未签字人的效力》,载中国国际私法协会主办:《中国国际私法与比较法年刊》第 3 卷,法律出版社 2000 年版。

对仲裁协议中约定的债权债务发生转让的情况,我国仲裁法解释中明确规定了仲裁协议将会对债权债务的受让人有效[1]。而针对保险人代位求偿权纠纷,《全国法院民商事审判工作会议纪要》第98条也认为被保险人和第三者在保险事故发生前达成的仲裁协议对保险人有约束力[2]。

而仲裁协议相对性的突破也可能出现在"刺破公司面纱"的情况中,"刺破公司面纱"主要发生在股东或母公司滥用法人资格或有限责任待遇而致使债权人利益受损的情形中。当债权人与债务人签订有仲裁协议,但债权人与股东或母公司之间并没有订立仲裁协议,根据"刺破公司面纱"的理论,若债权人选择以诉讼方式解决此纠纷,债权人可以将股东或母公司列为共同被告进行诉讼;但是若债权人欲通过仲裁来解决,依照仲裁协议相对性的原则,债权人无法直接将非仲裁协议当事方的股东或母公司作为被申请人提起仲裁,这就反映了传统仲裁理论在债权人保护措施上存在薄弱项,使得仲裁在应对这类纠纷时显得无能为力。若能将与诉讼第三人制度相类似的制度引入仲裁中,便能够有效解决这类纠纷,这也证明了承认和正视仲裁协议的相对性例外具有一定的必要性。

(二)关于意思自治原则的有限性

意思自治原则最初作为赋予当事人在合同领域自主选择支配自身权利义务的法律原则,在国际民商事关系的不断发展过程中,其运用已经扩张到了侵权、婚姻家庭、继承等领域。但是意思自治原则不是赋予当事人无限度的自由。早在杜摩林提出意见自治说之时,他就指出,强制性的习惯不能依当事人的意思自治而排除适用[3]。20世纪初,美国《第一次冲突法重述》也选择了对意思自治原则进行限制[4],没有给意思自治原则留下适用的足够

---

[1] 最高人民法院《关于适用〈中华人民共和国仲裁法〉若干问题的解释》第9条规定:"债权债务全部或者部分转让的,仲裁协议对受让人有效,但当事人另有约定、在受让债权债务时受让人明确反对或者不知有单独仲裁协议的除外。"

[2] 《全国法院民商事审判工作会议纪要》第98条规定:"保险代位求偿权是一种法定债权转让,保险人在向被保险人赔偿保险金后,有权行使被保险人对第三者请求赔偿的权利。被保险人和第三者在保险事故发生前达成的仲裁协议,对保险人具有约束力。"

[3] 参见黄明举:《国际商事仲裁第三人制度研究——兼论我国国际商事仲裁第三人制度完善》,西南财经大学2007年硕士学位论文。

[4] 《第一次冲突法重述》规定合同适用合同缔结地法,如果缔结地允许,当事人能够在合同中纳入其自主选择的外国法,但该外国法必须受合同缔结地国强制规则的限制。

空间[1]。此外,在当今包括我国在内的许多国家在立法中也规定了对意思自治原则的限制,如我国《仲裁法》总则中明确规定,当事人不能依照合意将涉及婚姻、收养、监护等方面的纠纷提交仲裁[2],这是在仲裁领域意思自治原则有限性的体现。

承认意思自治原则的有限性在一定程度上是对公正与效率价值的维护,能够有效防止当事人规避法律风险,利用法律漏洞实现自身的非法利益。在国际民商事仲裁领域平衡好当事人的意思自治和对这种意思自治的适当限制,将有利于防止当事人滥用仲裁权利损害案外第三人的合法权益。

除此之外,还有学者以仲裁具有准司法性为由主张允许案外第三人加入仲裁程序。这种准司法性包括两个部分:第一部分是仲裁协议效力的司法性来源,仲裁协议的效力和仲裁庭的权利等问题都受到国家内部法律的规制。第二部分是仲裁裁决具有司法性效力,对当事人具有法律约束力,能够被法院承认与执行[3]。而准司法性的存在会使得仲裁成为实现公正价值的一种手段,但同时也会忽视与仲裁事项相关的任何一方的权益都将会影响这种司法性价值的完整性。还有一种从实用主义角度出发的观点支持仲裁第三人制度的构建,这种观点认为仲裁第三人制度能够有效保证仲裁裁决的一致性[4],避免作出相互矛盾的裁决,有利于纠纷的彻底解决,支撑这种观点的案例有著名的 Vimeira 轮船案[5]和 Adgas 承包商案[6]。

当前很多国际性仲裁机构和国家在仲裁规则或者立法中构建了仲裁第三人制度。其中比较重要的仲裁规则有国际商会的 ICC 仲裁规则,它规定第三人申请加入仲裁程序需向仲裁院秘书处作出请求并经过仲裁当事人同意[7];制

---

[1] 参见刘仁山:《国际私法与人类命运共同体之构建——以〈涉外民事关系法律适用法〉实施为据》,法律出版社 2019 年版,第 124 页。

[2] 《仲裁法》第 3 条规定:"下列纠纷不能仲裁:(一)婚姻、收养、监护、扶养、继承纠纷;(二)依法应当由行政机关处理的行政争议。"

[3] 参见王紫辰:《国际商事仲裁第三人问题研究》,外交学院 2012 年硕士学位论文。

[4] 参见王紫辰:《国际商事仲裁第三人问题研究》,外交学院 2012 年硕士学位论文。

[5] 参见杨良宜:《国际商务仲裁》,中国政法大学出版社 2019 年版,第 124 页。

[6] See Abu Dhabi Gas Liquefaction Co. Ltd. v. Eastern Bechtel Corp (1982) 2 Lloyd's Rep. 425, CA.

[7] 《ICC 仲裁规则》第 7 条第 1 款规定:"如果任何当事人希望追加仲裁当事人,应向秘书处提交针对该追加当事人的仲裁申请书……确认或任命任何仲裁员之后,不得再追加仲裁当事人,除非包括追加当事人在内的全体当事人另行同意。提交追加仲裁当事人申请的期限,可由秘书处确定。"

定了类似规定的还有伦敦国际仲裁院的 LCIA 仲裁规则,该规则允许第三人经一方当事人的申请而加入仲裁程序,但是需要取得相关第三人的书面同意[1];相似的还有新加坡国际仲裁中心的 SIAC 仲裁规则,该规则也同样要求想要加入仲裁程序的第三人需取得仲裁当事人的同意[2];而日内瓦商工会的 CCIG 仲裁规则则在当事人申请第三人加入的基础之上,将第三人能否参与仲裁的最终决定权交给商工会,后者拥有独立的决定权[3]。此外,也有一些国家在其立法中规定了仲裁中的第三人准入制度,例如,荷兰在其《荷兰民事诉讼法典》中规定,与仲裁有利害关系的第三人有权向仲裁庭申请加入仲裁程序,但该第三人能否最终参加仲裁需要征求当事人的意见,并由仲裁庭最终作出许可与否的裁定[4];比利时的规定则显得更为宽松,其不仅允许利害第三人自行申请加入仲裁程序,还允许一方当事人要求第三人加入仲裁程序[5];英国则从另一个角度入手,规定若仲裁协议缔约双方在协议中为第三人设定了涉及其权利的"实质条款",该第三人则会被视为是仲裁协议的一方当事人,其能够通过行使该仲裁协议为其设定的权利加入仲裁程序中[6]。

---

[1] 《LCIA 仲裁规则》第 22 条第 1 款第(h)项规定:"仅在一方当事人提出申请的情况下,允许一个或一个以上的 第三人作为当事人加入仲裁,但该第三人和提出申请的当事人必须已经书面同意上述事项。"

[2] 《SIAC 仲裁规则》第 24 条第 2 项规定,"允许表示同意被追加的当事人参加仲裁,可以对全部仲裁当事人的所有争议作一次性终局裁决。"

[3] 《CCIG 仲裁规则》第 18 条规定:"1. 如果被诉人意图让第三人参加仲裁,他应在答复中声明并应说明理由。被诉人应向商工会额外地提交一份答复的副本……3. 在收到第三人的答复后,商工会应考虑所有的情况,决定该第三人是否参加已经进行的仲裁程序。"

[4] 《荷兰民事诉讼法典》第 1045 条规定:"1. 根据与仲裁程序的结果有利害关系的第三人的书面请求,仲裁庭可以允许该第三人参加或介入程序。仲裁庭应毫不迟延地将一份请求发送给当事人……3. 如果第三人根据他与仲裁协议的当事人之间的书面协议参加仲裁,其参加、介入或联合索赔仅可由仲裁庭在听取当事人意见后许可。"

[5] 《比利时司法法典》第 1696 条规定:"任何有利益关系的第三人可以以书面形式请求仲裁庭授权参加仲裁程序,仲裁庭应将该请求转发至当事人;仲裁当事人一方也可要求第三人加入仲裁程序。"

[6] 1999 年《英国合同第三人权利法》第 8 条规定:"(1)当出现以下情况时:(a)在本法案第 1 条下实施合同条款('实质条款')的权利受制于有关事先规定的将争议提交仲裁('仲裁协议')的条款时,且(b)……,第三方应被视为仲裁协议的一方,该仲裁协议是第三方与缔约方之间就第三方实施实质条款的争议而产生的。(2)当出现以下情况时:(a)倘若协议条款规定可将第三方与缔约方之间一种或更多种类的争议提交仲裁('仲裁协议'),第三方拥有本法第 1 条规定的实施该合同条款的权利……且(c)第三方在前述第(1)款中并不被认为是仲裁协议的一方,但如果第三方实施该权利,根据该法,在其实施该权利以处理有关仲裁事务时将被视为仲裁协议的一方,并被认为在实施该权利之前就已成为仲裁协议一方。"

四、第三人制度引入国际民商事调解的可行性与必要性分析

在当前《新加坡调解公约》获得通过而相配套的程序保障机制尚欠缺的情况下，国际民商事关系中的当事人可能会利用这一漏洞，在规范机制的大门关上之前肆意利用公约，通过虚假调解或恶意约定等方式损害案外第三人的合法权益。考虑到仲裁第三人制度对于规范国际民商事仲裁程序的作用，因此在国际民商事调解中构建一套类似于仲裁第三人制度的调解第三人制度具有一定的可行性甚至必要性。

（一）借鉴成本降低使调解第三人制度具有可行性

调解与仲裁一样，具有明显的民间性、契约性、保密性和灵活性，调解在这些方面甚至有过之而无不及。调解和仲裁的权利重心都落在了当事人身上，当事人能够较大程度地决定争议解决的程序，使得争议解决无论在过程上还是结果上都能够服从当事人的利益导向，尽管在仲裁裁决中需要决定当事人孰胜孰负，但在得出结果的程序上已经尽可能地满足了双方当事人的公正价值需求。另外，无论是调解还是仲裁中的公正价值都不应只局限于当事人双方，还应当扩张到第三人之上。因此，无论是上述提到的仲裁协议的相对性扩张，还是意思自治原则的有限性，放在调解中也同样适用。调解协议在一定情况下也应当突破合同相对性而顾及案外第三人的合法利益，调解过程中当事人的意思自治也应当受到一定的限制。调解与仲裁两种非诉纠纷解决方式拥有的相近价值取向，或许会有利于调解第三人制度生根发芽，使得将仲裁第三人制度移植到调解中的成本降低。

（二）《新加坡调解公约》使调解第三人制度具有必要性

在调解的固有属性中，当事人就已经享有高度的自治权利，而调解员更多是"像催化剂一样促进双方交流并解决问题"[1]。而《新加坡调解公约》的内在精神明确了司法主管机关在对待当事人达成的调解协议时的行为导向，即避免设置严苛的审查门槛，以期能从速审查、从速执行，并明确限制司法主管机关要求当事人提供必要证明文件的权力[2]。另外公约对于"国际性"的要求极为宽松，使得援引公约变得十分容易。公约的种种规定使得其

---

[1] [英]迈克尔·努尼：《法律调解之道》，杨利华、于丽英译，法律出版社2006年版，第31页。

[2] See Report of Working Group II (Dispute Settlement) on the Work of Its Sixty-seventh Session (Vienna, 2-6 October 2017), A/CN.9/929, para. 64.

在一定程度上是不可靠的,容易为当事人虚假调解创造条件,而纠纷的跨国属性更是使得对虚假调解的甄别难度大增[1],案外第三人因虚假调解而权益受损的潜在风险也随之增加。

此外,公约当前并没有相关的程序和机制保障案外第三人的救济权利。《新加坡调解公约》第 5 条只是赋予了国际调解协议的当事人向公约当事国主管机关申请拒绝准予救济的权利,同时赋予了主管机关在准予救济会与主管机关所在国公共政策相抵触,或根据公约当事方法律争议事项无法以调解方式解决时得以拒绝准予救济的权利,然而并没有对案外第三人寻求救济规定必要的程序,包括申请不予执行程序和执行后的执行回转程序等。可以说,《新加坡调解公约》在便利调解当事人的同时表现出了对案外第三人合法权益的忽视,引发了人们对公约保障调解秩序之功能的担忧,同时也使对案外第三人的权益保护有了一定的紧迫性,从而使引入第三人调解制度具有了一定的必要性。

五、构建调解第三人制度的可行进路

(一)第三人申请加入——"契约性例外"

将案外第三人引入国际商事调解程序的难点在于如何平衡保护调解契约性和维护案外第三人合法权益之间的冲突,最大的担忧莫过于对调解契约性的破坏。这种担忧同样发生在仲裁第三人加入仲裁程序的过程中,从现行较为重要的国际仲裁规则中,各仲裁规则为保障仲裁契约性所作出的努力可见一斑,例如,2012 年《ICC 仲裁规则》规定经一方当事人申请加入的第三人在加入前需经过全部当事人的同意[2];《日本商事仲裁协会商事仲裁规则》也规定案外第三人要经过仲裁当事人的同意才能加入仲裁[3]。但是,若调解中的第三人申请加入调解程序,需要经过当事人的同意才能实现,这种"同意准入制"在虚假调解等当事人意欲合谋损害第三人合法权益的情况中是难

---

[1] 参见严红、陈庆特:《〈新加坡调解公约〉下虚假调解的界定、挑战及中国因应》,载《上海政法学院学报(法治论丛)》2022 年第 3 期。
[2] 详见《ICC 仲裁规则》第 7 条第 1 款规定:"如果任何当事人希望追加仲裁当事人……确认或任命任何仲裁员之后,不得再追加仲裁当事人,除非包括追加当事人在内的全体当事人另行同意……"
[3] 《日本商事仲裁协会商事仲裁规则》第 43 条第 1 款规定:"任何有利益关系的非仲裁当事人,经仲裁当事人同意后,均可以作为申诉人或被申诉人参加仲裁程序。"

以实现的。此时无法期待当事人作出同意第三人加入的决定,因此采取"同意准入制"无异于架空调解第三人制度,与调解第三人制度意在保护第三人合法权益的初衷相违背。此外,当进行中的调解程序有可能涉及案外第三人的权利义务时,该第三人也因为调解发生了"准相对性例外"而成为一种"准当事人"的存在,其与真正调解当事人的区别在于其并非调解协议的签订者,但这时调解也因发生了可能存在的"相对性例外"情况而出现相应的"契约性例外",亦即在此时不只有缔结调解协议的当事人双方拥有意思自治权利,案外第三人也理应拥有此种权利,保障与调解有利害关系的第三人的意思自治也是完整地保障调解契约性的必然要求。因此,笔者认为当第三人主动申请加入调解程序时,无须以获得调解当事人的同意为前提。但是,这并不意味着案外第三人可以随意加入调解程序,否则也是对调解当事人的契约性的一种破坏,这时为了平衡调解的契约性与第三人的合法权益,应当适当提高第三人在申请加入调解程序时证明其与案件存在利害关系的证明要求,并且由调解机构或调解员严格审查、把关。

(二)当事人申请引入第三人——适当限制意思自治

当国际民商事调解过程中的一方当事人认为需要引入案外第三人加入调解,此时是否需要得到另一方当事人的同意呢?由于国际民商事调解存在高度的自治性,一方当事人提出引入第三人的请求,必定是出于有利于自己的角度考虑的,而对另一方当事人而言,则必定会使其权益受损,因此另一方当事人会当然地提出反对意见,因为每个人必定都是自己利益的最佳判断者[1]。此外,由于《新加坡调解公约》对调解程序等方面规定的宽松性,其对虚假调解等损害案外第三人权益的调解行为的规制不足,若一方当事人提出引入第三人时需要另一方同意,那么通过调解第三人制度规范国际民商事调解程序的目的将无法达到。在这种情况下,若仍然想要保证调解当事人享有充分的意思自治权利,将会存在损害调解第三人制度实际适用效果的可能。因此,应当在一定程度上限制调解当事人的意思自治,无须获得另一方当事人的同意,但是需要保留另一方当事人提出异议的权利,且需明确其只有在提出充分的理由时才能使异议成立,否则第三人可以依一方当事人申请直接加入调解程序当中。至于在当事人申请第三人加入调解程序时,应当充分尊

---

[1] 参见黄明举:《国际商事仲裁第三人制度研究——兼论我国国际商事仲裁第三人制度完善》,西南财经大学 2007 年硕士学位论文。

重第三人的意思自治,充分发挥调解自愿的原则。

(三)赋予调解机构或调解员一定的第三人引入权

《新加坡调解公约》对用调解方式解决国际民商事争议的鼓励和推动,在一定程度上使当事人达成调解协议更加便捷和宽松,但这种做法会使得利益的天平向当事人一侧倾斜,在简约审查程序和放松调解程序限制的背景下,很有可能会助长虚假调解之风,而调解员作为具有保密性的调解程序中的唯一旁观者,应当对虚假调解和可能损害案外第三人的行为进行提防和制止,以重新摆正利益的天平。但是,若使调解员仅作为一个消极无为的程序保障者而没有赋予其主动制止损害第三人权益行为的权力,显然会让调解第三人制度沦为当事人追求自身利益的工具。因此,赋予调解机构或调解员一定的第三人引入权是十分必要的。这使得调解机构或调解员在发现调解涉及案外第三人的合法权益甚至直接损害第三人权益时,能够依职权独立主动地引入第三人而无须获得当事人的同意,在必要的情况下能够突破调解的契约性,以制止当事人正在进行的不法调解行为。《日本民事调解法》正是采取了这种规则[1],来尽可能降低调解当事人恶意串通损害第三人的可能。但是,这种调解机构和调解员的第三人引入权的行使,也同样要兼顾对调解契约性的保护。如果调解机构或调解员认为调解事项存在有利害关系第三人,相当于调解机构或调解员依职权突破了调解协议的相对性,也会发生"契约性例外",此时要尊重相关第三人的意思自治,即需要征求第三人关于是否加入调解程序的意见,只有获得相关第三人的明确同意,才会发生第三人经调解机构或调解员引入而加入调解程序的效果。

(四)健全调解员违法行为监管机制

调解第三人制度的正常运行离不开任何一方调解参与主体的配合和维护,对于在调解过程中起到引导和推进作用的调解员,有必要给予其一定的行为规范和责任约束。对调解员的管理首先应该体现在调解员的准入机制上,目前调解行业关于调解员的准入机制主要分为两种模式,分别是准入制和认证制[2]。前者是运用行政能力,后者是借助市场作用。采用准入制能够严格规范调解员的入行门槛,与相关的考核制度相结合可有效提高调解员

---

[1] 参见齐树洁主编:《外国调解制度》,厦门大学出版社2018年版,第363—364页。
[2] 参见黄子颀:《〈新加坡调解公约〉下国际商事调解制度问题研究》,华东政法大学2020年硕士学位论文。

队伍的专业性,并能对调解员进行行业内监管,为稳定调解秩序提供有力的保障。但出于对维持调解的民间性和契约性考量,将一定的调解员考核和管理权利让渡给市场和当事人也是有必要的,因此在准入制的基础上辅以认证制的市场监管,能够使调解员的考核、评价标准和渠道更为多元,同时赋予了调解当事人一定的自由和支配权利,市场的参与也能促使调解员专业资质的提高,从而产生更优质的调解员队伍。

(五)加强对调解过程中不法行为的规制

在《新加坡调解公约》背景下,国际民商事调解中可能出现的一些不法行为并没有能够得到很好的监管和制约。尽管公约中规定了在调解员违反职业操守时拒绝准予救济的情形,但是这种规定也仅停留在调解员的职业道德层面,暂无比其更为实质具体的调解员行为规范或准则。再者,调解具有高度的自治性和契约性,宽松的制度环境在一定情况下也会演变成违法操作的温床,容易滋生虚假调解等损害案外第三人合法权益的行为。国际民商事调解中对调解发生地规范的缺失也导致调解在实质上处于法律的真空地带,调解员和当事人的行为并没有得到相关的监管和约束,这将使得对调解公正的保障和案外第三人利益的保护荡然无存,因此在这片领域填充法律是亟需且必要的。为确保调解特有的高度契约性,采取负面清单的形式对调解员和当事人相关不法行为进行制约可有效降低对调解契约性和自治性传统的破坏,在立法方式上可以与《新加坡调解公约》配套采取统一实体立法的形式,或者对公约进行相关的修改和完善,在提高国际民商事调解的争议解决地位的同时,降低在国际民商事秩序中增添不稳定因素的风险和可能,让国际民商事调解程序在一定的规则下有序运行。

六、结语

在《新加坡调解公约》的背景下,国际民商事调解协议被赋予了更为直接的可执行性,但并没有对调解案外第三人的合法权益提供足够的保障,在该公约发挥作用的同时,案外第三人的权益保护是亟需重视的问题。由于调解和仲裁具有契约性和自治性等相似属性,以比照仲裁第三人制度的方式构建调解第三人制度,或许能够为公约背景下的国际民商事调解秩序起到一定的正面作用。中国已于2019年签署了《新加坡调解公约》,但目前该公约尚未批准生效。我国当前用于衔接公约的国际民商事调解的实体性和程序性规范尚不完善,司法实践层面也显现出了与《新加坡调解公约》不相适应的情况,对调解领域案外第三人的合法权益保护仍然没有可行的配套制度,若在此种情况下正式加入该公约可能会对我国现行的调解制度秩序造成一定的负面冲击。我国在正式加入该公约之前,需要尽快填补在调解特别是国际商事相关的调解领域的立法空白,还需要健全与公约精神相一致的、保证调解协议直接可执行性的程序规则,提前规划对案外第三人问题的处理方案,参考仲裁领域的相关制度设计及国际社会的先进经验,进一步探索在国际民商事调解领域与《新加坡调解公约》进行有效对接的方式,为我国构建更为健全的涉外民商事争议解决机制和实现更为全面完善的对外开放格局提供制度保障。

国际商事和解协议在我国的执行路径研究

汪 蕾* 赵雪贝**

2019年8月7日,包括中国在内的46个国家和地区签署了《新加坡调解公约》。截至2023年7月,共有51个国家和地区签署公约。[1]《新加坡调解公约》确立了一套国际商事和解协议可跨境强制执行的法律框架,为国际商事和解协议的跨境执行提供了相对一致的国际标准,以鼓励当事人采用和平的调解方式替代强对抗性的诉讼方式解决纷争。中国作为首批公约签署国,表明我国政府充分肯定了调解这一手段在解决国际商事争端中的作用。

在我国商事和解协议只具备合同效力,需依赖诉讼程序、仲裁程序、司法确认程序进行转换后再执行的背景下,要使《新加坡调解公约》中的直接执行制度在我国平稳落地,还存在与我国国内调解体系相衔接的诸多障碍。目前研究普遍关注的是如何按照公约的条款——对应地进行规范增加与制度增补。但问题的关键是,《新加坡调解公约》中直接执行制度的落地不仅是一个规则适配与制度衔接的问题,而是基于不同文化背景的两套理论逻辑同在调解平台上的对话。本文牢牢扎根中国现有的法律制度、调解法学与诉讼法学理论,基于中国主体视阈,从我国传统执行国际商事和解协议路径的困境出发,梳理两种制度的运行逻辑,客观研判《新加坡调解公约》落地之价值主张,在意思自治与国家法秩序对立与统一的平衡中,为建立与《新加坡调解公约》融通又具有中国特色社会主义性质的商事和解协议执行理论、商事和解协议执行制度提出可行性建议。

---

* 汪蕾,西南财经大学法学院教授、硕士研究生导师。
** 赵雪贝,西南财经大学法学院硕士研究生。
[1]《联合国关于调解所产生的国际和解协议的公约》,载联合国官网,https://uncitral.un.org/en/texts/mediation/conventions/international_settlement_agreements/。

一、国际商事和解协议在我国执行的传统路径的困境揭示

中国目前并没有针对涉外和解协议的国内承认与执行的法律规范。由于其是经双方合意达成的争端解决方案,应当具有民事合同性质,通常不具备直接的执行力。除当事人双方自动履行外,我国采取以下三种路径执行商事和解协议,但在实践中均存在一定缺陷。

(一)作为合同执行有损调解优势

和解协议的单一合同属性在我国学界及法律实践中均已被广泛接受与认可。从我国的立法实践来看,已有多部法律文件、司法意见明确将和解协议的性质定位为合同。也就是说,在一方不履行和解协议时,另一方当事人只能请求法院依据《民法典》依法作出判决。

然而,诉诸法院对当事人来说具有诸多影响。具体而言表现在以下几个方面。第一,当事人在解决纠纷之初之所以选择调解程序解决纠纷,就是避免纠纷进入诉讼程序。而如此一来,不仅无端浪费了当事人的时间、金钱,也未能帮助当事人避免进入当初极力避免进入的诉讼程序。第二,在公权力的介入下,当事人的意思自治会受到一定的限制。第三,由于人民法院将对和解协议进行实质性审查后依法作出判决,故商事调解保密性强、灵活高效的优势不复存在。

(二)经法院确认后执行具有局限性

在我国,欲执行经独立的调解程序达成的和解协议必须经过司法确认程序。最高人民法院《关于建立健全诉讼与非诉讼相衔接的矛盾纠纷解决机制的若干意见》将各类调解类型达成的具有民事合同性质的协议无差别纳入司法确认程序的范围,[1]也就是说,国内的商事和解协议必须经过当事人依据《人民调解法》等相关法律向人民法院申请司法确认后才能够申请强制执行。其他国家也有相似的实践,一些国家法律允许和解协议成为法院同意令或法

---

[1] 最高人民法院《关于建立健全诉讼与非诉讼相衔接的矛盾纠纷解决机制的若干意见》第20条规定:"经行政机关、人民调解组织、商事调解组织、行业调解组织或者其他具有调解职能的组织调解达成的具有民事合同性质的协议,经调解组织和调解员签字盖章后,当事人可以申请有管辖权的人民法院确认其效力。当事人请求履行调解协议、请求变更、撤销调解协议或者请求确认调解协议无效的,可以向人民法院提起诉讼。"

令的主体,其可以作为其注册地法院法令被强制执行。[1]

然而,此种转换路径仍然存在诸多局限性。一方面,法院通常采取对和解协议进行实质审查和程序审查并重的方式进行转化。尤其是在我国,司法确认程序相当于"一场小型的审判",不仅增加了司法成本,也难以满足商事调解对高效率的追求。另一方面,在缺乏多边条约、双边互惠安排的情况下,执行国通常没有义务执行他国的法律文书。在多边条约层面,主要依靠《选择法院协议公约》来保证缔约国承担执行和解协议的义务。中国于2015年签署该公约,但尚未批准。由于该公约目前仅有32个缔约国,且公约的适用以互惠为基础,适用范围有限。此外,双边条约是中国承认与执行外国民商事法律判决、文书不可或缺的依据。目前,与中国签订双边条约的国家中有28个是"一带一路"沿线国家,而如美国、德国、日本等重要贸易伙伴国尚未与中国签订此类双边条约。已经签订的双边条约的具体条款也存在缺乏统一性、可操作性等问题,在实践中尚未达到预期效果。[2] 因此,和解协议经法院确认后转化执行的方式存在较大的局限性。

(三)转换为仲裁裁决执行存在争议

将国际商事和解协议转换为仲裁裁决进行执行是一种常见做法。目前多国仲裁规则都允许将仲裁程序过程中达成的和解确认为一项裁决或"根据商定条件作出的仲裁裁决"。[3] 经双方当事人请求并经仲裁庭接受,[4]即可作出此种裁决。我国《仲裁法》第51条第2款规定,调解达成协议的,仲裁庭应当制作调解书或者根据协议的结果制作裁决书。调解书与裁决书具有同等法律效力。这种类型的和解协议是一个经过仲裁程序而非调解程序而达成的协议,[5]所以只能通过转换成仲裁裁决予以执行。

在此种模式下,当事人在理论上可以依据《承认及执行外国仲裁裁决公约》(《纽约公约》)向其172个缔约国的法院申请执行。但在实践中,此类和

---

[1] See Edna Sussman, *The New York Convention through a Mediation Prism*, Dispute Resolution Magazine, Vol.10, p.10(2009).

[2] 参见陈婉姝:《双边条约视野下中国承认与执行外国民商事判决研究》,载《西南政法大学学报》2020年第5期。

[3] Commercial Arbitration Act 2010(NSW) s 30(Austl.) and Commercial Arbitration Act. 2013(Qld)s30(Austl.).

[4] LCIA Arbitration Rules, London Court of International Arbitration(LCIA).

[5] See Klaus P. Berger, *Integration of Mediation Elements into Arbitration*, Arbitration International, Vol.13:7, p.387(2003).

解协议能否经《纽约公约》执行,仍存在较大争议。第一,"无争议,无仲裁",存在纠纷是《纽约公约》下仲裁裁决的必要预设条件。有效的和解裁决应符合相应的时间要求,并且仲裁员只能在仲裁程序中双方诉求未决并达成和解协议的情况下作出和解裁决。[1] 严格意义上来说,纠纷已经在双方向仲裁庭提交和解协议前通过调解程序解除了,此类协议并非《纽约公约》下基于仲裁协议而作出的仲裁裁决。第二,从实践情况来看,1996 年英国《仲裁法》第 6 条第 1 款明确规定,仲裁庭在仲裁程序外,根据国际商事争议当事人达成的和解协议作出的仲裁裁决无效。在菲律宾船员案中,[2] 美国法院认为,仲裁庭根据当事人在提起仲裁前已达成的和解协议作出的"仲裁裁决"并不足以构成适用《纽约公约》的仲裁裁决。由此可见,将和解协议转换为仲裁裁决予以执行很可能被认定为无效。

二、《新加坡调解公约》下直接执行制度与我国的适配难点

《新加坡调解公约》的出台解决了上述困境。其通过赋予国际商事和解协议直接执行力,来构建和解协议跨国统一高效执行的法律框架。即只要满足《新加坡调解公约》对调解程序的要求,以及和解协议可直接执行所必需的保障,[3] 缔约国就应当予以执行。在我国建设"一带一路"的新时代背景下,商事和解协议的直接执行制度为我国营造法治化、国际化、便利化营商环境建设提供了重要支持。然而,要使公约下的直接执行制度真正在我国落地实施,还存在理论和现实困境。在理论方面,司法确认程序与《新加坡调解公约》中直接执行制度的要求不符。且执行制度冲突只是表现形式,和解协议的效力冲突才是根源所在。在实践方面,虚假调解的甄别、救济也将会成为难以忽视的问题。

(一)直接执行制度缺乏理论支撑

我国学者认为,调解区别于审判和仲裁的关键因素是,作为中立的第三方,调解员无权对争端各方施加外部强制力量。[4] 因此,和解是一种私力救济的手段,经当事双方交涉妥协之后达成的合意结果应当归属于一种特殊类

---

[1] 参见胡伟峰:《"和解协议"非"仲裁裁决"问题分析》,载《世界海运》2019 年第 7 期。
[2] Michael Castro *v.* Tri Marine Fish Company LLC, No. 17-35703(9th Cir. 2019).
[3] See para. 44 of the International Commercial Conciliation: Enforceability of Settlement Agreement, A/CN. 9/WG. II/WP. 190(2015).
[4] 参见范愉:《非诉讼程序(ADR)教程》,中国人民大学出版社 2002 年版,第 150 页。

型的合同。[1] 商事调解协议的民事合同性质使之在国内并不能产生解决纠纷的终局效力,未经过司法确认程序的审查,更不具有执行力。

在我国商事和解协议仅具有合同效力的背景下,要实施直接执行制度,也就是要求国家直接承认与执行仅具有私法效力的国际商事和解协议。有学者将这种做法概括为"国家将其纠纷解决权力向市民社会让渡并对结果进行背书"。[2] 从这种观点出发,直接执行制度不仅缺乏理论基础,还可能有违法治精神。由此可见,我国与《新加坡调解公约》关于和解协议效力的差异(见表 26-1)是我国实行直接执行制度的主要障碍。

表 26-1 我国与《新加坡调解公约》规定的和解协议效力差异对比

项目	我国关于和解协议效力的规定	《新加坡调解公约》关于和解协议效力的规定
条文规定	2011 年《人民调解法》第 31 条第 1 款:经人民调解委员会调解成的调解协议,具有法律约束力,当事人应当按照约定履行	第 5 条第 1 款 b 项第(二)目:根据和解协议条款,不具约束力或者不是终局的,主管机关可拒绝准予救济
	2002 年《审理民事案件规定》(已失效)第 1 条:经人民调解委员会调解达成的、有民事权利义务内容,并由双方当事人签字或者盖章的调解协议,具有民事合同性质	第 5 条第 1 款 b 项第(三)目:根据和解协议条款,随后被修改,主管机关可拒绝准予救济
	2009 年《矛盾纠纷解决机制意见》第 10 条:经商事调解组织……调解后达成的具有民事权利义务内容的调解协议,经双方当事人签字或者盖章后,具有民事合同性质	第 6 条:如果已经向法院、仲裁庭或者其他任何主管机关提出了与一项和解协议有关的申请或者请求,而该申请或者请求可能影响到根据第 4 条正在寻求的救济,寻求此种救济所在公约当事方的主管机关可在其认为适当的情况下暂停作出决定,并可应一方当事人的请求下令另一方当事人适当具保
	2016 年《纠纷解决机制改革意见》第 31 条:经……商事调解组织……调解达成的具有民事合同性质的协议,当事人可以向调解组织所在地基层人民法院或者人民法庭依法申请确认其效力	

---

[1] 参见王利明:《论和解协议》,载《政治与法律》2014 年第 1 期。
[2] 蔡伟:《〈新加坡调解公约〉的困境和应对》,载《清华法学》2022 年第 2 期。

续表

项目	我国关于和解协议效力的规定	《新加坡调解公约》关于和解协议效力的规定
	2018年《国际商事争端解决机制和机构意见》规定:"一带一路"国际商事调解机构为解决"一带一路"建设参与国当事人之间的跨境商事纠纷出具的调解书,可以由有管辖权的人民法院经过司法确认获得强制执行力	第7条:本公约不应剥夺任何利害关系人可依寻求依赖和解协议所在公约当事方的法律或者条约所许可的方式,在其许可限度内,援用该和解协议的任何权利
	2019年《纠纷多元化解机制建设意见》第8条:经调解达成的调解协议,具有法律约束力,当事人应当按照约定履行	
效力总结	经调解达成协议具有合同性质,不具有既判力,经司法确认程序后具有执行力	经商事调解达成的协议具有法律约束力、终局效力、直接执行力

(二) 直接执行制度下容易滋生虚假调解

虚假调解,是指当事人一方假意调解,或者当事人之间、当事人与调解员之间恶意串通,以获取对方当事人或者第三人的财产或者其他不正当利益的行为。[1] 直接执行制度下之所以容易滋生虚假调解:一方面,是由于经调解达成的和解协议完全来自双方当事人的合意,其恶意串通的隐蔽性强,难以甄别;另一方面,是因为调解员是调解中不可或缺的参与方,是防止虚假调解的监督者,而我国的商事调解正处于起步阶段,调解组织与调解从业人员的职业能力与素质还与实际需要存在差距。[2] 在《新加坡调解公约》的加持下,制造国际背景下的虚假调解门槛更低,中国现行法律难以有效规制。

---

[1] 参见严红、陈庆特:《〈新加坡调解公约〉下虚假调解的界定、挑战及中国因应》,载《上海政法学院学报(法治论丛)》2022年第3期。
[2] 参见程勇跃:《推进涉外法治建设视域下我国国际商事调解协议执行制度的构建——以新加坡调解公约在我国的批准与实施为视角》,第十一届京津沪渝法治论坛会议论文,2022年9月于线上。

三、《新加坡调解公约》下直接执行国际商事和解协议的学理分析

（一）和解协议的效力定位

受诉讼中心主义的西方法治话语影响,长期以来,我国法学研究都是围绕"权利—诉讼"的模式进行开展。这种认知模式弱化了调解应有的价值。[1] 首当其冲的就是调解的结果——和解协议仅具有合同效力。随着我国社会化转型进入关键时期,国家做出"坚持把非诉讼纠纷解决机制挺在前面"的战略部署,调解的法理和价值因此被重新审视。和解协议具有高于合同效力的观点也逐步被学界承认。但是,和解协议具有高于合同的效力的依据是什么？应当如何衡量调解的价值？上述问题可以根据现代调解的价值从实体与程序两个维度进行阐释。

1. 商事调解的实体价值

从实体法上看,商事调解的最终目的与诉讼和仲裁一致,都是为了实现权利。[2] 基于商事纠纷的特点,当事人在纠纷解决的手段上更加注重自由和效率的价值,可能会为了长远利益而放弃部分"形式正义"。调解所产生的高效、快速的正义不逊色于客观意义上正确判决所产生的正义。[3] 从这个角度来看,诉讼和仲裁在商事领域有一定的局限性。国际商事诉讼的标的物和当事人可能涉及多个国家,当事人出于趋利避害的本能,更渴望寻求对自己更有利的国家法院。[4] 诉讼管辖权障碍、纠纷解决时间延长等弊端都会因当事人在不同国家提起平行诉讼而显现。此外,诉讼程序的高成本、长周期、跨境调查取证复杂等问题也难以忽视。国际商事仲裁因为有明确的仲裁协议,所以在管辖权与仲裁范围方面有较强的稳定性。一方面,由于仲裁员的任职资格条件各国立法不一且仲裁庭的组成具有临时性和随机性,裁判标准难以统一。另一方面,商事仲裁采取一裁终局制度,意味着当事人无权再通过上诉或者重新起诉的方式纠正错误裁决,后续救济问题使得商事仲裁面

---

[1] 参见廖永安：《科学认识调解价值 推动社会治理创新》,载中国社会科学网2020年3月26日,https://www.cssn.cn/skgz/bwyc/202208/t20220803_5456870.shtml。

[2] 参见[日]谷口安平：《程序的正义与诉讼》,王亚新、刘荣军译,中国政法大学出版社1996年版。

[3] 参见吴俊：《中国商事调解制度研究综述(1996-2011)》,载北京仲裁委员会编著：《北京仲裁》第81辑,中国法制出版社2012年版,第51页。

[4] 参见沈涓：《国际民事诉讼中滥用诉权问题浅析》,载《国际法研究》2017年第6期。

临风险。

商事调解的自愿性弥补了诉讼和仲裁的上述缺陷。调解的全过程都取决于当事人的意愿,契合当事人对自由价值的追求。作为一种与诉讼、仲裁并行的争端解决方法,运用调解达成的和解协议是具有法律约束力且可以被执行的协议,应该是各方当事人的一种合理的期望。[1] 根据功能等同原则,《新加坡调解公约》框架下的和解协议在功能上应相当于法院判决和仲裁裁决,和解协议也应具有和判决、裁决同等的效力,而不仅只具有合同效力。

2. 商事调解的程序价值

从程序法上看,调解可以被定义为一个当事人与调解人一起讨论并解决当事人之间的歧义的程序。[2] 调解作为争端解决程序,其能否通过程序价值论的检验,决定了商事和解协议是否具有程序的衍生价值。按照人们据以对法律程序进行价值判断的标准,程序价值理论可分为两个基本模式:一为程序工具主义理论,二为程序本位主义理论。其中第一种理论又有三个特殊的分支,即绝对工具主义程序理论、相对工具主义程序理论以及经济效益主义程序理论。[3] 上述四种理论在不同维度的透视中揭示了部分原理,但落入了片面性和绝对性的陷阱。遵循法哲学理论一体化的发展趋势,[4] 一些学者从综合的角度构建一种新的程序价值理论。下文将以该理论为基础,分析商事调解的程序价值,证明商事调解所达成的和解协议具有高于合同的效力。

首先,法律程序的评价和设计应确保它符合其内在价值,并具有最低限度的公平性和合理性。商事调解的价值,在于在法律允许的范围内,最大限度地帮助当事人灵活便捷地解决争议。调解组织是商事调解程序的主要实施者,调解的公正性与合法性已作为调解原则写入调解组织的调解规则。[5] 除依据现行法律法规外,调解还可以适用各种有关的社会规范诸如地方惯例、行业标准、乡规民约、公共道德准则、通行的公平原则。规范的调解程序

---

[1] See John S. Murray, *Processes of Dispute Resolution: The Role of Lawyers*, Found ation Press, 1989, p. 514.

[2] See Laurence Boulle and Miryana Nesic, Mediation: Principles, Process, Practice7(2001).

[3] 参见陈瑞华:《程序价值理论的四个模式》,载《中外法学》1996年第2期。

[4] 参见[美]博登海默:《法理学——法哲学及其方法》,邓正来、姬敬武译,华夏出版社1987年版,第197-205页。

[5] 国际商事争端预防与解决组织《商事调解规则》第4条规定:"调解原则:(一)各当事人应当遵循自愿、公平、保密、诚信原则,善意参加调解。"

具有市民社会普遍认可的公正性与合理性。

其次,法律程序应有一个基本的工具性价值标准,即产生良好结果的能力。什么是好的结果是由不同的、独立的标准决定的。经过商事调解程序而达成的和解协议,确认了双方当事人的权利义务,是定纷止争的结果。认为商事和解协议仅具有合同效力的学者大多提出以下疑惑:当事人在国际商事调解中即为争议解决的决断者,同时扮演了吹哨人和参赛者的角色,[1]可能会通过有目的性地放弃自身的权益来促成和解协议的达成,最终可能使得调解协议的利益分配呈现不合理甚至不合法的结果。如果商事和解协议具有超过合同效力的性质,比如具有既判力或执行力,可能有违法治精神。这是落入了程序本位理论的陷阱。即将商事调解程序同商事调解程序的结果混为一谈,认为公正的和解协议是公正程序的必然结果和逻辑延伸。事实上,程序与结果联系紧密但不可合二为一。公正的结果具有其独立于程序的评判标准,程序公正只是结果公正必要的不充分条件。商事调解程序并非零和博弈的过程,用严格的法律程序对商事争议进行细致分析,然后得出是与非的结论需要大量时间,而商事调解难以承受过高的时间成本。[2] 商事调解的程序基本工具性价值不应当也不能被可能产生的、旁观角度的非公正结果所否定。

最后,法律程序的设计应满足经济效益的要求,即确保其对经济资源的耗费被降到最低程度。由于调解并不注重判断是非而侧重于当事人能否达成和解,一个典型的国际商事争议,如果通过仲裁解决该争议,平均耗时两年以上,而通过调解程序则一般仅需两三天,时间及金钱的损耗显著降低。[3] 以中国香港特区为例,2008 年 iRiver Hong Kong Ltd *v.* Thakral Corp(HK)Ltd.案中,诉讼双方的法律费用共花费了约 4700000 港币(人民币 39684110元),为索赔金额的 4.7 倍。对此,法庭在判决书中明确指出该案适合调解而非诉讼,并要求香港律师日后需考虑向客户提供有关调解的建议。经 2009 年香港特区民事司法改革以后,调解的使用率显著增加。如在 2019 年,香港特区高等法院有 622 起案件进入调解程序,在近一半的案件中(49%),双方能

---

[1] 参见费秀艳:《国际商事调解的法律性质及其制度构建》,载《江汉论坛》2022 年第 11 期。

[2] See Michael Kerr, *Reflections on 50 Years' Involvement in Dispute Resolution*, 64 Arbitration 175(1998).

[3] See S. I. Strong, *Realizing Rationality: An Empirical Assessment of International Commercial Mediation*, 73 Wash. & LEE L. REV. 1973(2016).

够达成对整起案件的和解。在能达成全面和解协议的案件中,调解各方平均使用5个小时,花费金额平均为港币19500元(人民币16464元)。[1] 由此可见,调解程序在商事争议解决中,具有成本与效率的双重优势。

综上所述,调解程序具有公正性与合理性,且具备产生好结果的能力,同时能满足经济效益的要求,能通过综合程序价值理论的检验。至此,才可以说,商事调解在实体法与程序法上都具有独特的价值,经商事调解所达成的和解协议的效力,应当高于仅具有私法效力的民事合同和没有第三人参与调解的和解协议。

(二)和解协议的既判力

既判力是指作为诉讼标的的法律关系若在确定的终局判决中已被裁判,当事人不得以已裁判的诉讼标的再行起诉,也不得在其他诉讼中就同一法律关系提出与本案诉讼相矛盾的主张。[2] 判决和裁决,是法官或者仲裁员在认定事实的基础上,不以双方当事人同意为必要条件,而是依靠公权力,由国家强制执行。而同样是作为争议处理结果的和解协议则完全是当事人意思自治的结果,这也使得后者是否具有既判力的问题成为争议的焦点。我国既判力客观范围一直存在争议。放在国际语境中,既判力的范围问题就更加复杂。《新加坡调解公约》中也避免使用"既判力"的表述,而以"和解协议具有约束力、终局效力和确定力"代之。下文将对国际商事和解协议的既判力进行分析。

通常意义上,既判力是指已经发生法律效力的判决、裁定对后诉的拘束效力和遮断效力,二者也分别对应体现在消极和积极两个方面。[3] 对《新加坡调解公约》条款进行解读,可发现《新加坡调解公约》下的和解协议具有消极的既判力,而不具有积极的既判力。

1. 国际商事和解协议具有既判力的消极作用

既判力的消极作用,又称为拘束效,其是指基于国家司法的威信力以及诉讼经济要求,在人民法院作出生效判决、裁定后,不准对同一事件再次进行诉讼。《国际商事调解示范法》第17条规定了在其他程序中援引和解协议作

---

[1] 李连君:《香港法下的调解与国际商事调解实践》,载微信公众号"上海经贸商事调解中心SCMC"2021年4月24日,https://mp.weixin.qq.com/s/PuHB4l7r3xcOoBaaOOzqNw。
[2] 参见江伟主编:《民事诉讼法专论》,中国人民大学出版社2005年版,第77页。
[3] 参见最高人民法院行政裁定书,(2017)最高法行申411号。

为证据的情况。[1] 工作组明确指出,《新加坡调解公约》不应否认任何缔约国的利害关系人依赖和解协议而应享有任何合法权利。[2] 由此可见,工作组希望在遵守本法及国内法规定、不剥夺当事人依靠和解协议寻求执行和救济的权利的前提下,使和解协议具有执行力。综上所述,可以认为和解协议在裁判效力上具有对后续诉讼的约束力,即双方当事人就争议问题达成的和解协议,在审判中应当作为后续案件判决的依据,特殊情况另有规定的除外。国际商事和解协议在此体现了既判力对后诉的约束力。

2. 国际商事和解协议具有既判力的积极作用

既判力的积极作用是指,既判力对与生效裁判当事人相同的后诉产生诉权的遮断效果,即阻断后诉,对当事人的自由诉权做出限制,也称为遮断效。《新加坡调解公约》第 6 条处理了并行程序问题以及公约与其他救济途径的关系问题。[3] 所谓并行程序,指与和解协议的执行程序并列,且可能对其产生影响的司法程序或仲裁程序。也就是说,如果一方当事人认为和解协议是非终局的,并在某一法域进行关于和解协议效力的诉讼或仲裁程序,而另一方当事人申请和解协议的执行程序时,执行机关若认为适当,可在未得出司法结论前暂缓裁定,而并非直接不予受理或者驳回请求。由此可以看出,国际商事和解协议并非完全具有终局性。也有学者称为"相对终局性"。[4]

在《新加坡调解公约》与其他救济途径的关系问题上,[5]《新加坡调解公约》也并未作出绝对的排他性规定。与之形成对比的是涉外仲裁协议的执行:根据《民事诉讼法》[6] 和最高人民法院《关于适用〈中华人民共和国民诉

---

[1] 《国际商事调解示范法》第 17 条第 2 款规定:"……当事人可按照本国的程序规则并根据本节规定的条件援用和解协议,以证明该事项已得到解决。"

[2] 工作组会议报告(A/CN. 9/896 第 156 段)。

[3] 《新加坡调解公约》第 6 条:"如果已经向法院、仲裁庭或者其他任何主管机关提出了与一项和解协议有关的申请或者请求,而该申请或者请求可能影响到根据第 4 条正在寻求的救济,寻求此种救济所在公约当事方的主管机关可在其认为适当的情况下暂停作出决定,并可应一方当事人的请求下令另一方当事人适当具保。"

[4] 参见许军珂:《〈新加坡调解公约〉框架下国际商事和解协议效力问题研究》,载《商事仲裁与调解》2020 年第 3 期。

[5] 比如,当事人决定依据合同法而非公约执行和解协议时,如何处理公约与合同法的关系问题。工作组认为公约不应剥夺当事人在适用合同法之下可能享有的任何合同规定的救济。

[6] 《民事诉讼法》第 127 条第 2 项规定:"依照法律规定,双方当事人达成书面仲裁协议申请仲裁,不得向人民法院起诉的,告知原告向仲裁机构申请仲裁。"

诉讼法〉的解释》(2022年修正)(以下简称《民诉解释》)[1],双方达成有效的仲裁协议后,有排除法院管辖的效果。《新加坡调解公约》未就此事项作出强制性规定,《新加坡调解公约》各方可灵活颁布相关国内立法。故就终局性与排他性两方面来看,国际商事和解协议不具有阻断后诉的效力,即不具法院判决与仲裁裁决的遮断效。

综上所述,国际商事和解协议具备既判力的拘束效,而不具备既判力的遮断效。国际商事和解协议在既判力上不能完全等同于法院判决和仲裁裁决,只是有既判力的消极作用。在《新加坡调解公约》的起草过程中"承认与执行"就引起激烈讨论,[2]最后《新加坡调解公约》并未采用,而是在条款中具体阐释"承认"的含义,[3]就是因为"承认"可能被理解为具有定案效力或排除效力。《新加坡调解公约》主要目的是通过设计一种执行机制来赋予商事调解程序一个独立的地位,而不涉及国内法规中处理程序的方面、不剥夺当事人在其他救济途径中的权利。这种将既判力的法律效力一分为二的做法既巧妙地绕开了理论上的争议,又达成了构建和解协议快速执行机制的目的。

(三)和解协议的执行力

早期的研究认为,执行力就是给付之诉的判决所特有的效力,指的是以强制执行手段实现给付判决所宣告的给付义务的效力。[4] 执行力仅限于具有给付内容的判决。后有学者提出,仲裁裁决、公证债权文书等其他生效法律文书也可以具有强制执行力。[5] 国际商事和解协议的执行力就是通过强制执行来实现和解协议所确定内容的效力。问题的关键点就是,强制执行的

---

[1] 最高人民法院《关于适用〈中华人民共和国民事诉讼法〉的解释》(2022年修正)第215条规定:"依照民事诉讼法第一百二十七条第二项的规定,当事人在书面合同中订有仲裁条款,或者在发生纠纷后达成书面仲裁协议,一方向人民法院起诉的,人民法院应当告知原告向仲裁机构申请仲裁,其坚持起诉的,裁定不予受理,但仲裁条款或者仲裁协议不成立、无效、失效、内容不明确无法执行的除外。"

[2] United Nations Commission on International Trade Law, International Commercial Conciliation: Preparation of an Instrument on Enforcement of International Commercial Settlement Agreements Resulting from Conciliation, A/CN. 9/WG. II/WP. 198, June 30, 2016, p. 8.

[3] 参见孙巍编著:《〈联合国关于调解所产生的国际和解协议公约〉立法背景及条文释义》,法律出版社2018年版,第36页。

[4] 参见翁晓斌:《论既判力及执行力向第三人的扩张》,载《浙江社会科学》2003年第3期。

[5] 参见肖建国、刘文勇:《论执行力主观范围的扩张及其正当性基础》,载《法学论坛》2016年第4期。

正当性基础是什么？换言之，强制执行力来源于何处？如果认为国际商事和解协议具有原生的执行力，那么它就可以成为一种执行根据被直接执行。[1]《新加坡调解公约》对国际商事和解协议具有直接执行力予以明确，即执行力源于商事调解程序，并由此确立了直接执行制度。印度、意大利、美国的得克萨斯州和加利福尼亚州等国家和地区也在制度上肯定了调解协议的执行力。如果认为国际商事和解协议不具有原生的执行力，那么就必须通过额外的法律程序来赋予其执行力，即采用间接执行制度。可以说，执行力的来源决定了执行制度的选择。

在我国，欲执行和解协议，必须经过额外的法律程序——司法确认程序来赋予和解协议执行力。实证研究证明，司法确认程序中法官基于办案责任制的考量，倾向于适用实质审查方式，对于其办理的司法确认案件大多进行了较为严格的审查以及证据认定。[2] 这使得调解与争讼性路径雷同化，[3] 调解高效便捷解决纠纷的独特效用不复存在。有学者认为，我们无法在现行法律制度下直接赋予和解协议执行力，而通过司法确认程序来间接执行和解协议的原因在于，无法从现行的立法理论上对和解协议的直接执行做出逻辑自洽的解释。[4]

直接执行制度与我国目前实行的间接执行制度是不同理论的产物，而分叉点就在既判力与执行力的关系上。执行力和既判力两者的关系主要聚焦于两种效力的主观范围和客观范围。

1. 既判力、执行力关系一元论与我国间接执行制度的解析

一种学说认为，既判力是执行力的基础，对执行力的产生、变更、消灭有直接的基础性决定作用。[5] 原因在于，既判力是确定的终结判决内容所具有的通用力，而执行根据是既判力的形式载体，不应在未经严格法律程序的情况下，轻易扩大或缩小执行根据的范围。这里所谓的执行根据的范围也就是既判力的范围。执行力的主观范围和客观范围同既判力的范围应当是一

---

[1] 参见张卫平：《民事执行根据问题探究》，载《财经法学》2023 年第 3 期。
[2] 参见赵仕臣：《繁简分流背景下民事司法确认程序实证研究——基于 F 市法院的分析》，福建农林大学 2023 年硕士学位论文。
[3] 参见潘剑锋：《民诉法修订背景下对"诉调对接"机制的思考》，载《当代法学》2013 年第 3 期。
[4] 参见宋连斌、胥燕然：《我国商事调解协议的执行力问题研究——以〈新加坡公约〉生效为背景》，载《西北大学学报（哲学社会科学版）》2021 年第 1 期。
[5] 参见贺伟军：《论执行对既判力的扩张、限缩》，载《杭州商学院学报》2004 年第 1 期。

致的。在特殊情况下，可能产生对第三人执行的问题，即发生执行力主观范围的扩张。但是，此种学说仅在既判力主观范围扩张的射程内认可"执行力主观范围扩张"，既判力主观范围扩张射程外的执行当事人的变化，则不被认为属于"执行力主观范围扩张"。[1] 此即执行力主观范围扩张与既判力主观范围扩张的关系一元论。

至此，可以推导出我国通过司法确认程序间接执行和解协议的理论逻辑：既判力是国家审判权的体现，也是执行力的主要根据之一。和解协议是仅具有合同性质的私人契约，要使国家强制力与市民社会的纠纷解决结果发生关联，必须通过一道桥梁——司法确认制度进行连接。司法确认程序在此处有三个作用：一是为国家公权力介入市民社会中的私权处置提供通道。二是通过司法审查使和解协议具有消极的既判力。这种审查对权利义务的认定没有经过法定程序，不存在严格适用法律的问题，所以不适宜赋予其既判力的积极效力，但为了实现司法确认制度的桥梁作用，司法确认程序使得和解协议具有了消极的既判力，即产生"一事不再理"的效果。[2] 在一元论学说下，这对和解协议的执行是至关重要的。三是赋予和解协议执行力，这也是司法确认程序的最终目的。通过司法确认程序审查后的和解协议才具有执行力。

2. 既判力、执行力关系二元论与《新加坡调解公约》下直接执行制度的解析

另一种学说认为，执行力与既判力两者没有必然联系：一方面原因是两者的制度预设存在根本差别。[3] 既判力的制度预设在于调整前诉与后诉的关系，以确保法的安定性；而执行力的制度预设则在于规制前诉与执行程序的关系，解决生效裁判所确定的权利如何实现的问题。因此，不能简单用既判力的理论统摄执行力。[4] 另一方面原因是在主观范围上，执行力的主观范围不受既判力主观范围的限制。在某些情况下，请求权存在于诉讼标的之外，受执行力扩张的主体有可能直接成为给付请求权或给付义务的执行关系

---

[1] 黄忠顺：《"执行力主观范围扩张"的深度透析》，载《中国政法大学学报》2023年第2期。
[2] 参见邵华：《论调解协议的司法确认：效力、价值及程序审查》，载《政治与法律》2011年第10期。
[3] 中野貞一郎＝下村正明『民事執行法』(青林書院，2016年)159頁参照。
[4] 参见肖建国：《裁判效力上执行力与既判力的关系》，2021年"比较民事诉讼法学前沿"（第二期）比较民事诉讼法学方法研讨会发言。

当事人，而既判力的主观范围不存在此种情形，其主观范围也仅限于诉讼标的的范围。此即二元论。

《新加坡调解公约》下的商事和解协议直接执行机制正是以上述学说作为理论基础的。执行力与既判力没有必然的联系，执行力的来源具有多元性。意思自治原则是赋予和解协议直接执行力的理论基础，商事调解本身的程序价值是和解协议执行力的来源，而商事调解程序的规范性是和解协议具备执行力的保障。要实现生效法律文书所确定的权利与义务，必须具备"执行力"这一自然属性。和解协议作为当事人意思自治在诉讼法领域的产物，必然要求确定和解在诉讼法上的效力，以实现其定纷止争的作用。此外，调解程序中调解员具有确保和促成合意方面的主持、协助和监督的作用。[1]可以说，规范的调解程序赋予了和解协议公法上强制执行力。

综上所述，两套执行制度下蕴含了两套理论逻辑。制度的冲突只是表现形式，理论基础上的运行逻辑才是本质原因。如果说直接执行制度与间接执行制度的理论分叉点在既判力与执行力的关系上，那么两种效力主观范围扩张的关系就是二者的分叉点，即一元论与二元论之争。有学者从争议解决的相对性等民事诉讼法的基本原则出发，探讨了执行力与既判力相一致的合理性和现实意义。[2] 从立法实践和教材的情况来看，一元论也是我国的通说。要绕开司法确认程序赋予和解协议直接的执行力，相当于抽离了公法域与私法域联结的媒介，直接执行制度犹如空中楼阁，缺乏理论基础。这也能为我国民法学界尤其是诉讼法学界对《新加坡调解公约》的消极态度作出解释。

四、国际商事和解协议在我国直接执行的可行性分析

经过以上对两种执行制度底层逻辑的梳理，笔者对我国采取《新加坡调解公约》下的直接执行制度持积极态度，原因如下。

（一）《新加坡调解公约》对和解协议的效力、执行制度影响仅限于商事领域

在讨论和解协议的有效性、既判力、执行力时，应当注意"商事"这个关键

---

[1] 参见张艳、房昕:《〈新加坡调解公约〉下我国商事调解协议的执行力问题研究》，载《法律适用》2021年第5期。

[2] 参见任重:《民事判决既判力与执行力的关系——反思穿透式审判思维》，载《国家检察官学院学报》2022年第5期。

前提。我国拥有以人民调解为主,行政调解、行业调解、商事调解等各类调解制度组成的"大调解"体系。[1] 在"民商合一"的立法语境下,商事调解难以脱离人民调解的范畴。然而,商业调解具有当事人平等协商的坚实基础,且对效率的诉求更为急切,因此调解主体必须尽量减少对当事人自治的干预,并保持调解协议的外观效力。然而,在民事调解中由于完全自由市场理论和理性经济人假设已被证明是有缺陷的,甚至与现实生活完全不符,[2] 其要求法官优先适用实质正义原则对消费者和劳动者等弱势群体进行倾斜性保护。片面地将商事调解涵括进为解决"民间纠纷"量身打造的司法确认程序,存在以偏概全的嫌疑。[3] 尽管民商事调解在原理上存在共通性,但商事调解理论发展与实践创新均有赖于贯彻对商事调解与民事调解进行区分。[4]《新加坡调解公约》将直接执行制度严格限定在商事调解的范围,既不会减损人民调解的优势,又为我国走出将民事调解原理及其相关制度套用在商事调解层面的困境提供了方向。

(二) 中国化的调解理论嵌合直接执行制度

中国化的调解理论无须依赖西方的学术话语体系,无须在西方 ADR 学术话语体系下为其寻求正当性。直接执行制度与间接执行制度中两套理论逻辑是独立运行的,要将其嫁接融合有如徒步蜀山,且实无必要。在中国,调解制度的和谐观可以基于自身的实践道德主义思维,以紧密联系事实为前提,为各种类型的调解设置不同方案,避免西方法律形式主义,将法律推向输赢必分的对抗性制度。[5] 挑战亦是机遇,《新加坡调解公约》下的商事调解理论行之有理、行之有效,可以纳入中国"大调解"理论中作为商事调解领域的理论基础。这种吸收是自上而下的兼容并蓄,而非平行替代。通过比较、批判、吸收、升华使得中国化的调解理论更符合中国和世界的解纷需求,不断增强中国调解理论的传播、输出能力。

---

[1] 参见张广利、濮敏雅:《新时代"共建共治共享"社会治理格局的内涵解析及构建途径》,载《人民论坛·学术前沿》2020 年第 7 期。

[2] 参见徐国栋:《民法私法说还能维持多久——行为经济学对时下民法学的潜在影响》,载《法学》2006 年第 5 期。

[3] 参见刘加良:《司法确认程序的功能诠释》,载《政法论丛》2018 年第 4 期。

[4] 参见黄忠顺:《商事调解与民事调解的区分原理及其实现路径——基于 2012~2013 年中国商事调解研究文献的分析》,载北京仲裁委员组编:《北京仲裁》第 89 辑,中国法制出版社 2014 年版,第 52 页。

[5] 参见廖永安:《论构建中国自主的调解学知识体系》,载《商事仲裁与调解》2023 年第 1 期。

(三)虚假调解可以通过预防和修正机制予以克服

"虚假调解"本身是一种与"虚假诉讼""虚假仲裁"并存的现象,将虚假调解作为反对采用《新加坡调解公约》下直接执行制度的理由是一种错误的先验论,缺乏逻辑支撑。[1]《新加坡调解公约》并没有针对虚假调解作出专门的规定,但《新加坡调解公约》第5条可以成为执行国拒绝履行缔约义务的理由。第1款(b)项规定,若适用于和解协议的准据法认定协议无效,执行国可以拒绝执行和解协议。"无效"一词涵盖了虚假调解的情形。第1款(e)项规定,在调解员严重违反调解或调解员准则的情况下达成的和解协议,执行国可以拒绝和解协议的执行。调解员违反调解员准则的行为包含当事人与调解员恶意串通侵犯另一方或者第三人利益的情况。如果虚假调解达成的和解协议已经被执行,体系化的救济制度是保障当事人或利害关系人合法权益的重要途径。[2]

五、国际商事和解协议在我国直接执行的对策建议

(一)构建中国自主的商事调解理论体系

在法治轨道上推进商事调解机制的现代化是一个系统性工程,构建中国自主的商事调解理论体系是该工程的基础。面对中国式法治现代化的实践需要,一方面要利用《新加坡调解公约》带来新兴商事调解理论的契机,填补中国商事调解学知识体系的空白;另一方面要将《新加坡调解公约》的理论与实践明确限定在商事调解领域内,深入挖掘调解与诉讼在基本原理上的根本差异,防止《新加坡调解公约》破坏我国诉讼理论的系统性。

1. 限缩"商事"范围

《新加坡调解公约》的争议解决方式、执行机制和理论遵循了商事主体长期以来达成的共识和广泛认可的实践,[3]在引入《新加坡调解公约》的执行理论时,应当保持"商事"的特性,既能划清商事与民事调解原理的界限,又能丰富我国调解理论。明确"商事"的概念是批准《新加坡调解公约》前的重要

---

[1] 参见刘敬东主编:《〈新加坡调解公约〉批准与实施机制研究》,中国社会科学出版社2021年版,"序言"。

[2] 参见张卫平:《执行救济制度的体系化》,载《中外法学》2019年第4期。

[3] See Changfa Lo., *Desirability of a New International Legal Framework for Cross-Border Enforcement of Certain Mediate-d Settlement Agreements*, 7 Contemporary Asia Arbitration Journal 119-138,131(2014).

准备工作。

当前,我国最高人民法院已通过的《关于进一步完善委派调解机制的指导意见》《关于发挥商会调解优势 推进民营经济领域纠纷多元化解机制建设的意见》等文件强调了划定调解范围的必要性,但均缺乏对商事调解范围的具体规定。基于我国还未制定统一的商事调解规则以及《新加坡调解公约》赋予和解协议的强大效力的现状,笔者建议对"商事"做出狭义解释,尽量限缩"商事"范围,减少《新加坡调解公约》带来的消极影响。

具体的做法是同时制作正面清单和负面清单。结合我国的法律实践,将如税收、海关等明确排除在外的事项以及司法确认制度中不予受理的案件范围等作为调解事项的负面清单;参考联合国国际贸易法委员会《国际商事调解示范法》,将可调解的事项采取列举式方法制作正面清单。双管齐下,最大限度地将理论与实践影响都限制在狭义的商事领域。

2. 明确国际商事和解协议的效力

和解协议应当有特殊的生效要件、有消极的既判力和直接的执行力。基于商事调解的独立价值,商事和解协议不宜再装入合同法的百纳袋中。第一,应当明确国际商事和解协议的生效要件,可以分为程序要件和实质要件。[1] 在程序上,和解协议必须由调解所产生。在实质上,其作为民事法律行为既要满足我国《民法典》第143条[2]所规定的民事法律行为生效要件又要满足《新加坡调解公约》下对和解协议的书面形式等要求。第二,明确和解协议的既判力。为了保障调解的结果,维护商事运营环境和秩序的稳定,应当明确和解协议具有拘束效力,即既判力的消极作用。但调解不排除当事人寻求其他救济的途径,故不具有遮断效,即既判力的积极作用。第三,肯定和解协议的直接执行力。允许法院对和解协议进行主动的程序性审查,但是仅限于有关强制性法律原则或公共秩序方面的审查,对实体事实部分非经当事人申请不再审查。[3] 和解协议的效力是一个系统性问题,单独赋予和解协议直接执行力并不能真正解决问题,需要加强与我国本土的法律理论与新型

---

[1] 参见黄进:《国际民商事争议解决机制的几个重要问题》,载《政法论坛》2009年第4期。

[2] 《民法典》第143条规定:"具备下列条件的民事法律行为有效:(一)行为人具有相应的民事行为能力;(二)意思表示真实;(三)不违反法律、行政法规的强制性规定,不违背公序良俗。"

[3] 参见温先涛:《〈新加坡公约〉与中国商事调解——与〈纽约公约〉〈选择法院协议公约〉相比较》,载《中国法律评论》2019年第1期。

调解理论的对话,全面构建中国化的和解协议效力规范系统。

(二)构建中国自主的商事调解制度体系

在中国商事调解的发展规划安排中,商事调解立法体系的构建应当被确立为首要任务,充分发挥立法在商事调解改革中的引领作用。[1]

1. 制定"商事调解法"作为商事调解制度的根本指导

首先,应当明晰"商事调解法"的定位问题。制定"商事调解法"应当摘掉其"人民调解"的帽子,将其从人民调解中分离出来,形成人民调解、商事调解、行业调解、专业调解等平行共存的多元社会调解形式。[2] 因为上述调解形式无论是解纷模式或是运作理念,都已经超出了人民调解所能涵盖的范畴。人民调解这一国家向普通民众免费提供的公共产品[3]已无法满足各类调解专业化、职业化、市场化的需求。如果《人民调解法》被定义为一部"以狭义人民调解为对象的单行法",[4]那么"商事调解法"就应当是平行于《人民调解法》的一部以狭义商事调解为对象的单行法。

其次,可以参考《国际商事调解示范法》设置"商事调解法"篇目。在《国际商事调解示范法》的影响下,现有50多个国家和地区以及国际组织制定了商事调解法律法规。我国也可以基于本土法律实践,参考《国际商事调解示范法》和《人民调解法》的立法内容,设立六章。包括总则、商事调解组织、商事调解员、调解准则、调解协议、附则(见表26-2)。

表26-2 商事调解法建议篇目

《国际商事调解示范法》	《人民调解法》	"商事调解法"	备注
适用范围和定义	总则	总则	明确立法目的、商事调解定义和基本原则
解释	人民调解委员会	商事调解组织	建立市场化运作的独立第三方的商事调解组织

---

[1] 参见周建华:《商事调解立法体系的递进式构建研究》,载《北京理工大学学报(社会科学版)》2022年第5期。
[2] 参见廖永安等:《中国调解的理念创新与机制重塑》,中国人民大学出版社2019年版,第119页。
[3] 参见何永军:《乡村社会嬗变与人民调解制度变迁》,载《法制与社会发展》2013年第1期。
[4] 范愉、李泽:《人民调解的中国道路——范愉教授学术访谈》,载《上海政法学院学报(法治论丛)》2018年第4期。

续表

《国际商事调解示范法》	《人民调解法》	"商事调解法"	备注
调解员的人数和指定、与当事人的联系、调解员担任仲裁员	人民调解员	商事调解员	构建商事调解员的资格认证制度和权利义务体系
调解程序的启动、进行、终止	调解程序	调解准则	确立调解程序应当遵循的最低限度要求
对依赖于和解协议的要求	调解协议	调解协议	明确调解协议的效力问题
程序问题、证据问题	附则	附则	引入合同示范条款及确立单行法生效日期

2. 设立执行审查制度作为商事调解制度的支柱

目前我国并未在法律制度中规定国际商事和解协议的执行机制，但是现有的司法确认制度、人民法院委派调解机制与多个"一站式"争端解决中心的建立为我国直接执行国际商事和解协议提供了理论基础与实践土壤。参考仲裁执行制度，可以在《民事诉讼法》第四编中增加"调解"章节，从明确审查执行机构、统一执行审查标准两个关键点切入，建立符合《新加坡调解公约》下直接执行机制又具有中国特色的执行审查制度。

一是明确审查和执行机构。在设立执行审查制度前期，可在自贸区、自贸港、大湾区等地区进行试点，对国际商事和解协议准予独立的司法救济。时机成熟以后，比照涉外仲裁裁决的承认与执行，由和解协议的一方当事人直接向被执行人住所地或者财产所在地的中级人民法院提出申请。在法院的内设部门中，由立案庭对和解协议进行审查，符合执行条件的，直接移交执行庭进行执行。如属于拒绝准予救济的情况，应裁定驳回申请。也就是说，法院对于申请执行和解协议的请求，只能作出不予受理、驳回申请或准予执行的裁定，而不应确认和解协议无效，防止阻碍当事人在其他缔约国寻求救济。

二是统一执行审查标准。和解协议的协商与签订是私权领域意思自治的体现，而审查的过程是公权对私权边界的把关。[1] 我国司法确认制度中

---

[1] 参见成阳：《管辖与执行：多元解纷体系中商事调解制度疑难问题研究》，载《上海法学研究》集刊2022年第17卷——"第十九届长三角法学论坛"会议论文，2023年2月，第75页。

明确规定了不予确认的情形,《新加坡调解公约》亦不排斥必要的审查程序。由此可见,这两种不同法域中的规则被还原和抽象至最基础的层次之后具有可识别的同质性,二者之间不仅不存在不可调和的矛盾,反而在审查目的、审查内容上具有高度的相似性。此外,在统筹推进国内法治和涉外法治的新时代要求下,仍沿用实施《纽约公约》时"双轨制"的做法——给予国际商事和解协议"超国民待遇",不仅对中国商事调解机构来说显失公平,而且有损中国建设现代化国际商事调解中心的竞争力。因此,在设计执行审查标准时,应当将《新加坡调解公约》规范的国际商事和解协议的执行与中国国内商事和解协议执行问题一并考虑。[1] 在此前提下,结合我国本土生成的司法确认制度和《新加坡调解公约》设计的执行审查标准(见表26-3),既能满足国际商事和解协议在我国直接执行的要求,又能构建一种具有鲜明中国特色、时代特色、实践特色的商事和解协议执行审查制度。

表26-3 商事和解协议执行审查标准

项目	审查事项	来源
依职权审查事项	和解协议是否由调解程序产生	《新加坡调解公约》第4条第1款
	和解协议是否违背法律规定的可调解事项	《新加坡调解公约》第1条第2款 《民诉解释》第355条
	和解协议是否满足书面要求	《新加坡调解公约》第2条第2款
	和解协议是否违反国家法律、行政法规强制性规定、是否违背公序良俗	《新加坡调解公约》第5条第2款(a)项 《民诉解释》第358条第1、2、3项
依申请审查事项	当事人是否具有民事行为能力	《新加坡调解公约》第5条第1款(a)项 《民法典》第143条第1项
	和解协议的订立是否违背自愿原则	《民诉解释》第358条第4项
	和解协议是否存在欺诈、胁迫等侵害案外人合法权益的情形	《新加坡调解公约》第5条第1款(b)项第(一)目 《民法典》第154条 《民诉解释》第358条第2项

---

[1] 参见刘敬东主编:《〈新加坡调解公约〉批准与实施机制研究》,中国社会科学出版社2021年版,第102页。

续表

项目	审查事项	来源
	和解协议是否具有约束力或是终局的	《新加坡调解公约》第5条第1款(b)项第(二)(三)目
	和解协议是否内容明确、可以理解且义务未履行	《新加坡调解公约》第5条第1款(c)项《民诉解释》第358条第5项
	调解员是否严重违反调解员或调解准则	《新加坡调解公约》第5条第1款(e)项
	调解员是否未披露影响调解公正性与独立性的重要信息	《新加坡调解公约》第5条第1款(f)项

3. 完善执行救济制度作为商事调解制度的保障

无救济则无权利。《新加坡调解公约》在当事人或者案外第三人对执行审查结果有异议的情况下，对审查决定、执行结果不服能否得到救济的问题并未详细规定，而是交由执行地法律予以细化。我国可以从以下三个方面完善执行救济制度，保障商事和解协议可以被公平公正地执行。

一是建立拒绝准予救济的报告制度。由于国际商事和解协议具有高度的复杂性和专业性，[1]可以比照最高人民法院发布的《关于仲裁司法审查案件报核问题的有关规定》建立商事调解领域的报告制度。人民法院经审查认为国际商事和解协议具有拒绝准予救济情形的，需层报本辖区高级人民法院、最高人民法院进行审查。待最高人民法院批准后，方可裁定拒绝准予救济。有学者提出，最高人民法院还可报至国际商事法院，由专家委员会进行审核。[2] 整个过程坚持适度、谦抑审查原则，最大限度保证当事人的意思自治权。[3]

二是建立第三人异议机制。调解同仲裁机制一样，并未就具体的识别标准、处理模式和惩罚机制进行规定，使得调解机构难以在调解程序中及时制

---

[1] 参见胡军辉、王钰:《〈新加坡公约〉背景下中国商事调解立法构想》，载吴虹静、芮心怡主编:《湘江青年法学》第7卷，湘潭大学出版社2022年版，第65页。

[2] 参见陈洁:《我国国际和解协议准予救济制度的构建——以〈新加坡调解公约〉的签署为契机》，载《东南大学学报(哲学社会科学版)》2020年第2期。

[3] 参见张志国:《〈新加坡调解公约〉背景下国际和解协议跨境执行审查制度探究》，载北京仲裁委员会(北京国际仲裁中心)组编:《北京仲裁》第115辑，中国法制出版社2021年版，第161页。

止虚假调解行为。[1] 有鉴于此,我国和解协议执行机制可增加第三人异议机制。此外,可借鉴新加坡调解制度,规定调解保密原则的例外条款,在获得法院或仲裁庭许可的情况下,向有利害关系的第三方披露调解信息。[2]

三是建立执行前担保制度。法院在审查过程中可以针对涉案金额较大、案情较为复杂的和解协议要求申请执行人提供担保。在执行程序结束后的一定时间内,若无证据证明当事人之间存在虚假调解、无第三人提出异议,则可解除担保。

综上所述,执行审查制度与执行救济制度能为商事调解制度加上双重保险,有效防范虚假调解,有效抑制虚假调解所产生的不利影响。

六、结语

《新加坡调解公约》的通过与生效进一步稳固了调解作为独立解纷机制的地位,国际商事调解机制的发展进入了新的历史时期。尽管《新加坡调解公约》与我国现行法律存在些许不协调之处,但二者均以鼓励和平解决纷争、维护多元利益共存为价值导向,具体规定之间也不存在本质冲突。从长远来看,加入《新加坡调解公约》是实现高水平对外开放在商事领域的重要体现,是构建中国特色一站式多元纠纷解决体系的务实举措。利用加入《新加坡调解公约》的契机,倒逼我国商事调解理论的发展,使其摆脱西方话语体系禁锢、突破诉讼法学理论桎梏,既是为推进全面依法治国提供理论支撑的政治任务和学术使命,[3]也是新时代背景下我国明确商事和解协议执行路径的前提条件。通过成型的司法确认制度细化《新加坡调解公约》下的审查事项,设计商事和解协议执行审查、救济机制,形成中国自主的商事调解制度,对于统筹国内法治与涉外法治,建设中国特色社会主义法治体系,推进治理体系和治理能力现代化具有重要意义。

---

[1] 参见董暖、杨弘磊:《虚假仲裁案外人权利的司法救济研究》,载《法律适用》2017年第21期。
[2] 2017年《新加坡调解法》(Singapore Mediation Act 2017)第9(2)条。
[3] 参见廖永安:《论构建中国自主的调解学知识体系》,载《商事仲裁与调解》2023年第1期。